**Poética em Ação**

Coleção Estudos
Dirigida por J. Guinsburg

Equipe de realização – Revisão: Plinio Martins Filho e Marina Mayumi Watanabe; Produção:
Ricardo W. Neves e Sergio Kon.

# Roman Jakobson

# POÉTICA EM AÇÃO

Seleção, prefácio e organização de
João Alexandre Barbosa

PERSPECTIVA

Copyright © Roman Jakobson

Dados Internacionais de Catalogação na Publicação (CIP)
(Câmara Brasileira do Livro, SP, Brasil)

Jakobson, Roman 1896-1982.
Poética em Ação / Roman Jakobson Seleção, prefácio e
organização de João Alexandre Barbosa. — São Paulo :
Perspectiva, 2012. — (Estudos ; 92 / dirigida por J. Guinsburg)

Traduções diversas.
1ª reimpr. da 1. ed. de 1990.
ISBN 978-85-273-0026-1

1. Lingüística 2. Literatura – História e crítica  3. Poética
4. Semiótica I. Barbosa, João Alexandre  II. Título. III. Série.

89-1923                                    CDD -410
                                                - 808.1
                                                - 809

Índices para catálogo sistemático:
1. Lingüística 410
2. Literatura – História e crítica 809
3. Poética: Retórica: Literatura 808.1
4. Semiótica: Lingüística 410

1ª edição – 1ª reimpressão
[PPD]

Direitos reservados à
EDITORA PERSPECTIVA LTDA.

Av. Brigadeiro Luís Antônio, 3025
01401-000 – São Paulo – SP – Brasil
Telefax: (0-11) 3885-8388
www.editoraperspectiva.com.br

2019

# Sumário

Nota do Organizador . . . . . . . . . . . . . . . . . . . . . . . . . . XI

O Continente Roman Jakobson . . . . . . . . . . . . . . . . . . . XIII

## I. PRELIMINAR . . . . . . . . . . . . . . . . . . . . . . . . . . . 1

   1. A Primeira Carta de Ferdinand de Saussure a A. Meillet
     sobre os *Anagramas* . . . . . . . . . . . . . . . . . . . . . . . 3

## II. POÉTICA DA PROSA . . . . . . . . . . . . . . . . . . . . . 15

   2. O Mistério Burlesco Medieval (O *Unguentarius* do
     Tcheco Arcaico) . . . . . . . . . . . . . . . . . . . . . . . . 17
   3. Notas Marginais sobre a Prosa do Poeta Pasternak . . . 41

## III. POÉTICA DA POESIA . . . . . . . . . . . . . . . . . . . . 57

   4. *Vocabulorum Constructio* no Soneto de Dante "Se Vedi
     li Occhi Miei" . . . . . . . . . . . . . . . . . . . . . . . . . 59
   5. "Si Nostre Vie" – Observações sobre a *Composition &*
     *Structure des Motz* num soneto de J. du Bellay . . . . . . 77
   6. A Arte Verbal de Shakespeare em "Th'Expence of
     Spirit" . . . . . . . . . . . . . . . . . . . . . . . . . . . . . . 109
   7. Sobre a Arte Verbal de William Blake e Outros Poetas-
     Pintores . . . . . . . . . . . . . . . . . . . . . . . . . . . . . 127
   8. Yeats "Sorrow of Love" Através dos Anos . . . . . . . . 149
   9. Um Olhar sobre "Der Aussicht", de Hölderlin . . . . . . 183
   10. Uma Microscopia do Último "Spleen" em *Fleurs*
     *du Mal* . . . . . . . . . . . . . . . . . . . . . . . . . . . . . 239
   11. Linguagem em Ação: E. A. Poe . . . . . . . . . . . . . . 255

# Nota do Organizador

Esta antologia de textos de Roman Jakobson (1896-1982), organizada com o próprio autor em Cambridge, Estados Unidos, em 1977, como está dito na Introdução, pensada inicialmente por Haroldo de Campos, é, talvez, a mais completa, em Português, no sentido de reunir textos que mostram o trabalho do grande inventor da Lingüística com a criação poética.

Desta maneira, não é um livro de amenidades. Pelo contrário, o trabalho com o texto poético em mãos de um analista como Roman Jakobson exige do leitor uma grande paciência, certamente recompensada no final da leitura.

Sempre buscando a materialidade sobre a qual se assentam os significados poéticos, o leitor Roman Jakobson não descuida dos detalhes de construção que concorrem para o aparecimento dos volumes semânticos.

Cada texto é, por isso, submetido a repetidas leituras de seus significantes (desvelados e organizados sob o trabalho de uma intuição sempre iluminadora) que indicam o caminho para a retomada inovadora de seus mais escondidos significados.

Na verdade, para Roman Jakobson, a poesia, ou a predominância da função poética nos textos literários, não é vaga nem nebulosa: a sua apreensão depende da capacidade do leitor em descobrir organizações de linguagem que são impregnadas de uma força original em revelar o mundo e seus significados. A ação da poesia é colhida pelo dinamismo de uma poética em ação – título do livro.

Por tudo isso, se lidos em sua disposição cronológica e temática, estes textos podem ser percebidos como uma história da poesia, se lidos em seus cruzamentos analíticos, em que diacronia e sincronia

## POÉTICA EM AÇÃO

se intercruzam, tem o leitor uma verdadeira história *estrutural* da poesia.

Finalmente, é preciso dizer ao leitor que o enorme lapso de tempo decorrido entre a organização e a publicação, além de ser devido ao próprio organizador, voltado para outros trabalhos que o afastaram do presente livro, decorreu também da necessidade de buscar uma tradução dos textos que correspondesse à complexidade dos originais. E este é, como se sabe, um trabalho lento e exigente.

Para isso, foram fundamentais a paciência, a disposição e a competência dos tradutores com que o organizador pôde contar. Sem eles, o trabalho não existiria e a eles o organizador gostaria de agradecer de forma muito especial.

J.A.B.

# O Continente Roman Jakobson

JOÃO ALEXANDRE BARBOSA

*Para Boris Schnaiderman*

Em busca de um elemento que possa resumir a importância de Roman Jakobson para os estudos de poética, não encontro senão uma questão: que lingüista, dentre os mais importantes do século XX, pode apresentar um número igual de textos dedicados a estes estudos? É claro que os lingüistas que foram decisivos para o desenvolvimento da ciência fizeram sempre surgir problemas que, depois, foram fundamentais para o estudo da poética: é bastante pensar num Ferdinand de Saussure, nos inícios so século, ou num E. Benveniste, nos dias de hoje, para não falar naqueles que, no século passado, intensificaram os estudos de filologia, instrumentos essenciais para a configuração da história literária e de disciplinas auxiliares para o seu estudo.

A contribuição de Roman Jakobson, no entanto, supera a todos: não apenas no sentido da abrangência de suas análises (indo desde os textos medievais até a reflexão sobre as experiências de vanguarda), como no fato de estabelecer uma interdependência permanente entre o próprio estudo da linguagem e a criação artística, sempre em busca do traço diferencial capaz de melhor definir a invenção pela palavra. Basta ler os seus *Diálogos* com Krystyna Pomorska: a todo momento surge a preocupação em configurar o modo pelo qual a linguagem é elemento proliferador de invenções, seja nas investigações propriamente fonológicas, seja nas análises do folclore, seja nas relações entre as ciências da linguagem e outras ciências (fisiologia, biologia, neurologia), seja, enfim, na leitura das obras artísticas em geral e não somente as literárias.

Pode-se dizer que o especialista é quase sempre uma ilha: o seu campo de atuação restringe-se a um espaço peculiar e zelosamente defendido e suas incursões a outras ilhas fazem-se esporadicamente, conforme a necessidade de fortalecer as suas posições.

XIV                        POÉTICA EM AÇÃO

Neste sentido, Roman Jakobson não é um especialista: o seu espaço
é antes o de um continente em que ilhas diversas são visitadas num
movimento vertiginoso de viajante insaciável. Entretanto, é preciso
dizer que este viajante não é jamais um turista apressado e superficial: as suas viagens obedecem a certas preocupações bem definidas
(suas valises estão sempre repletas de mapas bem desenhados e nítidos) com que trilha caminhos desconhecidos e desbrava veredas an-
tecipadas pelo estudo minucioso das cartas, sem, todavia, perder a
alegria da descoberta e o espanto do novo.
     Entre viajante e viagem, entre continente e ilha, Roman Ja-
kobson afirma a difícil unidade na variedade que somente a determinação e a disciplina, fundadas na riqueza da imaginação criadora,
podem oferecer.


DA POESIA À LINGÜÍSTICA

     Para começar a percorrer este continente é difícil delimitar
espaços: embora desejando ficar restrito a uma área de sua extensão
– no caso, a poética –, a própria constituição da imensa atividade jakobsoniana, fundada numa firme teia de inter-relações, faz deslizar
o seu leitor, este outro viajante curioso de paisagens e horizontes,
por entre trilhas que desenham tortuosos mapas.

     É, de fato, o que mais impressiona nesta obra a que só por
força de uma certa humildade pode-se chamar de lingüista: a noção
de linguagem ganha uma tal extensão conceitual, firma-se numa es-
piralada e criativa semiose, que as articulações mais inesperadas vão
deixando o leitor sem norte, ao menos durante grande parte da viagem, embora ele sinta que existe um para o qual é arrastado pela segurança da argumentação.

     Por isso, é melhor estabelecer um roteiro de leitor, uma espé-
cie de guia de viagem que permita um mínimo de ordem na travessia
deste continente, na exploração de alguns de seus pontos mais
atraentes para quem procura conhecer os seus contornos.
     Pela leitura do "Retrospecto", texto de 1961, que o leitor
brasileiro pode ler, como apenso, ao volume *Fonema e Fonologia*,
organizado e traduzido por Mattoso Câmara Jr., em 1967, e que
hoje se completa pelos admiráveis *Diálogos* com Krystyna Pomorska, cuja publicação brasileira se anuncia para breve em tradução de
Boris Schnaiderman*, é possível ver de que modo as inquietações
teóricas de Roman Jakobson surgiram precedidas por inquietações
de escritor. O jovem estudante do Instituto Lazarev de Línguas

_____

     * Já publicado em Roman Jakobson e Krystyna Pomorska, *Diálogos*.
Trad. de Elisa Angotti Kossovitch e cotejo com o original russo por Boris Sch-
naiderman e Léon Kossovitch, e trad. de alguns textos poéticos por Haroldo de
Campos (S. Paulo, Cultrix, 1985).

## O CONTINENTE ROMAN JAKOBSON                                       XV

Orientais, de Moscou, era também o poeta que, sob o pseudônimo de
Aljagrov, juntamente com Kruchenykh, publicava, em 1914, o volume de poemas *Zaumnaja gníga* (Livro Transmental), fortemente
influenciado pela leitura da obra de Khliébnikov com quem entrara
em contato dois anos antes. Ilustrado por Olga Rozanova, um dos
primeiros pintores futuristas russos, o livro marcava, desde cedo,
uma articulação com a prática artística de que o futuro mestre da
lingüística jamais se descartará. No texto em que recolho estas informações, "De la poésie a la ·linguistique", publicado em *L'Arc*, de
1975, Roman Jakobson esclarece, de ·modo preciso, este momento
de sua formação:

> O que precedeu minha formação futurista foi a influência do simbolis-
> mo russo e francês. Um nome domina para mim: Mallarmé. Quando tinha de-
> zesseis anos, tentei traduzir em versos alguns de seus poemas. Havíamos tido no
> Liceu um professor de francês, Henri Tastevin, que tinha sido, em sua juventu-
> de, secretário de redação da revista simbolista *Toison d'or* e mais tarde organi-
> zador e tradutor ·de um volume russo dos manifestos futuristas italianos, e, co-
> mo eu falava francês desde a infância, escrevi para ele, em lugar dos trabalhos
> rotineiros, dois estudos, traduções e reflexões sobre "L'Azur" de Mallarmé
> e sobre seu soneto que mais me fascinava, "Une dentelle s'abolit".

Neste mesmo texto está a indicação preciosa: no ano seguinte,
em 1915, a partir de seus contatos com Petr Bogatyrev que se tornou em seguida, como diz Roman Jakobson, "o grande pioneiro da
etnologia estrutural", instalava-se o Círculo Lingüístico de Moscou,
o primeiro dos círculos em que a obra de Roman Jakobson, a sua
obra de reflexão sobre a linguagem, começa a desenrolar-se.

Deste modo, o lingüista brotava do poeta, o sábio inquieto que
buscava compreender a linguagem era já o inquieto amigo de poetas,
pintores e músicos cujas linguagens específicas não lhe eram apenas
objetos de estudos mas existências concretas, problemas existenciais.
Sendo assim, não é de estranhar que afirme no "Retrospecto":

> ...o impulso mais forte para uma mudança na maneira de encarar a lin-
> guagem e a lingüística talvez tenha sido – para mim, pelo menos – o turbulento
> movimento artístico dos princípios do século XX. Os grandes homens que nas-
> ceram na década de 1880 – Picasso, Joyce, Braque, Stravinski, Khliébnikov, Le
> Corbusier – tiveram a oportunidade de completar uma doutrinação cabal e
> compreensiva durante um dos mais plácidos períodos da história do mundo,
> antes de essa "última hora de calma universal" ser sacudida por uma série de ca-
> taclismas. Os artistas que orientavam essa geração perceberam com aguda ante-
> cipação as agitações que estavam por vir, e foram ao seu encontro enquanto
> ainda eram bastante jovens e dinâmicos para experimentarem e temperarem
> nesse crisol o próprio poder criativo.
>    A extraordinária capacidade de esses descobridores em sempre e sempre
> superarem os hábitos já envelhecidos da véspera, juntamente com um dom sem
> precedentes de aprenderem e remodelarem cada tradição anterior e cada mo-
> delo estrangeiro, está intimamente ligada a um singular sentimento da tensão
> dialética entre as partes e o todo unificador e entre as partes conjugadas entre si,
> especialmente entre os dois aspectos de qualquer signo artístico – o seu *signans*
> e o seu *signatum*.

XVI                    POÉTICA EM AÇÃO

Ou, como ele dirá mais tarde a Haroldo de Campos, de modo incisivo,
respondendo à indagação do poeta brasileiro de "como se explicava a
sua extraordinária sintonia com a experimentação na arte, quando o
normal era encontrar lingüistas fechados no seu campo de especializa-
ção, ou, então, cultivando concepções artísticas bastante tradicionais":

> Veja [respondeu Roman Jakobson] desde minha juventude eu sempre
> fui muito ligado aos artistas. Khliébnikov, Maiakóvski, Maliévitch foram meus
> amigos pessoais. Primeiro vieram os artistas, poetas e pintores, depois "les sa-
> vants!..."

Foi precisamente a partir de suas reflexões sobre a arte do
primeiro destes amigos artistas – o poeta V. Khliébnikov – que o
resultado da fusão entre o jovem poeta de 1914 e o criador do Círculo de Moscou de 1915 encontrou a sua primeira expressão: o livro
*A Novíssima Poesia Russa*, publicado em Praga em 1921, mas datado de
Moscou, 1919.

O que conheço do livro são os fragmentos traduzidos e publicados por Tzvetan Todorov no volume precioso *Questions de Poétique*, de 1973. Nesta coletânea é o texto que, juntamente com o ensaio sobre o Futurismo, resume a fase inicial mais especificamente
formalista de Roman Jakobson vinculada aos trabalhos do Círculo
de Moscou.

Embora resultante das amplas investigações que, já àquela altura, Roman Jakobson fazia acerca das estruturas fonológicas da
linguagem (Mattoso Câmara Jr. refere-se a três trabalhos de juventude sobre o tema, um dos quais de 1916, no apêndice que publicou,
em *Fonema e Fonologia*, sobre "Os Estudos Fonológicos de Roman
Jakobson"), o ensaio de 1919 surpreende pelo modo como, visto na
perspectiva de sua posterior obra sobre poética, ali se encontram
formulados alguns dos princípios que serão retomados, matizados ou
ampliados em textos futuros. Mais ainda: princípios que encontram
os seus fundamentos na convivência com a poesia e a prática poética. Ressalta, por exemplo, o destaque que confere à prática futurista
russa da "palavra autônoma", utilizando-se do neologismo de
Khliébnikov – *samovitoe* –, e que ele próprio exercitara na poesia
"transmental" do livro de 1914, articulada a uma concepção teleoló-
gica da poesia – o que a distingue da "parola in libertá" dos futuristas italianos. Daí a afirmação iluminadora que, de uma ou outra maneira, passará a ser um ponto fulcral de suas reflexões sobre a poesia:

> Se a pintura é um pôr em forma material visual com valor autônomo, se
> a música é o pôr em forma material sonoro com valor autônomo, e a coreogra-
> fia material gestual com valor autônomo, então a poesia é o pôr em forma a
> palavra com valor autônomo, a palavra "autônoma", como diz Khliébnikov. A
> poesia é a linguagem em sua função estética.

O CONTINENTE ROMAN JAKOBSON                                    XVII

Mais tarde, sobretudo depois de suas participações no Círculo Lingüístico de Praga, Roman Jakobson enriquecerá a sua concepção da função estética, que ele substituirá por poética. De qualquer modo, como corolário dessa afirmação germinal, para os estudos literários a determinação do objeto desses estudos – quase vinte anos antes das reflexões de Paul Valéry expressas na "Première Leçon du Cours de Poétique", de 1937 – era de importância fundamental para a constituição de uma poética que pudesse vencer a paralisia e os mecanicismos dos vários positivismos do século XIX.

Assim [completa Roman Jakobson], o objeto da ciência da literatura não é a literatura mas a literariedade, quer dizer, o que faz de uma dada obra uma obra literária. Entretanto, até agora, os historiadores da literatura pareciam antes o policial que, pretendendo prender alguém, pegasse tudo o que encontrasse na casa, até mesmo as pessoas que passam na rua. Assim os historiadores da literatura serviam-se de tudo: vida pessoal, psicologia, política, filosofia. Em lugar de uma ciência da literatura, criava-se um conglomerado de pesquisas artesanais, como se se esquecesse que estes objetos vinculam-se às ciências correspondentes: a história da filosofia, a história da cultura, a psicologia etc., e que estas últimas podem perfeitamente utilizar os monumentos literários como documentos defeituosos, de segunda ordem. Se os estudos literários querem tornar-se ciência, devem reconhecer o *procedimento* como seu "personagem" único. A seguir a questão fundamental é a da aplicação, da justificação do procedimento.

Deste modo, não é apenas a fixação da poesia como parte dos estudos sobre a linguagem que orienta as reflexões jakobsonianas: o texto faz ressaltar uma percepção *in nuce* do próprio lugar dos estudos literários não como dependentes dos históricos mas insistindo numa complementaridade possível, articulada pela investigação do procedimento, núcleo das preocupações dos formalistas, quer do Círculo de Moscou, quer da OPOIAZ, sobretudo através da obra de V. Chklóvski. Aliás, este sentido da complementaridade já havia ficado expresso em passagem anterior:

Percebemos [diz ele] todo traço da linguagem poética atual em relação necessária com três ordens: a tradição poética presente, a linguagem quotidiana de hoje e a tendência poética que preside esta manifestação particular.

Não era, portanto, fortuito e casual que iniciasse a sua obra de lingüista, vivamente interessado na poesia, pelo estudo daquilo que havia de mais radical na poesia de seu tempo russo. As observações sobre a obra de Khliébnikov permitiam-lhe restabelecer aquelas três ordens referidas no texto. Na verdade, como afirma com acerto Boris Schnaiderman, no estudo que escreveu para a coleção brasileira de textos de Roman Jakobson, *Lingüística. Poética. Cinema* (Perspectiva, 1970), "Uma Visão Dialética e Radical da Literatura", contrariando mesmo o lugar-comum em vê-lo como formalista de mão única, "a visão de Jakobson é essencialmente historicista, embora de um historicismo que não vê na História apenas o 'estudo do passado'. O que ele quer é ver nas obras tanto do passado como do presente aquele fluxo que nos permite discernir o essencial e que obriga, inequivocamente, a uma visada para o futuro".

Estas considerações de Boris Schnaiderman precedem exatamente a percuciente análise que faz de alguns trechos da primeira obra sobre poética de Roman Jakobson.

Deste modo, a passagem do jovem poeta de 1914 para os estudos lingüísticos mais amplos e complexos fazia-se pela análise intensa e inovadora de uma poesia, como a de Khliébnikov, em que as articulações entre presente, passado e futuro, e portanto o próprio núcleo da história literária, eram fisgadas pela via concreta do procedimento. No mesmo momento em que do poeta brotava o lingüista, deste surgia o criador de uma consistente e coerente poética.

## DA LINGÜÍSTICA À POÉTICA

As investigações fonológicas de Roman Jakobson, sempre atentas para as relações entre *som* e *sentido* – que serão objeto das seis primeiras conferências que pronunciará, na década de quarenta, na Escola Livre de Altos Estudos de New York – respondem, em grande parte, pela configuração de sua poética, ao mesmo tempo que ampliam o seu campo de inquietações: basta ler o ensaio "À Procura da Essência da Linguagem", de 1965, incluído na antologia brasileira *Lingüística e Comunicação* (Cultrix, 1969), para verificar o modo pelo qual a leitura de Charles Sanders Peirce enriqueceu o seu campo de experimentação fonológica com os dados da Semiótica.

Na verdade, todavia, a passagem da lingüística à semiótica fizera-se, sobretudo, nos anos que se seguiram à sua transferência para a Tcheco-Eslováquia nos anos vinte. Um dos fundadores do Círculo Lingüístico de Praga, ele lançou, juntamente com o tcheco Jan Mukařovský, como diz Thomas Winner, em "Os Grandes Temas da Poética Jakobsoniana", "as bases de uma nova estética estrutural e semiótica".

Já em 1923, Roman Jakobson publica os resultados de suas pesquisas acerca da versificação tcheca comparada à versificação russa, em que os problemas das relações entre som e sentido são percebidos a partir de uma ótica estrutural, vale dizer, de complementaridade, onde os níveis fonológicos e semânticos são apreendidos como articuladores integrados do verso. Na linha do que fizera O. Brik, em "Ritmo e Sintaxe", escrito em 1920 e 1927, o *approach* estrutural de Roman Jakobson mantinha a tensão essencial entre som e sentido e que, mais tarde, Paul Valéry vai indicar como fundamento da poesia, falando em "hesitação entre som e sentido" – frase freqüentemente utilizada por Roman Jakobson em textos posteriores.

## O CONTINENTE ROMAN JAKOBSON                    XIX

No volume editado por Tzvetan Todorov – o já mencionado *Questions de Poétique* –, os estudos de Roman Jakobson capazes de revelar a orientação para uma estética semiótica, em sua fase tcheca, são, por exemplo, "Musicologia e Lingüística", "Decadência do Cinema?" (este incluído em *Lingüística. Poética. Cinema.*), "Notas Marginais sobre a Prosa do Poeta Pasternak", "A Estátua na Simbólica de Púchkin". Dois textos, entretanto, parece-me fundamentais para marcar a evolução das investigações teóricas em que se assenta a poética de Roman Jakobson por essa época: "Os Problemas dos Estudos Literários e Lingüísticos", de 1928, escrito em colaboração com J. Tinianov, e "A Dominante", de 1935.

No primeiro, a oposição sincronia/diacronia é repensada em termos complementares, apontando para dois elementos fundamentais dos estudos lingüísticos e histórico-literários: sistema e evolução.

Para a lingüística como para a história literária, a clara oposição entre o aspecto sincrônico (estático) e o aspecto diacrônico era uma hipótese de trabalho fecunda pois mostrava o caráter sistemático da língua (ou da literatura) em cada período particular da vida. Hoje as aquisições da concepção sincrônica obrigam-nos a reexaminar os princípios da diacronia. A ciência diacrônica reformulou por sua vez a noção de aglomeração mecânica dos fenômenos que a ciência sincrônica substituiu pela noção de sistema, de estrutura. A história do sistema é por sua vez um sistema.

O sincronismo puro parece ser agora uma ilusão: cada sistema sincrônico contém seu passado e seu futuro que são elementos estruturais inseparáveis do sistema.

(...) A oposição da sincronia à diacronia opunha a noção de sistema à noção de evolução; ela perde sua importância de princípio pois reconhecemos que cada sistema é-nos obrigatoriamente apresentado como uma evolução e que, por outro lado, a evolução tem inevitavelmente um caráter sistemático.

Vê-se de que maneira este texto trazia uma resposta contundente aos estudos histórico-literários fundados em bases evolucionistas: "a história do sistema é por sua vez um sistema". Estavam, deste modo, lançadas as bases para um reexame da própria noção de evolução na história literária e que fora objeto do justamente célebre texto de J. Tinianov, "Sobre a Evolução Literária", de 1928, que contaminará os estudos de J. Mukařovský e, através dele e de seu discípulo Felix Vodička, repercutirá nos estudos contemporâneos de H. R. Jauss e W. Iser.

O que se propunha era já uma História Estrutural da Literatura, liberta, por um lado, do sectarismo evolucionista do século XIX e, por outro, sendo capaz de, respeitando a imaginação do signo, como queria Roland Barthes, realizar a fusão dos tempos e espaços literários, como já previra Roman Jakobson em seu estudo sobre a "novíssima poesia russa".

No segundo texto – "A Dominante" –, alguns dos aspectos esquematizados no anterior, sobretudo o substrato de tensão fundamental entre os elementos sincrônicos e diacrônicos que faz descor-

XX                    POÉTICA EM AÇÃO

tinar um reexame da própria concepção da história literária, como se
viu, são articulados ao eixo em torno do qual gira o seu texto de
1919 sobre Khliébnikov: agora trata-se de ampliar a discussão acerca da própria função estética da linguagem a partir de um esquema
triádico das investigações levadas a cabo pelo Formalismo – "análise
dos aspectos fônicos de uma obra literária; problemas do sentido no
quadro de uma poética e integração do som e do sentido no seio de
um todo individual".

    É aqui que o conceito de dominante exerce um papel crucial.
Diz Roman Jakobson: "A dominante pode definir-se como o elemento focal de uma obra de arte: ela governa, determina e transforma os outros elementos. É ela que garante a coesão da estrutura".

    A partir desta afirmação, não somente é possível pensar na
convivência, num mesmo texto poético, de elementos diversificados
submetidos à função estética, desde que, como é dito adiante, "a
obra poética deve na realidade definir-se como uma mensagem verbal na qual a função estética é a dominante", mas, por outro lado,
diz Roman Jakobson, "uma obra poética não pode ser reduzida à
função estética, ela tem além disso outras funções. Com efeito, ar-
remata, as intenções de uma obra poética estão freqüentemente em
estreita relação com a filosofia, com uma moral social etc.".

    Afasta-se, desta maneira, do perigoso reducionismo que sem-
pre pairou sobre algumas das proposições do Formalismo Russo: a
noção de uma estrutura, em que a fenomenologia de Husserl foi decisiva para arejar a concepção da obra como procedimento, permite
uma reflexão capaz de integrar as diferentes funções desempenhadas
pela linguagem e que ele mesmo melhor esquematizará no ensaio
"Lingüística e Poética", de 1960. (Para a questão da presença da Fenomenologia na poética de Roman Jakobson é fértil o texto de El-
mar Holenstein, "Jakobson Fenomenólogo?", publicado no número
de *L'Arc* já citado.)

    Por outro lado, como contribuição importante para a percep-
ção mais ampla do conceito de dominante, é suficiente ler o seguinte
trecho do ensaio:

    Pode-se procurar a existência de uma dominante não somente na obra
poética de um artista individual, não somente no cânone poético e o conjunto
das normas de uma escola poética, mas também na arte de uma época, considerada como formando uma totalidade.
    Por exemplo, é evidente que, na arte da Renascença, a dominante, a sú-
mula dos critérios estéticos da época, era representada pelas artes visuais. As
outras artes eram orientadas para as artes visuais e situavam-se na escala de valores segundo seu afastamento ou sua proximidade a estas últimas. Ao contrário, na arte romântica, o supremo valor foi atribuído à música. É assim que a
poesia romântica vem a orientar-se para a música: o verso é organizado musi-
calmente; a entonação do verso imita a melodia da música.
    Esta organização em torno de uma dominante que, na realidade, é exte-
rior à própria essência da obra poética, pesa sobre a estrutura do poema no que

## O CONTINENTE ROMAN JAKOBSON XXI

concerne à sua textura fônica, sua estrutura sintática e seu campo retórico; ela modifica os critérios métricos e estróficos do poema, sua composição.

Na estética realista, a dominante pareceu ser a arte da linguagem e a hierarquia dos valores poéticos mudou conseqüentemente.

Sendo assim, o problema central da substituição dos estilos, na história da literatura e das artes, é vinculado não mais ao conceito de evolução, mas ao próprio sistema de elaboração das obras em que é básico o conceito de dominante, quer dizer, da análise daquele elemento que organiza os vários componentes da obra, traduzindo-se, deste modo, como catalisador estrutural. A história é resgatada não enquanto moldura mas enquanto qualidade do componente semântico que, articulado aos demais, garante, para usar os termos do próprio Roman Jakobson, "a coesão de estrutura" que é a obra. Daí uma afirmação essencial:

Na evolução da forma poética, trata-se muito menos do desaparecimento de certos elementos e da emergência de alguns outros do que de deslizamentos nas relações mútuas de diversos elementos do sistema, isto é, de uma mudança de dominante.

A partir destas reflexões que, em sua fase tcheca, delinearam claramente uma perspectiva estrutural e semiótica da poética, Roman Jakobson, depois de sua transferência para os Estados Unidos, vai configurar uma obra de estudioso da literatura sempre preocupado em apontar a passagem do som ao sentido, anexando à sua vasta erudição de eslavista as reflexões de alguns poetas de língua inglesa – como Hopkins e Poe – e propondo, de modo coerente, insistente tensão entre poética e história.

## DA POÉTICA À HISTÓRIA

É sobre a tela de fundo da tradição que a inovação é percebida. Os estudos formalistas demonstraram que é esta simultaneidade entre o manter a tradição e a ruptura com a tradição que constitui a essência de toda inovação em arte.

Estas são as últimas frases do texto sobre a dominante: elas podem servir de pórtico para as considerações a seguir.

De fato, uma das características dos estudos de Roman Jakobson sobre literatura é precisamente a relação tensa entre tradição e inovação. Se, por um lado, o analista da poesia de Khliébnikov está preocupado, como se viu, em perceber de que modo uma obra voltada para o futuro exige que o leitor saiba captar as linguagens do presente e do passado, por outro lado, o analista da função poética da linguagem não descuida de anotar a permanente contribuição, para a poesia, daqueles elementos cristalizados pela tradição que são recuperados pela invenção lingüística. É o caso, por exemplo, da grande importância concedida por Roman Jakobson às criações populares incorporadas ao folclore através, para usar a expressão de

## POÉTICA EM AÇÃO

André Jolles, das "formas simples", como os mitos, lendas, casos, contos, chistes, advinhas.

No ensaio fundamental para os estudos poéticos que é "Lingüística e Poética", publicado, em 1960, no volume organizado por Thomas A. Sebeok, *Style in Language*, é, de fato, notável como às considerações teóricas que acompanham as formulações acerca dos fatores e funções da linguagem juntam-se os exemplos extraídos, quer da chamada literatura culta, quer da tradição oral, compondo, com vitalidade, um quadro argumentativo de grande eficácia. Neste sentido, é essencial o modo pelo qual, no texto de 1960, explicita a linha central do ensaio escrito com Tinianov em 1928, isto é, a impossibilidade, para os estudos poéticos, de uma percepção apenas estática das investigações sincrônicas.

A poética sincrônica – diz ele – assim como a lingüística sincrônica, não deve ser confundida com a estática; toda época distingue entre formas mais conservadoras e mais inovadoras. Toda época contemporânea é vivida na sua dinâmica temporal, e, por outro lado, a abordagem histórica, na Poética como na Lingüística, não se ocupa apenas de mudanças, mas também de fatores contínuos, duradouros, estáticos.

Uma poética histórica ou uma história da linguagem verdadeiramente abrangente é uma superestrutura a ser edificada sobre uma série de descrições sincrônicas sucessivas.

Creio não ser exagero afirmar que as análises poéticas de Roman Jakobson constituem precisamente uma poética histórica nos termos em que ele a define. Se relacionarmos os seus estudos sobre temas e poetas particulares – o que, sem dúvida, daria uma obra de dimensões continentais –, teremos uma figura de história literária construída à base de "descrições sincrônicas sucessivas", *disjecta membra* de uma poética histórica. Uma poética em ação: a análise que busca entrever o dinamismo das relações entre sincronia e diacronia.

Foi esta exatamente a expressão por ele escolhida para denominar o livro que, por sugestão de Haroldo de Campos, organizei em sua companhia no ano de 1977 em encontros no MIT, Cambridge, Massachusetts. Lembro-me, por exemplo, das várias vezes em que repetia o termo "em ação" e me perguntava se, em português, carregava a noção não apenas de dinamismo, de atividade, mas de uma experiência direta com a vitalidade própria do texto poético. Na verdade, o que ele desejava era um título que pudesse marcar a passagem do tempo por entre as análises minuciosas que fazia, nos textos escolhidos para compor a coletânea, de temas e poetas particulares.

Iniciando-se por um texto preliminar em que comenta as investigações iniciais de Saussure sobre os anagramas ("A Primeira Carta de Ferdinand de Saussure a A. Meillet sobre os Anagramas"),

## O CONTINENTE ROMAN JAKOBSON    XXIII

o livro compreende duas partes: uma poética da prosa e uma poética da poesia.

Na primeira, incluindo dois textos, "O Mistério Burlesco Medieval" e "Notas Marginais sobre a Prosa do Poeta Pasternak", é de acentuar o modo pelo qual, ao estudar o *Unguentarius* do antigo tcheco, no primeiro ensaio, combina uma vasta erudição da tradição literária, indo a fontes populares e históricas da sociedade medieval, a uma refinada análise do verso tcheco, articulando observações de nível fonológico e sugestões semânticas a fim de marcar a historicidade do riso e do burlesco num momento em que a distinção entre sacro e profano é rompida pela criatividade popular e coletiva.

Na segunda parte, é de se perceber uma verdadeira história da poesia ocidental, começando pela leitura do soneto de Dante, "Se vedi li occhi miei", e passando por Du Bellay, Shakespeare, Blake, Yeats, Hölderlin, Baudelaire e E. Poe. Em todos, a marca inconfundível do lingüista e do semioticista que se revela na leitura do pormenor. Sobre eles, no entanto, o que se descortina é a presença iluminada e luminosa de um estudioso infatigável, movido por uma curiosidade voraz. Poesia, pintura, folclore, literatura erudita e popular, tudo se faz e refaz num movimento incessante.

Quando escolhíamos os textos em frias manhãs de Cambridge, o escritório do MIT parecia esquentar além das calefações pela presença agitada daquele homem de oitenta anos que ia e vinha da mesa oval às estantes que acolhiam seus inúmeros estudos em inúmeras línguas. Ilhas que, para mim, eram subitamente transformadas em continentes. O continente Roman Jakobson.

# I. PRELIMINAR

# 1. A Primeira Carta de Ferdinand de Saussure a A. Meillet sobre os *Anagramas**

Genebra, 12 de novembro de 1906

Caro amigo,

Antes mesmo de responder à sua carta, permita-me um agradecimento retrospectivo. Continua sendo muito atual para mim. Quero falar da prova de afeto que o senhor me deu, há alguns meses, no recinto do Collège de France, ao introduzir meu nome numa passagem de seu discurso de abertura e ao fazer uma menção que deveria ser sensível à minha amizade. É destas palavras mais do que amáveis, mas é também de todo o conteúdo de seu belo discurso [de abertura], tão rico de idéias e tão bem escolhido como aula inaugural, que queria falar-lhe numa carta de cujo destino não lhe direi nada: ele foi análogo ao de outras que o senhor conhece! – É por um novo pensamento também muito amigo que o senhor imaginaria colocar, na frente, meu nome para as conferências estrangeiras que se realizam no Collège de France, e é uma honra, que dificilmente se recusa, quando oferecida. Em princípio, aceito-a. Somente faço questão, caso a proposta se concretize, de que as pessoas que devem decidir saibam que não reconheço em mim nenhuma espécie de talento de oratória; de maneira que numa das alternativas que o Collège teria de seguir, segundo esta consideração, peço-lhe que elimine antecipadamente meu nome.

Em todo caso penso que é só para 1908 que a questão se proporia para mim, já pelo fato de que um sábio suíço, Sr. Naville, teve a honra de iniciar.

---

* *L'Homme*, XI (1971), pp. 15-24. Tradução de Sandra Nitrini.

4                POÉTICA EM AÇÃO

*Vejo entre parênteses (que não diz respeito mais diretamente[1] ao Collège de France), que o senhor menciona os* Nibelungen *como um dos meus assuntos de estudo. Exato! Acaso lhe escrevi sobre isso? Não creio tê-lo feito, isto teria acarretado para o senhor um mínimo de 25 páginas das quais não me lembro. Se me for concedido o tempo para retomar tal estudo, com certeza, gostaria de ter oportunidade para falar, em Paris, tanto desta lenda quanto dos princípios da lingüística. Mas, por outro lado, o estudo não tem nada a ver com a* **H**istória *das religiões; a não ser que a lenda como tal, mesmo sem intervenção de seres divinos, esteja compreendida na história das religiões? Sabe-se que a versão alemã dos* Nibelungen *não comporta pessoas divinas. A versão nórdica deixa-as aparecerem unicamente nas partes que foram acrescentadas, e, pessoalmente, refuto qualquer origem mitológica; de modo que se se tratar de religião, eu teria as mãos vazias, pelo menos de meu ponto de vista pessoal, se for preciso falar ·dos* Nibelungen.

*Creio que minha última carta era de Roma. Não sei se por inspiração dos túmulos dos Cipiões ou por outro motivo, passei, em seguida, meu tempo a [tratar] escavar o verso saturnino, sobre o qual chego a conclusões completamente diferentes das de Louis Havet.*

*Mas vou imediatamente acrescentar a isso um pedido que tencionava fazer-lhe, e a propósito do qual o senhor teria recebido uma carta se não tivesse me prevenido [,] a respeito de outra coisa:*

*Poderia o senhor, por amizade, fazer-me o favor de ler as notas sobre o* Anagramme dans les poèmes homériques *que reuni entre outros estudos, no decorrer das pesquisas sobre o verso saturnino, e a respeito dos quais eu o consulto [-aria, se o senhor] confidencialmente, porque é quase impossível àquele [que ele] que teve a idéia saber se é vítima de uma ilusão, ou se alguma coisa de verdadeiro está na base de sua idéia, ou se a verdade existe apenas parcialmente. Procurando por toda parte alguém que pudesse ser o controlador de minha hipótese, há muito que vejo apenas o senhor; [mas] e como eu lhe pediria ao mesmo tempo para manter toda discrição com relação a essa hipótese, talvez ilusória, é ainda ao senhor que eu recorreria por ter toda confiança nesse aspecto. Não escondo que, se aceitar, a próxima correspondência lhe levará doze ou quinze cadernos de notas. Entretanto, tais notas foram redigidas tendo em vista um leitor, lei que me impus, a fim de ter, por assim dizer, um primeiro controle [,e] face a mim mesmo, – portanto, não oferecem dificuldade de leitura. Em segundo lugar, posso dizer que não é necessário ler o todo, e como tudo se compõe de artigos separados, o mais lon· o dos quais não ultrapassando 8-10 páginas, a leitura não impõe _nhum esforço contínuo. Veja se tem tempo para isso, e responda-me com muita franqueza caso esteja [pelo contrário] sobrecarregado neste momento, como é quase de se prever no instante em que começam seus numerosos cursos do Collège de France e das outras Escolas. Sobre a*

1. A palavra "diretamente" foi acrescentada à margem por F. de Saussure.

A PRIMEIRA CARTA DE FERDINAND DE SAUSSURE... 5

*pergunta que me fez, posso apenas confirmar, com agradecimentos, a resposta que lhe dei no começo, aceitando para 1908, sem contar com meus escrúpulos de conferencista.*

*Seu amigo dedicado*
*F. de Saussure.*

As cartas de F. de Saussure a A. Meillet, que aparecem nos *Cahiers Ferdinand de Saussure* [citado *infra CFS*] (1964, pp. 89-130), foram entregues pela Senhora Meillet a Émile Benveniste, que observa no breve Prefácio desta importante publicação (p. 91) que parecem faltar algumas cartas desta série, em particular aquela em que Saussure "anunciava pela primeira vez suas pesquisas sobre o verso saturnino". Trata-se da carta que a Senhora Meillet descobriu por acaso, durante o verão de 1970, num livro da biblioteca de seu marido e que publicamos acima.

O "agradecimento retrospectivo", expresso por Saussure no começo desta carta, refere-se à "Aula Inaugural do Curso de Gramática Comparada no Collège de France", lida por Meillet na terça-feira, 13 de fevereiro de 1906, sob o título "O Estado Atual dos Estudos de Lingüística Geral". Falando dos mestres aos quais deve muito para sua formação intelectual, o sucessor de Michel Bréal lembra ainda – ao lado de James Darmesteter, morto prematuramente –

um outro nome: depois de ter proporcionado a nosso país dez anos de um ensino luminoso e ter suscitado ao seu redor as vocações científicas, o Senhor Ferdinand de Saussure retornou à sua pátria para ocupar a cadeira de gramática comparada na bela Universidade de Genebra. Nenhum dos que tiveram a felicidade de seguir jamais esquecerá aquelas aulas familiares da École des Hautes Études em que a elegância discreta da forma dissimulava tão bem a segurança impecável e a extensão da informação, e onde a precisão de um método inflexivelmente rigoroso apenas deixava mal entrever a genialidade da intuição.

Saussure, acostumado a invocar sua "epistolofobia" a fim de justificar os intervalos freqüentes e prolongados na sua correspondência, invoca-a mais uma vez para motivar sua intenção irrealizada de discutir o conteúdo do discurso de Meillet, mas, na verdade, é a divergência dos pontos de vista que deve ter contribuído para sua abstenção. A idéia da impossibilidade de abordar uma transformação lingüística "fora da consideração do sistema geral da língua em que aparece" e o recurso à pesquisa das leis gerais, tanto morfológicas quanto fonéticas, "que não valem para um único momento de desenvolvimento de uma língua, que, ao contrário, são de todos os tempos; que não se limitam a uma determinada língua, que, ao contrário, estendem-se a todas as línguas" e, portanto, "aplicam-se à humanidade inteira", pesquisa esta que, segundo o discurso de Meillet, "deve constituir doravante um dos principais objetos da lingüística", mostrava-se nitidamente incompatível com a ruptura completa entre a idéia do sistema e a das transformações fortuitas e cegas apregoadas, em seguida, por Saussure nos seus Cursos de Lingüística Geral.

6 POÉTICA EM AÇÃO

As primeiras seis conferências estrangeiras da Fundação Michonis foram proferidas no Collège de France, de 4 a 22 de novembro de 1905, pelo egiptólogo genebrino Édouard Naville, um parente de F. de Saussure e publicadas, em seguida, nos *Analles du Musée Guimet*, XXIII (1906). Foi por ele que Saussure recebera "algumas notícias (muito boas)" sobre a eleição de Meillet no Collège de France (cf. *CFS*, 21, p. 105). Finalmente, numa carta de Roma datada de 23 de janeiro de 1906, Saussure agradece a Meillet por lhe ter informado sobre sua nomeação oficial e lhe envia os "melhores votos para as novas funções" (*CFS*, 21, p. 106).

Segundo as informações dos arquivos do Collège de France que nos chegaram, por amável intermédio de Claude Lévi-Strauss, foi na Assembléia de 6 de novembro de 1906 que o nome de Saussure foi colocado na frente por Meillet para as conferências da Fundação Michonis em 1907, enquanto Paul Foucart, professor de epigrafia e antiguidades gregas, por ocasião da mesma Assembléia, propôs Charles Michel, o autor dos trabalhos sobre Jâmblico e os Evangelhos Apócrifos. Meillet deve ter imediatamente informado Saussure sobre seu projeto. A pronta resposta de Saussure, datada de 12 de novembro de 1906 (cf. *supra*) e adiando a questão até o ano de 1908, parece ter prorrogado a proposta de Meillet, e por fim, foram designados conjuntamente o filólogo Charles Michel, de Liège, e o historiador Alexandru Xenopol, da Universidade de Jassy.

Na verdade, é difícil explicar por que nunca se colocou o problema de convidar Ferdinand de Saussure ao Collège, apesar de ele "aceitar para 1908". Seus "escrúpulos de conferencista" não podiam ser tomados a sério, já que suas aulas, como dissera Meillet, manifestavam, ao contrário, uma "elegância discreta da forma". Infelizmente não possuímos nenhuma carta de Saussure a Meillet entre a de 12 de novembro de 1906 e a mensagem começada a 23 de setembro de 1907 e terminada "uns quinze dias" mais tarde, texto onde encontramos várias alusões difíceis de serem decifradas. Como observou Benveniste (*idem*, p. 107), elas "supõem uma carta anterior [e até poderíamos acrescentar: uma troca de cartas] que não temos". Saussure começa a mensagem de 1907 assim:

Sua carta causou-me antes de tudo *decepção* [a diferença de grafia aqui e no resto das citações provém do original], mas ela contém uma promessa, e eu a retenho com precisão, apesar de o senhor marcar o prazo para um número bastante vago de meses, e faço dela, desde agora, meu consolo (*ibid*.).

Tal alusão permite perguntar se, neste caso, não se trata do convite para o Collège, adiado mas sempre previsto para o futuro: "Nada poderia me dar prazer como a perspectiva séria, que o senhor me proporciona, de vê-lo" (*ibid*.).

Notemos que, de acordo com os dados dos arquivos do Collège de France, Ferdinand de Saussure jamais ensinou aí, embora a questão tenha sido colocada duas vezes: já na Assembléia de 18 de março de 1888, o predecessor de Meillet no Collège, Michel Bréal,

# A PRIMEIRA CARTA DE FERDINAND DE SAUSSURE...    7

propôs Saussure para sua "substituição condicional" no decorrer do segundo semestre; mas essa proposta, como mais tarde a de Meillet, não se realizou.

Refletindo sobre os temas apropriados para as conferências parisienses, Meillet deve ter interrogado Saussure sobre os *Nibelungen* como um de seus "assuntos de estudo". A resposta de Saussure, na carta de 12 de novembro de 1906 publicada acima, permite-nos, entre outras coisas, datar mais aproximadamente seu trabalho inédito sobre os *Nibelungen*, guardado na Biblioteca Pública e Universitária de Genebra[2].

Se me for concedido o tempo para retomar tal estudo, com certeza, gostaria de ter oportunidade para falar, em Paris, tanto desta lenda quanto dos princípios da lingüística. Mas, por outro lado, o estudo não tem nada a ver com a História das religiões; [...] de modo que se se trata de religião, eu teria as mãos vazias, pelo menos de meu ponto de vista pessoal, se for preciso falar dos *Nibelungen*.

Ao que parece, Meillet tinha em vista o interesse manifestado no Collège por conferências de caráter interdisciplinar que abordassem não somente a filologia, mas também a história das religiões, como o fez Édouard Naville, ao discutir nas suas aulas a civilização dos antigos egípcios, seus mitos e divindades, *O Livro dos Mortos* etc. A resposta de Saussure informa-nos mais uma vez sobre o papel oportuno que a poesia, ao lado dos "princípios da lingüística", desempenhou na sua pesquisa, no começo de nosso século. Refletindo sobre os temas a serem tratados nas conferências parisienses, Saussure confia a Meillet um novo problema de poética que estava se tornando, sob a etiqueta de *anagrama*, o ponto crucial e o objeto favorito de seu exame; talvez ele esperasse utilizar suas notas a esse respeito, "redigidas tendo em vista um leitor", para expor no Collège de France. Em todo caso, a carta de 12 de novembro de 1906 informa-nos sobre o começo dos estudos assíduos do lingüista a respeito da "poética fonizante e especialmente o anagrama".

Tendo tomado a decisão "de interromper" suas "ocupações e preocupações habituais", Saussure escreve a Meillet a 10 de fevereiro de 1906 que, por causa de "fadiga e excesso de trabalho", ele teve de se conceder umas férias na Universidade de Genebra e que, depois de ter passado o mês de dezembro em Nápoles, está residindo com sua mulher em Roma (Hotel Pincio, Via Gregoriana) "por uma temporada prolongada" (*CFS*, 21, p. 105). "Encontro-me muito bem", acrescenta, e sua carta de 23 de janeiro de 1906 traz alguns detalhes sobre o passatempo do sábio em "repouso necessário": "Inútil dizer-lhe que não faço grande coisa aqui. A inscrição arcaica

---

2. Cf. R. GODEL, *Les Sources manuscrites du 'Cours de linguistique générale' de F. de Saussure*, Paris, 1977, p. 136.

8                         POÉTICA EM AÇÃO

do Fórum é um divertimento muito indicado quando sinto necessidade de quebrar a cabeça" (*idem*, p.106). Uma alusão a esse trecho na carta de 12 de novembro (cf. *supra*) é seguida de uma informação sobre o novo quebra-cabeça descoberto pelo visitante de Roma. "Não sei se por inspiração dos túmulos dos Cipiões ou por outro motivo, passei, em seguida, meu tempo a escavar o verso saturnino, sobre o qual chego a conclusões completamente diferentes das de Louis Havet", o célebre autor do tratado *De Saturnio, Latinorum versu inest reliquiarum quotquot supersunt sylloge* (Paris, 1880). Cf. a carta de 14 de julho de 1906 em que Saussure resume os resultados de suas pesquisas sobre o verso saturnino: J. Starobinski, "Le texte dans le texte. Extraits inédits des Cahiers d'anagramme de F. de Saussure", *Tel Quel* (Paris, 1969, 37, pp. 3-33), pp. 7-10.

Ficamos sabendo ao mesmo tempo que foi "no decorrer das pesquisas sobre o verso saturnino" que Saussure, "entre outros estudos", reuniu "notas sobre o *Anagramme dans le poèmes homériques*". E já que é "quase impossível àquele que teve a idéia saber se é vítima de uma ilusão, ou se alguma coisa de verdadeiro está na base de sua idéia, ou se a verdade existe apenas parcialmente", Saussure faz questão de consultar Meillet como o único controlador possível, solicitando-lhe que mantenha toda discrição diante de uma hipótese "talvez ilusória". Se o destinatário o quiser de bom grado, doze ou quinze cadernos de artigos "o mais longo dos quais não ultrapassando 8-10 páginas", lhe serão enviados na "próxima correspondência".

Ora, apesar do oferecimento para ler estas "folhas sobre o anagrama homérico" feito e reiterado por Meillet, Saussure lhe comunica a 23 de setembro de 1907 que está decidido a lhe enviar antes um apanhado dos resultados a que chegou "sobre o saturnino latino". Este capítulo lhe parece "mais importante que o de Homero":

> Deixo a questão aberta provisoriamente para os chamados poemas homéricos, e volto ao que dizia ser meu ponto de partida – que eu teria talvez feito melhor se tivesse explorado Homero a fundo, desde o ano passado, em vez de sair pela tangente: [...] o saturnino latino me teria oferecido, creio eu, um campo mais seguro, se o tivesse imediatamente investigado a fundo, sem sair deste círculo (*idem*, p. 108 e s.).

Saussure acrescenta uma bela exposição das conclusões a que fora conduzido "pelo exame dos restos da poesia saturnina" e entrevê resolutamente a mesma "forma *anagramática* do fonismo" nos versos germânico e védico (*idem*, pp. 109-114).

Depois de ter recebido, primeiro, esta longa carta e, em seguida, num outro envelope, um manuscrito "um pouco avolumado" com notas sobre o saturnino, Meillet respondeu a Saussure por carta, cuja data exata permanece obscura:

> Sobre os fatos relativamente confusos que o saturnino traz, eu já tinha ficado muito impressionado com a nitidez das coincidências. Com as precisões

A PRIMEIRA CARTA DE FERDINAND DE SAUSSURE... 9

novas que o senhor traz, parece-me que teremos dificuldade em negar a doutrina no seu conjunto. Poderemos, naturalmente, discorrer sobre tal ou tal anagrama; mas sobre o conjunto da teoria, não creio.

E com sua perspicácia habitual, ele prognostica: "Vejo bem que teremos uma dúvida por assim dizer *a priori*. Mas ela resulta de nossa concepção moderna de uma arte nacionalista". Foi graças à ampla publicação de Jean Starobinski, "Les Amagrammes de Ferdinand de Saussure: textes inédits" (*Mercure de France* [citado *infra MF*], 1964, pp. 243-262), que pudemos tomar conhecimento deste notável documento (p. 261).

Saussure, que tinha esperado com angústia "a opinião de um amigo não prevenido, e julgando friamente" (*CFS*, 21, p. 112), reage vivamente na sua carta de 8 de janeiro à adesão sincera de Meillet:

Lembro-me com muita gratidão da ajuda amiga que o senhor me proporcionou no começo dessa pesquisa, quando falávamos do verso sarturnino, e o senhor me deu um apoio precioso com sua crítica; pois, acredito que sé não tivesse me confirmado que a idéia de anagrama não lhe parecia falsa, segundo os exemplos saturninos, eu não teria tido a idéia de prosseguir uma pesquisa que se soluciona completamente fora do saturnino e de meu primeiro objeto (*idem*, p. 119).

Notemos que, precisamente na mesma carta, o lingüista genebrino, atribuindo "importância de primeira ordem" à reação de seu aluno parisiense aos "cadernos de anagramas" que lhe enviava pouco a pouco, confessa que deixou completamente "de duvidar, não somente quanto ao anagrama, em geral, mas sobre os principais pontos que formam seu organismo, e que podiam parecer nebulosos" (*idem*, p. 118). "Decididamente não vejo mais – acha-se ele com direito de dizer – a possibilidade, no que me diz respeito, de manter uma dúvida"; e sua conclusão lhe parece absolutamente certa para todo o mundo, logo que se vir o caráter totalmente ilimitado do fato e de seus exemplos" (*idem*, p. 119). Num cartão postal de 10 de fevereiro de 1908, Meillet acrescenta à coleção de seu mestre um belo exemplo anagramático que ele diz ter encontrado ao abrir Horácio "exatamente ao acaso" (*Tel Quel*, 1969, 37, p. 32).

É muito surpreendente que os noventa e nove cadernos manuscritos de Saussure, consagrados à "poética fonizante" e, em particular, ao "princípio do anagrama", tenham podido permanecer ocultados aos leitores por mais de meio século, até que Jean Starobinski tivera a feliz idéia de publicar várias amostras cuidadosamente escolhidas e comentadas (*MF*, pp. 242-262). Como nos permitimos observar por ocasião de sua publicação (*Selected Writings*, 1966, t. IV, t. 685):

In the last years of his scientific activity, F. de Saussure fully realized how unexplored and obscure are the general questions of language and the problems of poetic texture as well. The theory and a analysis of the sound figures [jogos fônicos], particulary anagrams, and their role in the diverse poetic traditions as elaborated by him simultaneously with his renowned courses of general

10 POÉTICA EM AÇÃO

linguistics may certainly be counted among Saussure's most daring and lucid discoveries.

As mesmas oscilações contínuas entre a visão de um caminho aberto para os fenômenos que ele considera incontestáveis e o medo de ser "vítima de uma ilusão" caracterizam as pesquisas feitas por Saussure nos dois domínios. Seus estudos sobre o anagrama foram pelo menos "redigidos tendo em vista um leitor" e considerados pelo autor como partes "do livro" em preparação (cf. *MF*, p. 261) enquanto que, em matéria de teoria lingüística, ele se diz constantemente descontente "com a dificuldade que há, em geral, para escrever somente dez linhas com o sentido comum" (*CFS*, 21, p. 95) e rabisca apenas esboços esparsos, rejeitando cada vez mais a idéia de um curso publicado. Quanto à pretendida decisão finalmente tomada por Saussure de não publicar seus estudos sobre os anagramas, será preciso lembrar o que ele próprio disse sobre seu "talento" para interromper a publicação de seus artigos lingüísticos "não somente escritos, mas em grande parte compostos" (*idem*, p. 108).

Giuseppe Nava observa a "particular lucidez" com a qual este pesquisador soube afrontar "os aspectos antinômicos" que sua teoria da estrutura poética lhe apresentava (*CFS*, 1968, 24, p. 76), mas poderíamos empregar uma fórmula totalmente análoga a propósito das "antinomias" tratadas no seu Curso (ou melhor nos seus Cursos) de Lingüística Geral. Nos dois casos, Saussure coloca em relevo contradições inconciliáveis, prevendo a síntese com extraordinário discernimento, mas, ao mesmo tempo, preso a preconceitos de seu ambiente ideológico, que o impedem de tirar partido de suas próprias intuições.

Assim, a primeira das duas cartas de Saussure a Giovanni Pascoli, descobertas, publicadas e comentadas por Giuseppe Nava — a de 9 de março de 1909 — mostra-nos o autor profundamente atormentado pela questão de saber se "certos detalhes técnicos que parecem observados na versificação" são "puramente fortuitos, ou são *queridos*, e aplicados de maneira consciente?" (*idem*, p. 79). A segunda carta de Saussure ao poeta Pascoli, datada de 6 de abril de 1909, coloca várias vezes a mesma pergunta inquieta, trata-se ou não de "simples coincidências fortuitas":

1. "É por acaso ou com intenção"...?

2. "É ainda por acaso"...?

3. "É igualmente fortuito"...? (*idem*, pp. 80-81).

Entretanto a necessidade de tais tentativas feitas para "verificar a intenção" acha-se eliminada pelas observações breves, mas pertinentes, que descobrimos subitamente nos Cadernos de Anagramas. "A materialidade do fato", da qual o próprio poeta pode

A PRIMEIRA CARTA DE FERDINAND DE SAUSSURE... 11

dar-se conta ou não, permanece com força seja qual for o desígnio consciente do autor e o julgamento do crítico. "Quer o crítico, por um lado, e quer o versificador, por outro, queira ou não", como diz Saussure (cf. J. Starobinski, "Les mots sous les mots: textes inédits des Cahiers d'anagrammes de F. de Saussure", em *To Honor Roman Jakobson*, Haia-Paris, 1967, pp. 1906-1917, p. 1907). Mas, apesar desses desvios esporádicos, geralmente uma dicotomia factícia do fortuito e do premeditado pesava sobre a rede conceptual do pesquisador e entravava a edificação de sua doutrina lingüística assim como o fundamento teórico de suas profundas descobertas nas regiões inexploradas da poesia. Descobertas tanto mais surpreendentes que, neste caminho, Saussure não encontrou indicações para seguir, ao passo que nas teses de seu *Curso de Lingüística Geral*, ele se acha inspirado pela busca de alguns precursores.

O reconhecimento do papel decisivo da intenção latente e subliminar, na criação e na manutenção das estruturas poéticas, tornaria mais do que supérflua qualquer "hipótese de uma tradição *oculta* e de um segredo cuidadosamente preservado" (cf. J. Starobinski, *MF*, p. 256). Basta-nos lembrar as adivinhações russas que, como demonstramos muitas vezes nos estudos de folclore, compreendem, com freqüência, no seu texto, a palavra enigmática sob forma de anagrama, sem que aqueles que as propõem ou as resolvem suspeitem do fato anagramático.

A hipótese de trabalho, de que se serve Saussure ao desenterrar o anagrama nas literaturas antigas, foi a idéia de que "desde os tempos indo-europeus [...] aquele que compunha um carme tinha de se preocupar assim, de uma maneira *reflexiva*, com as sílabas que entravam no carme, e com as rimas que elas formavam entre si ou com uma determinada palavra" (*CFS*, 21, p. 114). Ora, precisamente para evitar o problema espinhoso que nos coloca a suposta "maneira *reflexiva*", o próprio Saussure foi tentado a considerar o "costume poético" dos anagramas, sem ter de decidir "qual devia ser sua *finalidade* ou seu *papel* na poesia" (*MF*, p. 256).

Não é somente a função do *anagrama* (como tal) que pode se entender, sem contradição, de modo diferente; é também sua relação com as formas mais gerais do jogo sobre os fonemas; e assim, a questão admite, de todos os lados, diversas soluções... Não são, evidentemente, as interpretações, as justificações imagináveis para tal fato que faltam: mas por que escolher uma delas e considerá-la, evidentemente, como a melhor, enquanto estou, de antemão, bem persuadido de que cada época poderia ver aí o que ela quisesse, e nem sempre viu a mesma coisa (*idem*, p. 257).
A razão *pode ter sido* [...] puramente poética: da mesma ordem que a que preside, em outra parte, às rimas, às assonâncias etc. E assim por diante. De maneira que a pretensão de querer dizer a alguma época *por que* a coisa existe extrapola o fato (J. Starobinski, "La puissance d'Aphrodite et le mensonge des coulisses")[Paris, *Change*, 1970, 4, pp. 91-118, p. 92].

Conseqüentemente, por tão paradoxal que isso possa parecer, são os cadernos inéditos em questão que, devendo sua origem ao in-

12 POÉTICA EM AÇÃO

teresse do comparatista pelo "princípio indo-europeu de poesia", apresentam suas primeiras e quase únicas tentativas de um trabalho de descrição concreta no plano da sincronia lingüística. Entre outras amostras esplêndidas, citemos suas observações sobre o primeiro hino do *Rg-Veda* que se resolve em números pares para todas as consoantes e em múltiplos de três para as vogais, e que acrescenta a esta "análise fônico-poética" uma verdadeira análise "gramático-poética" (*MF*, p. 250 e ss.). Nessas pesquisas, Saussure abre perspectivas inauditas ao estudo lingüístico da poesia. Ele mostra a necessidade de abordar as questões de detalhe, tais como a aliteração propriamente dita, com relação ao quadro "de um fenômeno também vasto e importante" (*CFS*, 21, p. 109), uma vez que "*todas* as sílabas aliteram, ou assonam, ou são compreendidas numa harmonia fônica qualquer" (*MF*, p. 245). Os grupos fônicos "fazem eco entre si", "versos inteiros parecem um anagrama de outros versos precedentes, mesmo a grande distância no texto" e "os polífonos, assim que surge oportunidade, reproduzem visivelmente as sílabas de uma palavra ou de um nome importante" quer figure no texto quer "se apresente naturalmente ao espírito pelo contexto" (*CFS*, 21, pp. 110 e ss.). A poesia "analisa a substância fônica das palavras seja para fazer delas séries acústicas, seja para fazer delas séries significativas, quando se alude certo nome", ou "palavra anagramatizada", segundo o termo saussuriano. Em suma, "tudo se responde de um modo ou de outro nos versos" (*MF*, pp. 252, 255), e segundo o esquema e os termos dos estóicos emprestados por Saussure para seu curso de 1911, no primeiro caso, o de uma "correlação de fonemas" considerada de uma maneira independente, trata-se de uma correspondência no plano dos significantes, e no outro, o dos "polífonos anagramáticos", os significantes desdobram seus significados.

O anagrama poético transpõe as duas "leis fundamentais da palavra humana" proclamadas por Saussure, a do vínculo codificado entre o significante e seu significado, e a da linearidade dos significantes. Os meios da linguagem poética fazem-nos mesmo sair "fora da ordem linear" (*MF*, p. 255) ou, como resume Starobinski, "saímos do tempo da 'consecutividade' própria da linguagem habitual" (*idem*, p. 254).

A análise lingüística dos versos latinos, gregos, védicos e germânicos, esboçada por Saussure é, sem nenhuma dúvida, salutar não somente para a poética, mas também, segundo a expressão do autor, "para a própria lingüística". "A genialidade da intuição" do pesquisador põe à luz a natureza essencial e, é preciso acrescentar, universalmente polifônica e polissêmica da linguagem poética e desafia, como Meillet bem observou, a concepção corrente "de uma arte racionalista", em outras palavras, a idéia oca e importuna de uma poesia infalivelmente racional.

No momento, esta obra torna-se-nos pouco a pouco acessível, graças às quatro preciosas publicações de Jean Starobinski citadas aci-

# A PRIMEIRA CARTA DE FERDINAND DE SAUSSURE... 13

ma[3]. Ora, a leitura destes belos fragmentos nos faz esperar, com mais impaciência ainda, a publicação final do conjunto dos noventa e nove cadernos – infelizmente inéditos durante uns sessenta anos – que "formam a parte considerável dos manuscritos" deixados por Saussure (cf. R. Godel, "Inventário dos Manuscritos de F. de Saussure entregue à Biblioteca Pública e Universitária de Genebra", *CFS*, 1960, 17), e que, erroneamente, tínhamos considerado como pesquisas singulares e estéreis.

---

3. Retomadas e reorganizadas em volume: J. STAROBINSKI, *Les Mots sous les Mots* (Paris, 1971). [Trad. bras.: *As Palavras sob as Palavras* – Os anagramas de Ferdinand de Saussure, São Paulo, Editora Perspectiva, 1974, Debates 97.]

# II. POÉTICA DA PROSA

# 2. O Mistério Burlesco Medieval* (*O Unguentarius* do Tcheco Arcaico)[1]

> *Qu'il s'agisse donc du noyau liturgodrama-
> tique qu'a constitué la commémoration de la nais-
> sance du Sauveur, ou bien de celui qui se rattache à
> sa mort et à sa résurrection, l'élément comique est
> en germe dans les premiers développements scéni-
> ques qu'a connus l'Eglise, comme ces développe-
> ments sont, em quelque sorte, latents dans la litur-
> gie.*
>
> M. WILMOTTE

> *De notre temps, sans doute, où tout s'est
> laïcisé ou se laïcise, même l'obscénité, de pareils
> usages ne sont que des indécences ...*
>
> S. REINACH

Conforme Henri Bergson "um homem, a quem perguntaram, certa vez, por que ele não tinha chorado durante um sermão em que todo mundo estava derramando lágrimas, respondeu: 'Eu não pertenço à paróquia!' " O filósofo acrescenta: "O que esse homem pensava das lágrimas seria ainda mais verdadeiro para o riso". Na aculturação dos emigrantes europeus da América, um dos mais penosos processos pelo qual eles têm que passar é o de compreender onde está a graça nas histórias em quadrinhos. Uma piada bem conhecida define um estrangeiro como um homem que ri de tudo, salvo de uma piada.

O que Bergson disse do riso seria ainda mais verdadeiro se acrescentássemos o deslocamento temporal ao espacial e tentássemos ser "cúmplices" daqueles que riram num passado remoto, quando tudo podia ser diferente – a gama de objetos habituais passíveis de riso, as várias intencionalidades do riso, as diversas atitudes em vista de seus alvos, a técnica mutável do cômico. Para facilitar o conhecimento completo de um rosto humano, a polícia, em sua coleção de fotografias de criminosos, justapõe duas fotos – uma de frente e outra de perfil, enquanto que os retratos bifrontes de Picasso apre-

---

\* Traduzido do original inglês – "Medieval Mock Mistery (The Old Czech *Unguentarius*)" – publicado em *Studia Philologica et Litteraria in honorem*, L. Sptizer (Francke Verlag Bern, 1958). A tradução francesa, de Marguerite Derrida, foi publicada em *Critique*, março 1974, 332. Esta tradução foi de grande utilidade porque pude recorrer a ela todas as vezes que não encontrei traduzidos para o inglês os textos citados em tcheco. [N. da T.]

1. Quero agradecer meus colegas Hugh McLean, Meyer Schapiro, Bartlett Jere Whiting e Harry Austryn Wolfson, pelas valiosas informações que me deram.

sentam ambos os ângulos simultaneamente. Assim, para nós, tanto o perfil quanto a imagem de frente são evidentemente *partes pro toto*, embora nenhuma dessas duas perspectivas sinedóquicas seja sentida como uma distorção. Entretanto, o perfil na miniatura tcheca medieval (cf. Matějček, p. 18) e, ao contrário, a face de frente na antiga arte egípcia significam caricaturas e são geralmente utilizados para representar seres vulgares, depravados e demoníacos.

A liturgia bufa dos festejos do Asno, praticada durante toda a Idade Média em muitas catedrais, igrejas e mosteiros da Europa Ocidental, era celebrada pelos subdiáconos e pelo clero secular das baixas ordens durante a época do Natal e, especialmente, na Festa da Circuncisão. Essas folias continuaram e se difundiram durante todo o século XIV, e como Gardiner assinala corretamente, "sem impedimento *efetivo*" (p. 16), até que foram denunciadas pela Reforma.

O espírito da Reforma ainda incipiente se pronuncia através de Jan Huss quando, em seu *Tractatus de precatione Dei*, em tcheco, e ataca essa tradicional representação, da qual ele próprio participara em sua juventude:

Que tamanho ultraje eles cometem na igreja, usando máscaras. Para minha tristeza eu também, na juventude, fui um mascarado! Quem poderia descrever tudo o que se passava em Praga? Nomeando bispo a um clérigo monstruosamente vestido, eles montam-no num asno com o rosto voltado para o rabo e conduzem-no para dentro da igreja para assistir à missa. E trazem um prato de caldo diante dele, e uma caneca ou tigela de cerveja; e ele come na igreja. E eu vi como (o asno) incensa os altares e, levantando uma perna, pronuncia em voz alta: Bú![2] E os clérigos traziam diante dele grandes tochas em lugar de velas. E ele vai de altar em altar, incensando por onde passa[3]. Depois vi como os clérigos viravam pelo avesso sua indumentária forrada de peles e dançavam na igreja. E o povo olha e ri, supondo que tudo isso é certo e sagrado, uma vez que tudo consta na rubrica e no preceituário deles. Belos preceituários estes: ultraje e infâmia!... Na mocidade, em anos e em razão, também me conformei a essa tola rubrica. Mas quando o Senhor me deu a compreensão das Escrituras apaguei essa rubrica, os preceitos ilusórios, de minha débil inteligência (Erben, p. 302).

O autor dessa passagem compreendeu perfeitamente que, para os paroquianos, a atitude em relação ao burlesco não era uma questão de seu enfoque piedoso ou ímpio, mas dependia da rubrica, do modelo ao qual todos eles aderiam. A perspectiva do próprio Huss revela a mesma tendência iconoclasta do começo da Reforma, tendência que se encontra também no *Tretise of Miraclis Pleyinge* de Wycliffite escrito no fim do século XIV, e que argumenta, em espírito puritano, contra os *ludi*, porque eles usam irreverentemente o nome de Deus e tentam impressionar o povo através de signos vazios e emoções fictícias (ver Mätzner, p. 224).

2. Cf. em francês "Prose de l'Ane": *Hez, Sire Ane, hez, car chantez, Belle bouche, rechignez...*

3. "Eles incensam com fumaça fedida das solas de velhos sapatos", segundo o relato dos teólogos de Paris, de 1445 (Chambers, I, p. 294).

## O MISTÉRIO BURLESCO MEDIEVAL... 19

De acordo com o cuidadoso estudo das *Asinaria* feito por Chambers (I, Cap. XIII e ss.) e por Gayley (Cap. III), a idéia diretriz dessa festa parece ser uma resposta paródica ao cântico *Magnificat* e, particularmente ao verso *Deposuit potentes de sede, Et exaltavit humiles* (*Luc*. 1:52). A inversão de *status* que este verso implica, o espírito de irreverência e de nivelamento radical encontraram sua expressão burlesca nos rituais do Asno. Todos os símbolos fantasiosos dessa liturgia bufa destinavam-se a anunciar, apreciar e assegurar a exaltação dos simples e dos humildes. O modesto quadrúpede participante da cerimônia era uma jocosa alusão aos asnos fiéis da história sagrada, pertencentes aos motivos dos *ludi* natalinos: a *asina* de Balaão instruída por Deus, o burro ao lado da manjedoura do Infante, e o burrico no qual a Virgem carregou seu Filho para o Egito.

A Festa do Asno é um dos muitos casos em que – para utilizar a frase dubitativa de um crítico tcheco – "o licencioso nasce do sagrado". É também um exemplo sugestivo das sobrevivências rituais pré-cristãs subjacentes nas festividades medievais. Ademais, a liturgia bufa atraía continuamente novos caldeamentos folclóricos que nela se infiltravam através das *cantilenae inhonestae* e *verba impudissima ac scurilla*, usadas pelos celebrantes dessas missas "infames", nos termos da Epístola dirigida aos bispos franceses pela Faculdade de Teologia de Paris, em 1445 (Chambers, I, pp. 293 e ss.).

*Quem quaeritis in praesepe, pastores, dicite?*
*Adest hic ...* (tropo de Natal).

Entre os Mistérios ingleses, o mais notável é a *Secunda Pastorum*, preservada no Manuscrito de Towneley, da segunda metade do século XV, mas provavelmente composto na primeira metade desse século pelo assim chamado mestre de Wakefield. Seus intérpretes, em primeiro lugar Homer A. Watt, revelam a unidade dramática que liga as duas partes do *ludus*, o longo prelúdio farsesco e o breve *Officium Pastorum*: o primeiro ato é uma Natividade Burlesca que parodia constantemente o Mistério da Natividade do segundo ato. O começo da peça, com o lamento dos pastores sobre o inverno rigoroso e os tempos difíceis para os pobres, contrasta com o céu claro e a fé dos pastores nos dias melhores que a Natividade de Jesus trará aos pobres. A impostura de Mak, contador de vantagens e ladrão de carneiros, introduz o tema da pseudonatividade. O lamento de Mak a respeito da fertilidade perene de sua mulher, juntamente com seu sonho imaginário que Gyll lhe dera um novo filho, prepara os espíritos dos três pastores para o anúncio falso de que seu sonho tinha se realizado. "Esta preparação", observa Watt, "não é inteiramente diferente do pré-conhecimento da vinda do Menino Jesus... *Ecce virgo concipiet...* " (p. 162). O pretenso [537] *chylde* [538] *That lygys in this credyll* [menino deitado neste berço], na verdade um carneiro roubado e abatido, depositado num berço, contrasta com o Menino numa manjedoura, que deve ser salvo de Herodes assassino e ladrão

20 POÉTICA EM AÇÃO

de crianças. ([644] *Ther lygys that fre* [645] *In a cryb full poorely,* [646] *Betwyx two bestys* [Eis aí este petiz, Em pobre berço jaz, Entre dois animais].) Esses animais, assim como as palavras da parábola de João, *Ecce agnus Dei* (*Jo.* 1:36), e, de outro lado, as duas procissões paralelas dos pastores com suas duas oferendas análogas, e finalmente a insistência de Gyll em que o carneiro não é um carneiro mas seu filho – tudo isso reforça a correspondência entre as duas partes do díptico de Wakefield, bem como a oposição entre elas. [607] *A pratty child is he* [608] *As syttys on a waman's kne* [Bela criança é ele / Assim sentado no colo de uma mulher]. John Speirs observa: "Nessa natividade bufa, na qual Gyll comicamente corresponde a Maria, ou a prefigura, fica sugerido, senão um nascimento miraculoso, pelo menos um acontecimento sobrenatural; Gyll afirma que seu filho foi metamorfoseado por um duende" (p. 116 e ss.).

Relembrando a ininterrupta tradição que, em quase todo o mundo associa as cerimônias jocosas e a bufoneria com a morte, o mesmo crítico levanta a hipótese de que a farsa do carneiro morto no berço "indica a presença da morte e do nascimento em sua associação imemorial" (pp. 102, 111). Speirs está certo ao negar que tais farsas religiosas pretendiam ser irreverentes para com a Igreja: "A natividade bufa não parece ter sido adotada com o espírito derrisório do ceticismo. A impetuosidade da farsa de Mak como um todo... deve antes ser interpretada como expressão da alegria do povo, uma vez que a significação de renascimento dos faustos de meio-inverno sobrepõe-se à significação de morte". O ritual pagão popular subjaz à representação do mistério. Seguindo o modelo costumeiro do drama das estações – a concatenação de morte e renascimento –, o poeta das estações da *Secunda Pastorum* utilizou uma narrativa popular, remodelando-a em função de suas necessidades dramáticas como, em geral, se tem admitido e como foi depois definitivamente demonstrado por Robert Cosbey. Essa narrativa é ainda corrente na América, bem como em diferentes países europeus. O fato de que seja constantemente recontada como um acontecimento local e recente testemunha sua facilidade de adaptação. Assim, para provar a importância de uma investigação completa do Senado sobre a corrupção, o Senador J. Thomas Heflin, do Alabama, em três de seus discursos no Senado, em 1931-1932, narrou com variantes a estória de Mak como um truque de um negro de Arkansas que roubou um leitão de 90 libras de Mr. Jones, e o enfiou num berço de pinho, assegurando ao xerife que era seu filho atacado de pneumonia, e balançando o berço cantava: "Little baby, don't you cry, You'll be an angel by and by!"[4] [Não chore meu nenezinho, Logo serás um anjinho] (cf. a cantiga de ninar de Mak: *Towneley Plays*, p. 130).

4. *Congressional Record*, 71st Congress, 3rd Session, vol. 74, pt. 2, p. 2243.

## O MISTÉRIO BURLESCO MEDIEVAL...

Mais uma vez, o mistério bufo combina elementos ritualísticos e pré-cristãos e faz uso inteligente do folclore.

> *Quem quaeritis in sepulcro...*
> *Non est hic, surrexit...* (tropo de Páscoa).

Na igreja tcheca, o espetáculo da Páscoa tem uma longa e curiosa tradição. Sua representação no convento Sancti Georgii Pragensis é registrada desde o século XII. Este *ludus paschalis*, desenvolvendo-se e crescendo durante toda a Idade Média tcheca, reflete as diferentes fases de seu desenvolvimento ocidental, mas reage aos sucessivos estímulos estrangeiros de uma maneira muito original, como destacou insistentemente o especialista em literatura tcheca latina Jan Vilikovský. Particularidades locais notáveis foram observadas na *Visitatio Sepulchri* de São Jorge, do fim do século XII, em suas mais recentes versões que incluem e desenvolvem a cena do *Unguentarius*[5], posteriormente na peça bilíngüe do século XIV e na farsa vernácula do vendedor de ungüento, na qual se inserem *cantiones* em latim. Além da farsa tcheca, foram conservadas variantes nos manuscritos posteriores, provenientes de diferentes regiões da Alemanha ao lado das similaridades aparecem alguns toques particulares na versão tcheca. Qualquer que seja a relação genética das variantes alemãs e tchecas, a versão tcheca pode ser estudada independentemente da alemã, no que diz respeito à sua forma e função.

A cena tcheca do *Unguentarius*, denominada "Mastičkař" pelos historiadores da literatura, é preservada em dois fragmentos: o mais antigo e mais longo (431 versos) pertence ao Museu Nacional Tcheco (*Mus.*), o mais recente e mais curto (298 versos) deve seu nome à cidade austríaca de Schlägel ou Drkolná (*Drk.*), onde foi descoberto. De acordo com Gebauer, o *Mus.* foi escrito nos meados do século XIV, e o *Drk.* na segunda metade desse século. A farsa tcheca deve ter aparecido no reinado de João de Luxemburgo (1310-1346), e não há suficientes razões para se supor uma origem mais antiga[6]. O fragmento *Drk.* interrompe-se bruscamente antes da cura do moço judeu e da subseqüente cena das três Marias, sendo que no começo falta a cena da contratação do primeiro aprendiz. Por outro lado, o texto *Mus.* omite a contratação do segundo aprendiz e, no final, faltam alguns versos que servem de conclusão e de transição para a *Visitatio* propriamente dita[7].

---

5. "Quando este fornecedor de ungüento aparece pela primeira vez é uma personagem muda. Mais tarde, num texto de Praga, do século XIV, ele fala, mas breve e reverentemente. Num texto ainda posterior de Praga, recomenda sua mercadoria como um mercador e está em vias de se tornar uma personagem cômica." (CRAIG, p. 34; cf. YOUNG, I, pp. 402 e ss., 673 e ss.).

6. Para uma visão oposta, ver. ČERNÝ, p.74.

7. Os dois fragmentos foram publicados muitas vezes, paleograficamente (por exemplo, por MÁCHAL) e em transcrição moderna (por exemplo, por HRABÁK E ČERNÝ); tanto o original quanto os textos transcritos são

## 22 POÉTICA EM AÇÃO

No meio do texto *Mus.* as três senhoras cantam em latim: primeiro cada uma delas executa sua própria estrofe, depois as três juntas respondem a uma canção latina cantada pelo herói, nomeado como *mercator* (*Mus.*) ou *medicus* (*Drk.*) nas indicações de fala e chamado Mestre Severín por seus interlocutores[8]. Depois dos dois primeiros versos cantados pela terceira Maria, os versos 254-255 (*Sed eamus unguentum emere, Cum quo bene possumus unguere*) são deliberadamente omitidos a fim de se evitar referência ao embalsamamento como propósito da visita ao sepulcro. Assim, esta parte contém apenas dois versos decassílabos contra três de cada uma das outras canções. A canção final comum às três Marias é reduzida a três decassílabos, enquanto que nas canções precedentes os decassílabos são seguidos de um verso-refrão de oito sílabas. Um refrão é comum às canções da *prima* e da *secunda* Maria, e o outro às canções da *tertia Maria* e do *mercator*. O *ludus paschalis* em decassílabos, e particularmente a cena do *Unguentarius* que se serve dessa métrica, nasceu na França, como foi descoberto por Wilhelm Meyer, e se difundiu pelo leste. Talvez a fórmula tirada de uma prece popular, reproduzida no primeiro verso da canção da primeira Maria − [234]*Omnipotens pater altissime* −, tenha sido o ponto de partida das estrofes decassílabas (ver Dürre, 17).

O autor do *Unguentarius* tcheco joga com essa forma de verso e se serve disso para ligar as passagens em latim com o quadro vernáculo delas. O mesmo acontece com o *tercia Maria cantet* em latim e depois o *dicit ricmum* em tcheco: o primeiro e o último versos deste *ricmus* são decassílabos, contrastando com os octassílabos predominantes (cf. 258-260): [257]*Jako sě ovčičky rozběhajiú...*[262]*A mnoho nemocných usdravoval*[9] [Como se dispersam as ovelhinhas ... E ele curava muitos doentes]. Assim que a compra dos ungüentos é anunciada pelo aprendiz Rubín e vem à baila pela primeira vez o pedido de bons ungüentos pelas três senhoras, observa-se imediatamente um gosto pelos versos decassílabos. Rubinus: [215]*É, žadný mistře, rač vesel býti*, [216]*Chce k náma dobrý kupec přijíti* [Eh, querido senhor, fique contente, Um bom cliente vem à nossa tenda]. O mercador pergunta se as três senhoras não o conhecem: [223][A]*fy, Rubíne, dobrých mastí ptajiú.* [224]*A zdať ty mne, Rubíne, neznajiú?* [E aquelas, Rubín, que ungüentos bons pedem. Aquelas lá, Rubín, não me conhecem?]. Rubín, em decassílabos *ad personas*: [232]*Slyšal jsem, že*

---

agora facilmente disponíveis na antologia de Kunstmann (pp. 93-113), à qual eu me refiro também para outros textos em tcheco arcaico, reproduzidos nessa útil coletânea.

8. Sobre a alternância dos dois títulos nas variantes alemãs do *Unguentarius*, ver HEINZEL, p. 56.

9. Na *Visitatio* tcheco-latina do século XIV, há uma tendência a transpor o metro decassílabo dos versos latinos para sua tradução tcheca, por exemplo: *Cum venissem unguere mortuum, Momumentum inveni vacuum − Když běch přišla léčiti mrtvého, Ndjidech hrob a v ňem nikohého.* (MÁCHAL, p. 102; JAKOBSON, p. 449).

## O MISTÉRIO BURLESCO MEDIEVAL... 23

*drahých mastí ptáte* (cf.[320]). [Ouvi dizer que quereis ungüentos caros]. *Marie dicunt* ao mercador: [338]*Proto také mastí nehledámy...* [342]*Aby sě tiem šlechetnějie jměло.* [343]*Máš-li mast s myrrú a s tymiánem...* [355]*Milý mistre, rač nem to zjěviti.* [Por isso, não procuramos ungüentos tais...para que ele seja o mais nobre possível. Se tiveres ungüento com mirra e timo... Caro senhor, comunica-nos]. Em resposta, *mercator dicit* às três Marias: [358]*Za tři hřivny zlata sem jiu dával.* [Eu venderia por três moedas de ouro]. O colóquio reverente com as senhoras transforma-se na briga de Severín com sua mulher, ambos os contendores usando decassílabos paródicos: [372]*Mnohé ženy ten obyčěj jmajiú,* [373]*kdy se zapiú, tehdy mnoho bejiú.* [374]*Takéž tato biednicě nešvarná...* [Muitas mulheres têm esse hábito, De falar muito quando elas bebem. É o que faz esta vilã infeliz]. *Uxor clamat:* [386]*To-li je mě k hodó nové rúcho...* [389]*Dáváš mi poličky ze oděnie...*[É essa minha veste nova para o jantar de festa? Tu me dá tapas em lugar de vestes...]

A distância simbólica entre as *sedes* das três Marias e a barraca do mercador não é vencida pela troca das *cantiones* latinas. Cada Maria canta sua estrofe *deinde dicit ricmum.* As duas primeiras falas traduzem efetivamente os lamentos latinos de *Maria Magdalene* e de *Maria Jacobi*; mas as estrofes subseqüentes, sobre a aquisição de especiarias e a intenção de ungir o corpo de Cristo, permanecem sem tradução porque ainda não chegou o momento para a entrada efetiva das senhoras na parte da cena destinada ao mercador e às negociações delas com ele. O desejo de Maria Salome, *unguere corpus domini sacratum,* é substituído em seu *ricmus* tcheco por um lamento por Jesus, o mestre que cura ([259]*Takéž my bez mistra svého,* [260]*Jesu Krista laskavého,* [261]*Ješto nás často utěšoval,* [262]*A mnoho nemocných usdravoval* [Como nós sem nosso mestre, Jesus Cristo tão amado, Que nos reconfortava sempre, E curava muitos doentes]).

Em suas expressões em tcheco, Severín responde apenas ao discurso tcheco das Marias, e não ao latino. Convida as senhoras a se aproximarem de sua tenda e a comprarem ungüentos, mas antes de negociar ele se arrisca a agir como um curandeiro e manda Rubín se ocupar imediatamente do homem morto (*umrlec*): "para fazer uma demonstração a estas senhoras e para a reputação de meus ungüentos" ([274]*Temto paniem na pokušenie,* [275]*A mým mastem na pochválenie*). A composição foi mal entendida por Schmidt.

Imediatamente, segue-se uma ressurreição bufa. Com a ajuda de Rubín, Abraão traz à cena o corpo sem vida de seu filho Isaac. As alusões desses nomes ao tema da ressurreição são evidentes. Lerch pesquisou exaustivamente a associação entre o sacrifício de Isaac e o de Cristo na tradição medieval e patrística: dizia-se que o filho de Abraão prefigurava o Filho de Deus, e Jesus era chamado "o verdadeiro Isaac". A caminho da tenda, Abraão promete recompensar Mestre Severín se seu filho for curado. A cena oferece uma mistura grotesca de estilo elevado e estilo coloquial, introduzido por

# 24 POÉTICA EM AÇÃO

um verso em solene decassílabo – [276]*Bych mohl vzvěděti od mistra Severína* [Eu poderia aprender com Mestre Severín] e com uma oferta, sob a forma de trocadilho, de [278]*tři hřiby a pól sýra* [três cogumelos e meio queijo]: *sýra* corresponde a *syna* [filho], enquanto que *tři hřiby* é um substitutivo para a remuneração geralmente solicitada pelo charlatão – [297]*tři hřiby* [três moedas]. Na chegada, Abraão dirige-se reverentemente ao "honrado e eminente mestre" ([279]*Vítaj, mistře cný i slovutný!*), a quem pede que ordene a seu filho Isaac que se levante de entre os mortos ([283]*By ráčil mému synu z mrtvých kázati vstáti*). Em recompensa, ele lhe promete muito ouro. Invocando dramaticamente a ajuda do Filho de Deus ([301]*Pomáhaj mi, Boží Synu*), o Nome Divino ([303]*Ve jmě Božie jáz tě mažiu*) e seus próprios artifícios ([304]*Jiužt chytrostiú vstáti kážiu*), Severín ordena a Isaac que se levante e louve o Senhor, Maria Santíssima e Seu Filho: [307]*Vstaň, daj chválu Hospodinu,* [308]*Svaté Mařie, jejie Synu!* No fragmento da *Visitatio sepulchri* do Museu palavras similares são utilizadas por Ortulanus para anunciar a Ressurreição à Maria Madalena: [47]*Chvaliz svého Hospodina,* [48]*Jesu Krista Svaté Mari Syna* [Louva teu Senhor, Jesus Cristo, filho de Maria Santíssima] (Máchal, p. 119).

Os versículos do Evangelho – *Et ait: Adolescens, tibi dico, surge. Et resedit qui erat mortuus, et coepit loqui* (*Luc.* 7: 14, 15) – foram parodiados no imperativo de Severín "Vstaň" (levanta-te) e na resposta de Isaac. *Quo finito fundunt ei feces super culum. Ipse vero Yssaak surgens dicit ricmum.* Esta resposta começa com um quarteto de versos de sete sílabas, de ritmo uniforme, três dos quais terminam numa palavra monossilábica que produz um efeito cômico, reforçado ainda por rimas em trocadilhos *ach!* – *spách, spách*-v*stach*, a*vech! ach!* – z mrtv*ých* v*stach,* v*stach* – nó*strach*):

> [309]*Avech! auvech! Avech! Ach!*
> *Kak to mistře, dosti spách,*
> *Avšak jako z mrtvých vstach,*
> *K tomu se bezmál nóstrach.*

[Ai ai! Ai ai! Ai ai! Ah! Ronquei, mestre, muito lá, Me vi entre os mortos cá, Ai, vou nas calças me borrar.]

O verso de interjeições ([309]) repete e exaure o repertório de exclamações típicas dos lamentos da Virgem em tcheco antigo. "Planctus da Mãe de Deus na Sexta-Feira Santa": [13]*Ach auvech auvech auvech...*; [27]*Auvech auvech, žalosti i bieda* [Ai, Ai, tristeza e desgraça]; [32]*Auvech auvech, túho má veliká* [Ai, Ai, minha grande tristeza]; [64]*Ach, auvech, ach bieda mně* [Ah, Ai, Ah desgraça para mim]; [134]*Auvech, auvech, hoře mého* [Ai, Ai, minha aflição]; etc. (Truhlář, pp. 192 e ss.); "Planctus da Virgem Maria": [3]*Ach avech, slyšěla sem zlú novinu* [Ah, Ai, notícia má ouvi]; [6]*Ach...*; [51]*Auvech, mojě žalosti*; etc. (Nejedlý, pp. 401 e ss.); Maria Madalena, num fragmento da peça de Páscoa: [21]*Ach mně...*; [73]*Auvech, kto by sě toho*

## O MISTÉRIO BURLESCO MEDIEVAL... 25

*nadal* [Ah...quem duvidaria]; [90]*Ach, veliká mojě núzě* [Ah, grande é minha miséria]; etc. (Máchal, pp. 118 e ss.). Ecos dos cânticos marianos podem também ser encontrados na súplica de Abraão: [280]*Jáz sem přišel k tobě smutný,* [281]*Hořem sám nečiujiu sebe!* [Enlutado vim para ti; estou fora de mim, de tanta tristeza] – cf. Truhlář, *l.c.,* [112]*Čiujiu mdloby k srdciu jdúce;* [179]*Až ot tebe smutná pojdu* [Sinto meu coração quase desfalecendo; Quando de luto eu me afastar de ti]. Do mesmo modo, o lamento de Abraão – [285]*Pohynulo nebožátko!* [O infeliz pereceu] – rimando com *dě átko* [criança], reitera um modelo mariano. Cf. o "Lamento da Virgem Maria" no manuscrito de Hradecký: [367]*Nepohyne t tvé dělátko* [Teu filho não perecerá] (Patera); "Stella Maris": [15]*Pros za ny nebožátka* [16]*Svého zmilitkého dělátka* [Orai por eles teu infeliz, Tua amada criança] (Kunstmann, p. 15).

Os versos seguintes do quarteto de Isaac [(309-312)] – "Como dormi, mestre, mas levantei-me como dentre os mortos, e além disso quase defequei" – marcam a representação como uma suposta ressurreição, similar à suposta natividade da "lytyll day-starne" [pequena estrela divina] de Mak. Ambas não são senão prefigurações farsescas dos mistérios sublimes. O nome do paciente do charlatão faz alusão ao Isaac bíblico que, em contraste com Jesus, não fez senão um suposto sacrifício.

A louvação de Isaac a seu salvador – [313]*Děkujiu tobě, mistře, z toho,* [314]*Ež mi učinil cti přieliš mnoho* [Eu te agradeço, mestre, por me ter concedido tamanha honra] – é uma paráfrase de uma passagem da conhecida "Oração de Kunhuta" (Kunstmann, pp. 8 e ss.), composta por volta do começo do século XIV: [17]*Děkujemy tobě z tvého* [18]*Z milovanie velikého...* [25]*Chvála tobě, Bože, z toho,* [26]*Ježe činíš divóv mnoho* [Nós Te agradecemos por Teu grande amor... Louvado seja, ó Deus, por tantos milagres]. A citada súplica de Abraão também inclui uma fórmula – [282]*Protož snažně prošiu tebe,* [283]*by ráčil...* [Portanto eu Te peço insistentemente que consintas...] – que é uma reminiscência da "Oração de Kunhuta": [88]*Proto prosím, Bože tebe...* [96]*Rači* [Portanto nós Te pedimos, ó Deus... Consinta...]. A louvação de Isaac ao mestre que, ao invés de ungir sua cabeça, como é de costume, unge todo seu *culum* com ungüentos [(315-319)], parece ser uma paródia do verso *Oleo caput meum non unxisti: haec autem unguento unxit pedes meos* (*Luc.* 7:46).

Segundo o Pseudo-Mateus, quando a Sagrada Família fugia para o Egito, Jesus disse: "...*Ego viam vobis breviabo, ut quod spatio triginta dierum ituri eratis, in hac una die perfeciatis".* *Haec illis loquentibus ecce prospicientes videre coeperunt montes Aegyptios et civitates ejus... Et in unam ex civitatibus. Aegypti quae Sotinen dicitur ingressi sunt.* O nome da cidade varia: *Sotinen, Sotrina, Sihenen* (Bonaccorsi, p. 200)[10]. Tornou-se *Kamnys* quando essa estória en-

---

10. Com esse último nome, cf. o verso na "Prose of the Ass" – *Hic in collibus Sichen* (YOUNG I, p. 551; GAYLEY, p. 42): o que manifesta a conexão

26        POÉTICA EM AÇÃO

trou para a *Infantia Jesu*, em versos tchecos, escrita, como prova
Havlík (p. 242), no começo do século XIV (Vybor, col. 402): " *'Dnes
vám Kamnys dám viděti, Do ňehož nám bylo za třidcěti dní jíti',
A když tam jdúce mluviechu, Před Kamnys méstem sě uzřiechu"*.
["Hoje eu vos deixarei ver Kamnys, a qual devíamos ter alcançado
em trinta dias". E enquanto eles caminhavam, conversando, encon-
traram-se diante da cidade de Kamnys]. No elogio de Abraão a seu
"filho prodígio" encontra-se uma caricatura desse milagre com a
reinterpretação estranha de Kamnys como *kamna*, "fogão": ' -280*A když
na kamna* vsedieše, 290*Tehdy vidieše,* 291*Co sě prostřěd jistby
dějieše* [Ao sentar-se no fogão, viu o que ocorria no meio do apo-
sento].

    O outro prodígio atribuído por Abraão a seu filho – 287*Bielý
chléb jědieše* 288*A o rženém nerodieše* [Ele comia pão branco e não
fazia caso do pão de centeio] – alude às estórias da *Infantia Jesu*, o
qual, em período de fome, fazia crescer trigo milagrosamente (Výbor, col. 404, 410). O terceiro e último prodígio – 293*Když pivo
uzřieše,* 111*Na vodu oka neprodřieše* [Quando avistava a cerveja, ele
não dirigia os olhos para a água] – parodia o *miraculum in Cana Ga-
lilaeae*[11].

    Depois da ressurreição burlesca, Severín convida as três se-
nhoras a se aproximarem e escolherem as especiarias. O tema da
ressurreição é deliberadamente suprimido. As paráfrases dos textos
eclesiásticos desaparecem. Os versos tornam-se mais irregulares:
assim, entre os quatorze versos ditos pelo charlatão, em forma de
pregão (323-336), apenas dois são octassílabos. Rimas fantasiosas
aparecem ligando formas gramaticais divergentes de nomes próprios
e comuns que criam correspondências sonoras surpreendentes:
323*Mařie* – 324*mast z zamořie*; 325*pátek* – 326*z Benátek*. O mercador propõe com má vontade os cosméticos, "se as senhoras gostam de pintura" (333*Líčíte-li sě, panie, rády*, rimando comicamente com *líč*ka i
b*rady*). Ele possivelmente se lembrou de uma anterior compra de
cosméticos pela *prima Maria*, mas é polidamente repelido pelas três
Marias: "Não queremos atrair rapazolas" (337). Pela primeira vez, no
nível vernáculo da peça, a intenção de proteger o corpo de Cristo
com ungüentos é manifestada pelas visitantes e reconhecida por Se-

entre os Ritos do Asno e a Oitava da Epifania, quando a fuga para o Egito era co-
memorada.
    11. Os milagres burlescos, atribuindo um caráter sobrenatural aos
acontecimentos corriqueiros, freqüentemente ocultam, de maneira jocosa, tau-
tologias por sinonímia ou permutação. Assim, no lugar do milagre dos cegos
que voltam a ver, o *Sermo paschalis bonus* em tcheco arcaico (MÁCHAL,
pp. 132 e ss.), anuncia os milagres de cegos que não vêem e aleijados que man-
cam (168*slepí...nevidali* 169*a chromí...kulhali*). Por outro lado, a cena do *Un-
guentus* alemão celebra o doutor milagroso que faz os cegos falarem e os mudos
comerem: *Dve blinden macht er sprechen, Dye stummen macht er essen* (BÄSCH-
LIN, p. 22).

O MISTÉRIO BURLESCO MEDIEVAL... 27

verín [339-354]. Não há traços do motivo da revivificação, desenvolvido em diversas variantes do *ludus paschalis* tcheco. Cf. Máchal, p. 151: [29]*Ale poďme masti kupovati,* [30]*Kterúž bychom mohly uléčiti* [31]*Tělo Pána přeslavného* [Mas compremos algum ungüento com o qual possamos curar o corpo do mais glorioso Senhor]; Máchal, p. 99: *Ješto môžem zaléčiti* [12]*Rány našeho tvorcě milého* [Pois podemos curar as feridas de nosso bem-amado Criador]; p. 102: [53]*Když biech přišla léčiti mrtvého* [Quando eu vim para curar os mortos]. É o efeito putrefaciente da morte e do sepultamento que é agora enfatizado pelo mercador: [350-351]*...mrtvé tělo... dlúho v hrobě hřbělo* [o corpo morto... apodreceu durante muito tempo no túmulo]. A única indicação à cena anterior da revivificação é a referência ao preço estabelecido de três moedas.

Mestre Severín foi capaz de consolar o velho Abraão, ma; ião pode fazer nada para dissipar a profunda dor ([359]*veliký smutel.*) das três Marias; e oferece um desconto. Essa oferta é seguida de um violento protesto do *uxor mercatoris*, cujas queixas mesquinhas contrastam, notavelmente, com os lamentos exaltados das três senhoras. O uso de um terceto e um quarteto monorrímicos contribui para o efeito cômico. O texto original do quarteto deve ter sido este:

> [364]*I co pášeš sám nad sobú*
> *I nade mnú, chudú robú?*
> *A proto ty lkáš chudobú,*
> *Já také, hubená, s tobú!*

[Que males fazes a ti E a mim, pobre rapariga? E por isso tudo ficas, Como eu fico, coitada, na míngua!]. O desentendimento conjugal, tradicional nas farsas, termina com uma sova, e as queixas da mulher: [386]*To-li je mé k hodóm nové rúcho,* [111]*Že mě tepeš za mé ucho?* [A pancada que me dás no ouvido é meu vestido novo para o jantar de Páscoa?][12].

Essas pancadas de Páscoa refletem uma velha tradição popular, largamente difundida na Europa e ainda conhecida nas aldeias tchecas com os nomes de *mrskačka* [chibata, chibatada], *šlehačka* [palmatória, ato de bater com um objeto liso], ou *pomlázka* [um feixe de vimeiro novo ou varas de salgueiro]: as mulheres são açoitadas ou esbofeteadas por homens, em particular por seus maridos. *Mariti... verberant uxores et hoc virgis de mane in lecto, vel manibus*, como uma testemunha do século XIV, Konrad Waldhauser, anotou em sua *Postilla studentium sanctae pragensis universitatis*. Os termos correntes são conhecidos a partir do século XV: segundo Rokycana, *Dívky s pacholky pomlázejí se a mrskají* [As moças e rapazes "se rejuvenescem" e se açoitam uns aos outros] (cf. Zíbrt, 1889, pp. 77 e ss.;

---

12. Cf. a variante alemã: *Ja, ja leyder Sin das dye nuwen cleyder, Dye du mir czue desen ostern hast gegeben?* (BÄSCHLIN, p. 18).

28 POÉTICA EM AÇÃO

Holub e Kopečný, p. 286; Stumpfl, p. 297, com um testemunho do século XII). Rimas especiais de Páscoa celebram o desempenho, como por exemplo: *Pantáta se, rozzlobil, Dal paňmámě šňupičku* [O dono da casa ficou com raiva, Deu um sopapo na patroa], ou ainda: *A tu vaší paňmaminku Vyšlohat nechejte!* [E tua mulher, dê-lhe chicotadas] (Plicka, pp. 131, 134). Uma outra querela, envolvendo pancadaria mais baixa, é uma repreensão mútua entre os dois aprendizes, interrompida por um semelhante "Pare!" ([429]*Přěstaň*), retarda outra vez a entrega dos utensílios às Marias. O que devia se seguir, se o fragmento do Museu incluísse o fim da cena, é o usual: *Quibus acceptis, accedant ad Sepulchrum* (cf. Young, I, p. 403).

A peça não se limita a um arranjo de sagrado e profano, este parodiando o sagrado: duas camadas cruzam-se no profano – o pomposo médico charlatão é ridicularizado pela comicidade grossa de seus aprendizes. Uma hierarquia múltipla é construída. Pustrpalk serve Rubín, como Rubín serve Severín: *Drk* [229 e ss.]: "Rubín, meu caro senhor (*milý pane mój*), sou teu obediente servo... Vamos, nós dois, servir melhor nosso senhor (*svému pánu*)". – "Caro Senhor" ([387]*Milý pane*), *Phillipus dicat ad Ihesum* na Paixão tcheca, descoberta nos fragmentos de Drkolná junto com o *Unguentarius* (Máchal, p.96), [389]*Rač nám ukázati otcě svého*, [390]*Toho pána nebeského* [Dignai-vos mostrar-nos vosso Pai, ó celestial Senhor].

A conversa entre os aprendizes é a mais rica coleção de vulgarismos registrados no antigo tcheco, alternando-se com extratos sofisticados de poesia tcheca contemporânea. Rubín cita um tereeto gnômico do *Alexandreis* (versos [503 a 505]: cf. Trautmann, p. 7), depois de ter expresso a mesma máxima de maneira rude e popular: [95]*Však proto i hovna jiuž neimáš* [É por isso mesmo que nem merda tens tu]. A cômica disputa genealógica dos aprendizes, conduzida em verso livre, puramente coloquial, com rimas jocosas de três sílabas ([415]*Vavřěna – zavřěna*, [419]*Hodava – prodává*), remodela certas passagens introdutórias da *vita* de São Procópio, transcrita em versos livres no começo do século XIV (cf. Jakobson, p. 431). *Mus.*: [403]*To tobě chciu pověděti – Prokop* [O que quero te contar – Procópio]; [2]*Co jáz vám chciu pověděti* [O que quero vos contar]; *Drk.*: [203]*Známy tě, kteréhos rodu*, [204]*Všaks biřicóv syn z Českého Brodu – Prokop* [Nós sabemos tua procedência, tu és filho do preceptor de Český Brody]: [29]*Svatý Prokop jest slovenského roda*, [30]*Nedaleko ot Českého Broda* [São Procópio é de origem eslava, não longe de Český Brody] (Kunstmann, p. 288).

Rubín insiste no fato de que ele tem sempre divulgado a glória de seu mestre ([210]). De fato, exalta-o usando adornos tais como a aliteração ("[119]*Mého mistra masti mohú spomoci*" [Os ungüentos de meu senhor podem ajudar]) ou a rima homônima: *Právět veśde jeho jmě světie*, [55]*Krátcě řkuce, po všem světě*, [56]*Nikdiež jemu nenie rovně* [Em todo lugar, na verdade, seu nome é celebrado; em suma, em nenhuma parte do mundo inteiro existe alguém como ele]. Este lou-

# O MISTÉRIO BURLESCO MEDIEVAL...

vor é, contudo, imediatamente contrariado por uma pilhéria escatológica grosseira de Rubín ([37]*Kromě zeť prdí neskrovně* [Salvo que peidos ele não poupa]). O charlatão, na verdade, é difamado por seu assistente, tanto na fala quanto na canção introdutória: [27]*Seď*, *vem přišel mistr Ypokras* [28]*de gratia divina*, [29]*Neniet horšieho v tento čas in arte medicina*. [31]*Komu která nemoc škodí* [32]*A chtěl by rád živ býti*, [33]*On jeho chce usdraviti*, [34]*žeť musí duše zbýti* [Mestre Hipócrates te procurou pela graça de Deus: até hoje não surgiu ninguém pior na arte de curar. Quem padece de algum mal e gostaria de continuar vivo se submete ao seu dom de curar e, desse modo, forçosamente, lhe entrega a alma]. Segundo o aprendiz, seu mestre não assegura nem a ressurreição dos mortos nem a recuperação dos moribundos, mas apenas um despacho de pessoas doentes para a eternidade. No *ricmus* subseqüente, Rubín descreve como, depois do tratamento de Severín, seu paciente "enrijece-se de vez" ([70]*se náhle vzpručí*), enquanto a *Infantia Jesu* diz que Jacó enrijeceu-se de repente (*sě zpručí*) e morreu, mas Jesus ordenou-lhe que se levantasse imediatamente (Výbor, col. 417)[13].

É digno de nota o fato de que a forma musical da canção macarrônica de Rubín siga, fielmente, a versão de São Jorge da *Visitatio*, precisamente a melodia do colóquio "Maria" – "Raboni" que simboliza a Ressurreição de Cristo (V. Nejedlý, pp. 235 e ss., 246, 282 e ss.). O modelo silábico da *cantio* de Rubín – 2(8 + 7) – é idêntico à forma silábica das antífonas cantadas pelas Marias quando elas foram *unguere Iesum* (ver Young, I, p. 375). Talvez a primeira intervenção de Severín, depois da canção de seu aprendiz, um chamamento repetido três vezes – [73, 89-90]*Rubíne, Rubíne!* – seja uma alusão trocadilhesca a "*Raboni*".

No fragmento Drkolná do *Unguentarius* tcheco, depois da solicitação de Abraão, rotulado simplesmente como *Judeus* nas rubri-

---

13. Segundo Rubín, "nem na Boêmia nem na Morávia, como mestres doutos afirmam, nem na Áustria nem na Hungria, nem na Baváia nem na Rússia, nem na Polônia nem na Carintia... em nenhum lugar há alguém que possa ser igual" a seu mestre ([49,56]). Qualquer que seja a relação genética entre essa tirada e a lista das viagens do charlatão no monólogo do Rubín alemão ("Er hat durchfaren manche lant, Hollant, Probant, Russenlant" etc), a versão tcheca "weicht inhaltlich von den deutschen Fassungen ab" (BÄSCHLIN, pp. 23 e ss.) parece conter uma alusão ao poema tcheco contemporâneo *De memoria mortis* (ver Kunstmann, p. 153). Esses versos didáticos descrevem a onipotência da Morte "na Hungria, na Alemanha, na Morávia, na Boêmia, na Polônia e em Zittau", em resumo, "em todos os países" (*po všech zemiech*, ou como diz Rubín, "no mundo todo" (*po všem světě*). A estrofe seguinte desse poema afirma a impossibilidade de resistir à morte com ungüentos – "*nekalad masti*". Esta última palavra rima com *vlasti* [países], e a mesma rima, [58]*masti*–[59]*vlasti*, aparece no dístico contíguo da fala de Rubín. Deve-se notar que a imagem popular da morte era aplicada a seu pretenso antagonista.

30 POÉTICA EM AÇÃO

cas[14], o médico charlatão promete fazer reviver o jovem morto. Convoca seus aprendizes para prepararem o ungüento adequado e, depois de uma rápida discussão, eles se põem a trabalhar, certos de que novos fregueses "de um distante país" ([236, 246]z daleké vlasti), obviamente as três Marias, devem aparecer. A apresentação que Rubín faz das drogas é, principalmente, dedicada a um afrodisíaco, "o primeiro e mais precioso ungüento que nem Praga nem Viena possuem" ([253-254]). Na cena da revivificação de Isaac no Mus., o charlatão profere uma fórmula mágica, visando a ressurreição:

[303]Ve jmě božie jáz te mažiu
Juizf chytrostiú vstáti kážiu.

[Em nome de Deus eu te unjo e, agora, por meu poder eu te ordeno que te levantes]. No Drk. Rubín promete um efeito miraculoso do "precioso ungüento" para qualquer esposa afligida pela inércia noturna de seu marido ([153]Kteráž mužě žena jmá, [154]Ješto v noci nevstává [Qualquer mulher que tenha marido que de noite não levanta] e utiliza uma fórmula erectiva análoga, com rima similar:

[259]Když svému mužiu málo pomažeš,
Kdy chceš kokrhati jmu kážeš.

[Se teu marido for ungido, podes obrigá-lo a cantar como um galo sempre que desejares][15]. O galo, estreitamente associado ao simbolismo erótico na tradição popular[16], está, ao mesmo tempo, ligado com o ritual da Páscoa. – O "suporte para o galo" tem um lugar central no palco da Paixão (ver Chambers, II, p. 84). Em sua instrutiva monografia Der Risus Paschalis, H. Fluck explica: "dass zum Zwecke des Ostergelächters eine Hilfperson, ein 'Paurenknecht' zugezogen wurde, der durch sein Kikeriki der Predigt den nötigen Anschauungs – bzw. Anhörungsunterricht geben musste" (p. 198). Nas rimas populares tchecas, relacionadas com a mrskačka [costume de dar chibatadas] da Páscoa (Plicka, p. 136), Kohoutek kokrhá, Slepička kdáče, Panimáma do komůrky Pro vajíčko skáče! [O galo canta, a galinha cacareja, a dona-de-casa pula na despensa à procura

14. O primeiro verso do monólogo do judeu, cantado num tom monótono – [62]Chyry, chyry, achamary – tem sido interpretado como "uma imitação da fala judia" (MÁCHAL, p. 220). Mas o mais provável é que se trate simplesmente de exclamações tchecas: Chyry, chyry! Ach, a mary! [Doenças, doenças! Ai, e morta!]. Cf. em dialeto polonês, chyra [doença]; em tcheco antigo, chyravý ou churavý [doente]; em russo xiret [definhar]; em tcheco mary [morte], literalmente "esquife".

15. No Mus. Rubín anuncia o ungüento afrodisíaco por meio de uma comparação com a vara ([175]Vstane jmu jako pól žebračie holi. [Ele a verá erguer-se como a bengala de um mendigo]).

16. Cf. em particular, o costume tcheco – "a pena capital do galo" (ver ZÍBRT, 1950, pp. 541–572).

## O MISTÉRIO BURLESCO MEDIEVAL... 31

do ovo]. *Mrskačka* e *kupačka* [dar um banho], outro antigo costume pascal – *iuvenes obdormientes matutinum de mane proiiciuntur in aquam*[17] – são sugeridos numa canção de Páscoa da Morávia (*id.*, p. 139), com um jogo extravagante de símbolos tradicionais, tais como o carneiro de chifre de ouro, a vara dourada, o galo e a água. Nesta canção ritualística a senhora, chamada a pular na água, responde: *Nač bych já tam skákala, Sukničku si máchala, Kde bych ju sušila? U Pámbička v koutku, Na tom zlatým proutku, Ten proutek se ohýbá, Kohout na něm kokrhá* [Por que logo eu deveria entrar na água e molhar minha saia? Onde vou secá-la? – No aconchego de Deus, sobre aquela vara dourada. Aquela vara verga, e o galo canta sobre ela]. Na Páscoa, as moças tchecas oferecem a seus namorados ovos pintalgados como pegas e chamados *straky* [pegas] (Zíbrt, 1950, pp. 262 e ss.). Enquanto prepara o ungüento milagroso para reviver o moço *Judeus*, Rubín canta uma dessas *cantiones scuriles* que o alto clero de Praga tentou suprimir, pelo menos *in atrio ecclesiae* (ver Höfler, XVI e ss.). Esta canção é semelhante às charadas eróticas eslavas que acompanhavam a festa de casamento ou o despertar dos noivos: [237]*Straka na strače přeletěla řěku*, [238]*Maso bez kosti provrtělo dievku*... [Uma pega numa pega cruzou o rio, Carne sem osso furou uma moça]. Nas superstições da Europa Central, ver uma pega significa morte, enquanto que ver um casal de pegas pressagia recuperação[18]. Uma réplica engraçada à imagem da dor, devida ao socamento da carne sem osso, é a queixa de Rubín sobre a dor em seus ossos de tanto socar especiarias: [243]*Mistře, jiuž sem tuto mast tlúkl dosti*, [244]*Až mě bolejiú me vše kosti* [Senhor, soquei tanto este ungüento, Tanto que meus ossos têm quebranto]. A interpenetração da bufoneria impetuosa e do mistério elevado surpreendeu e chocou os eruditos de espírito vitoriano que estudaram o teatro medieval. Para citar um, dentre inúmeros exemplos, lembraremos J. Truhlář (1891), que sentiu "repugnância" pela cena central do *Unguentarius* tcheco, o "cúmulo da obscenidade a mais grosseira" que "em sua sujeira e infâmia está além de todos os limites da decência" (pp. 19, 33, 173). Da mesma forma, Dürre (1915): "Die Krämerszene war der Nährboden, auf dem der stinkende Pilz des Spielmann-Humors prächting gedieh" (p. 41). A falácia de tal atitude "modernizada" diante da bufoneria sem censura, intimamente associada com representações religiosas, foi denunciada de forma convincente por Gardiner: "É uma traição à história deixar uma nuance puritana posterior contaminar a mente e a imaginação dos freqüentadores do teatro medieval" (p. 4).

17. *Postilla studentium* de Waldhauser, citada a interpretada por ZÍBRT, 1889, p. 82 e 1950, pp. 263 e ss. Também nos rituais balcânicos, esses dois símbolos eróticos – bater com varas e emergir numa corrente de água – aparecem como sortilégios ligados à colheita (ver CHAMBERS, 1933, p. 220).

18. *Handwörterbuch der deutschen Aberglauben* II (Berlim, 1929/1930), pp. 795 e ss.

32  POÉTICA EM AÇÃO

Tanto para o dramaturgo quanto para o espectador medieval não havia blasfêmia no mistério burlesco, assim como no teatro espanhol a reverência cavalheiresca não podia ser ferida pelos *intermezzi* nos quais os lacaios imitavam a intriga principal da peça, o caso de amor de seus nobres senhores. A fé na Eucaristia, a Natividade e a Ressurreição eram poderosas demais para serem abaladas por uma paródia. A ressurreição farsesca tornava risível não a bem-aventurada Paixão, mas as inanidades deste mundo em contraste com os veneráveis eventos da história sagrada.

No palco medieval, o *vulgus* falava e agia vulgarmente. Mesmo *Iesus quasi in specie Ortulani apparens*, por oposição a *Iesus in specie Christi*, fala a Maria Madalena como um jardineiro comum. Por exemplo, num *Ordo truim personarum* em tcheco antigo (Máchal, p. 160): [240]*A protoż náhle beř mi sě s oči pryč,* [245]*Nebť zlámu o hlavu tento rýč.* [246]*A netlač mi po cibuli,* [247]*Ať nedám rýčem po rebuli!* [Dê o fora logo, ou quebro esta pá na tua cabeça! E não pise na cebola, senão te meto a pá no traseiro][19].

O princípio da encenação medieval era o de muitas *sedes* distintas distribuídas no espaço do palco. A peça ocorria nessas *sedes* de modo intermitente ou mesmo simultâneo, sendo que um valor invariável era atribuído a cada um desses lugares. Assim, para a cena do *unguentarius* era necessária uma *sedes* separada da do Sepulcro. O resultado era uma maior autonomia dessas ações locais, uma pluralidade dentro da unidade dramática. Os *loci* eram integrados no todo da peça e permaneciam correlacionados mesmo quando a tenda do *unguentarius* era transferida de um altar lateral para o local do mercado.

O requisito *ioca seriis miscere* era típico da abordagem medieval da arte dramática. Não se pode senão concordar com Curtius: "Na Idade Média encontramos *ludicra* no interior de gêneros e domínios os quais, para nosso gosto moderno regido pela estética clássica, excluem completamente tais misturas"(p. 424). A *farsa* estava intimamente ligada ao mistério, como a própria etimologia sugere. Certas porções do Ofício eram recheadas, burladas por interpolações primeiramente latinas e depois vernáculas: "tal combinação era chamada *farsia, farsura, epistola farcita* ou *farsa*, e o uso mais tardio dessa palavra para designar uma cena cômica indica o caráter que ela deve ter assumido anteriormente"(Wickersham Crawford, p.8). A tradição da *farsa*, preenchida por ingredientes antagônicos e, de modo geral, o caráter sincrético da gastronomia do fim da Idade Média,

19. Brincadeiras análogas do jardineiro bufão ocorrem nas variantes alemãs do *ludus paschalis*, "wenn auch die Gelegenheit (segundo Wirth) recht unpassend (!) ist" (p. 203): ' Ist ditz guter vrouwen reht, Daz sie hie gent scherzen als ein knecht, Als vru in diseme garten, Als ob sie eins jungelings waeren warten?". Notamos uma alusão similar ao passado de Madalena no *Unguentarius* tcheco.

# O MISTÉRIO BURLESCO MEDIEVAL... 33

estão em harmonia com o "estilo mesclado" da peça gótica. Poderíamos simplesmente citar uma receita típica do mais antigo livro tcheco de culinária, na cópia que restou do fim do século XV. Para preparar úbere cozido (*zadušenina z výmena*), aconselha-se ao cozinheiro que acrescente "todas as espécies de temperos, exceto açafrão", gemas de ovo, amêndoas, pão branco, passas, sal, manteiga, ou gordura, vinho, e mel puro ou açúcar[20]. Enquanto em nossa cozinha o gosto picante é destinado aos *hors-d'oeuvres*, o doce à sobremesa e a dosagem ao prato principal, nos pratos típicos do fim da Idade Média todos esses atributos se misturam. Similar era o julgamento sobre a vida expresso no *Alexandreis* (fragmento de Jindřichuv Hradec), no começo do século XIV:

[279]*Protož i při každém skutcě*
*Zisk ve strátě, radost v smutcě*
*Su spřěžena v jedno pútce.*

[Assim, aconteça o que acontecer,/Ganho na perda e alegria na desgraça,/Tudo está no mesmo embrulho]. Os estudiosos que procuraram austeramente a descontinuidade, a incoerência e a discordância no *Unguentarius* tcheco, não levaram em consideração o papel vital do contraste na poética e na arte teatral da época gótica, nem o efeito cômico do incongruente. Segundo o fragmento *Drk.*, Rubín tem os intestinos soltos ([152]*Ano mi sě chce velmi sráti* [Sim, quero muito obrar]). Ele corre, enquanto *Angeli cantant: Silet, silete*, depois em tcheco [155]*Mlčte, poslúchajte!*, o que parece ao crítico uma inserção "totalmente desprovida de sentido" e "obviamente estranha" (cf. Černý, pp.70 e ss.). Mas o que o dramaturgo visa é simplesmente o contraste hilariante entre os anjos dando atenção ao desejo humano (Silêncio, ouçam!) e o homenzinho insignificante respondendo com um *"obcenus sonus"* que era, como observa Curtius, "muito popular na Idade Média, especialmente no humor eclesiástico (p. 435).

Às palavras do salmo pascal – *exsultemus et laetemur* – o praticante medieval respondia com o ritual do *risus paschalis*. Numerosas fontes testemunham que "der Risus paschalis tatsächlich *liturgish* mit dem Ostergottesdienst offiziell verbunden war"(Fluck, p.199). Na Europa Central, os sermões pascais eram freqüentemente recheados com *ludicrae fabellae*, sempre com alusões cômicas à

20. "Pegue um úbere, ponha no fogo para cozinhar. Quando estiver cozido, limpe-o, pique-o e acrescente todos os temperos. Em seguida, acrescente gemas de ovo sem as claras, depois esmague amêndoas e uvas secas e acrescente-as também a gosto, salgue e frite em manteiga ou banha. Faça em seguida um molho com uvas secas socadas no pilão e acrescente uma fatia de pão branco torrado, depois dissolva em bom vinho, ou vinho da Itália, e coe num pano. Em seguida, acrescente mel puro ou açúcar e coloque dentro o úbere picado em pedaços e deixe cozinhar, salgue mais uma vez se lhe agradar, e depois de colocar todos os temperos, exceto o açafrão, reserve"(ZÍRBT, 1927, p. 113).

## POÉTICA EM AÇÃO

Ressurreição – "je lächerlicher desto besser" (*id.*, p.205). Erasmo de Rotterdam queixava-se do uso que os pregadores da Páscoa faziam das *fabulas confictas*, *plerumque etiam obscoenas*, que um homem decente não ousaria contar mesmo numa mesa de taverna (*Ecclesiae Basileae*, 1535, p.136). Um espécime típico do humor pascal é o *Sermo paschalis bonus* tcheco do século XIV (Máchal, pp. 132 e ss.): [157]*Ba mám psáno v starém záchodě* [Encontro escrito numa latrina velha...], num contraste burlesco com a seqüência assonante... *v starém zákoně* "no Antigo Testamento" (cf. rimas como [370]*panie* – [371]*dadie* no *Mus*). A paródia da Bíblia é sublinhada por uma imitação espirituosa do hebreu: [159]*Skorbrys abraham azbynuky* [160]*psslka*...[21] Depois, o Sermão da Montanha é travestido:[160]...*ktoż má dvě sukni,* [161]*Prodaj jednu, kup sobě meč* [Se tens dois casacos, vende um e compra uma espada] – cf. *Mat.* 5:40. As farsas ligadas ao mistério da Ressurreição – o *Unguentarius* ou, na França, os *Peregrini* e *Le Garçon et l'Aveugle* (cf. Cohen, 1910 e 1912)[22] – são igualmente os veículos do *risus paschalis*. O próprio charlatão diz a Rubín, logo no começo do fragmento do *Mus:* [4]*Dávě liudem dosti smiechu* [Nós dois proporcionamos muito riso às pessoas].

Nessa farsa, as *personae dramatis* muitas vezes fazem alusão à aproximação da festa da Páscoa. A mulher de Severín menciona o próximo jantar de Páscoa ([386]), ele mesmo se refere à recente Sexta-Feira Santa ([325]) e ao bolo de Páscoa ([131]*mazanec*) que está sendo assado, enquanto Rubín discute a substituição do menu de Quaresma pela carne de cabrito, o prato da Páscoa ([220]). Tanto o mestre como o aprendiz oram ao Filho de Deus ([135],[301],[308]). Da mesma forma, lemos na *Secunda Pastorum* que o terceiro pastor, mesmo antes do nascimento de Cristo, invoca a cruz de Cristo e São Nicolau ([118]); "Chrystys curs", diz o primeiro pastor ([147]), e o falso sortilégio noturno de Mak termina com as palavras "poncio pilato, Cryst crosse me spede!"([267 e ss.]). É inadequado, contudo, atribuir anacronismos aos dramaturgos. Severín, assim como Mak, era, ao mesmo tempo, uma testemunha do drama evangélico e um contemporâneo de seus espectadores perenes. "Os acontecimentos representados anualmente", diz John Speirs sobre as peças de mistério, "não cram concebidos como se tivessem acontecido de uma vez para sem-

---

21. Segundo uma comunicação do Professor H.A. Wolfson, "as palavras *Skorbrys abraham*, a serem lidas *Zekor berith Abraham* [Lembra-te do pacto de Abraão], são as palavras de abertura de uma *Selihah* [Prece de penitência], escrita num acróstico alfabético triplo, *Azbynuky p(ñ) stika*, isto é, "um acróstico alfabético para uma *Selihah*". A abreviação *p̄* significa *pri* ou *pñ*; *az-buky* [AB], o nome que a igreja eslava dá para o alfabeto era conhecido na Praga de Carlos (cf. A. BAECKLUND, "Das Stockolmer Abecedarium", *Uppsala Universitets Ārsskrift*, 1942; 9, pp. 120, 130 e ss.).

22. Essas cenas "sont la matière même du mystère travaillée et refondue dans un sens comique, et avec un comique toujours plus accentué" (p. 129)

# O MISTÉRIO BURLESCO MEDIEVAL...

pre em períodos sucessivos no passado. Na representação anual, esses acontecimentos não estavam sendo simplesmente comemorados. Eram concebidos como outra vez. Ocorrendo, como *tendo* de ocorrer outra vez" (pp. 90 e ss.). A pancronia é a unidade de tempo que governa a estrutura do mistério anual.

As palavras *emerunt aromata* (*Mar.* 16:1), que deram origem à cena do *Unguentarius*, inspiraram um neologismo imaginoso da farsa-*ščinomata*, uma contraparte jocosa de *aromata*, como compreendeu Černý (p. 22): foi cunhado a partir de *ščina*, uma designação vulgar de urina; esse material servia para preparar um ungüento anunciado por Rubín no *Drk.*: [277]*Dělánaf je z ščinomat*, [278]*Pustrpalk jiu dělal chodě srat* [Fabricado com "pissomata", que Pustrpalk fazia ao defecar]. Esta prescrição engraçada reflete a utilização tradicional da urina na medicina popular, incidentalmente retomada na farmacêutica moderna. Contudo, a oposição evidente entre as *aromata* devocionais e as escatológicas *ščinomata*, como motivo principal do *Unguentarius*, escapou à atenção de Černý que, por mais estranho que pareça, ainda acredita que a farsa *ready-made*, puramente profana, foi criada separadamente para depois ser anexada e apenas levemente ajustada à peça religiosa (pp.69 e ss.). A secular *l'art pour l'art* do humor profissional contemporâneo fez com que ele não visse a missão relevante do riso ritualístico. Isto poderia explicar, de alguma forma, dogmas ingênuos e sem fundamento tais como "a farsa nunca poderia ter nascido do sagrado", ou "as pessoas riam na rua antes de rirem diante do altar e não precisavam de nenhuma cerimônia religiosa a fim de manifestarem uma alegria vital e de apreciarem o espetáculo de suas próprias imitações farsescas de certos tipos sociais" (p. 1; cf. a crítica de Trost).

Ainda que os principais especialistas do teatro da Igreja Latina, Chambers e Young, não conhecessem as variantes tchecas do *Unguentarius*, as únicas que incluem a cena da ressurreição de Isaac[23], ambos conjecturaram, com muita perspicácia, que o mestre e o primeiro aprendiz nas versões vernaculares do *Unguentarius*, e da mesma forma Mestre Brundyche de Braban e seu servo Colle na peça *The Blyssed Sacrament* de Croxton (ver Manly), devem ser relacionados com o doutor e seu assistente na peça popular inglesa, a assim chamada *Mummers' Play* (Chambers, II, p. 91; Young, I, p. 407)[24]. Tiddy, Beatty e Chambers (1933), dedicados investigadores dessa peça arcaica, em seus diversos espécimes, deixaram claro que seu único incidente central e constante é a morte e a ressurreição imediata operada pelo jocoso doutor. Na formulação sintética de

---

23. Stumpfl detecta, contudo, alusões obscuras ao tema da possível ressurreição operada pelo charlatão em *Sterzinger Fastnachtspiel* (p. 236).

24. Cf. BRABANT (Brafant, Prafant, Prauant, Probant, Prolant) na lista das viagens do mestre, segundo as variantes alemãs do *Unguentarius*.

36 POÉTICA EM AÇÃO

Young, "o germe da peça não é o imaginário, nem o realismo da estória, mas o simbolismo da morte e da ressurreição em si mesmas" (I, p. 12).

Tanto a interação estreita e persistente entre o drama litúrgico e o folclore, enxertados um no outro, quanto os ritos pré-cristãos como substrato comum aos domínios, são particularmente palpáveis no componente cômico do mistério, ainda que Gustave Cohen, em suas observações iluminadoras sobre as raízes religiosas e folclóricas do teatro profano (1948, pp. 69 e ss.), estivesse perfeitamente certo ao reconhecer que a possibilidade de o teatro cômico derivar também das cerimônias religiosas pareça, à primeira vista, chocante à nossa imaginação. O doutor charlatão passou o *ludus paschalis* a partir de uma peça ritual similar que ainda sobrevive nas tradições populares de diferentes regiões européias; seu tema central é uma morte burlesca e uma ressurreição espontânea ou então obtida por médico. O papel pertinente do espertalhão na peça ritualística pagã foi discutido por Chambers em relação à origem da *Mummers' Play* (1933, pp. 197-235) e por Stumpfl em seu argumento sobre as raízes culturais do *Arztspiel* medieval (pp. 222-319). A ressurreição burlesca, e particularmente a cena tcheca que reúne Severín e o "morto" Isaac ([273]*umrlec*), tem congêneres próximos também nas peças populares eslavas que parodiam morte e ressurreição, como, por exemplo, a que se chama *Umrlec* [A Morte], uma pantomima tcheca de origem ritualística (cf. Moszýnski, pp. 981 e ss.), ou o espetáculo russo da época de Natal com nome similar – *Umrún* ou *Umrán* (Maksimov, pp. 13-15). Logo no começo de nosso século, o corte do mastro emblemático da Segunda-Feira de Pentecostes era acompanhado de uma cerimônia dramática: um judeu grotesco, comprador do mastro, pechincha e discute com um caçador, é morto por ele e ressuscitado por um doutor bufão (Zíbrt, 1950, p. 320). Nas festas balcânicas de São Basílio, da Epifania, da Quaresma e do Mês de Maio, os búlgaros, os macedônios e os sérvios compartilham seus rituais burlescos com os gregos, romenos e albaneses (cf. Wace, 1913, e Arnaudov). "Em todos os casos há uma morte e uma ressurreição" (Wace, 1910, p. 250). Na Macedônia, as fanfarras gritam: "Saúde e alegria!... Abundância de milho, abundância de cevada, abundância de criancinhas!" (p. 245). "E no próximo ano outra vez", como cantam os mascarados de Pelion (p. 247). O porta-*phallus* (um judeu, em algumas dessas peças) é morto pelo arqueiro, cai de bruços "como morto", é lamentado com veemência, e então revive subitamente e se levanta, na maioria das vezes por meio da intervenção de um grotesco doutor e de seu assistente particularmente cômico – γιατρός e γιατρούλι. Tanto nessas representações dos Bálcãs Meridionais, quanto no *Unguentarius* tcheco, o tema do retorno à vida é desenvolvido em dois níveis equivalentes – o motivo da ressurreição mistura-se ao motivo fálico: enquanto que este último é tratado como *pars pro toto*, o homem, por sua vez, é apresentado como um simples φαλλοφόρος (ver Dawkins, Arnaudov e Chambers, pp. 206 e ss.).

O MISTÉRIO BURLESCO MEDIEVAL... 37

Esse paralelismo encontra uma formulação sucinta na bela estória de incesto recolhida por Jochelson entre os aleútes e ainda não publicada: uma menina violentada por seu irmão, mata-o, depois levanta a saia e profere uma frase mágica: assim como a virilidade dele foi excitada, então agora ele deve se levantar. Pouco antes de ter sido escrito o *Unguentarius* tcheco, em 1274, o Concílio Eclesiástico de Vladimir relatou que, na noite da Santa Ressurreição, homens e mulheres russos juntos "encenam peças e danças vergonhosas, como os helenos celebrando a Festa de Dionísio" – *Dionusov prazdnik* (Mansikka, 252).

As diversas variantes internacionais de nosso "*ludus* primitivo" apresentam coincidências notáveis em certos detalhes particulares: antes que o jovem Isaac entre, Rubín fala de sua calvície – [212]*A u ñeho jest veliká lysina* [E ele tem uma calvície] e nas peças ritualísticas búlgaras, o herói morto é um *mimus calvus*, maquiado como careca. Cf., em russo, *pleška* [contorno da careca, glande]. Há uma curiosa semelhança entre os estranhos apelidos da mulher de Severín – *holiče*, e a esposa de seu *alter ego* búlgaro – *bolica* (ver Arnaudov, p. 74): as duas palavras são quase desconhecidas no vocabulário dos tchecos e búlgaros.

No folclore eslavo os folguedos funerários da Rússia Subcarpática, estudados e interpretados com muita competência por Bogatirev, são talvez o equivalente mais revelador do *Unguentarius* tcheco. Aqui estão algumas das notas dos pesquisadores de campo, resumidas pelo editor:

Dans la chambre où repose le défunt... le soir, la jeunesse se rassemble et se livre avec le cadavre à des plaisanteries effrayantes et barbares. Par exemple, on tire le mort par les pieds et on l'invite à se lever. On lui passe dans le nez un brin de paille ou un rameau de sapin, on le châtouille por le faire rire, etc. Tout cela se passe sous les yeux de la famille... On attache un fil à la main du mort, et, pendant qu'on lit le psautier, les garçons tirent le fil, et alors le mort remue la main (pp. 196 e ss.).

As pessoas colocam o corpo num banco, amarram uma corda em sua perna e depois puxam essa corda gritando: "Ele se levantou, ele se levantou!" (p. 199). Essa ressurreição simulada tem por objetivo dar um sentimento de vitória real da vida sobre a morte. Em outro folguedo ocorre uma substituição: uma das pessoas finge morrer; e esse homem quase morto ou é reanimado ou ressuscita por si mesmo depois do final. O despertar antecipado de um cadáver fictício, em combinação com os lamentos por um corpo realmente morto, aproxima esses folguedos funerários do *Unguentarius* tcheco. A representação da falsa morte é comum na Rússia Subcarpática, durante os rituais funerários e pascais (pp. 204 e ss.). Todas essas ressurreições simbólicas destinam-se a prefigurar e assegurar a renovação e preservação da vida e, em particular, a favorecer a fertili-

38 POÉTICA EM AÇÃO

dade humana, animal e vegetal. Portanto, um simbolismo fálico similar perpassa os folguedos ritualísticos dos Cárpatos e a farsa pascal tcheca: uma pesada obscenidade escatológica serve, em ambos os casos, como um fertilizador mágico. A referência a "velhas ceroulas" ([264]staré háčě) na preparação de um ungüento rejuvenescedor por Rubín (Drk.) encontra uma analogia notável na função que roupas de baixo usadas exercem na mágica da Morávia e da Rússia Subcarpática[25]. Em seu penetrante estudo, Bogatirev salientou o fato de não haver contradição entre a profunda fé dos camponeses russos subcarpatianos e suas audaciosas paródias funerárias dos ritos paroquiais, porque sua atitude em relação à paródia difere essencialmente de nosso modelo corrente (cf. 201 e ss.). A análise da paródia nos folguedos funerários dos Cárpatos e nas farsas medievais mostra que essa paródia exerce a função de um sortilégio. O triunfo da vida sobre a morte pode ser efetuado pela imitação da Ressurreição através de uma falsa ressurreição. Assim, a paródia funde-se com a simpatia mágica.

Magia e divertimento não se contradizem. Quando se estuda uma farsa ritualística ou um ritual farsesco, a tentativa de se delimitar e separar fé e divertimento seria infrutífera. Um dos grandes méritos de outro eminente folclorista russo, Vladimir Propp, é ter lançado luz nova sobre o fenômeno proeminente do riso ritualístico. "O sortilégio através do riso" (zakljatie smexon), para usar a expressão do poeta Velimir Khliébnkov, é um poderoso encantamento. Símbolos jocosos prefiguram acontecimentos solenes. É a hilaridade que permite aos mortais reafirmarem-se face ao Misterioso. O bíblico Isaac, como anota Reinach, porte précisément le nom de "rieur". Os meninos dos Cárpatos convidam o homem morto a se levantar e brincar com eles (Klyčut, ščoby vstav ta bavyvsja s nymy). Pustrpalk (Mus.) grita às Marias que estão esperando por seus ungüentos: "Benvindas, belas damas! Para os jovens clerigozinhos é um prazer vê-las!" ([394]Vítajte vy panie drahné, [395]Vy jste mladým žáčkom viděti hodné!). Daw, o terceiro pastor na Secunda Pastorum, termina a visita a Belém oferecendo uma bola ao Menino:

| | |
|---|---|
| [735]Hayll! put furth thy dall! | [Salve! larga tua boneca! |
| I bryng the bot a ball: | Dou ao menino uma bolota: |
| Haue and play the with all | Pega-a e brinca com ela, |
| And go to the tenys. | E vá ao jogo de pelota.] |

25. Na Morávia, as donzelas secavam suas roupas de baixo em mastros enfeitados abatidos e oferecidos por rapazes (ZÍBRT, 1950, p. 305). Para aumentar a fertilidade, os russos subcarpatianos costumavam esfregar o gado com a camisa suja, isto é, "la chemise dans laquelle la maîtresse a couché avec son homme" (BOGATYREV, p. 217).

# O MISTÉRIO BURLESCO MEDIEVAL...

## REFERÊNCIAS BIBLIOGRÁFICAS

ARNAUDOV, M. "Kukeri i rusalii". *Sbornik za narodni umotvorenija i narodopis,* XXXIV. Sophia, 1920.

BÄSCHLIN, A. *Die altdeutschen Salbenkrämerspiele.* Mulhouse, 1929.

BEATTY, A. "The St. George, or Mummers' Plays: A Study in the Protology of the Drama". *Transactions of the Wisconsin Academy.* XV, Parte II, 1907.

BOGATYREV, P. "Les jeux dans les rites funèbres en Russie Subcarpathique". *Le Monde Slave,* N.S., III, 1926.

BONACCORSI, P. Giuseppe. *Vangeli apocrifi,* I. Florence, 1948.

CHAMBERS, E. K. *The Mediaeval Stage,* I–II. Oxford, 1903.

—————. *The English Folk-Play.* Oxford, 1933.

COHEN, G. "La Scène des Pèlerins d'Emmaüs". *Mélanges...oflerts à Maurice Wilmotte,* I, Paris, 1910.

—————. "La scène de l'aveugle et de son valet dans le théâtre français du moyen âge". *Romania,* XLI, 1912.

—————. *Le théâtre en Frace au Moyen-Age.* Paris, 1948.

COSBEY, R. C. "The Mak Story and Its Folklore Analogues". *Speculum,* XX, 1945.

CRAIG, H. *English Religious Drama of the Middle Ages.* Oxford, 1955.

CRAWFORD, J. P. Wickersham. *Spanish Drama before Lope de Vega.* Philadelphia, 1937.

CURTIUS, E. R. *European Literature and the Latin Middle Ages.* New York, 1953. *Excursus* IV: "Jest and Earnest in Medieval Literature" (pp. 417 e ss.).

ČERNÝ, V. "Staročecký Mastičkář". *Rosprawy Československé akademie věd,* LXV, 7, 1955.

DAWKINS, W. "The Modern Carnival in Thrace and the Cult of Dionysus". *The Journal of Hellenic Studies,* XXVI, 1906.

DÜRRE, K. *Die Mercatorszene im lateinisch-liturgischen, altdeulschen und altfranzösishen religiösen Drama.* Göttingen, 1915.

ERBEN, K. J. *Mistra Jana Husi sebrané spisy české,* I, Praga, 1865.

FLUCK, H. "Der Risus Paschalis". *Archiv f. Religionswissenschaft,* XXXI, 1934.

GARDINER, H. C., S. J. *Mysteries' End.* New Haven, 1940.

GEBAUER, J. *Slovník staročeský,* I, Praga, 1903.

HAVLÍK, A. "O rýmech přehlásky *u - i s* puvodním *u a i*". *Listy filologické,* XIV, 1887.

HEINZEL, R. "Abhandlungen zum altdeutschen Drama". *Sitzungsberichte der Wiener Akademie der Wissenschaften,* filos.-hist. Kl., CXXXIV, 1896.

HOLUB, J. e KOPEČNÝ, *Etymologický slovník jazyka českého.* Praga, 1952.

HÖFLER, C. *Concilia Pragensia.* Praga, 1862.

HRABÁK, J. *Staročeské drama.* Praga, 1950.

JAKOBSON, R. "Verš staročeský", *Československá vlastivěda,* III. Praga, 1934.

JAKUBEC, J. *Dějiny literatury české,* I. Praga, 1929.

KUNSTMANN, H. *Denkmäler der alttschechischen Literatur.* Berlim, 1955.

LERCH, D. *Isaaks Opferung christlich gedeutet.* Tübingen, 1950.

MÁCHAL, J. Staročeské skladby dramatické původu liturgického = *Rozpravy České akademie.* cl. III, 23, 1908.

MAKSIMOV, S. Krestnaja sila = *Sobranie sočinenij.* XVII. São Petersburgo, s. a..

MANLY, J. B. *Specimens of the Pre-Shakespearean Drama,* I. Boston, 1903: *Secunda Pastorum* (94 e ss.); *The Play of the Sacrament* (239 e ss.).

MANSIKKA, V. J. Die Religion der Ostslaven = *FF Communications,* No. 43, Helsinki, 1922.

MATĚJČEK, A. *Velislavova bible a její misto vevývoji knižni ilustrace gotiché.* Praga, 1926.

MATZNER, E. "A Sermon against Miracle-plays". *Altenglische Sprachproben,* Berlim, 1869.

MEYER, Wilhelm. *Fragmenta Burana.* Berlim, 1901.

MOSZYNSKI, K. *Kultura ludowa Slowian.* II. 2, Cracóvia, 1939.
NEJEDLÝ, Z. *Dějiny husitského zpěvu,* I. Praga, 1954.
PATERA, A. *Hradecký rukopis.* Praga, 1881.
PLICKA, K., VOLF, F., SVOLINSKÝ, K. *Český rok v pohádkách, písních, hrách a tancích, říkadlech a hádankách.* Jaro, Praga, 1944.
PROPP, V. "Ritualnyj smex v folklore". *Učenye Zapiski Leningradskogo Gos. Universiteta,* 46, 1939.
REINACH, S. "Le rire rituel". *Cultes, mythes et religions,* Paris, 1912.
SCHMIDT, W. "Der alttschechische Mastičkář und sein Verhältnis zu den deutschen Osterspielen". *Zeitschrift f. Slawistik,* III, 1957.
SPEIRS, J. "Some Towneley Cycle Plays". *Scrutiny,* XVIII, 1951.
STUMPFL, R. *Kultspiele der Germanen als Ursprung des mittelalterlichen Dramas.* Berlim, 1936.
TIDDY, R. J. E. *The Mummers' Play.* Oxford, 1923.
THE TOWNELEY PLAYS = *Enghish Text Society, Extra Series,* LXXI, Londres, 1897.
TRAUTMANN, R. *Die alttschechische Alexandreis.* Heidelberg, 1910.
TROST, P. "K staročeskému Mastičkáři". *Sborník Vysoké Školy pedagogické v Olomouci.* Jazyk a literatura, III, 1956.
TRUHLÁŘ, J. "O staročeských dramatech velikonočních". *Časopis Musea Království českého,* LXV, 1891.
VILIKOVSKÝ, J. "K dějinám staročeského dramatu". *Hrst studií a vzpomínek,* Brno, 1941.
————. "Latinské kořeny staročeského dramatu". *Písemnictvi českého středověku,* Praga, 1948.
VÝBOR Z LITERATURY ČESKÉ, I, Praga, 1845.
WACE, A. J. B. "North Greek Festivals and the Worship of Dionysos". *The Annual of the British School of Athens,* XVI, 1910.
————. "Mumming Plays in the Southern Balkans". Idem, XIX, 1913.
WATT, H. A. "The Dramatic Unity of the 'Secunda Pastorum'". *Essays and Studies in honor of Carleton Brown,* New York, 1940.
WILMOTTE, M. "L' élément comique dans le théâtre religieux". *Estudes critiques sur la tradition littéraire en France,* Paris, 1909.
WIRTH, L. *Die Oster-und Passionsspiele bis zum XVI. Jahrhundert.* Halle a. S., 1889.
YOUNG, K. *The Drama of the Medieval Church,* I-II. Oxford, 1951.
ZÍBRT, C. *Staročeské výroční obyčeje, pověry, slavnosti a zábavy prostonárodní.* Praga, 1889.
————. *Staročeské umění kuchařské.* Praga, 1927.
————. *Veselé chvíle v životě lidu českého.* Praga, 1950.

# 3. Notas Marginais sobre a Prosa do Poeta Pasternak*

1.

As classificações dos livros didáticos são de uma simplicidade confortadora. Aqui prosa, lá poesia. No entanto, é notadamente pronunciada a diferença entre a prosa de um poeta e a de um escritor de prosa, ou seja, entre os poemas de um escritor de prosa e os de um poeta. Um montanhês caminha pela planície, não encontra nenhum apoio, tropeça na sua superfície lisa. Seu modo de andar é ou comoventemente desajeitado ou acentuadamente elaborado; seja como for, não é seu modo natural de andar, parece por demais a passos de dançarino, o esforço é evidente. Distinguimos facilmente a língua estudada da inata, mesmo sendo a primeira perfeitamente dominada. Inegavelmente, há casos de indivíduos natural e absolutamente bilíngües. Ao lermos, entretanto, a prosa de Puchkin ou Mácha, Lermontov ou Heine, de Pasternak ou Mallarmé, admiramos involuntariamente como estes artistas dominam os meios do outro idioma, percebendo porém inevitavelmente, ao mesmo tempo, um colorido estranho no acento e na forma lingüística interior – estas são saliências esplêndidas das montanhas da poesia na prosa da planície.

Um caráter específico denuncia não apenas a prosa do poeta, existe uma prosa da época poética, uma prosa da corrente literária que se ajusta aos poemas – diferentes da prosa das épocas e escolas literárias, orientadas prosaicamente. As posições avançadas da arte da palavra russa dos primeiros decênios do nosso século pertencem à poesia, justamente a poesia está sendo sentida aqui como expressão não característica, canônica da literatura, como sua mera encarnação. Tanto simbolismo quanto a fermentação literária que se sucedeu posteriormente e amiúde é unificada sob o rótulo de "futu-

---

* *Slaviche Rundschau*, VII (1935). Tradução de Natan Norbert Zins.

## POÉTICA EM AÇÃO

rismo" eram, quase que exclusivamente, representados por poetas e, se alguns destes palmilham ocasionalmente a estrada da prosa, isso se deve a um desvio consciente, uma tentativa fora da rota de um virtuoso forjador de versos. A prosa da arte profissional desta época é, salvo poucas exceções, uma típica produção de epígonos, uma mais ou menos bem-sucedida reprodução de padrões clássicos; o interesse nesses produtos se encontra ou na bem realizada imitação do antigo, ou na selvageria grotesca da regra; ou então, o novo consiste na hábil assimilação de temática nova a padrões herdados. Em contraste com a alta tensão interior da poesia que com ela temporalmente coincide, essa prosa é grande exclusivamente pelo fato de que, primeiro, Gogol e Tolstoi elevaram, na época, as exigências de qualidade a um alto nível e que, em segundo lugar, os critérios da realidade atual são igualmente grandes. O valor evolucionário desta centésima província do clássico realismo russo é insignificante na história da prosa de arte, enquanto a prosa de Briussov, Biely, Khlébnikov, Maiakóvski, Pasternak – essa singular colônia da poesia moderna – abre intrincados caminhos para um novo impulso da prosa russa. Assim, na época, a prosa de Puchkin e Lermontov anunciava a proximidade do grandioso festival de prosa, inaugurado por Gogol. A prosa de Pasternak é a prosa característica do poeta de uma grande época poética.

A prosa de um escritor e de uma corrente literária ajustada a poesias é altamente específica, tanto lá onde ela está submetida à influência do preponderante, isto é, do elemento poético, quanto também nos pontos onde ela se afasta deste elemento com vivo esforço proposital. Não menos essencial é a conexão geral da criação literária, isto é, seu papel no concerto global das artes. A hierarquia dos valores da arte é diferente nos conceitos dos diversos artistas e correntes artísticas: para a época clássica é a arte plástica, para a romântica é a música, para o realismo é a arte da palavra, a mais elevada, exemplar, extrema expressão da arte em geral. A obrigação do verso romântico é cantar e tornar-se música; a arte tonal, no entanto, busca no drama musical e na música programada da época realística sua ligação com a literatura. O simbolismo adotou significativamente o tópico dos românticos da arte tendente para a música. A vitória sobre as bases do simbolismo começou na pintura, e justamente essa ocupou, nos inícios da arte futurista, os apogeus dominantes. Além do mais, a poesia torna-se, de acordo com o despojar-se do caráter marcante da arte, como que em modelo da inovação artística. Todos os poetas da geração futurista atestam a tendência à identificação da arte com a poesia. "A arte como um todo, em outras palavras, a poesia", diz Pasternak. Mas a origem desta hierarquia é diversa em cada poeta, diferentes são os caminhos que os levam para a poesia, variados seus pontos de partida. Pasternak, aluno convicto da arte de Scriabin, Blok, da Komissarzevskaia, de Biely, isto é, da escola simbolista, veio para a poesia da música, à qual estava ligado por uma relação de culto significativa especial-

## NOTAS MARGINAIS SOBRE A PROSA DO POETA PASTERNAK    43

mente para os simbolistas. O trampolim de Maiakóvski para a poesia foi a pintura. Com toda a diversidade das tarefas artísticas às quais Khlébnikov se propôs, seu único e invariável material era a palavra Poderíamos dizer que Maiakóvski teria personificado a impetuosidade na evolução da poesia russa pós-simbolista e que Khlébnikov seria sua realização mais expressiva e singular, enquanto que a obra de Pasternak era, por assim dizer, o elo entre o simbolismo e a escola posterior. E se bem que a fisionomia poética de Khlébnikov chegasse à maturidade antes da de Maiakóvski, e a de Maiakóvski antes da de Pasternak, então estaríamos certos no sentido de que o leitor, cujo ponto de partida é o simbolismo, estava preparado a aceitar Pasternak, tropeçando, no entanto, forçosamente em Maiakóvski e, finalmente, após ter vencido este, se entregasse ao exaustivo assédio da fortaleza de Khlébnikov. Mas todas as tentativas de fixar os escritores de uma mesma corrente do tempo como elos isolados de uma evolução literária homogênea e fixar a seqüência desses elos são, sempre, convencionais na sua unilateralidade. O poeta, ao continuar em certo sentido uma tradição, se afasta mais decididamente em sentido diferente desta; ao mesmo tempo a negação da tradição jamais é generalizada: os elementos da negação só aparecem sempre em união com elementos da perseverança. Por isso, Pasternak, que na sua missão literária se considera como continuador do simbolismo, compreende que, do seu esforço de repetir e eternizar, da arte antiga sempre resultou uma nova. A cópia saiu mais "ágil e fogosa" do que o original, e essa diferença quantitativa transformava-se, via de regra, numa diferença quantitativa. Segundo o auto-exame do poeta, "o novo não foi criado para a abolição do antigo, mas muito pelo contrário, numa criação extasiada do modelo". De modo inverso, Maiakóvski tem conscientemente defendido a abolição da poesia antiga, mas, apesar disso, o refinado sentido para o simbolismo de Pasternak fareja no "estilo romântico" de Maiakóvski e, atrás deste a escondida visão do mundo, a herança concentrada da escola poética repudiada pelo futurista combativo. De que se trata, portanto? A inovação de Pasternak e Maiakóvski é tão fragmentária quanto a ligação com o passado literário. Imaginemos dois idiomas afins que não se distinguem apenas por neologismos, mas também por sedimentos lingüísticos primitivos: o que uma conservou da fonte comum está sendo freqüentemente abolido pela outra e vice-versa. Estes dois idiomas são os mundos literários de Maiakóvski e Pasternak, o idioma original comum é o sistema poético do simbolismo. O tema das seguintes observações é o inabitual na criação de Pasternak, que traça uma linha divisória entre ele e os predecessores, e que em parte é estranho, em parte evidentemente parecido aos contemporâneos, e que talvez se expressa de maneira mais explícita na sua prosa através do seu passo traiçoeiramente desajeitado.

44 POÉTICA EM AÇÃO

2.

Os livros didáticos traçam autoritariamente uma fronteira entre o lírico e o épico. Se reduzirmos a questão a uma simples fórmula gramatical, poderemos dizer que para o lírico, o ponto de partida e o tema mais importante são sempre a primeira pessoa do presente, e para o épico, a terceira pessoa do passado. Seja qual for o objeto do canto lírico, será sempre apenas acessório, suplemento, somente pano de fundo para a primeira pessoa; tratando-se, porém, do passado, o passado lírico pressupõe um sujeito de recordação. De modo inverso, o presente no épico refere-se expressamente ao passado, e se o Eu do narrador também encontra sua expressão, é apenas como uma das pessoas atuantes – esse Eu objetivado aparece como uma variação da terceira pessoa, como se o poeta se observasse de perfil; aqui, finalmente, o Eu pode ser acentuado como ponto de recepção, mas esse ponto nunca coincide com o objeto de recepção, em outras palavras – o poeta como "objeto do lírico que na primeira pessoa se dirige ao mundo", é profundamente alheio ao épico.

O simbolismo russo é totalmente lírico, suas digressões épicas são tentativas características dos poetas líricos em se maquiarem de épicos; na poesia pós-simbolista ocorre uma fissão das espécies: na evidente preponderância da força da perseverança lírica que encontrou sua expressão extrema na obra da Maiakóvski, o elemento épico que se manifesta claramente sem igual na poesia e na prosa de Khlébnikov, também encontra uma saída. Pasternak é um lírico genuíno, sua prosa é essencialmente a de um poeta lírico, e seus escritos históricos também não se distinguem de maneira alguma na sua essência dos seus ciclos de lírica íntima.

Pasternak admite que as conquistas de Khlébnikov lhe são ainda hoje significativamente inacessíveis e declara para justificar-se: "a poesia, na minha opinião, sempre decorre da história e da colaboração com a vida real". Essa repreensão, como se tivesse se afastado da vida real, certamente teria sido uma surpresa para Khlébnikov: é que ele havia considerado sua criação como afirmação de realidade, o que era estranho à literatura negativa da geração precedente. O mundo de símbolos de Khlébnikov é de tal maneira plenamente realizado, que para ele todo símbolo, cada palavra criada, está equipado com uma realidade plena e independente, e a questão da sua relação a qualquer objeto exterior, até a questão da existência de um tal objeto, se torna totalmente supérflua. Para Khlébnikov, como para a pequena heroína do conto de Pasternak, o nome tem um significado completo, ingenuamente tranqüilizante:

De maneira nenhuma era possível reconhecer o que se passava na outra margem, lá ao longe, – não havia nome para isso nem cor definida e nem contornos nítidos... Zenia chorava... A explicação do pai foi breve: isso é *Molovili-ka*... A moça nada entendia e engoliu com satisfação uma lágrima que corria dos olhos. Era só isso que lhe importava: saber como se chama o incompreensível – *Molovilika*.

NOTAS MARGINAIS SOBRE A PROSA DO POETA PASTERNAK    45

Após ter deixado atrás a infância, Zenia teve pela primeira vez a suspeita de que a aparição escondia algo ou o revelava somente aos seletos. A posição de Pasternak está de total acordo com essa atitude da adolescência contra a aparição. A este poeta não interessa naturalmente uma atitude épica para com o ambiente, já que ele está convencido de que no mundo real, prosaico, os elementos da existência cotidiana invadem a alma de maneira estúpida, paralisante e apática e caem "reais, endurecidos e frios no seu chão, como colheres de estanho cansadas", e de que a paixão dos seletos transforma em poesia "esta verdade deprimente pela obrigatoriedade". Somente o sentimento mostra-se evidente e absolutamente fidedigno. "Comparado com isso, até a aurora assumia o caráter de uma notícia que deveria ser ainda revisada." Pasternak fundamenta sua poesia pela vivência pessoal, até possessiva e afetiva da realidade. "Desta forma os acontecimentos não pertencem a mim", etc. Tanto a orientação da linguagem da poesia para a linguagem puramente expressiva da música, como também o fundamento desta concepção através da vitória da paixão revigorante sobre o inevitável atestam uma continuação da linha romântica do simbolismo, mas, conforme o crescimento e o isolamento da obra de Pasternak, a sua linguagem originária e romanticamente afetiva se transforma gradualmente numa linguagem sobre o afeto, e este caráter descritivo encontra na prosa do poeta sua expressão máxima.

3.

Se o limite entre os dois é distinto, apesar dos reflexos evidentes de Khlébnikov nos escritos de Pasternak, então muito mais difícil é traçar uma linha divisória entre a obra de Pasternak e a de Maiakóvski. Ambos são líricos da mesma geração, e o último, mais que outros poetas, comoveu Pasternak na sua juventude e sempre lhe causou admiração. Comparando atentamente a trama de metáforas dos dois poetas, imediatamente se fazem notar semelhanças dignas de apreço. "Tempo e influências comuns me tornaram parente de Maiakóvski, existiam entre nós concordâncias", observa Pasternak. Na estrutura metafórica dos poemas de Pasternak há traços diretos da adoração do autor de "A Nuvem de Cuecas". Ao comparar as metáforas de ambos os poetas, deve-se, no entanto, observar que nem de longe elas desempenham papel idêntico nas suas criações. Nos poemas de Maiakóvski a metáfora que aguça a tradição do simbolismo não é só a mais marcante, mas também a metáfora poética mais essencial; justamente esta é que define a construção e a evolução do tema lírico. De acordo com uma bem apanhada frase de Pasternak, é aqui que a poesia começou "a falar diretamente na linguagem da metáfora sectária". Proponhamo-nos a tarefa: o metaforismo absoluto do poeta é conhecido, resta definir a construção temática da sua lírica. Como foi dito, o impulso lírico permanece o Eu do poeta. As imagens do mundo exterior na lírica metafórica são invo-

46 POÉTICA EM AÇÃO

cadas para estabelecer a harmonia com esse impulso, para transfe-
ri-lo a outros planos, para a elaboração de uma rede de analogias e
adaptações imperiosas na multiplicidade dos planos cósmicos, para a
dissolução do herói lírico na multiplicidade de planos da existência e
para a fusão dos múltiplos da existência no herói lírico. O caminho
da metáfora é a associação criativa de acordo com a semelhança e o
contraste. Ao herói se confronta a imagem contrastante do seu ini-
migo mortal, multiforme como todos os componentes da lírica me-
taforicamente ajustada. Esta lírica desemboca irremediavelmente no
tema do duelo mortal do herói. A lírica do herói, algemada por uma
corrente metafórica firme e sucinta, funde a mitologia e a existência
do poeta num todo indivisível, e este (Pasternak compreendeu-o
perfeitamente) paga com a vida pelo seu simbolismo abrangente. Da
construção semântica da lírica de Maiakóvski, deduzimos, desta maneira, tanto o seu libreto real como também o cerne da biografia do
poeta.

Por mais refinada e ricas que sejam as metáforas de Pasternak,
não são elas que definem e conduzem seu tema lírico. Não são as
correntes metafóricas que conferem à obra de Pasternak um "aspecto incomum", mas sim, as metonímicas. A lírica de Pasternak é
permeada de metonímia, tanto nos poemas quanto na prosa, em outras palavras: aqui predomina a associação de referência. Em comparação com a poesia de Maiakóvski, a primeira pessoa está relegada
aqui ao segundo plano. Mas isso é apenas um menosprezo aparente –
o eterno herói da lírica está presente aqui também. Trata-se apenas
do fato de que o herói é apresentado metonimicamente: assim, em
Uma Mulher de Paris de Chaplin, não se vê nenhum trem, mas percebemos a sua chegada através dos reflexos nas pessoas retratadas –
o trem invisível e transparente passa como que entre a tela e a pla-
téia. Da mesma forma atuam as imagens na lírica de Pasternak como reflexões limítrofes, como expressões metonímicas do Eu do
poeta. Às vezes, o autor revela claramente sua poética, mas ele a
iguala egocentricamente à arte toda. Ele não acredita na possibilidade de um ajustamento real épico da arte do mundo exterior – ele está
convencido de que obras de arte autênticas, narrando todo o possível, na realidade contam sobre o seu nascimento. "A realidade nasce
como que numa nova categoria. Esta categoria parece-nos ser a sua
própria condição, mas não a nossa. Tentamos dar-lhe nome. O resultado é arte." Assim, ao velho peregrino russo, Constantinopla
parecia uma cidade insaciável, pois não conseguia saciar-se de
olhá-la. De forma idêntica sucede com os poemas e especificamente
com a prosa de Pasternak, onde o antropomorfismo do mundo inanimado ressalta muito mais pronunciado: em lugar dos heróis, são os
objetos circundantes que freqüentemente cai aqui em tumulto, os
contornos imóveis dos telhados se tornam curiosos, a porta se fecha
com reprovação silenciosa, a alegria de um reencontro de família se
expressa num aumento do calor, do zelo e da devoção das lâmpadas

## NOTAS MARGINAIS SOBRE A PROSA DO POETA PASTERNAK    47

e, quando o poeta está sendo recusado pela donzela amada, "a montanha ficou mais alta e estreita, a cidade tornou-se magra e sombria". Citamos de propósito exemplos simples; nos livros de Pasternak encontram-se composições muito mais entrelaçadas em grande abundância. A substituição pelo objeto mais próximo é a forma mais simples de associação de referência. O poeta conhece também caminhos metonímicos diferentes – de um todo para uma parte e vice-versa, de relações espaciais para as temporais e vice-versa, etc., etc. Mas talvez o mais característico para Pasternak seja a substituição do agente pela atividade ou pela condição, expressão e qualidade, em vez do dono destas, e o correspondente isolamento e objetivação destas abstrações. O filósofo Brentano, que combatia com persistência a logicamente insustentável objetivação de tais ficções lingüisticamente fundamentadas, teria encontrado na poesia e prosa de Pasternak a mais ampla coleção de tais pretensas *entia* que são tratadas como seres de carne e osso. "Sestra moia – žizn" (Minha irmã, minha vida), o praticamente intraduzível título e o *leitmotiv* da mais típica coleção de poesias de Pasternak (*Leben* é neutro em alemão; no idioma russo, "vida" é feminino), revela claramente as raízes lingüísticas dessa mitologia. Essa modalidade aparece também repetidas vezes na sua prosa. "A vida confia a muito poucos aquilo que com eles pretende. Ela gosta demais desta função e fala durante o trabalho, na melhor das hipóteses, com aqueles que lhe desejam sucesso e apreciam suas ferramentas." ("A Infância de Liuver"). O mesmo aparece num ambiente metonímico ainda mais confuso em "Conduta Segura":

De repente, sob a janela, me ocorreu a idéia da sua vida (de Maiakóvski), que atualmente já pertence totalmente ao passado. Ela corria ao lado da janela na forma de uma rua calma, margeada por árvores... E em primeiro lugar, imediatamente ao lado da parede, erguia-se nosso Estado, nosso Estado, por séculos para sempre incorporado, inaudito e impossível, nosso Estado invasor. Ele se encontra lá embaixo, podia-se chamá-lo e pegá-lo pela mão.

Os poemas de Pasternak são um império de metonímias despertas para uma vida autônoma. Atrás do cansado herói, seus próprios rastros continuam a viver e a se movimentar, querendo também adormecer. Na sua subida íngreme, a visão do poeta batia em surdina: "Eu sou a visão". O autor conta nas suas memórias:

muitas vezes eu ouvia o assobio da melancolia que não tinha começado comigo. Ao me alcançar por detrás, ela me assustava e inspirava pena... O silêncio viajava comigo, no caminho eu era adjudicado à sua pessoa e portava seu uniforme conhecido por todos pela própria experiência.

A expressão do objeto assume sua função: "Em algum lugar, por perto, uma música foi tocada por... um rebanho... A música foi absorvida por moscardos de bovinos. Sua pele escorregava decerto convulsivamente de um lado para o outro". Ato e agente são igualmente objetivos: "dois diamantes raros tocavam separadamente e por conta própria nos ninhos profundos deste bem-estar semi-escuro: o passarinho e seu gorjeio". A abstração, ao objetivar-se, se reveste de adornos práticos: "Eram vias aéreas nas quais partiam diariamente, iguais a comboios, os pensamentos retilíneos de Liebknecht, Lenin e dos raros espíritos do seu vôo". A abstração se personifica mesmo pelo preço de uma catacrese: "Reinava o silêncio do meio dia. Ele se comunicava com o silêncio que se estendia lá embaixo na planície. A abstração está sendo habilitada a agir por conta própria, e esses atos estão sendo novamente objetivados: "Os sons laqueados da risadinha da disciplina explícita nas entrelinhas piscavam sorrateiramente entre si."

Maiakóvski, que de preferência enfrentava sempre novos obstáculos, nutriu durante muitos anos a idéia de um romance. Já tinha mesmo os títulos em mente – primeiro *Duas Irmãs*, depois *Uma Dúzia de Mulheres*. Não foi por acaso que o plano ficou sempre relegado: o elemento deste poeta é ou o monólogo lírico ou o diálogo dramático, o descritivo lhe é profundamente alheio, ele substitui a temática da terceira pessoa pela da segunda... Tudo o que não é inseparavelmente ligado ao Eu do poeta é sentido por Maiakóvski como algo hostilmente contrário, e ele enfrenta o adversário diretamente – ele provoca o duelo, desmascara, condena, ri, proscreve. Não é de se admirar que a única tentativa realizada no campo da prosa de arte foram as maravilhosas peças teatrais de Maiakóvski, escritas nos últimos anos de sua vida. Não menos fundamentado é o caminho de Pasternak para a prosa narrativa. Há poesias que são totalmente entremeadas por metonímias, e prosa narrativa pode ser lardeada por metáforas (um exemplo crasso é a prosa de Biely), mas, no fundo, a afinidade do verso com a metáfora e da prosa com a metonímia é, sem dúvida, a mais estreita. O verso se apóia na associação da semelhança, a semelhança rítmica dos versos é um pressuposto indispensável da sua aceitação, o paralelismo rítmico pode ser sentido de maneira mais forte quando está acompanhado por uma semelhança (ou por um contraste) das imagens. Uma articulação intencionalmente acentuada em segmentos semelhantes é alheia à prosa, o motivo fundamental da prosa narrativa é a associação de referência; a narrativa se movimenta do objeto ao seu vizinho por vias temporal-espaciais e causais; o caminho que leva um todo para as suas partes ou vice-versa é apenas um caso específico neste processo. Quanto menos material é a prosa, tanto maior é a independência que as associações de referência adquirem. A linha de menor resistência é do verso para a metáfora, e para a metonímia, é a prosa com sujeito abafado ou apagado (um exemplo dos primeiros são as novelas de Pasternak, o dos outros é sua "Conduta Segura").


4.


A essência das metáforas poéticas não está somente no registro das relações múltiplas entre as coisas, mas também na transposi-

NOTAS MARGINAIS SOBRE A PROSA DO POETA PASTERNAK    49

ção das relações corriqueiras. Quanto mais crítico for o papel da metáfora na estrutura poética dada, tanto mais decisivamente estão sendo derrubadas as divisões tradicionais. Com base nas características novamente introduzidas, as coisas estão sendo reorganizadas. Conseqüentemente, a metonímia criativa (ou violenta, como a chamam os adversários desta nova modalidade) altera a ordem habitual. A associação de referência, que na obra de Pasternak se tornou uma ferramenta dócil do artista, converte a distribuição espacial e a seqüência temporal. Isso se manifesta muito claramente nas tentativas do poeta na prosa, ante o fundo evidente de uma prosa informativa habitual. Pasternak justifica estas transposições pelo afeto ou, partindo da função expressiva da arte da palavra, ajuda o afeto a expressar-se através da mediação.

O mundo poético que dirige a metonímia confunde os contornos dos objetos da mesma forma como, no conto "A Infância de Liuver", o abril apaga a fronteira entre casa e pátio, e converte dois aspectos diferentes de um só objeto em objetos independentes, tal como as crianças do mesmo conto que consideram a mesma rua, vista de dentro e de fora, como sendo duas ruas diferentes. Esses dois traços característicos – a penetração recíproca dos objetos (a realização metonímica no sentido próprio) e sua decomposição (a realização da sinédoque) – aproximam a obra de Pasternak às pretensões da pintura cubista. Muda a extensão dos objetos: "A gôndola era gigantesca qual mulher; como tudo perfeito na forma, é gigantesco e está numa desproporção com o lugar que o corpo ocupa no espaço". Mudam as distâncias entre os objetos de maneira a surgir a certeza de que uma conversa sobre estranhos teria que ser mais calorosa do que uma sobre pessoas afins, e a visão do movimento cósmico na primeira parte da "Conduta Segura" transforma objetos inanimados num longíquo horizonte imóvel. Um exemplo crasso da transformação de vizinhanças:

Os lampiões apenas acentuavam o vazio do ar do anoitecer. Eles não espalhavam claridade mas brotavam de dentro de si como frutos doentes, atacados por aquela hidropisia turva e iluminada que abalofava suas cúpulas tufadas. Eram ausentes. Os lampiões tinham muito menos contato com os quartos do que com o céu da primavera, ao qual pareciam muito mais próximos...

O espaço descolado de Pasternak está sendo oportunanente comparado pelo próprio poeta com o espaço da escatologia de Gogol: "repentinamente isso se tornou largamente visível em todas as direções do mundo". Relações espaciais misturam-se com as temporais e a seqüência temporal perde sua obrigatoriedade – os objetos são "transpostos, de vez em quando, do passado para o futuro, do futuro para o passado, como areia numa ampulheta muitas vezes usada". Uma contigüidade arbitrária pode ser considerada como uma seqüência causal. Pasternak impressiona-se pela terminologia da criança que interpreta o sentido de uma frase pela situação e diz: "eu o compreendi, não pelas palavras, mas sim *pela causa*". O poeta está inclinado a identificar a situação com a causa, ele prefere conscientemente "os riscos da advinhação à eloqüência do fato", e professa que "o tempo é compenetrado pelo conjunto dos acontecimentos da vida", e constrói no meio disso pontes exatamente sobre as "causas ridículas" pré-lógicas, que ele evidentemente opõe à silogística dos "adultos". Não é de se admirar, portanto, se o palavrório dos interlocutores de Cohen prova ser "desigual pelo fato das veredas de Marburgo serem dispostas em degraus" e se os numerosos "isto porque" do poeta são, não raramente, apenas uma ficção de frases causais.

Quanto maior o alcance da figura poética, com força tanto maior, usando palavras de Pasternak, "o realizado" extingue o "objeto da realização". A ligação criada põe na sombra o que é o ser ligado e o domina; o "encanto do significado autóctone" fica realçado, enquanto o relacionamento objetivo fica abafado, às vezes apenas vislumbrado. Neste sentido, as composições metonímicas criadas por Pasternak, tanto quanto as composiações metafóricas de Maiakóvski, ou como os variados métodos da compreensão da forma lingüística – da interior e da exterior – na poesia de Khlébnikov, manifestam uma constante tendência para a superfluidade, que caracteriza também as outras formas de arte da mesma época. A composição criada transforma-se no objeto em si. Pasternak não se cansa de sublinhar a casualidade acidental daquilo que é para ser unido: "todo detalhe pode ser substituído por outro... o escolhido ao acaso serve de testemunho para o estado em que se encontra toda a realidade transformada... as partes da realidade são reciprocamente indiferentes". O poeta define a arte como uma substituição recíproca de imagens. Imagens arbitrárias contêm não só a semelhança, e conseqüentemente podem ser metáforas recíprocas ("com o que o céu não pode ser comparado", etc.) – as arbitrariedades estão, desta ou daquela maneira, avizinhadas na possibilidade. "Quem não é um pouco poeira, um pouco pátria, uma tarde calma de primavera?" – reza a apologia da afinidade eletiva metonímica universal de Pasternak. Quanto mais irreconhecível esta afinidade, quanto mais insólita a sociedade criada pelo poeta, tanto mais as imagens postas uma ao lado da outra e seqüências inteiras de imagens se decompõem e perdem sua clareza elementar. De modo significativo, Pasternak opõe conseqüentemente "o sentido introduzido nos objetos" à sua clareza, para a qual ele tanto gosta de buscar epítetos pejorativos – no mundo de Pasternak o sentido é irremediavelmente descorante e a clareza exânime.

5.

Apresenta-se a nós o seguinte problema: a metonimidade absoluta do poeta é conhecida; o que precisa ser estabelecido é a construção temática da sua lírica. O herói, como num quadrinho de figura escondida, é difícil de encontrar: ele está sendo desmontado em

## NOTAS MARGINAIS SOBRE A PROSA DO POETA PASTERNAK    51

uma porção de componentes principais e secundários, substituídos por uma seqüência de situações objetivadas e objetos animados e inanimados que o rodeiam. "Cada insignificância vivia e aumentava em importância sem me tomar em consideração", escreve Pasternak num ciclo seu de poesias da primeira fase, *Por sobre as Barreiras*, onde, de acordo com a confissão do autor, a própria poética já foi encontrada. O tema do poema é a pretensão recusada do poeta, mas as pessoas que atuam são seixo, paralelepípedo, vento, "instinto inato", "novo sol", pintinhos, grilos e libélulas, telhas, meio-dia, marburguenses, areia, ameaça de temporal, céu, etc. Um decênio e meio mais tarde, Pasternak iria declarar no seu livro de memórias *Conduta Segura*, que ele propositalmente marca toda sua vida como dirigida pelo acaso, que ele poderia multiplicar as características ou substituí-las por outras, e que, com efeito, dever-se-ia procurar a vida do poeta sob nomes alheios.

Mostra-nos teu ambiente e te direi quem és. Sabemos de que vive o herói lírico, abraçado por metonímias, decomposto por sinédoques em reações e condições isoladas, com o que ele está unido, o que o condiciona e ao que ele está sendo condenado. Mas o propriamente herético, isto é, a atividade do herói, escapa à nossa percepção, a ação é substituída pela topografia. Se em Maiakóvski o choque de dois mundos termina inevitavelmente num duelo, então a imagem polida dos poemas da Pasternak – o mundo é um espelho para o mundo – repete que o duelo seria algo ilusório: "O imenso jardim perambula pela sala, levanta o punho contra o espelho, corre para o balanço, pega a bola, acerta, sacode – mas não quebra o vidro". Enquanto Maiakóvski desenvolve o tema lírico na forma de um ciclo de transformações do herói, a forma de transição preferida pela prosa lírica de Pasternak é uma viagem de trem do seu agitado herói, que, obrigatoriamente inativo, experimenta, de forma variada, as mudanças de lugar. A atividade é riscada da gramática poética de Pasternak. Nas suas tentativas é realizada justamente a metonímia que coloca a ação no lugar do agente: "Um homem totalmente acordado, revigorado... espera que a decisão de levantar ocorresse espontaneamente, sem ajuda". O *agens* é excluído da temática. A heroína não chamava, não se comprometia, etc. – "tudo isso lhe foi anunciado". O auge da atividade da heroína, que evoca a inevitabilidade da tragédia, consiste na transformação mental das vizinhanças: ela notou alguém "sem necessidade, sem vantagem, sem sentido", e o introduziu imaginariamente na sua vida. Será que o homem é talvez ativo na arte? Não, de acordo com a estética de Pasternak, "na arte, a boca do homem está tapada". Isso é, pois, o traço especial da arte. Então, a arte é ativa? Não, ela não inventou nem sequer a metáfora, ela somente a reproduziu. E o poeta não quer presentear suas recordações à memória do objeto dela: "pelo contrário, eu mesma as recebi dele como presente". Se o Eu lírico na obra de Pasternak é um *patiens*, então será que aqui talvez uma terceira pessoa ativa seja o verdadeiro herói? Não, o *agens* verdadeiro fica fora da mitologia poética de Pasternak: via de regra, o homem nada sabe sobre aquilo "que o edifica, o afina e costura"; ao poeta é também "totalmente indiferente como se chama a força que seu livro inspirou". A terceira pessoa que aparece em Pasternak não indica o *agens*, mas sim, a ferramenta. Por exemplo, em "A Infância de Liuver": "tudo que saía dos pais para os filhos, vinha inoportunamente do lado, não provocado por eles, mas por quaisquer causas diferentes". Na temática de Pasternak, com freqüência, se evidencia nitidamente o caráter auxiliar secundário, cênico, da terceira pessoa: "Na vida entrou um outro homem, uma terceira pessoa, totalmente indiferente, sem nome ou com um casual, que não provoca nem ódio, nem amor". Essencial é apenas sua penetração na vida do Eu lírico. Sem relacionamento com este único herói, estes são somente "vagos amontoados sem nome".

Este severo repertório de leis semânticas define também o esquema simples do conto lírico de Pasternak. O herói está arrebatado ou assustado, possuído pelo impulso externo, às vezes portando sua marca, às vezes perdendo subitamente o contato com ele – sendo o impulso substituído então por um novo. "Conduta Segura" é um conto entusiástico de como o autor passa alternadamente pela admiração apaixonada por Rilke, Scriabin, Cohen, "uma bela e adorável moça" e Maiakóvski, e com ele então se choca contra "os limites da sua razão" (incompreensão pessoal é um dos mais agudos e mais penetrantes temas da lírica de Pasternak, da mesma forma como o ser pessoalmente incompreendido na lírica de Maiakóvski). Amadurecem desentendimentos desesperados, provém a solução passiva inevitável – o herói se retrai, abandona, uma após outra, a música, a filosofia e a poesia romântica. A atividade do herói está fora do domínio do poeta Pasternak. Se, todavia, se chega a falar de ações, a fala se torna banal nas citações, e o autor defende em digressões teoréticas o direito a trivialidades. Também Maiakóvski reconhece a trivialidade como material de construção, mas nele ela é, em contraste a Pasternak, empregada exclusivamente para a característica do hostil "Não-Eu". Parecidas, pela mesma ausência de ações, são também as novelas de Pasternak. A mais dramática, *As Vias Aéreas*, compõe-se dos seguintes "incidentes não complicados": espera pelo ex-amante da mulher e amigo do marido que retorna de uma viagem do ultramar; todos os três estão abatidos pelo desaparecimento da criança; o recém-chegado está prostrado pela confissão que o perdido é seu filho; após quinze anos ele está deprimido pela confirmação desta confissão e ainda pela notícia da perda do seu filho. Tudo que, de alguma maneira, se parecesse a uma atividade (as causas do desaparecimento do rapaz, sua salvação, a razão da sua perda) permanece fora das narrações. Exclusivamente os graus do desespero e seus reflexos estão sendo descritos.

## 6.

Tentamos deduzir a temática de Pasternak e de Maiakóvski das características estruturais fundamentais de sua poesia. Será que isso significa que a primeira é causada pela última? Técnicos do formalismo iriam responder afirmativamente e referir-se à informação de Pasternak de ter na juventude concordado formalmente com Maiakóvski, e que essas concordâncias ameaçavam tornar-se excessivas, o que o levou, portanto, a alterar fundamentalmente seu gênero poético e, ao mesmo tempo, seu entendimento do universo que nisso se escondia. A "vaga" do mestre das metáforas estava ocupada, e o poeta tornou-se mestre das metonímias e tirou disso também as conclusões ideológicas correspondentes.

Outros, por sua vez, teriam tentado explicar a primazia do conteúdo. Os técnicos da psicanálise iriam descobrir as fontes da temática da Pasternak na sua confissão de ter ficado preso por um tempo vergonhosamente longo "no rol dos erros de presunção infantil, degeneração da adolescência, fome juvenil". Desses pressupostos eles deduziriam não apenas o tema constante da exaltação passiva e das quedas inevitáveis, não apenas a retomada provocada pelo poeta de motivos do amadurecimento da adolescência, mas sim também, o vagar metonímico em volta de todo objeto fixo. Técnicos do materialismo observariam o testemunho do autor sobre a natureza apolítica de seu ambiente e sua cegueira evidente para a problemática social, especialmente para o patos social da poesia de Maiakóvski, e colocariam numa base sócio-econômica aquela disposição da confusão perplexa, inativa, elegíaca, que prevalece tanto em "Conduta Segura" quanto em *Vias Aéreas*.

O empenho em encontrar uma concordância entre os diversos planos da realidade é normal; normais são também as tentativas de deduzir os fatos deste plano dos respectivos planos do outro – e como método, projetar uma realidade multidimensional em uma superfície plana. Seria porém errado confundir essa projeção com a realidade e não levar em conta a particular estrutura, assim como a automobilidade dos diversos planos, isto é, sua transformação em congestionamentos mecânicos. Um determinado ambiente ou um indivíduo pode escolher, entre as possibilidades atuais de um desenvolvimento formal, aquela que melhor corresponda aos pressupostos ideológicos, psicológicos ou outros, da mesma maneira como um feixe de formas artísticas, necessário pela lógica ao desenvolvimento destas, encontra o ambiente adequado ou a personalidade criativa para a sua realização. Não se deve, entretanto, absolutizar idilicamente essa harmonia dos planos, não se deve esquecer a possibilidade da existência de tensões dialéticas entre diversos planos. Esses conflitos entre os planos são a força motriz essencial da história cultural. Se muitas características individuais da poesia de Pasternak estão de acordo com os traços marcantes da sua personalidade e seu

54 POÉTICA EM AÇÃO

ambiente social, então existem na sua obra inevitavelmente também aspectos que a poesia da época impõe obrigatoriamente a cada um dos seus poetas, e mesmo que isso estivesse em contraste com sua fisionomia individual e social (trata-se dos eixos necessários da sua estrutura global), e se o poeta recusasse essas exigências, ele seria automaticamente excluído dos seus trilhos. A missão artística nunca penetra sem luta na biografia do poeta, da mesma forma, a biografia do poeta nunca fica absorvida integralmente na sua missão artística. O herói de "Conduta Segura" é um azarado crônico, pois o poeta Pasternak nada pode com os numerosos sucessos efetivos do seu modelo, assim como o livro de Casanova nada pode com os seus erros reais. A inclinação à auto-independência extrema do símbolo do objeto, que constatamos na poesia de Pasternak e de seus colegas contemporâneos, é a pretensão fundamental de toda a nova arte que se apresenta como antítese do naturalismo, essa tendência é inseparável do patos progressivo desta arte e está sendo aproveitada independentemente das características biográficas dos seus representantes. As tentativas dos observadores em fixar simplesmente este aspecto específico da arte a um limitado segmento social e a uma determinada ideologia, são aberrações tipicamente técnicas: ao deduzir da abstração da arte a irrealidade da visão do mundo, encobre-se artificialmente uma antinomia fundamental. Justamente a tendência da filosofia à objetivação corresponde mais à inclinação abstrata da arte.

A pertença a um coletivo compacto, a aderência a uma direção determinada, repugna Pasternak, que apaixonadamente destrói vizinhanças habituais. Ele se esforça a convencer Maiakóvski, como seria maravilhoso se aquele quisesse abolir para sempre o futurismo. Ele não gosta de concordâncias "banais" com os contemporâneos, ele se afasta deles e prega desvios do caminho comum. Contudo, apesar do caos ideológico da época que é confusa até o ódio mútuo e o desentendimento, sua poesia expressa de modo acentuado justamente a "solidariedade das gerações". Ela se expressa tanto no enfraquecimento criativo constante do objeto, quanto na reforma da gramática da arte. A última vivia do passado e do presente e o presente, em confronto com o mero passado, foi sentido como um não-passado sem características. O futurismo é justamente aquele que queria introduzir o futuro no sistema poético, por meio de epígrafe, teoria e prática, e isso, como uma categoria importante. Sobre isso clamam incansavelmente os poemas e o publicismo de Khlébnikov e de Maiakóvski; a obra de Pasternak está permeada do mesmo patos, apesar da inclinação íntima do autor ao "horizonte profundo da recordação". De maneira nova, no contexto do novo confronto, ele interpreta o presente como categoria independente e compreende que "a mera perceptibilidade do presente já é futuro". Não é por acaso que o exaltado hino a Maiakovski que finaliza o "Conduta Segura", termina com as palavras: "Desde a infância ele foi mimado pelo futuro, que se lhe entregou relativamente cedo e aparentemente sem grande esforço". Esta "reforma gramatical" altera fundamentalmente mesmo a função da poesia no rol dos outros valores sociais.

# III. POÉTICA DA POESIA

# 4. *Vocabulorum constructio* no Soneto de Dante "Se vedi li occhi miei"*

ROMAN JAKOBSON
PAOLO VALESIO

0.1. Dante percebeu argutamente o significado etimológico de *versus*, como claramente indica o seu equivalente italiano *volta*, "retorno" – usado *cum vulgus alloquimur* (*De Vulgari Eloquentia* II:x.2)[1].

A reaparição de um padrão formal similar guia sua descrição das unidades estróficas e métricas deste eloqüente tratado: *Cantio est coniugatio stantiarum* (II: ix. i; cf. viii. 6). O arranjo destas partes (*partium habitudo*) é vista como a tarefa artística mais importante (II: xi. i) e inclui o contexto dos versos (*contextum carminum*) e a relação entre as rimas (*rithmorum relationem*). De acordo com a exposição de Dante (I: vi. 4), a forma verbal (*forma locutionis*) compreende o significado lexical das palavras (*rerum vocabula*), sua construção (*vocabulorum constructionem*)[2], e finalmente a forma

---

\* Devemos cordiais agradecimentos por sugestões valiosas a: Gianfranco Contini, Maria Corti, Riccardo Picchio, Aurelio Roncaglia, Cesare Segre e Maria Simonelli. [Publicado em *Studi Dantesche*, XLIII, (1966). Tradução de Jorge Schwartz e Stella O. Tagnin.]

1. Cf. A. MARIGO (ed.), *De Vulgari Eloquentia*, Firenze, 1957[3], nota 24 a II: x. 4.

2. *Est enim sciendum, quod constructionem vocamus regulatam compaginem dictionum, ut "Aristotiles phylosophatus est tempore Alexandri". Sunt enim quinque hic dictiones regulariter, et unam faciunt constructionem* (II: vi. 2). [Deve saber-se que de fato chamamos construção a uma combinação regular de palavras, como "Aristóteles filosofou no tempo de Alexandre ". Com efeito, existem aqui cinco palavras combinadas regularmente, e elas formam uma só construção (II: vi. 2). Expressamos os nossos agradecimentos a Antonio Medina pela tradução do fragmento em latim medieval.] (N. dos T.)

## POÉTICA EM AÇÃO

externa de sua construção (*constructionis prolationem*)[3]. Na poesia exige-se uma alta seletividade *in vocabulis atque constructione* (II: vi. 7).

0.2. Para exemplificar a arte suprema da textura gramatical – *quam supremam vocamus constructionem* – na própria poesia de Dante, analisaremos o seguinte soneto do início do século XIV:

```
 1  Se vedi li occhi miei di pianger vaghi
 2  per novella pietà 'l cor mi strugge,
 3  per lei ti priego che da te non fugge,
 4  Signor, che tu di tal piacere i svaghi:

 5  con la tua dritta man, ciò è, che paghi
 6  chi la giustizia uccide e poi rifugge
 7  al gran tiranno del cui tosco sugge
 8  ch'elli ha già sparto e vuol che 'l mondo allaghi,

 9  e messo ha di paura tanto gelo,
10  nel cor de' tuo' fedei che ciascun tace;
11  ma tu, foco d'amor, lume del cielo,

12  questa vertù che nuda e fredda giace,
13  levala su vestita del tuo velo,
14  chè sanza lei non è in terra pace[4].
```

0.3. Acrescentaremos uma tradução tão literal quanto possível:

```
 1  Se vês meus olhos inclinados a chorar
 2  por uma nova angústia que me consome o coração,
 3  por ela te peço que de ti não foge,
 4  Senhor, libertá-los de tal tentação:

 5  com tua mão direita, isto é, punir
 6  aquele que a justiça mata e depois foge
 7  ao grande tirano cujo veneno suga
 8  que ele já espalhou e quer alagar o mundo,

 9  e colocou de temor tanto gelo
10  no coração de teus devotos que cada um se cala;
11  mas tu, fogo de amor, luz do céu,

12  esta virtude que nua e fria jaz,
13  eleve-a vestida com teu véu,
14  que sem ela na terra não há paz.
```

1.1. O soneto tem o mesmo número de estrofes que um tetraedro de quadras; em ambos os casos três oposições binárias subjazem a *coniugatio stantiarum* e permitem-no procurar três tipos similares de correspondências na estrutura interna, particularmente gramatical, das quatro estrofes. As duas estrofes ímpares (I, III) podem diferir das estrofes pares (II, IV), e cada um destes pares pode

---

3. Cf. MARIGO, *op. cit.*, nota 27 a I: vi. 4.
4. Cf. DANTE ALIGHIERI, *Rime*, ed. por G. Contini (Torino, 1965), pp. 180 e s.

*VOCABULORUM CONSTRUCTIO* NO SONETO DE DANTE... 61

apresentar correspondências gramaticais internas. As duas estrofes externas (I, IV) devem apresentar traços comuns diferentes das características gramaticais que unem as duas estrofes internas (II, III). Finalmente, as duas estrofes iniciais (I, II) possivelmente diferem em sua textura gramatical das duas estrofes finais (III, IV), supostamente unidas por semelhanças específicas. Assim, um poema tetrastrófico apresenta três conjuntos virtuais de correspondências entre suas estrofes distantes: 1) ímpares (I, III), 2) pares (II, IV), 3) externas (I, IV); bem como três conjuntos de correspondências entre as estrofes adjacentes: 1) iniciais (I, II), 2) finais (III, IV), 3) internas (II, III).

1.2. Por outro lado, o soneto apresenta diferenças substanciais de um poema de quatro estrofes. Todas as estrofes deste apresentam uma simetria entre si, e os três tipos de correspondência mencionados podem ser estendidos às inter-relações microcósmicas dos quatro versos dentro de cada estrofe. O soneto, no entanto, combina um número idêntico de versos dentro dos pares de suas estrofes iniciais e finais com uma diferença numérica entre estes dois pares. Uma união engenhosa de simetria com assimetria, e particularmente de estruturas binárias com ternárias na interconexão das estrofes, assegurou a carreira duradoura e a expansão do modelo do soneto de origem italiana[5].

1.3. Ao analisar as correspondências gramaticais entre os quartetos e tercetos do soneto, é importante lembrar que o segundo verso a contar do começo (+2) e o segundo a partir do fim da estrofe (−2) diferem no quarteto mas fundem-se no terceto. A predileção de Dante por tercetos está aparentemente ligada ao fato de possuírem um verso intermediário pela mesma razão, metros "parissilábicos" sem uma sílaba mediana pareciam-lhe inferiores aos modelos de sílabas ímpares como matéria-prima em comparação com a forma centrada e organizada (*quem admodum materia forme* − II: v. 7). Entre estas métricas ímpares, o endecassílabo, isto é, o pentâmetro iâmbico, era prezado por Dante (II: v. 3, 8) como a forma poética mais suprema (*superbissimum carmen*) por sua força semântica, gramatical e lexical (*capacitate sententie, constructionis et vocabulorum*) e principalmente, por sua extensão temporal (*temporis occupatione*) que dota este verso com um pé mediano e flanqueia sua sílaba mediana com duas margens pentassilábicas ímpares[6]. Assim, o cen-

5. Cf. L. BIADENE, "Morfologia del Sonetto nei sec. XIII e XIV", *Studj di Filologia Romanza*, IV (1889); E. H. WILKINS, *The Invention of the Sonnet and Other Studies*, Roma, 1959, pp. 11-39; M. FUBINI, *Metrica e poesia*, Milano, 1962, cap. III.

6. Cf. F. KOENEN, "Dantes Zahlensymbolik", *Deutsches Dante-Jahrbuch*, VIII, Berlim, 1924, pp. 26-46: "Die erste bedeutungsvolle Zahl ist die Drei. Sie ist die erste vollkommene Zahl, weil sie einen Anfang, eine Mitte und ein Ende hat, ohne sich in zwei gleiche Teile zerlegen zu lassen. So Hugo von St. Victor (p. 26). ... Der im Mittelalter viel gelesene Martianus Capella

## POÉTICA EM AÇÃO

tro silábico primário do verso (marcado no esquema a seguir por um círculo, O), recai na terceira das cinco sílabas tônicas, e os centros se-ʳundários (marcados em nosso esquema por um ponto, .), coincidem com a segunda e a quinta das seis sílabas átonas; em resumo, cada terceira sílaba dentro da seqüência – a terceira, a sexta e a nona – (terceira a partir do fim) – contêm um dos três centros, o segundo dos quais é o centro primário. Este *celeberrimum carmen* apresenta uma reversibilidade no seu esquema métrico:

$$\rightleftarrows \quad \cup - \acute{\cup} - \cup \stackrel{\circ}{-} \cup - \acute{\cup} - \cup$$

A maior parte dos versos do poema assinala o pé médio por uma diérese após a sexta ou, menos freqüentemente, antes da quinta sílaba; este final de palavra é em geral acompanhado por uma pausa sintática.

2.1. O *rithimorum habitudo* deste soneto, um dos esquemas costumeiros – *abba abba cdc dcd* – constrói os quartetos e os tercetos de acordo com os mesmos dois princípios de simetria e assimetria mas numa ordem hierárquica diferente[7]. Os dois quartetos são simétricos entre si, enquanto o terceto *dcd* oferece a resposta assimétrica a *cdc*. Por outro lado, os dísticos dentro dos quartetos estão baseados na assimetria (*ba – ab*), enquanto os dísticos que subjazem aos dois tercetos são simétricos (*cd – cd – cd*).

2.2. O padrão *abba* (*rime incrociate*) que governa a inter-relação das duas rimas quádruplas ao longo dos quartetos parece estender-se a cada uma destas duas rimas separadamente. Dentro da seqüência $_1$*vaghi* – $_4$*svaghi* – $_5$*paghi* – $_6$*allaghi* os "companheiros rímicos" externos $_1$*vaghi* e $_8$*vuol che 'l mondo allaghi* são semanticamente afins, "querendo" – "querer" e "chorar" – "alargar", enquanto os membros internos $_4$*che tu *** svaghi* e $_5$*che paghi* estão ligados por um íntimo paralelismo gramatical. Novamente a segunda rima conecta os membros externos semanticamente relacionados $_2$*cor mi*

schreibt die Einheit dem Schöpfergott, die Zweiheit der Materie, die Dreizahl den Idealformen zu" (p. 31). [O primeiro número significativo é o três. É o primeiro número completo porque tem um começo, um meio e um fim, sem poder ser dividido em duas partes iguais. De acordo com Hugo von St. Victor (p. 26). ... Martianus Capella, muito lido na Idade Média, atribui a unidade ao Deus Criador, a dualidade à matéria e a trindade às formas ideais" (p. 31)]. Koenen refere-se à definição do número onze de Cassiodor como sendo um "número de abundância" e sugere que o próprio Dante, ao tecer comentários sobre o endecassílabo, nada houvesse dito a respeito de tal conotação, mas justamente é atribuída uma *abundantia* global a este metro na passagem citada do tratado do poeta.

7. Recordemos que duas tábuas de um díptico são simétricas quando cada uma delas representa, por exemplo, uma mulher seguida de duas crianças, mas assimétricas quando esta representação é combinada com a imagem de uma criança seguida de duas mulheres. Cf. A. SHUBNIKOV, *Simmetrija i antisimmetrija konechnyx figur*, Moscou, 1951.

VOCABULORUM CONSTRUCTIO NO SONETO DE DANTE...          63

*strugge* e $_7$*tosco sugge* (cf. as correspondências sonoras *COr – tosCO* e *Strugge – Sugge*), enquanto os termos internos confrontam o mesmo verbo com e sem um prefixo: $_3$*fugge* – $_6$*Rlfugge*. Por outro lado, as rimas amalgamam cada quarteto através de vários artifícios: $_2$*strugge* e $_3$*fugge* referem-se a um agente feminino mas $_6$*rifugge* e $_7$*sugge* a um masculino; $_1$*vaghi* e $_4$*svaghi* estão vinculados por uma rima derivada[8]. No segundo e quarto versos da segunda estrofe os vocábulos que rimam – $_6$*rifugge*, $_8$*allaghi* – pertencem ao padrão de palavras trissilábicas favorito de Dante (cf. II: vii. 5). Assim, somente os dois versos p a r e s dos quartetos p a r e s terminam numa palavra com um número í m p a r de sílabas, enquanto que 1) os versos í m p a r e s de todas as estrofes, 2) todos os versos nas estrofes í m p a r e s, e 3) o verso p a r do terceto p a r terminam com dissílabos.

2.3. Nos tercetos, as palavras que rimam refletem distintamente dois tipos opostos de imagens – negativas e positivas: cf. $_9$*gelo* em oposição a $_{11}$*cielo*, $_{13}$*velo*; $_{10}$*tace*, $_{12}$*fredda giace* em oposição a $_{14}$*pace*. Deste modo, a segunda seqüência rímica apresenta uma assimetria especular em relação à primeira[9] $-++/ - - +$. No conjunto, as rimas (e os versos completos) dos dois tercetos estão numa relação similar embora inversa: $- -+/ -++$. A luta dramática entre o bem e o mal retratada nas estrofes finais do soneto encontra sua expressão plástica nas duas assimetrias especulares.

2.4. A *rithimorum relatio* entre os quartetos e os tercetos demonstra uma divergência surpreendente e ao mesmo tempo uma correspondência estrutural evidente. A rima inicial dos quartetos começa e a última rima dos tercetos termina com uma palavra que difere gramaticalmente das outras palavras da mesma seqüência rímica. Assim, o adjetivo $_1$*vaghi*, contrastando com os versos $_4$*svaghi* – $_5$*paghi* – $_8$*allaghi*, e o substantivo $_{14}$*pace*, diferente dos verbos $_{10}$*tace* – $_{12}$*giace*, são os únicos desvios das rimas sistematicamente gramaticais do soneto. As outras sete palavras nas rimas dos quartetos são verbos de ação. A estas formas verbais finitas e à completa ausência de substantivos nas rimas dos quartetos, as rimas dos tercetos respondem com quatro substantivos e dois verbos de estado ($_{10}$*tace*, $_{12}$*giace*). Esta discordância radical na imagética gramatical produzida pelas rimas das estrofes iniciais e finais delineia o argumento do poema na sua forma mais condensada.

8. Cf. BIADENE, *op. cit.*, pp. 157 e ss.

9. A simetria especular da imagem supracitada de uma mulher seguida de duas crianças seria: duas crianças seguidas de uma mulher; e a assimetria especular, duas mulheres seguidas por uma criança – onde tanto os próprios signos quanto sua ordem estão invertidos: um reflexo do "espelho mágico", conforme denominação de E. P. WIGNER, "Violations of Symmetry in Physics", *Scientific American*, dez. 1965, pp. 28-36.

64     POÉTICA EM AÇÃO

3.1. A discordância gramatical das palavras que rimam não é o único traço distintivo apresentado pelos versos inicial e final do soneto; Dante reconheceu plenamente o papel de um verso isolado (*carmen incomitatum*) dentre unidades emparelhadas. Em todo o poema, o primeiro verso é o único que apresenta a métrica na sua execução mais regular: uma alternância sistemática entre sílabas átonas não acentuadas e sílabas tônicas acentuadas com uma pausa sintática depois da terceira sílaba tônica ₁*Se vedi li occhi miei* | *di pianger vaghi*. Por outro lado, entre todas as sílabas tônicas do soneto, a terceira sílaba tônica do verso final é a única separada da sílaba átona seguinte por um hiato (dialefa): ₁₄*non è in terra*.

3.2. Os versos que enquadram o soneto – o primeiro e o décimo quarto – diferem do resto do poema, em especial na sua textura gramatical; e em contraste com um fundo tão diferente, a estrutura gramatical escolhida para os doze versos internos torna-se particularmente manifesta. É somente no verso inicial que encontramos uma forma indicativa de segunda pessoa (*vedi*), um infinitivo (*pianger*), o plural de um adjetivo (*vaghi*), e o único substantivo seguido de uma expressão adjetiva (*occhi miei di pianger vaghi*). O verso final contém uma oração com um sujeito nominal (*non è in terra pace*), a única construção substantivo-verbo em todo o soneto, enquanto apenas sujeitos gramaticais (isto é, sujeitos pronominais implícitos ou explícitos), nunca sujeitos lexicais, são combinados com as outras dezesseis formas verbais finita do poema. Este evitar de sujeitos nominais é particularmente notável em contraste com os seis verbos com objetos diretos nominais: ₁*vedi li occhi*; ₁₂*che 'l cor mi strugge*; ₆*chi la giustizia uccide*; ₇*tosco sugge*; ₈*mondo allaghi*; ₉*messo ha ... tanto gelo*. A oração final substantivo-verbo exibe a única afirmação universal no soneto e contém um mero verbo existencial propriamente gramatical; no entanto, mesmo este verbo aparece exclusivamente numa construção negativa (*non è*). Todas as dezessete formas finitas do nosso texto estão no singular.

A tendência em separar os substantivos dos verbos e de singularizar todas as formas finitas revela um artifício tão engenhoso que André Pézard, em suas traduções, tentou converter as estruturas resultantes de transformações sintáticas de Dante nas orações substantivo-verbo subjacentes e substituir formas verbais plurais pelas singulares inflexíveis do original italiano (₁*mes yeux de pleurs ont soif*, ₂*mon coeur se détruit*, ₉*leur guerre a mis telle glace d'effroi*) e a substituir plurais verbais pelo singular invariável do poeta (₅*ceux qui justice tuent, et s'en refuient*, ₆*ils sucent poisons*, ₁₀*tous se taisent*[10].

3.3. O inventário gramatical do soneto está submetido a uma rigorosa seleção. Todas as formas simples do indicativo, subjuntivo e

10. DANTE, *Oeuvres complètes*. Tradução e comentários de A. Pézard (Bibliothèque de la Pléiade, 1965), p. 213.

VOCABULORUM CONSTRUCTIO NO SONETO DE DANTE... 65

infinito, e os verbos auxiliares nas formas compostas ($_{8,9}$ *ha* do *"passato promisso"*), pertencem unicamente ao tempo presente não épico. Termos puramente relacionais como os pronomes relativos, distributivos e pessoais, tanto explícitos quanto implícitos, com função substantiva e adjetiva, sustentam a trama lírica do poema.

3.4. O texto completo consiste em um período[11] com dois verbos principais: 1) $_3$*priego* no penúltimo (–2) verso da estrofe inicial – um verbo "exercitivo" na primeira pessoa do presente (veja abaixo 7.5), seguido por duas orações subordinadas conjuntas, com subjuntivos na segunda pessoa $_4$*che tu...svaghi*, $_5$*...che paghi*; 2) o imperativo *levala* no penúltimo (–2) verso da estrofe final. As outras orações verbais estão direta ou indiretamente subordinadas a esses dois verbos independentes – um na primeira, e outro na segunda pessoa.

3.5. Duas sinédoques seguidas por pronomes referem-se ao herói em primeira pessoa, $_1$*occhi miei* – com seus substitutos pronominais $_4i$ – e $_2$*cor mi*. Quanto ao herói em segunda pessoa, após a oração condicional introdutória $_1$*se vedi* é interpelado no verso final (–1) da estrofe inicial e novamente no verso final (–1) da terceira estrofe, no primeiro caso por uma expressão vocativa simples, e no segundo por uma dupla, os únicos substantivos sintaticamente independentes no poema – $_4$*Signor* e $_{11}$*foco d'amor, lume del cielo* – com um $_{4,11}$*tu* concomitante e subseqüentes formas conativas. Um subjuntivo duplo – $_4$*svaghi*, $_5$*paghi* – segue-se após o vocativo simples, enquanto o imperativo simples – $_{13}$*leva* – é precedido de um vocativo duplo. As duas alocuções estão rodeadas por formas pronominais oblíquas e possessivas – $_3$*ti, da te*, $_5$*tua*, e $_{10}$*tuo*, $_{13}$*tuo*.

3.6. Além do mais, o soneto introduz dois indivíduos em terceira pessoa, ambos relegados a orações subordinadas – um "$_6$aquele que a justiça mata e depois foge" para o outro vilão, "$_7$o grande tirano cujo veneno suga, $_8$que ele (*elli*) já espalhou e quer alagar o mundo". Pode-se indagar se este *elli* refere-se à primeira ou à segunda destas duas *dramatis personae*; se o pronome se referir ao *"gran tiranno"*, então nos deparamos com a questão de o predicado $_9$*messo ha* estar coordenado com $_8$*ha sparto e vuol* ou com $_7$*sugge*. A possibilidade destas dúvidas indica que os agentes sugeridos por essas orações subordinadas de terceira e quarta ordem são mantidos à sombra.

3.7. No nível mais baixo da mesma hipotaxe múltipla aparece um novo participante no enredo, designado pelo pronome *ciascun*: "cada um". A função destes "totalizadores singularizados" foi adequadamente definida por Sapir: " 'cada *a*' salienta um *a* em particular

---

11. O ponto anterior à conjunção adversativa $_{11}$*ma* é dificilmente justificável, e apesar da pontuação tradicional, ao final do décimo verso o texto leva-nos, não intencionalmente, a substituir o final entoativo da sentença pelo final de uma oração dentro de uma sentença que continua.

apenas para dar ênfase ao fato de que todos os outros *a*'s do conjunto [aqui *fedei*] não diferem de nenhum modo relevante dele"[12]. Todas as ações são apresentadas no soneto como sendo produzidas por um só agente, mas quanto menos específico for o agente, tanto menos ativo ele demonstra ser; assim *ciascun* está congelado e passivamente silencioso.

4.1. Dentre as *Rime* de Dante este poema tem sido considerado como o único sem heroína e sem referência alguma ao culto do Amor. A heroína, no entanto, é evocada em todas as estrofes do soneto. Um substantivo feminino abstrato surge simetricamente no antepenúltimo verso (−3) de cada estrofe: $_2$*pietà* − $_6$*giustizia* − $_9$*paura* − $_{12}$*vertù*, todas as quatro palavras com acento na segunda sílaba. O confronto destes substantivos revela uma trama de conexões binárias incisivas. A função sintática e o significado léxico dividem estas quatro palavras-chave em dois pares, dependendo de sua ocorrência nas estrofes pares ou ímpares. Nas estrofes pares, "justiça" ocorre como um objeto direto ($_6$*giustizia uccide*) e "virtude" como um aposto do objeto direto ($_{12}$*questa vertù...*, $_{13}$*levala*); os dois conceitos aparecem como duas facetas da mesma substância; e o acento dos dois vocábulos recai sobre a segunda átona do verso. As estrofes ímpares tratam de "angústia" e "aflição" em construções preposicionais e com uma enfática ausência de artigos: $_2$*per novella PIETÀ che 'l COR mi strugge* e $_9$*e messo ha di PAURA tanto gelo* $_{10}$*nel COR de' tuo' fedei*. O *Inferno I* apresenta essas palavras gêmeas num contexto similar (cf. abaixo, 5.1):

$_{15}$*Che m'avea di PAURA il COR compunto,* ***
$_{19}$*Allor fu la PAURA un poco queta*
$_{20}$*Che nel lago del COR m'era durata*
$_{21}$*La notte ch' i' passai con tanta PIETÀ.*

A afinidade dos dois vocábulos no soneto é acentuada por sua posição idêntica: o acento recai sobre a segunda átona do verso. "Angústia" e "aflição" são as respectivas respostas do poeta e de cada um, ligadas indissoluvelmente ao sofrimento de justiça-virtude. Estas são mudanças metonímicas da imagem da virtude martirizada para uma representação da preocupação dos devotos pelo martírio da mesma. As referências diretas e transferidas à virtude sucedem-se umas às outras numa alternância regular. O pronome anafórico "ela" na oração $_3$*per lei ti priego* refere-se tanto à anterior $_2$*pietà*, quanto à posterior $_6$*giustizia*, uma vez que tanto a angústia pelos sofrimentos da justiça, quanto a própria justiça, é piedosa e vinculada ao Senhor ($_3$*da te non fugge*).

12. E. SAPIR, *Totality=* Language Monographs, VI, Baltimore, 1930, p. 12.

VOCABULORUM CONSTRUCTIO NO SONETO DE DANTE...    67

Tanto na sua poesia quanto na respectiva teoria, Dante buscava a simetria entre as extremidades composicionais: *extremas desinentias convenit concrepare* (II: xiii. 9). O elo íntimo entre *pietà* e *vertù* nas estrofes externas em que aparecem estes femininos é firmado pelo padrão similar destes dois dissílabos oxítonos indeclináveis; da mesma forma, os paroxítonos trissilábicos *giustizia* e *paura* nas estrofes internas retêm sua afinidade a despeito do truncamento da primeira palavra pela sinalefa.

**4.2.** *Giustizia* e *vertù* confrontam-se com os femininos $_5la$ *tua dritta man* do verso inicial (−1) na segunda estrofe e $_{14}in$ *terra pace* do verso final (−1) do segundo terceto. Não pode haver justiça sem a mão direita do Senhor nem paz na terra sem virtude, cuja ressurreição é implorada ao divino "fogo do amor" ($_{11}foco$ *d'amor*). Assim, os três tópicos supremos da arte poética − *illa magnalia que sint maxime pertractanda* (II: ii. 8) − são na realidade tratados neste poema: *virtus, salus* e o "fogo de amor" (*amoris accensio*).

**4.3.** As palavras-chave femininas do soneto perdem sua abstração como resultado de seu uso contínuo em construções metafóricas com verbos, substantivos e adjetivos ostensivamente concretos: $_2pietà$ *che 'l cor mi strugge;* $_6chi$ *la giustizia uccide;* $_9e$ *messo ha di paura tanto gelo;* $_{12,13}questa$ *vertù che nuda e fredda giace, levala su vestita del tuo velo.*

**5.1.** As duas estrofes ímpares estão ligadas por um conjunto de correspondências evidentes. A referência à *pietà* na estrofe I (−3) e a *paura* na estrofe III (−3) traz à tona uma associação com "coração", e a ocorrência repetitiva de *cor* é enfatizada por uma rima dissilábica: I (+2) *chE 'L COR* − III (+2) *nEL COR*. Ao seguinte verbo de I (−2) *priego* seu antônimo *tace* responde em III (−2) e reforça a correspondência fonêmica entre I (+2) *pieTÀ chE 'L COR* e III (+2) *nEL COR ... TAce.* O sofrimento do coração lamentado no segundo verso das duas estrofes suscita respostas contrárias do poeta e de cada um. No entanto, *cum tacent clamant.* O silêncio forçado opõe-se ($_{12}ma$) a um apelo reiterado ao Senhor, mas desta feita sem referência ao emissor. Nos dois casos a expressão vocativa − I (−1) *Signor,* e III (−1) *foco d'amor*, enfatizada pelo pronome *tu* na tônica adjacente − rima com *cor*: I (−1) *SigNOR, che TU,* e III (−1) *ma TU, foco d'amOR.* A rima interna − *rithimorum repercussio* (II: xii. 8) − pertence aos artifícios usuais da arte poética de Dante.

O verso final das estrofes ímpares abre os dois apelos ao Senhor, enquanto suas formas verbais conativas terminam no verso seguinte com a mesma rima, isto é, no primeiro verso da quadra par ($_4svaghi$ − $_5paghi$) e no segundo verso do terceto par ($_{11}ciello$ − $_{13}velo$).

**5.2.** Conforme foi notado acima (4.2), nas estrofes pares as palavras-chave − II (−3) *la giustizia* e IV (−3) *questa vertù* − aparecem com femininos concomitantes e dramaticamente combinados. Um *è* parentético afirmado e um *è* existencial negado surgem nos

68     POÉTICA EM AÇÃO

mesmos versos: II (+1) *tua dritta man, ciò è*, e IV (–1) *non è in terra pace*. Em contraposição às palavras-chave sinônimas, os verbos transitivos principais – II (+2) *uccide* e IV (+2) *levala su* – salientam o caráter antônimo destas estrofes. Em particular, o masculino *mondo* em II (–1), cheio de veneno infernal, opõe-se ao feminino *terra* de IV (–1), ansiando pela paz:

Cada estrofe contém uma locução preposicional com um substantivo feminino. Há uma certa afinidade semântica entre as preposições destas locuções dentro das estrofes iniciais – $_2per$, $_5con$ – e por outro lado nas estrofes finais – $_9di$, $_{14}in$. Estas locuções preposicionais são formadas nas estrofes ímpares com palavras-chave – I (–3) *pietà*, III (–3) *paura* – e com femininos concomitantes nas estrofes pares – II (+1) *man*, IV (–1) *terra*.

5.4. As duas únicas orações independentes do soneto aparecem no penúltimo verso das duas estrofes externas – I (–2) *per lei ti priego* e IV (–2) *levala su* – enquanto a palavra-chave pertence ao verso precedente: I (-3) *pietà* e IV (-3) *vertù*. A estrofe inicial começa e a final termina com uma oração subordinada condicional que depende de uma forma verbal conativa: I (+1) expressa uma condição subjetiva – *se vedi li occhi miei di pianger vaghi* – e depende do subjuntivo *svaghi*; IV (–1) transmite uma causa universalmente válida – *ché sanza lei non è in terra pace* – e depende do imperativo *leva*. A construção preposicional com o pronome "ela" pertence à segunda parte desta relação hipotática e figura no terceiro verso de cada estrofe. Nos versos de Dante uma repetição de palavra (cf. 5.1, $_{2, 10}cor$) via de regra sugere e indica paralelismos complexos; nas duas estrofes o contexto ulterior do mesmo verbo inclui a negação que não ocorre em nenhum outro lugar do soneto; é apenas neste verso que as tônicas dos três pés internos recai na mesma vogal, ou seja, no /e/[13] seja acentuada ou não (*che*), e a última destas tônicas, representada pelo pronome *te* na primeira estrofe, encontra sua sílaba "correspectiva"[14] na quarta estrofe: I (+3) *per lei ti priEgo chE da tE NON fugge*; IV (+3) *che sanza lEi NON È in TErra pace* (onde a partícula negativa é reforçada pala preposição negativa *sanza* e os quatro /n/ reduplicando a nasal dupla de *non: saNza lei NoN è iN terra*.

13. A respeito de figuras vocálicas triplas e outros artifícios triádicos na poesia de Dante, veja I. BELZA, "Zametki o zvukovom stroe dantovskogo stixa", *Izvestija Akademii Nauk SSSR*, séries de literatura e linguagem, XXIV (1965), pp. 489-491.
14. Veja "Les angrammes de Ferdinand de Saussure", de J. Starobinski, *Mercure de France* (1964), p. 248. [Retomado e reorganizado pelo Autor em *As Palavras sob as Palavras - Os Anagramas de Ferdinand de Saussure* (trad. Carlos Vogt), São Paulo, Perspectiva, 1974.]

*VOCABULORUM CONSTRUCTIO* NO SONETO DE DANTE... 69

5.5. A textura sonora na poesia de Dante, longe de ser ornamental, apresenta uma conexão íntima com seu aspecto semântico[15]. O tema introdutório de angústia e oração por amor à heroína do poema, e, por outro lado, sua apoteose cósmica final estão entrelaçados com sugestivas figuras sonoras. A primeira palavra-chave *pietà* está rodeada por um conjunto de palavras que fazem eco – ou nos termos de Dante, *velut eco respondens* (II: xiii. 8) – de seu início, a inicial /p/, sozinha ou com /i/ pré-vocálico; ocasionalmente um /r/ expressivo é inserido ou acrescentado no final da palavra: $_1$*PlangeR* – $_2$*PeR* – *PIetà* – $_3$*PeR* – *PRIego* – $_4$*PlaceR*. A última palavra-chave *vertù* parece estar anagramatizada[16]; sua seqüência inicial consoante-vogal é repetida duas vezes: $_{12}$*VErtù* – $_{13}$*VEstita* – *VElo*, enquanto sua sílaba final é apoiada por uma rima interna: $_{11}$*ma TU* – $_{12}$*questa verTÙ* – $_{13}$*levala sU*. Além do mais, os dois primeiros versos do terceto final reiteram a constituição da sílaba inicial desta palavra – 1) a labiodental fricativa 2) a vogal /e/, e 3) a líquida – em ordem diferente: *FREdda* (132), *LEva* (321), *VElo* (123); as palavras circundantes primam por correspondências sonoras: $_{12}$*quESTA* – $_{13}$*vESTiTA*[17]. Uma certa estrutura oximorônica insólita e inesperada marca o começo e o fim do soneto. De um agente ou instrumento de visão os olhos se transformam no seu objeto: $_1$*Se vedi li occhi*. A fórmula mortuária $_{12}$*nuda e fredda giace* induz a uma continuação usual *in terra* ou *in pace*, mas a locução final $_{14}$*in terra pace* vai contra o tom de réquiem.

6.1. A correspondência básica entre estrofes adjacentes consiste em um certo paralelismo entre o início da estrofe posterior e a conclusão da anterior – *quod non aliud esse videtur quam quedam ipsius stantie concatenatio pulcra* (II: xiii. 6). Cada estrofe subseqüente começa com uma repetição inversa da construção gramatical apresentada no verso final da estrofe antecedente. Os versos contíguos das estrofes vizinhas estão intimamente ligados, mas nenhum deles depende do outro.

---

15. Cf. E. G. PARODI, "La rima e i vocaboli in rima nella Divina Commedia", *Bullettino della Società Dantesca Italiana*, III (1896), pp. 87 e ss.: "La padronanza assoluta, che Dante ha della rima, si manifesta pure nel confronto delle imagini col loro contesto; giacché esse non sono mai un puro ornamento, ma piuttosto una determinazione e un'illustrazione del pensiero, o fanno parte del ragionamento, che ora conducono più in là del punto di partenza, ora forniscono di nuovi addentellati, per procedere più oltre". [O domínio absoluto que Dante tem da rima manifesta-se também no confronto das imagens com seu contexto; uma vez que estas nunca têm função ornamental, mas antes de determinação e ilustração do pensamento, ou fazem parte do raciocínio, que ora conduzem além do ponto de partida ora fornecem novos detalhes para ir mais além].

16. Cf. F. DE SAUSSURE, "mot que je dis anagrammisé" [palavra que eu digo anagramatizada] (*op. cit.* p. 255).

17. Sobre o *Bisticcio* que liga estes dois vocábulos, veja BIADENE, *op. cit.*, pp. 162 e ss.

70 POÉTICA EM AÇÃO

6.2. Os dois versos limítrofes das estrofes internas contêm formas em terceira pessoa de verbos transitivos no *"passato prossimo"*, mas em II (–1) o verbo auxiliar é precedido pelo objeto e seguido pelo particípio – *ch'elli ha già sparto* – enquanto III (+1) apresenta uma ordem inversa – *e messo ha di paura tanto gelo*.

6.3. As duas estrofes iniciais estão ligadas por dois subjuntivos coordenados em segunda pessoa – I (–1) *svaghi* e II (+1) *paghi*; a ordem de verbo transitivo e do objeto direto é um quiasma: o objeto pronominal precede o primeiro subjuntivo, enquanto o segundo subjuntivo é seguido pela oração subordinada objetiva localizada em II (+2).

6.4. Os versos contíguos nas duas estrofes finais contêm elementos apostos a pronomes pessoais: em III (–1) o aposto é precedido pelo pronome – *ma tu, foco d'amor, lume del cielo* – enquanto que o aposto em IV (+1) – *questa vertù che nuda e fredda giace* – refere-se ao pronome subseqüente, IV (+2) *la*.

As correspondências entre os versos limítrofes em cada par de estrofes adjacentes são reforçadas pelo uso de unidades morfológicas ou sintáticas, que não ocorrem nos outros versos do soneto: *"passato prossimo"* entre as duas estrofes internas, segunda pessoa do subjuntivo entre as duas estrofes iniciais, e apostos entre as duas estrofes finais.

O último verso do primeiro terceto está, além do mais, vinculado à estrofe seguinte por vocábulos antônimos: III (–1) *foco* – IV (+1) *fredda*, correspondendo a III (+1) *gelo*; III (–1) *cielo* – IV (–1) *terra*. Finalmente, os dois tercetos terminam com uma cadeia de nasais incomuns no restante do soneto – grave em III (–1) *Ma, aMor, luMe*, e aguda em IV (-1) com seu /n/ quádruplo (cf. 5.4). Estas seqüências sonoras enquadram a prece final de quatro versos. Estes quatro versos afastam-se também ritmicamente do restante do poema. Eles tendem a mudar o acento da palavra da tônica para a átona precedente e constroem cinco configurações coriâmbicas *sui generis* com uma átona sob a acentuação inicial da palavra: duas delas no décimo primeiro verso e uma em cada verso subseqüente. No último terceto o acento recai sob a primeira átona de cada verso, enquanto que no décimo primeiro verso as duas átonas acentuadas recaem em suas sílabas internas introduzidas por uma pausa sintática[18], e apresentam uma proximidade ousada de duas sílabas sob acentuação de palavra: $_{11}$*ma tú, fóco d'amór, lúme del ciélo,* $_{12}$*quésta vertú...,* $_{13}$*lévala sú...,* $_{14}$*ché sanza léi...*[19] A diérese posterior à segunda tônica

18. Cf. R. JAKOBSON, "Linguistics and Poetics", *Style in Language*, MIT Press, 1960, pp. 363 e ss. [trad. Izidoro Blikstein e José Paulo Paes, 1970, "Lingüística e Poética", in *Lingüística e Comunicação*, São Paulo, Cultrix].

19. N. ZINGARELLI, *Nuovo Vocabulario della lingua italiana*, Bologna, 1969, supõe que *sanza* representa *senza* "*in posizione proclitica*" [em posição proclítica].

## VOCABULORUM CONSTRUCTIO NO SONETO DE DANTE... 71

nos últimos dois versos está obviamente modelada segundo $_{12}$*quésta vertù* (cf. 5.5).

7.1. Cada uma das quatro estrofes mostra traços gramaticais individuais, e podem ser caracterizadas pela predominância de uma diferente categoria gramatical. O lirismo subjetivo da primeira estrofe dota-a com as únicas três formas da primeira pessoa (uma verbal e duas pronominais) e com a mais alta freqüência de pronomes (39% do total).

A segunda, a estrofe mais épica, com os seus oito verbos em forma finita (44% das formas finitas do soneto) e dos dois únicos advérbios de tempo – $_6$*poi*, $_8$*già* – conta com cinco níveis de orações subordinadas em oposição a um ou dois níveis nas outras estrofes.

Na terceira estrofe, contemplativa, diminui o número de formas finitas a um único par mas o número máximo de substantivos – oito (36%) divididos em quatro pares de núcleos e adjuntos adnominais, e desta forma em quatro tropos substantivos[20].

O terceiro final é uma estrofe de metamorfoses encantatórias construídas sobre contrastes $_{12}$*giace* – $_{13}$*levala* e $_{12}$*nuda* – $_{13}$*vestita* e preparada pelos antônimos $_9$*gelo* – $_{11}$*foco*. Ele contém três das sete formas adjetivas usadas no soneto (dois adjetivos propriamente ditos e um particípio), e todos os três, em contraste com os quatro adjetivos adnominais das estrofes anteriores, funcionam aqui não como modificadores de substantivos mas de orações inteiras – $_{16}$*che nuda e fredda giace* e $_{13}$*levala su vestita* – de conformidade com o caráter cinético e transfigurativo desta imagem.

7.2. O *partium habitudo* do soneto baseado nos inter-relacionamentos arquitetônicos entre as estrofes salta à vista.

PRIMEIRO QUARTETO. A angústia e oração individual do poeta: a intercessão divina é implorada a fim de restabelecer sua paz.

SEGUNDO QUARTETO. A exigência de punição para o assassino, e a descrição do assassinato da justiça.

PRIMEIRO TERCETO. Medo e silêncio geral; mas o amor divino é invocado.

SEGUNDO TERCETO. A ascensão da virtude é buscada e vislumbrada instaurando a paz na terra.

7.3. "Ela", o tema principal, o *leitmotiv* do soneto – seja chamada *Vertù*, *Giustizia*, que é sua manifestação mais humana[21], ou *Pietà* e *Paura* como respostas humanas ao martírio da virtude – aparece indissoluvelmente ligada à deidade e salva pelo "fogo de

20. A respeito do *sostantivi seriati* nos versos do soneto de Dante, veja G. CONTINI "Esercizio d'interpretazione sopra un sonetto di Dante", *L'immagine*, V (1947), p. 294.

21. *Convivio* I: xiii. 9: "onde avvegna che ciascuna vertù sia amabile ne l'uomo, quella è più amabile in esso che è più umana, e questa è la giustizia". [Onde acontecer de cada virtude ser amada no homem, aquela que mais humana for, mais amada nele será, e esta é a justiça].

72 POÉTICA EM AÇÃO

amor". O terceiro verso do terceto final junta três femininos significativos na antecipação de sua união triádica triunfal com a *terra* iluminada pela "luz do céu" e com a ansiada *pace* (*N.B.* esta palavra
invertida e por isso mesmo acentuada que conclui o soneto e figura
como seu único sujeito nominal – cf. 3.2 – é o único substantivo feminino *in recto*)[22]. Os dois substantivos finais ademais estão salientados pela ausência de artigos.

Nos termos de Sapir[23], pode-se dizer que os "existentes" su-
plantam os "ocorrentes", conforme revelado pelas rimas predominantemente substantivas dos tercetos em oposição às rimas verbais
dos quartetos, (cf. 2.4), e pelo contraste agudo entre o inventário
gramatical total das duas estrofes internas e abundância de verbos no
quarteto e de substantivos no terceto (cf. 7.1). Além disso, a contin-
gência dos subjuntivos no primeiro apelo ao Senhor (a condição
restritiva, a dependência do verbo principal e a nota subjetiva do pedido) difere notavelmente da segunda invocação em seu imperativo
incondicional e desprendido. Os objetos coerentemente pronominais
destas formas conativas são altamente significativos: enquanto os
subjuntivos apontam para os olhos do implorador, – $_4i$ – e para o
ofensor – $_5chi$... – o imperativo visa a Virtude – $_{13}la$ – como seu objetivo direto. A correspondência multilateral entre o clímax do soneto
e a transição dos quartetos para os tercetos deve ser confrontada
com a atribuição de Dante a uma perfeição formal mais elevada aos
números ímpares (*numeris imparibus*), especialmente às tríades, nas estruturas versificadas, em oposição às supostas *ruditas* dos arranjos em-
parelhados (cf. 1.3)[24].

7.4. Em conexão com a inclinação do poeta para *lo numero del
tre*, é particularmente digno de nota que a textura morfológica do
soneto em questão apresenta um relacionamento distinto de sua dupla dicotomia com um outro *partium habitudo*, ou seja, uma tripartição composicional que confere ao soneto um centro e dois pentastí-
quios marginais. Seus quatro versos centrais, *6-9*, diferem dos cinco
versos precedentes, *1-5*, e dos cinco seguintes, *10-14*, no seu monopólio
das formas finitas e pronomes em terceira pessoa e do seu gênero masculino, onde cada verso dos "quintetos" iniciais e finais oferece prono-

22. Os outros substantivos femininos e o pronome "ela", aparecem mas
*in obliquo.*

23. *Op. cit.*, p. 3; cf. E. SAPIR, *Selected Writings*, Univ. of Calif.
Press, 1949, p. 123.

24. Cf. A. SCHMARSOW, *Kompositionsgesetze in der Kunst des Mit-
telalters*, III, Bonn-Leipzig, 1922. O soneto italiano original é considerado pelo
autor como "uma forma poética nos moldes do princípio gótico da ascensão ...
As duas quadras lado a lado constituem duas unidades básicas de tercetos; a elas
liga-se o sexteto, seja em forma de um todo ou de um par de tercetos, com uma
relação mais íntima com as estrofes anteriores mas não como uma estrofe decrescente, e sim como uma estrofe crescente" (p. 42). [*N. da T.* : cf. OTTO
PAUL, *Ingeborg Glier Deutsche Metrik*, Munchen, Max Huber Verlag, 1964.
Expressamos os nossos agradecimentos a Sidney Camargo, pelos esclareci-
mentos referentes à métrica medieval alemã].

VOCABULORUM CONSTRUCTIO NO SONETO DE DANTE... 73

mes da primeira ou segunda pessoa e/ou do gênero feminino. Nestes quintetos, cinco verbos pertencem à primeira e segunda pessoas, e quatro dos seus verbos em terceira pessoa referem-se a femininos, enquanto os dois verbos de orientação masculina ocorrem nos versos transicionais limitando a secção central – $_5ciò$ $è$ e $_{10}ciascun$ $tace$.

Os sete verbos nos quatro versos centrais são formas em terceira pessoa referindo-se a masculinos. Todos os verbos e pronomes nesta secção central, mas em nenhum outro lugar do soneto, designam o matador da justiça ou seu cúmplice. O núcleo de dois versos desta passagem e de todo o soneto, 8-9, emoldurada por uma figura sonora livre – AL Gran ... ALLAGHi – e focalizado nas atividades malignas dos dois malfeitores, designa um deles como gran tiranno, e ao traçar a conspiração dos inimigos ao longo dos quatro níveis mais profundos do ciclo hipotático, faz uso de pronomes relativos na sua função de objeto – $_8cui$, $_9ch(e)$ – que não encontramos noutra parte deste poema. O último verso do dístico nuclear é marcado por um grupo de três verbos em forma finita: $_8ha$ $sparto$ – $vuol$ – $allaghi$.

7.5. A única forma finita em primeiro pessoa – $_3priego$ – opõe-se a todos os outros verbos do soneto como verbo "executivo" aos verbos "constatativos", de acordo com a classificação e terminologia utilizada por J. L. Austin e adaptada às necessidades linguísticas por E. Benveniste e ainda mais especificada pelo primeiro autor como um "exercitivo"[25]. As formas finitas de segunda pessoa não aparecem nas formas assertivas das orações, mas em desejos e condições apenas ($_1se$ $vedi$; subjuntivo $_4svaghi$, $_{15}paghi$; imperativo $_{13}leva$), enquanto que as formas finitas em terceira pessoa ocorrem aqui via de regra em afirmações óbvias, com exceção do subjuntivo $_8che'l$ mondo allaghi em vigoroso contraste semântico com a segunda pessoa do subjuntivo $_5che$ $paghi$, o desejo do emissor dirigido ao destinatário celestial.

7.6. As duas ocorrências do pronome lei constroem uma rima interna com o verso inicial dos dois quintetos: $_1occhi$ $miEI$ – $_3per$ $lEI$ e $_{10}tuo'$ $fedEI$ – $_{14}sanza$ $lEI$. Os substantivos designando os sofredores rimam com o pronome que se refere à causa de sua dor. Juntamente com o substituto $_4i$ para occhi miei, as duas locuções citadas com um /ó/ e um /éi/ na segunda e terceira tônicas respectivamente, são as únicas ocorrências do plural nominal e pronominal no soneto.

___

25. E. BENVENISTE, Problèmes de linguistique générale, Paris, 1966, p. 274: "Um enunciado é performativo na medida em que denomine o ato desempenhado, de modo que o Ego pronuncie uma fórmula que contenha o verbo na primeira pessoa do presente ... Deste modo, um enunciado performativo deve nomear o desempenho da fala e seu agente". J. L. AUSTIN, How to do Things with Words, Cambridge, Mass., 1962, p. 154: "Um exercitivo é advogar a favor ou contra um determinado curso de uma ação, qu a defesa dela. E uma decisão de que algo seja assim, em oposição a um julgamento de que é assim".

74 POÉTICA EM AÇÃO

Os dois substantivos apresentam uma relação sinedóquica entre os dois números gramaticais – *pro multo unus vel pro uno multi
ponuntur*[26]. Como uma parte pelo todo o plural "meus olhos" (na
realidade uma unidade natural de dois componentes) é substituído
pelo singular "Eu". Na locução *nel cor de tuo' fedei* o singular *cor* é
uma sinédoque gramatical e léxica com respeito ao plural *fedei*, e por
outro lado, quando promovido a sujeito, este plural toma forma de
um "totalizador singularizado" – *ciascun tace* (cf. 3.7).

Assim as aparentes exceções da hegemonia de singularidade
no soneto antes provam a força da tendência de apresentar qualquer
entidade na sua unicidade, e podem servir como ilustrações conclusivas das regras rígidas e vigorosas que moldam a textura gramatical
das *Rime* de Dante.

7.7. A variedade, penetração, transparência e carga simbólica
solene das simetrias e correspondências formais e semânticas claramente relacionam esta poesia à arte de Giotto[27], e de escultores tão
diferentes como Arnolfo di Cambio e Giovanni Pisano. Dentre as
representações alegóricas das artes liberais que adornam a fonte da
cidade de Perugia, feitas por este último, as figuras da Gramática e
da Geometria apresentam uma estreita semelhança de postura. As
afinidades entre as duas entidades de sabedoria foram aprendidas
pelos escultores assim como o foi pelo escolástico Robert Kilwardby[28].
No *Convívio* a comparação entre a ordem dos céus e a das ciências descreve propriedade característica tanto da Gramática quanto
da Geometria em sua tensão interna: *La Geometria si muove intra
due repugnanti ad essa, siccome tra il punto e 'l cerchio ... tra principio e fine* (II: xiii. 26-27), enquanto na Gramática seus contrastes lunares *chiaroschur[i]* são salientados (*luce or di qua or di là*) como
sendo devidos ao caráter continuamente transmutável e conversível
dos seus constituintes (II: xiii. 9-10).

A Gramática Poética com sua seleção e inter-relacionamento
de *certi vocaboli, certe declinazioni, certe costruzioni* e, nas artes
visuais, a Geometria com *sua ancella, che si chiama Prospettiva* abre

26. Veja H. LAUSBERG, *Handbuch der literarischen Rhetorick*, Munique, 1960, 573.

27. Mal se podem evitar associações imediatas com Dante e com seu
soneto citado ao contemplar os trabalhos de Giotto ou ao ler respostas tais
como a deliberação de A. Schmarsow: "wie die Malerei nur mit Hilfe der tektonischen Gruppierung nach Art eines symmetrisch-proportionalen Aufbanes
den Beschauer zum Stillstand der Schau hinleitet' [de como a pintura, apenas
com o auxílio do agrupamento tectônico de acordo com uma construção simétrica-proporcional, leva o observador a se deter para observar] *Italienische
Kunst im Zeitalter Dantes*, Augsburg, 1928, p. 111.

28. Veja R. JAKOBSON, "Poesie der Grammatik und Grammatik der
Poesie", *Mathematik und Dichtung*, Munique, 1968, p. 28. [trad. Izidoro
Blikstein e José Paulo Paes, "Poesia da gramática e gramática da poesia," in *Lingüística e Comunicação*, São Paulo, Cultrix, 1970, p. 75.]

## VOCABULORUM CONSTRUCTIO NO SONETO DE DANTE... 75

um novo e vasto campo para a investigação comparativa. A Poesia do *dolce stil novo*, com sua textura gramatical complexa e eficiente, e as belas artes contemporâneas imbuídas das leis compulsórias da composição geométrica[29], instigam a questão crucial e ainda inexplorada dos artifícios estruturais paralelos modelando as obras-primas verbais, pictóricas e esculturais do início do Trecento.

29. "O ritmo espacial que permeia a superfície plana com movimento e lhe fornece uma flexibilidade cativante" foi apontado como a "suprema maestria" de Giotto – V. LAZAREV, *Proisxozhdenie ital' janskogo Vozrozhdenija*, I, Moscou, 1956, p. 185.

# 5. "Si Nostre Vie" Observações sobre a *Composition & Structure des Motz* num Soneto de J. du Bellay*

À memória de María Rosa Lida de Malkiel

Cette visée, je la dis Transposition
– Structure, une autre.
   L'oeuvre pure implique la
disparition élocutoire du poète, qui
cède l'initiative aux mots, par le
heurt de leur inégalité mobilisés;
ils s'allument de reflets réciproques...

Stéphane Mallarmé, *Variations sur un sujet*

I    1 *Si nostre vie est moins qu'une iournée*
     2 *En l'eternel, si l'an qui faict le tour*
     3 *Chasse noz iours sans espoir de retour,*
     4 *Si perissabl(e) est toute chose née,*

II   1 *Que songes-tu mon am(e) emprisonnée?*
     2 *Pourquoy te plaist l'obscur de nostre iour,*
     3 *Si pour voler en vn plus cler seiour,*
     4 *Tu as au dos l'aele bien empanée?*

III  1 *La, est le bien que tout esprit desire,*
     2 *La, le repos ou tout le mond(e) aspire,*
     3 *La, est l'amour, la le plaisir encore.*

IV   1 *La, o mon am(e) au plus hault ciel guidée!*
     2 *Tu y pouras recongnoistre l'Idée*
     3 *De la beauté, qu'en ce monde i'adore.*

---

* *Questions de Poétique*, Paris, Seuil, 1973 . (Organização de Tzvetan Todorov). Tradução de Salete de Almeida.

78 POÉTICA EM AÇÃO

O texto do soneto acima foi publicado pela primeira vez, dessa mesma forma, por seu autor Joachim du Bellay, em Paris, por volta de fins de 1550, em *L'Olive avgmentée depvis la premiere edition* de 1549. Nesta série aumentada, é o soneto número *CXIII*, dentre os 115 numerados. Respeitamos aqui a ortografia original do texto com os (e) entre parênteses, exatamente para indicar a elisão dos *e* finais diante da vogal inicial da palavra seguinte e para reforçar o metro silábico do verso. No fim do soneto, entretanto, talvez pela influência da grafia $III_2$ *le mond(e) aspire*, o (e) foi empregado inadvertidamente diante de um *i* que, aqui, é apénas uma variante gráfica do *j*, $IV_3$ *en ce mond (e) i'adore*, e, por isso, tiramos o parênteses[1].

## 1. FONTES

Em diversas ocasiões já foram apontados alguns poemas italianos que se refletem, direta ou indiretamente, no soneto *CXIII*: o *Canzoniere* de Petrarca com seu soneto *CCCLV*, o oitavo *versus* da *Arcadia* de Jacopo Sannazzaro e, principalmente, o soneto de Bernardino Daniello publicado por Giolito na coleção das *Rime diverse di molti eccellentiss auttori nuovamente raccolte*, I (Veneza, 1546) e, um verso de Aurelio Vergerio, na segunda parte da mesma coleção (1548, f. 159 - *S'ogni cosa creata è col suo fine*), que se reflete não só em *L'Olive CXIII*, $I_4$ *Si perissable est toute chose née*, mas também, mais ou menos ao mesmo tempo, isto é, no penúltimo quarto de 1550, nos versos escritos por du Bellay a Jean Salmon Macrin "sobre a morte de sua Gelonis": "Tout ce qui prent naissance Est perissable aussi" *(Poësies*, I, p. 309). Os dois versos anteriores do soneto $I_{2-3}$ correspondem a uma outra passagem do mesmo poema comemorativo: *L'An qui en soy retourne,* ‖ *Court em infinité.* ‖ *Rien ferme ne sejourne* ‖ *Que la Divinité.* Dentre as fontes de *L'Olive CXIII* citam-se também alguns versos franceses de Antoine Héroet em sua *Parfaicte Amye* de 1542 (ver, a propósito dessas questões, Vianey, 1901, 1909; Merril, 1925, 1926; Gambier, 1936; Chamard, 1939-40; Hervier em *Poësies*, V/1954; Spitzer, 1957). Este grande "trabalho de reconstituição artística", como o chamam os críticos, longe de contradizer a afirmação feita por du Bellay no prefácio à *L'Olive* de 1550, sustenta e confirma sua advertência ao leitor: "Je ne me suis beaucoup travaillé en mes ecriz de ressembler aultre que moymesmes" *(Poësies*, I, 75).

## 2. ASSUNTO

Os comentadores que se debruçam sobre o soneto *CXIII* se dedicam e se limitam a resumir seu assunto. Segundo suas afirmações, du

---

1. Nas nossas citações de *L'Olive CXIII* e dos outros sonetos os algarismos romanos indicam a ordem das estrofes, os algarismos romanos em itálico, os números das peças, e os algarismos arábicos, o lugar do verso na estrofe.

"SI NOSTRE VIE"...				79

Bellay "nos fala de uma alma aprisionada, aspirando ao mais alto" (Bourciez, p. 109); "aprisionada aqui embaixo, ela deseja sair dessa moradia tenebrosa, quebrar todos os laços que a prendem à terra, e, num salto, voar para um mundo resplandecente de luz e sentir, na sua essência eterna, o amor puro no seio da Beleza divina" (Chamard, I, p. 236). Os críticos, um após o outro, acreditam poder desvendar no texto do soneto "a aspiração da alma em direção ao eterno" (Vianey, 1930, p. 42) e o poder do poeta em "fazê-la sonhar*** com a própria Idéia de beleza" (Saulnier, p. 58). No entanto, as questões que du Bellay propõe à sua alma neste soneto se referem, ao contrário, ao prazer que ela sente em *l'obscur de nostre iour*, apesar da possibilidade de se lançar *en un plus cler seiour*.

O poeta continua a propor questões à alma sempre silenciosa e, na parte final do soneto, depois das perguntas iniciais, fala sobre o *cler seiour* que a alma hesita alcançar. Portanto, é vã a procura, no texto, do sentido que Leo Spitzer tenta lhe impor em sua interpretação do poema (1957, pp. 219-223). "Indeed the Whole second half of the sonnet represents", nos diz ele, "the fulfillment of the desires described in the first half", ainda que a primeira metade do soneto problematize exatamente a ausência de tais desejos. Pode-se perguntar também por que a divisão usual do soneto em dois quartetos e dois tercetos deva produzir "in our particular case an effect of accelerando". E onde se pode observar que, no pretenso vôo da alma aos céus, "it does what the French call 'brûler les étapes' "? O que nos faria crer que os tercetos com rimas emparelhadas, postas em circulação pelos sonetistas franceses, "give the impression *of a double* wing beat"[2], ainda mais se observarmos que *l'aele* metafórica do soneto *CXIII* aparece no singular! A interpretação do texto proposta por Spitzer não está baseada na análise dos versos, mas na sua própria "reação cinestésica" impedida, como nos diz ele, de obter um *consensus omnium* pela falta "of training at school of our general public in kinesthetic matters".

No último terceto, o discurso do poeta comunica à sua alma que *au plus hault ciel guidée* ela poderá, então, III$_2$ *recongnoistre l'Idée $_3$De la beauté*. O verso final dramatiza a conclusão do monólogo: se minha alma ascender aos céus ela descobrirá a idéia da beleza, no entanto, quanto a mim, homem daqui da terra, é a própria beleza IV$_3$ *qu'en ce monde i'adore*. As duas atitudes – cognição e adoração – ficam claramente distintas e foi exatamente por ocasião de seu trabalho com o texto *L'Olive*, que du Bellay formulou uma abordagem pessoal do mito platônico familiar à Pléiade. Assim é que o poeta evoca, segundo o *Orator*, de Cícero, "ces Idées que Platon constituit en toutes choses aux queles, ainsi qu'à une certaine espece imaginative [cogitam spe-

2. A interpretação semântica desses seis versos dada por Vianney (1903, p. 84) é também arbitrária. Ele se refere às "duas rimas emparelhadas marcando como as primeiras batidas de asas e o quarteto com rimas intercaladas mostrando a alma suspensa no ar".

80 POÉTICA EM AÇÃO

ciem]; se refere tout ce qu'on peut voir" e afirma: "Cela certainement
est de trop grand sçavoir & loysir que le mien" (*Deffence II*, Cap. I).

Spitzer acredita "that the aesthetic secret of the sonnet lies mainly
in the fact that the motif of the soul's striving toward the Platonic idea
is not only *stated* but *embodied* by rhythmical devices". Mas este "segredo estético" a que se refere o crítico se limita a ser, no seu ensaio,
apenas uma "afirmação" não demonstrada (*embodied*). Além disso, a
essência do poema, longe de poder ser reduzida a uma pretensa perseguição da idéia platônica, nos oferece, como outras produções do mesmo autor, um feixe sutil de motivos antitéticos. Jacqueline Risset, num
ensaio agudo sobre a *Délie* de Maurice Scève (p. 30), pode compreender
bem as contradições subjacentes do poema *CXIII* de *L'Olive*: de modo
especial "é o *je* do último verso que sustenta retrospectivamente todo o
soneto, revelando, por detrás do desejo de ascensão, o peso da atração
terrestre e da impotência nostálgica". A paráfrase que Spitzer faz do
epílogo não encontra nenhuma ressonância no texto do poeta: "the soul,
casting its glance back on the stretch of way it has wandered, is able to
discern now on this earth, *ce monde*, reflections or copies the archetype
of the Idea of beauty".

Ao invés de impor ao soneto de *L'Olive* um clichê filosófico, pre-
ferimos, no entanto, ficar com a lição de R.V. Merrill que lembra, repetidas vezes, em seu estudo sobre o platonismo de Joachim du Bellay,
que este não foi nem um homem de ciência nem um filósofo, mas, antes
de mais nada, um poeta: "he took from any available source whatever
struck his imagination, without abstract interest, or coherent method".
O emprego de um termo filosófico por du Bellay não implica, necessariamente, a adoção ou mesmo a compreensão da doutrina sugerida por
tal termo: "his poetic consistençy is more important to himself and to
his reader than philosophy" (pp. 18 e ss.).

"Il famoso *Sonnet de l'Idée* di du Bellay", como o chama Leo Spitzer no seu "testamento espiritual" de 1960 (p. 121) é composto por *to-
poi*, fórmulas líricas enraizadas na obra do jovem poeta e também no
contexto literário do qual participa, não tendo nenhuma relação intrínseca com o platonismo "ascensional" (a propósito do epíteto, ver Risset, p. 22). Dessa forma, os temas da asa metafórica e do vôo reaparecem nos sonetos posteriores aos *CXIII*, màs com usos diversos da mesma terminologia e fraseologia. No *CXIV* du Bellay censura o Amor:
III₁*O toy, qui tiens le vol de mon esprit,* ₂*Aveugle oiseau, dessile un
peu tes yeux,* ₃*Pour mieulx tracer l'obscur chemin des nues.* IV ₁*Et vous
mes vers delivres & legers,* ₂*Pour mieux atteindre aux celestes beautez,*
₃*Courez par l'air d'une aele inusitée.* O soneto seguinte que finaliza *L'Olive avgmentée* dialoga com Ronsard, 11 ₁*Quel cigne*** ₂*Te
preta l'aele? & quel vent jusqu'aux cieulx* ₃*Te balança le vol auda-
cieux***?*

O soneto *LVIII* de *L'Olive*, exaltando *la doulce cruaulté* da mulher
eleita, remaneja o vocabulário do *CXIII* até torná-lo grotesco: I ₁*mon
oueil qui adore –* ₄*Mon feu, ma mort, & ta rigueur encore.* III ₁*De mon*

"SI NOSTRE VIE"...

esprit *les* aeles *sont* guidées ₂*Jusques au seing des* plus hautes idées ₃*Idolatrant ta celeste* beaulté. No primeiro quarteto do soneto *LXXXI* da mesma coleção, *Celle qui tient* l'aele *de mon desir\*\*\* achemine ma trace Au... divin* sejour *du Dieu de mon* plaisir. De acordo com o segundo quarteto, ₁La *les* amours ₂La est *l'honneur\*\*\** ₃La *les vertus\*\*\** ₄La *les* beautez, *qu'au ciel on peut choisir.* III ₁*Mais si d'un oeuil foudroyant elle tire\*\*\** ₂*quelque traict de son ire,* ₃*J'abisme au fond de* l'eternelle *nuit* e as conseqüências são descritas nos versos do último terceto, todos os três começando com o advérbio la por exemplo, la *mon espoir & se fuit & se suit.*

O soneto *LXIII*, cuja numeração final, *XIII*, é a mesma do soneto *CXIII*, no *L'Olive avgmentée*, partilha também de certos traços lexicais marcantes, notadamente num lamento dirigido ao cruel Amor que, desde que *je n'avoy' de son feu* congnoissance, escolheu III₃ au plus hault ciel la beauté, *qui me tue:* IV₁ la, *fault chercher* le bien que *tant je prise.*

É necessário observar que o soneto *CXIII* está ligado a vários poemas escritos por du Bellay, no começo dos anos cinqüenta, por uma relação que se poderia definir como semelhança antitética. O último dos *XIII Sonnetz de l'Honneste Amour* reunidos no *Quatriesme livre de l'Eneide* e impressos em 1552, deve ter sido escrito pouco antes de sua publicação, porque seu último terceto parafraseia "Voeu" que abre a *Continuation des Erreurs amoureuses,* e que apareceu por intermédio de Pontus de Tyard em 1552. O soneto em questão tem em comum com o *CXIII* do *L'Olive avgmentée* não apenas a numeração *XIII*, mas também as quatro rimas masculinas do interior dos quartetos, embora em ordem inversa: *CXIII tour – retour – iour – seiour*; *XIII seiour – iour – retour – tour.* A ordem dessas rimas no soneto *CXIII* remete a seu modelo italiano, o soneto de Bernardino Daniello, *giorno – ritorno – intorno – soggiorno*, com a única troca *tour – iour* contribuindo para a unificação das rimas no interior de cada quarteto e para a dissimilação dos dois quartetos. No último dos *XIII Sonnetz*, evidentemente associado ao soneto *CXIII* do ciclo anterior, du Bellay não se limita a inverter a ordem das rimas, mas transforma todo o curso da ação. No soneto de 1552, opõe, aos dois motivos rivais do soneto de 1550 – *l'obscur de nostre iour* e *un plus cler seiour* nos céus – a imagem carnal de sua Dama, *ce corps, des graces le seiour,* emoldurada pela *main de la saige nature* –

Pour embellir le beau de nostre iour
Du plus parfaict de son architecture.

O soneto de 1552 opõe, ao motivo de 1550 (*l'an qui faict le tour* e *chasse noz iours sans espoir de retour*), a imagem espiritual da mesma Dama:

\*\*\*le ciel trassa la protraiture
De cet esprit, qui au ciel faict retour,
Habandonnant du monde le grand tour
Pour se reioindre à sa vive peincture.

A questão do soneto *CXIII* – II₂ *Pourquoy te plaist l'obscur de nostre iour* – sustentada por um oximoro e por um contraste semântico entre o par de rima (*compagnes*, como se dizia na época ou *rime fellows*, segundo o termo sinônimo de Gerard Manley Hopkins), isto é, a obscuridade *de nostre iour* aqui na terra e o *plus cler seiour* dos céus, é retomada nos dois tercetos do soneto *C* da mesma coletânea, mas através de uma inversão total desses elementos:

> Au fond d'enfer va pleurer tes ennuiz,
> Parmy *l'obscur* des *eternelles* nuitz:
> *pourquoy te plaist* d'Amour le beau *seiour*?
> Si la *clerté* les ombres épouvante,
> Ose tu bien, ô charongne puante!
> Empoisonner *le serain de mon iour*!

O jovem du Bellay, depois de Maurice Scève (cf. *Délie*, XLVIII, CVI, CXLVIII, CCLXII, CCCIV, CCCLVI) rima *seiour* com *iour*, variando a relação semântica entre os dois termos, um dos quais carrega uma conotação de estabilidade ou duração, ao passo que outro comporta sobretudo uma noção de transitoriedade. Esse mesmo par de rimas está ligado não só ao tema da ascensão, mas também ao tema da descida, como, por exemplo, na *Ode II*, que faz parte de *Vers lyriques*, acrescentados a *L'Olive* de 1549 (cf. *Poësies* I, p. 158):

> Le chemin est large & facile
> *Pour descendre en l'obscur Seiour:*
> Pluton tient de son Domicile
> La porte ouverte Nuyt & *Iour*.

O polemista Barthélemy Aneau, no seu *Quintil Horatian*, que é um ataque anônimo a du Bellay, lhe diz com ironia: "tu peux sembler tou célestin". De fato, o motivo ascensional chega a dissimular, por vezes, o espírito de antítese, que também faz parte integral da obra do poeta. Mas a polaridade dos dois planos – o do *plus hault ciel* e o *De la beauté qu'en ce monde i'adore* – assume um aspecto curioso na "palinódia espiritual" intitulada *A une Dame* e inserida no *Recueil de poésie* que apareceu no começo de 1553 (cf. Chamard), pp. 194 e ss.; il pp. 74 e ss. e V, pp. 159 e ss.). Desta vez os dois termos da oposição estão divididos entre ₁₂₉*Quelque autre* qui *la terre dedaignant* | *Va du tiers cielles secrets enseignant* e o "eu" ₁₃₃*qui plus terrestre suis*. Este poema retoma e coloca na mais completa desordem o léxico metafórico do soneto *CXIII* e de *L'Olive* em geral. Se neste texto (*XXXII*, III) du Bellay adverte seu ininterlocutor que *De ton printemps les fleurettes seichées* || *Seront un iour de leur tige arrachées,* || *Non la vertu, l'esprit, & la raison*, na palinódia de 1553 du Bellay coloca totalmente às avessas a retórica dos seus sonetos:

> N'attendez donq' que la grand' faux du Temps
> Moissonne ainsi la *fleur de vos printemps,*
> Qui rend les Dieux, & les hommes contents:
> *les ans qui* peu *seiournent*
> Ne laissent rien, que regrets, & souspirs,
> *Et empennez* de noz meilleurs desirs,
> vecques eux emportent nos *plaisirs,*
> Qui jamais ne *retournent.*

"SI NOSTRE VIE"...                                                              83

Essa carta em versos dirigida *à une Dame* não comporta de forma alguma o tempo longo e, ao mesmo tempo, exorta seu interlocutor a não alongar o tempo de espera, $_{161}$*quand les hyvers nuisans* ‖ *auront seiché la fleur de vos veaux ans* ‖ \*\*\*, $_{164}$*Quand vous verrez encore...*‖\*\*\* $_{166}$De ce beau sein *l'ivoyre s'allonger*. Ora, é a estrofe final que revela a diferença essencialmente estilística entre duas ênfases, uma recaindo sobre $_{135}$*le plus subtil qu'en amour*\*\*\* *s'appelle jouissance* e outra sobre o $_{58}$*Paradis de belles fictions,* ‖ *Deguizement de nos affections:*

> $_{201}$Si toutefois tel style vous plaist mieux,
> Je reprendray mon chant melodieux,
> Et *voleray* jusqu'au *seiour* des Dieux
> D'une *aele* mieux *guidée:*
> Là dans le sein de leurs divinitez
> · Je choisiray cent mille nouveautez,
> Dont je peindray voz *plus grandes Beautez*
> Sur la *plus* belle *idée*.

A alternância entre a maneira (*style fardant*) petrarquista e os versos polêmicos contra *l'art de Petrarquizer* é característica, segundo Chamard (199), de "uma dessas contradições das quais encontramos vários exemplos" na obra de Joachim du Bellay. Assim, encontramos também no interior de seus versos, uma "seqüência de antíteses" semelhante. Entre os *Cinquante Sonnetz à la louange de L'Olive*, aparecidos em 1549, vários textos, como os de número *XXVI* ou *XXVIII*, fiéis ao padrão do *Canzoniere*, dão mostras de uma "composição antitética" manifesta (cf. *Poésies V*, p. 56) – *XXVI;* 1 $_1$*La nuit m'est courte, & le jour trop me dure,*‖ $_2$*Je fuy l'amour, & le suy' à la trace,*‖ \*\*\*II $_3$*Je veux courir, & jamais ne deplace,* $_4$*L'obscur m'est cler, & la lumiere obscure.* E mais tarde, sobretudo nos sonetos suplementares de *L'Olive avgmentée*, que são do fim de 1550, oposições variadas se entrelaçam, criando labirintos sem saída prevista. O soneto *CXIII* é um belo exemplo desse jogo simultâneo de várias antíteses que o artista – e aqui, sim se pode empregar de modo pertinente a expessão de Spitzer – "not only stated but embodied".

Vianey (1930, pp. 140 e ss.) assinala esse processo fundamental utilizado por du Bellay: "A antítese é o instrumento habitual de seu espírito e ele conhece todas as maneiras de construir uma oposição". A capacidade do poeta de construir o soneto sobre uma antítese e de diversificar esse processo de construção pode ser ilustrada por uma rápida retomada dos sonetos nos quais o poeta opõe claramente os dois tercetos aos dois quartetos ou as duas estrofes pares às duas ímpares. Depois de citar algumas antíteses-temáticas mais evidentes, Vianey acaba perguntando "para que multiplicar os exemplos". Entretanto, esse processo de composição engloba todos os aspectos da estrutura verbal e exige uma análise sistemática e detalhada. Mesmo no interior de uma única forma estrófica, como o soneto, o processo em questão apresenta, ao lado das propriedades mais comuns, muitos traços diferenciados que

blems of poetic texture as well. The theory and analysis of the sound figures

84 POÉTICA EM AÇÃO

refletem a diversidade das línguas, das épocas, das escolas poéticas e dos poetas individuais[3].

## 3. ESTROFES

No repertório das formas poéticas nenhuma inovação italiana encontrou, através do tempo e do espaço, expansão semelhante à alcançada pelo soneto. A combinação de uma bipartição simétrica das duas metades do soneto com a diferença de suas duas metades, quanto ao número de versos e à organização estrófica, abria grandes possibilidades para os jogos de paralelismos e contrastes. A relação entre as quatro estrofes do soneto pode conter os três tipos de correspondência binárias semelhantes às que apresenta, um único quarteto, um par de rimas (cf. Richards, p. 589): 1. rimas emparelhadas (*aabb*); 2. rimas alternadas ou cruzadas (*abab*) e 3. rimas intercaladas (*abba*). A concordância e a oposição das estrofes no soneto de modelo italiano ou francês nos permite distinguir três classes semelhantes.

1. SUCESSÃO (*aabb*): os traços comuns das duas estrofes INICIAIS (quartetos) lhes opõem aos traços das duas estrofes FINAIS (tercetos).

2. ALTERNÂNCIA (*abab*): os dois pares das estrofes alternantes, isto é, o das estrofes ÍMPARES (I e III) e das estrofes PARES (II e IV) se opõem uns aos outros por suas características específicas e diferenciais.

3. INTERCALAÇÃO (*abba*): as duas estrofes intercalantes, ou, em outros termos, EXTERNAS (I e IV) e as duas estrofes intercaladas ou INTERNAS (II e III) formam dois pares reciprocamente opostos.

A coesão dos quartetos, de um lado, e dos tercetos, de outro, é sustentada pela homogeneidade e contigüidade das duas estrofes de cada par, enquanto que o contraste entre o par de quartetos e o de tercetos é reforçada pela sua diferença de tamanho: uma oitava seguida de sexteto.

---

3. Cf. R. JAKOBSON e P. VALESIO, "*Vocabulorum constructio* in Dante's Sonnet 'Se vedi, li occhi miei' ", *Studi Danteschi* XLIII (1962), p 7 e ss. [Cap. 4 deste livro]; N.RUWET sobre um soneto de Louise Labé (aqui citado com referência aos estudos sobre du Bellay e seu ambiente); R. JAKOBSON, "The Grammatical Texture of a Sonnet from Sir Phillip Sidney's 'Arcadia' ", *Studies in Language and Literature in Honour of Margaret Schlauch* (Varsóvia, 1966), pp. 165 e ss.; R. JAKOBSON e L.G. JONES, "Shakespeare's Verbal Art in *'Th'Expence of Spirit'* " (Haia-Paris, 1970) [Cap. 6 deste livro]; R. JAKOBSON e C. LÉVI-STRAUSS, " 'Les chats' de Charles Baudelaire", *L'Homme*, II (1962), pp. 43 e ss.; N. RUWET, " 'Je te donne ces vers...', Esquisse d'analyse linguistique", *Poétique*, VII (1971), pp. 402 e ss.; J. GENINASCA, *Analyse Structurale des CHIMERES de Nerval* (Neuchâtel-Suíça, 1971); A. SERPIERI, "Hopkins. Due Sonetti del 1877: appunti sul parallelismo (etc.)", *Hopkins-Eliot-Auden: saggi sul parallelismo poético* (Bolonha, 1969).

"SI NOSTRE VIE"...								85

No grupo das estrofes alternantes os dois pares, o das estrofes pares e o das ímpares, apresentam características de descontinuidade, e, por fim, na relação das estrofes externas com as internas, o primeiro par (externas) é descontínuo por oposição à contigüidade das estrofes internas. Ora, o traço comum aos pares de estrofes ímpares, pares, externas e internas é a sua constituição isométrica; cada par comporta uma setilha (4 + 3). O papel capital que a estruturação do soneto confere ao número sete poderia ser confrontado com a significação das estrofes das setilhas na tradição bizantina, se é que a origem do *soneto* se liga de fato à *Scuola siciliana*.

A tensão dialética que Mönch (1955, pp. 33 e ss.; cf. 1953, p. 370), referindo-se à lição berlinense de A.W. Schlegel, 1803-1804, descobre na estrutura interna do soneto como tal, e especialmente na sua dualidade (*Zweiteilung*) arquitetônica, confere aos componentes de cada estrofe do *CXIII* muitos valores simultâneos baseados nas correspondências ternárias entre todas as estrofes do poema.

Citemos, a título de exemplo, a relação entre o discurso interrogativo dos dois quartetos iniciais e o discurso enunciativo dos dois tercetos finais: a oitava está repleta de perguntas e respectivas premissas, enquanto o sexteto oferece uma asserção seguida de uma síntese. O papel predominante do fator tempo nas estrofes iniciais e do fator espaço nas estrofes finais se manifesta, de forma particularmente nítida, nas duas estrofes externas do soneto. Os dois extremos se confrontam espontaneamente, de início no plano temporal do primeiro quarteto, onde *une iournée* se choca com *l'eternelle*, em seguida, no plano espacial do último terceto, que nos leva a dois pólos do eixo vertical, *au plus hault ciel* e *en ce monde*. Cada uma dessas duas estrofes comporta uma surpreendente antinomia, que é acentuada através de meios expressivos. O início do soneto trata da contradição entre o curso cíclico do tempo e a fugacidade desesperada de *noz iours*; o poema termina com um confronto entre as duas faces *de la beauté* – uma cognitiva e distante (*La, o mon ame au plus hault ciel guidée! Tu y pouras*), outra adorativa, terrestre, subjetiva (*qu'en ce monde i'adore*), e é exatamente essa última que fecha o soneto. Entre as características que ligam as duas estrofes internas ressaltemos sobretudo o motivo do *plaisir*, que, na pergunta culminante do segundo quarteto, liga a alma a *l'obscur de nostre iour* e que, por outro lado, serve de acréscimo conclusivo aos atrativos do além, enumerados no primeiro terceto (*la le plaisir encore*).

O paralelismo combinado das duas estrofes pares e o das duas estrofes ímpares vem acompanhado de um contraste marcante entre os dois pares. As estrofes ímpares opõem sua visão objetiva e panorâmica ao cunho francamente pessoal, lírico e afetivo das estrofes pares. Basta comparar as proposições que começam com *si* – as do primeiro quarteto refletem a fatalidade universal, enquanto a do segundo, subjetiva e aberta para o futuro, conota a liberdade da escolha: *Si pour voler ***Tu as*. A mesma relação distingue as proposições que começam com *là*: a resposta do segundo terceto é uma visão individual das imagens enu-

86 POÉTICA EM AÇÃO

merativas do primeiro terceto: *Tu y pouras*. O paralelismo entre o segundo quarteto e o segundo terceto torna-se particularmente manifesto através da identidade das duas apóstrofes e de sua disposição (II ₁*mon ame emprisonnée* – IV ₁*mon ame\*\*\* guidée*), reforçada pela correspondência dos adjuntos adverbiais circunstanciais (II ₂*en un plus cler seiour* – IV ₁*au plus hault ciel*) e pela similaridade sintática das construções antônimas (II ₂*l'obscur de nostre iour* – IV ₂*l'Idée* ₃*De la beauté*).

Temos, no soneto *CXIII* de *L'Olive*, um belo exemplo de simetria e antítese que, segundo as reflexões de Schlegel e Mönch, todo soneto de arte consegue unificar "in höchster Fülle und Gedrängtheit". Na linguagem densa desse poema a parataxe suprime as conjunções coordenativas e a antítese consegue abolir as palavras negativas. Essas duas classes gramaticais ficam completamente afastadas de nosso texto. Segundo Stravinski, "proceder por eliminação – saber descartar, como se diz no jogo, é a grande técnica da escolha. E reencontramos aqui a busca do *Uno* através do *Múltiplo*" (p. 47).

## 4. SIGNIFICAÇÕES GRAMATICAIS

*Language of Poetry*, o estudo de Leo Spitzer, aqui discutido e centrado no soneto *CXIII* de *L'Olive*, aborda a questão semântica e entrevê sua dificuldade, ocasionada pela característica vaga e vacilante, própria das significações lexicais: "Even when the context is given, all the speakers don't always mean exactly the same when using a particular word"\*. Conseqüentemente, a compreensão depende apenas do núcleo semântico das palavras, a cujo respeito todos os sujeitos falantes de uma língua estão de acordo, "While the semantic fringes are blurred"\*\* (p. 202). Ora, ao lado das significações lexicais e fraseológicas, toda língua dada dispõe de um rico sistema de significações gramaticais, e essas significações formais – morfológicas e também sintáticas – são obrigatórias e indispensáveis para a compreensão e produção do discurso. Elas não admitem nenhuma "margem indecisa", com exceção das ambigüidades, quer braquilógicas, quer intencionais.

*L'illustrateur de la langue françoyse*, como Joachin du Bellay se apresentava a si mesmo, ou "gramático de gênio" segundo epíteto dado por Remy de Gourmont (p. 316), desenvolveu uma grande arte naquilo que ele chamava *composition & structure de motz* (*Deffence III*, Cap. X). Ele é, como já disse esse crítico perspicaz (p. 325), "o poeta mais puro do século XVI, e suas audácias e excessos se lançam sempre em direção à beleza lingüística". O tema que até hoje faltou no estudo de sua obra é

---

\* "Mesmo quando o contexto é dado, nem todos os locutores querem dizer exatamente a mesma coisa quando utilizam uma palavra em particular" (N. da T.)

\*\* "Ao passo que as fímbrias semânticas se acham borradas" (N. da T.).

"SI NOSTRE VIE"... 87

exatamente a organização das figuras e tropos gramaticais e sua significação na composição dos poemas que du Bellay, certo do futuro de seus escritos, legou à posteridade. Tomaremos, pois, o termo *fatura* dos tratados da época de Henrique II sobre a arte poética e tentaremos submeter à análise lingüística, a fatura do soneto *CXIII*: "achievement of a classic which produces great result"*, segundo opinião justificada de Spitzer (p. 226). Deve-se subscrevê-la, sem aceitar, no entanto, a conclusão apressada segundo a qual este resultado teria exigido do artista apenas um "minimum amount of material effort"**. O rico conjunto dos diversos procedimentos artísticos que o todo e as partes desse poema permitem entrever nos parece contradizer decididamente uma tal afirmação.

## 5. FRASES E ORAÇÕES

As duas estrofes iniciais (quartetos) e as duas estrofes finais (tercetos) consistem de duas frases. Cada uma dessas unidades sintáticas comporta um número inteiro e ímpar de versos, e as frases pares não podem ultrapassar em extensão as frases ímpares. Cada uma das frases contém três versos: as duas frases ocupam, pois, 5 + 3 versos nos quartetos e 3 + 3 versos nos tercetos.

A primeira frase dos quartetos é composta por três orações (*clauses*) paratáticas (1 1/2 + 1 1/2 + 1 verso) e subordinadas à oração independente que se segue (um verso). A segunda frase começa por uma oração de um verso, independente e seguida por uma oração subordinada de dois versos. Conseqüentemente, em um quarto dos dois quartetos, isto é, dois versos em oito, encontramos orações independentes. Inversamente, em um quarto dos dois tercetos, ou seja, três hemistíquios em doze, encontramos orações subordinadas. Assim, as duas estrofes iniciais e as duas finais estão submetidas à mesma regra numérica, mas os termos. da oposição – grupos independentes e grupos subordinados – trocam de lugar formando, por conseguinte, uma relação assimétrica. Há ainda um outro tipo de correspondência, que é uma simetria de espelho: *quatro* versos do primeiro quarteto são formados por *três* orações paralelas, cada uma delas introduzida pela mesma conjunção subordinativa *si*; em contraparte, os *três* versos do primeiro terceto englobam *quatro* orações paralelas, cada uma das quais iniciada pelo mesmo advérbio *là*. Por outro lado, nos dois *quartetos* temos *três* versos dispostos simetricamente – 1, 4 e 7 – que se iniciam, todos, pela invariante *si*, enquanto nos dois *tercetos* temos *quatro* versos vizinhos – 1, 2, 3, 4 – sendo que cada um começa pela invariante *là*. As duas primei-

---

\* "Realização de um clássico que produz grande resultado" (N. da T.).
\*\* "Uma quantia mínima de esforço material" (N. da T.).

ras orações em *si*, no quarteto, são iguais em extensão (cada uma tem três hemistíquios), assim como as duas primeiras orações em *là* (cada uma das quais cobre dois hemistíquios), e, tanto no caso do *si* como no caso do *là*, a terceira oração diminui de um hemistíquio: ela apresenta dois hemistíquios no quarteto (*Si perissable* | *est toute chose née*) e um único no terceto (*La, est l'amour* /). A oração paralela final, que é a última da frase e da estrofe par, é a mais longa: contém os dois versos finais do segundo quarteto e os três versos do segundo terceto. A extensão total das orações em *si* (seis versos) é a mesma das orações em *là* (seis versos).

O paralelismo na organização das duas estrofes externas se manifesta no tratamento similar dos dois primeiros e dos dois últimos versos do soneto: nos dois casos o primeiro hemistíquio do segundo verso se liga estreitamente, pela construção sintática, ao verso precedente, e a vírgula ao fim desse hemistíquio marca a transposição (cf. a grafia IV ₃*beauté qu'en* com a ausência de qualquer sinal em I ₂*l'anqui* e III ₁*le bien que*). Nos dois tipos de transposição o evidente desacordo entre a delimitação métrica e gramatical – I ₁*une iournée*‖ ₂*En l'eternel* e IV ₂*l'Idée* ‖ *De la beauté* – problematiza a relação entre o adjunto adnominal e o complemento nominal, principalmente a associação entre o eterno e o temporal, bem como entre a beleza e uma das Idéias *qu'on one puysse ny des yeux, ny des oreilles, ny d'aucun sens apercevoir, mais comprende seulement de la cogitation et de la pensée*, como nos explica a *Deffence* (II, Cap. I). Em suma, as irregularidades e assimetrias ilusórias que Spitzer crer discernir em certos trechos do texto como "reflexos de nossa inquietação" nos revelam, ao contrário, uma estruturação profundamente paralelística de todo o soneto.

## 6. VERBOS

As quatro estrofes do soneto comportam dezesseis formas verbais, das quais treze formas predicativas (*verbum finitum*), dois infinitivos e um particípio que se distingue funcionalmente dos adjetivos verbais (I ₄*née*, II ₁*emprisonnée*, ₄*empanée*) pelo fato de que rege uma circunstância: IV ₁*au plus hault ciel guidée*. Todas as formas conjugadas do soneto pertencem ao sistema do tempo presente que compreende também o "futuro" IV ₂*pouras*, isto é, um modo prospectivo do presente que enuncia uma "experiência eventual".

A oposição das estrofes ímpares e pares, umas com característica narrativa e objetiva, outras subjetivas e líricas, se reflete nitidamente na triagem e divisão das formas verbais e também na sua distribuição simétrica no interior de cada dois pares de estrofes. Cada estrofe ímpar contém quatro verbos de "terceira pessoa", segundo a nomenclatura convencional, o que quer dizer que a forma gramatical do verbo não encerra nenhuma informação nem sobre a emissão nem sobre a recepção da mensagem e que essa forma funciona como o termo não-marcado da oposição pessoal/não-pessoal:

"SI NOSTRE VIE"...												89

I ₁est ₂faict ₃chasse ₄est
III ₁est ₁desire ₂aspire ₃est.

O verbo "abstrato" (gramatical) *est* se insere em cada uma dessas duas estrofes, mas no primeiro quarteto está reduzido à sua função de cópula, enquanto o primeiro terceto lhe confere "o sentido fraco da existência como coisa": cf. Merleau-Ponty (p. 203) a propósito da relação entre as orações *la table est* ou *est grande*. Pode-se notar também a diferença entre os dois verbos "concretos" (lexicais) do quarteto e os do terceto. Os dois verbos da ação exercida pelo sujeito (I *l'an qui* [NB] *faict*\*\*\* e ₃*chasse*) e hostil a ₄*toute chose née* dão lugar aos dois verbos que exprimem uma sensação dirigida para III ₁*le bien que* [NB] *tout esprit desire*. O contraste entre o centrífugo I ₃*chasse* e o centrípeto III ₂*aspire* é marcante.

Nos quatro casos o verbo *est* aparece separado e em relevo. Ainda que o autor da *Deffence* (Livro II, Cap. IX) veja um defeito *de tres mauvaise grâce* na ausência de uma pausa mais marcante no corte dos decassílabos (*en la quadrature des vers heroiques*) destina a cópula *est* à quinta sílaba dos versos I₁,₄ e, *Si perissable est*, ele separa esta cópula do atributo. O mesmo capítulo da *Deffence* pede aos poetas franceses para não admitirem em seus versos nenhum recurso que produza hiato – nada de *hyulque*, como diz o autor, imitando a terminologia ciceroniana (*Quintil Horatian* substitui esse termo emprestado por sua tradução: *mal joinct*). Embora tenda a evitar o encontro de vogais no limite das palavras, du Bellay, entretanto, procura colocar o verbo *est* depois de uma vogal acentuada: I ₁*Si notre vie est moins*; III ₁*La, est le bien;* ₃*La, est l'amour* (a separação das duas palavras contíguas é reforçada por uma vírgula). Dentre os processos pelos quais se faz o destaque, do verbo *est*, cabe notar também que, nas proposições enunciativas do soneto *CXIII*, esse verbo é a única forma predicativa anteposta do sujeito gramatical: I ₄*perissable est toute chose*; III ₁*La, est le bien;* ₃*La, est l'amour*.

Em cada uma das duas estrofes pares o primeiro e o último *verbum finitum* está representado por formas da segunda e primeira pessoa; II ₁*songes-tu* – ₄*Tu as* e IV ₂*Tu y pouras* – ₃*i'adore*. A única forma da terceira pessoa rege o pronome da segunda pessoa: II ₂*te plaist*. A presença do destinatário ou do emissor do discurso no papel de um dos actantes caracteriza todas as formas predicativas nas duas estrofes e as distingue de todos os verbos que aparecem nas duas estrofes ímpares.

Em suma, todas as formas verbais das duas estrofes pares estão ligadas entre si por um estreito paralelismo. Assim a ação expressa por II ₂*te plaist* e pelo particípio passado IV ₁*guidée* se exerce em direção ao destinatário que, nos dois casos, está apostrofado da mesma maneira: II₁ e IV₁ *mon ame*. Em cada uma das duas estrofes pares, a terceira das quatro formas verbais é um infinitivo que designa um processo virtual, e a similaridade das únicas construções infinitivas no soneto *CXIII* é su-

# 90   POÉTICA EM AÇÃO

blinhada pela paronomásia: $II_3$pour *voller*\*\*\* tu as – $IV_2$ tu *y* pouras *recongnoistre*.

O "Sonet a Maurice Scève" de Pontus de Tyard, publicado como poesia de abertura na sua coletânea *Erreurs Amoureuses* em novembro de 1549, cerca de um ano antes de *L'Olive avgmentée*, contém uma aproximação de duas construções que oferece uma espantosa semelhança, ao par que acabamos de sublinhar. Observemos, de início, a correspondência entre a *docte plume* que, segundo Tyard, permite a Scève *haulser le vol jusques aux cieux* (cf. a apóstrofe a Scève no soneto *CV* de *L'Olive*: II $_3$*J'aime, j'*admire, & adore *pourtant $_4$Le hault voler de ta plu*me dor*ée*) e, por outro lado, *l'aele bien empanée*, isto é, ornadas de plumas, que, segundo *L'Olive CXIII*, dá condições à alma do poeta de voar "para o céu mais alto". No texto de Pontus de Tyard pode-se observar a afinidade semântica e fônica entre os versos $II_{2(-3)}$ *Pour voir l'ardeur qui me brule et consume* e $III_{1(-3)}$ *Tu y pourras recongnoitre la flame*: é pouco provável que seja fortuita a similaridade da relação entre esses versos e também entre os versos $II_{3(-2)}$ e $IV_{2(-2)}$ do soneto *CXIII* de *L'Olive*[4]. Uma *imitation* por parte do cantor de *L'Olive* é verossímil, já que os *Erreurs Amoureuses* deixaram vários traços na sua poesia (cf. Chamard 1900, pp. 192 e ss.; *Poësies*, V, p. 117); na epístola dedicatória de uma coletânea aparecida em 1552 du Bellay chega a apontar as obras de sua própria invenção indignas *de se monstrer au jour pour comparaistre* com os *divins esprits* como Tyard (*Poësies II*, 18). A aproximação aqui mostrada é um dos numerosos exemplos de alta maestria com a qual o jovem *immitateur* angevino, ou segundo a expressão condescendente do crítico americano, "a large-handed pilferer" (Merrill, 1925, p. 41), conseguia remanejar, ligar e recolocar fragmentos variados e disparatados, freqüentemente calcados em modelos italianos ou latinos ou ainda apoiados na poesia francesa da época e, em parte, nas próprias descobertas do autor, bastante imortalizadas. "Vrayment je confesse avoir imité Petrarque & non luy seulement" (Prefácio à primeira edição de *L'Olive*). Du Bellay conseguiu converter todos esses materiais dessemelhantes em obras "com um estilo próprio e pessoal", com uma originalidade e coerência surpreendentes. *L'Olive* e outros sonetos aparentados do mesmo poeta conseguem um verdadeiro triunfo na rebuscada arte do centão. A faculdade criativa de transmitir "la proprieté & structure d'une langue à l'autre" (*ibidem*, 16) é o raro dom de Joachim du Bellay[5].

Notemos, incidentalmente, que o breve intervalo entre a publicação dos *Erreurs Amoureuses* e a de *L'Olive avgmentée* nos permite datar a composição do soneto *CXIII*, e, com bastante probabilidade, a dos outros sonetos do fim da mesma coletânea.

---

4. Colocamos um sinal de menos diante do número do verso e este número entre parênteses quando a contagem dos versos se inicia do fim da estrofe.

5. Cf. MÖNCH, 1955, p. 122: "So sind in vielen Fällen Du Bellays Bearbeitungen geniale Neuformungen, im besten Sinne schöpferische Nachdichtungen".

"SI NOSTRE VIE"... 91

Voltando aos verbos abstratos do soneto *CXIII*, lembremos que um desses verbos, o transitivo *avoir* foi definido, com razão, por L. Tesnière, 1966, pp. 73 e ss., "como uma versão do verbo *être*". A segunda pessoa e a transitividade opõem o último verbo da segunda estrofe, $II_4$ *tu as*, à terceira pessoa e ao caráter intransitivo do último verbo das estrofes ímpares, $I_4$ e $III_3$ *est*. Por outro lado, o último verbo da quarta estrofe e de todo o soneto $IV_3$ *j'adore*, o único exemplo da primeira pessoa do soneto e o único verbo concreto no fechamento das estrofes partilha a transitividade com o verbo final da estrofe II e a opõe à intransitividade dos dois outros verbos finais.

Para resumir essas observações sobre a composição verbal no soneto *CXIII*, pode-se notar que a quintessência do movimento dramático de cada estrofe está ligada a seu verbo final: $I_4$ *perissable est toute chose née*; $II_3$ *Tu as au dos l'aele*; $III_3$ *La, est l'amour*; $IV_3$ *la beauté, qu'en ce monde i'adore*. O caráter plano das estrofes ímpares, providas do mesmo verbo abstrato, intransitivo e não-pessoal do começo ao fim, dá lugar ao contorno curvo das estrofes pares, cada uma delas terminada por um verbo transitivo com um complemento direto. Esses dois verbos são os termos marcados da oposição verbal, pessoal/não-pessoal, mas a últiㅡa estrofe acrescenta uma marca suplementar, que é a da primeira pessoa em relação à segunda na oposição emissor/destinatário[6]. Além disso, essa estrofe, na medida em que é ponto culminante e chave de toda a peça, termina com um verbo concreto, em contraste com os verbos abstratos que concluem as três estrofes antecedentes:

| | | |
|---|---|---|
| I | $_1est$ | $_4est$ |
| II | $_1songes$-$tu$ | $_4Tu\ as$ |
| III | $_1est$ | $_3est$ |
| IV | $_1guidée$ | $_3i'adore$ |

A diversidade dos quatro verbos no interior da estrofe distingue, por sua vez, as estrofes alternantes e opõe a composição polimórfica das estrofes pares à uniformidade das estrofes ímpares, cada uma das

---

6. "Das Präsens ist mit zwei 'Personkorrelationen' versehen. 1. Persönliche Formen (merkmalhaltig) ⌒ unpersönliche Formen. Als grammatische unpersönliche Form fungiert die sog. Form der 'dritten Person', die an sich die Bezogenheit der Handlung auf ein Subjekt nicht ankündingt.*** 2. Die persönlichen Formen verfügen über die Korrelation: Form der 'ersten Person' (merkmalhaltig) ⌒ Form, die die Bezogenheit der Handlung auf die sprechende Person nicht ankündigt. Es ist die sog. Form der 'zweiten Person', die als merkmallose Kategorie fungiert" (JAKOBSON, p. 9). Cf. *op. cit.*, pp. 134, 137; BENVENISTE, Cap. XVIII e XX; DAMOURETTE & PICHON, § 55, JESNIÈRE, Cap. LIII.

quais comporta quatro formas da terceira pessoa. Mas enquanto a estrofe II reúne duas formas da segunda pessoa, todas as duas dispostas simetricamente na abertura e no fechamento do quarteto (II $_1$*Que songes-tu* – $_4$*Tu as*), com uma forma da terceira pessoa e um infinitivo, o terceto final se distancia bastante da ordem simétrica rigorosamente seguida nas estrofes ímpares e combina um particípio, um verbo na segunda pessoa que é, em todo o texto, o único exemplo do modo prospectivo, um infinitivo e, por fim, o único verbo de primeira pessoa – *i'adore* – cuja ambivalência o torna particularmente sugestivo: serve para expressar simultaneamente uma sensação amorosa e uma ação sacramental. O final do soneto *CXIII, la beauté*, que *en ce monde i'*adore, tem correspondências textuais nos outros sonetos de *L'Olive avgmentée*: soneto *XCI*, I$_4$ *ces* beaux *yeulx*, que j'adore (o único verbo de primeira pessoa em todo o poema); soneto *XCVIII*, IV$_2$ *Vos deux* beaux *yeux, deux flam*beaux que j'adore (com a passagem paralela e rimando, III$_2$ *que j'honnore*, os únicos verbos na primeira pessoa). Finalmente, no verso IV$_2$ do soneto *CXV* – *Pour mieux haulser la Plante que j'adore* – o único verbo na primeira pessoa no poema fecha a cadeia verbal de todo *L'Olive avgmentée*. Somente esta forma da primeira pessoa no último soneto da coletânea se distingue do mesmo verbo no soneto *CXIII* apenas por seu antônimo de inspiração horaciana no soneto *CXIV*, I$_2$ *O que je hay ce faulx peuple ignorant*! A composição artística da coletânea e em particular a questão da relação entre seus diversos sonetos mereceria ser estudada.

## 7. PRONOMES E ADJETIVOS PRONOMINAIS

O soneto contém cinco pronomes pessoais adverbiais átonos, cinco adjetivos possessivos e cinco adjetivos pronominais. Os pronomes, todos os cinco no singular, designam, dentre as três pessoas gramaticais, uma das duas primeiras – II $_{1,4}$*tu*, $_2$*te* e IV $_2$*tu*, $_3$*j* – ou seja, um dos dois interlocutores, e todos esses cinco pronomes estão repartidos entre as estrofes pares. Os cinco possessivos se relacionam com a primeira pessoa. Em dois casos – a apóstrofe II$_1$ e IV$_1$ *mon âme*, que inaugura as duas estrofes pares, reforçando seu estilo subjetivo – a primeira pessoa do singular é *moi*, que funciona como possuidor. Na medida em que *mon âme* é uma sinédoque *pars pro toto*, prepara a presença do *totum i'adore*, que vai surgir bem no final do poema. Nos três outros exemplos do possessivo, esse se refere ao plural *nous*, isto é, "nous autres mortels". Ele está indissoluvelmente ligado à família morfológica de palavras que servem para criar uma tríplice metáfora, colocando em relevo o caráter efêmero, passageiro, crepuscular da vida humana: I $_1$ Nostre vie *est moins qu'une* iournée $_2$*En l'eternel* (ou seja, "a vida de todos nós, seres humanos, em relação à eternidade, parece ser menor que o espaço de um dia, em relação à nossa vida"); I $_2$*l'an qui faict le*

"SI NOSTRE VIE"... 93

*tour* $_3$*Chasse* noz iours *sans espoir de retour* ("os anos, em seu ritmo cíclico, se sucedem um após o outro, enquanto os dias de nossa vida desaparecem, um após outro, para sempre"; o único índice de plural no soneto – *noz iours* – reforça o caráter contínuo e gradual desse aniquilamento); II$_2$ *Pourquoy te plaist l'obscur de* nostre iour (onde o estilo exuberante do quarteto par acrescenta à metáfora do dia fugaz de nossa vida, o oximoro que une a imagem do dia à das trevas). O léxico dos quartetos, dirigido para a idéia fixa da fuga do tempo, desaparece nos tercetos, que suprimem a antinomia do permanente e do momentâneo[7].

A disposição dos outros adjetivos pronominais reflete os mesmos princípios arquitetônicos da peça. Os três exemplos do quantitativo *tout*, designando cada vez de um modo diferente o conjunto dos seres humanos, se localizam nas estrofes ímpares, todas as duas voltadas para a totalidade coletiva: I$_4$ *Si perissable est* toute *chose née*; III$_1$ *La, est le bien que* tout *esprit desire*, $_2$*La, le repos ou* tout *le monde aspire* (segundo E. Sapir, 1930, pp. 10 e ss., "singularized totalizers" nos dois primeiros casos e "totality of a whole aggregate" no terceiro). É necessário mencionar a coincidência rigorosa e marcante de dois fatos: a presença do dito adjetivo pronominal e do verbo *être* exclusivamente nas duas estrofes ímpares do soneto (cf. sobretudo I$_4$ *perissable* est toute *chose* e III$_1$*La* est *le bien que* tout *esprit desire*).

No fim do texto, o demonstrativo *ce* se liga ao pronome da primeira pessoa – IV$_3$ *De la beauté qu'en* ce *monde i'adore* – e se justapõe ao advérbio de afastamento III$_{1-3}$, IV$_1$ *là* e seu anafórico IV$_2$ *y*, assim como ocorre com o pronome IV$_2$ *tu*. Esses contrastes fazem ressaltar e triunfar, inesperadamente, a beleza do mundo daqui debaixo e daquele que a adora.

## 8. SUBSTANTIVOS

Cada estrofe ímpar contém seis substantivos e cada estrofe par, dois substantivos sem preposição. Esses dois substantivos em cada estrofe par incluem um objeto (II$_4$ *aele*, IV$_2$ *Idée*) e um vocativo (II$_2$ e IV$_1$ *ame*) e, ainda, dois pronomes pessoais do sujeito (II$_{2-4}$ *tu*; IV$_2$*Tu*, $_3$i'), enquanto nas estrofes ímpares, todo o conjunto dos substantivos sem preposição, ou pelo menos a maioria, funciona como sujeito: I$_1$ *vie*, *iournée*, $_2$*an*, $_4$*chose* (diante de dois exemplos de objeto – $_2$*tour*, $_3$*iours*) e III$_1$ *bien, esprit*, $_2$*repos, monde*, $_3$*amour, plaisir*. Nota-se que a função

---

7. Spitzer, que percebeu bem a alternância "between collective and individual" na seqüência das estrofes do soneto (pp. 220 e s.), desprezou o papel de *nostre* que, de fato, não participa da oposição entre estrofes ímpares e pares, mas apenas da caracterização dos quartetos em relação aos tercetos.

94 POÉTICA EM AÇÃO

de sujeito gramatical é sempre preenchida pelo substantivo nas estrofes ímpares do soneto mas nunca nas estrofes pares, onde essa função cabe ao pronome ou então – em $II_2$ *l'obscur* – ao adjetivo substantivado.

Por oposição às estrofes ímpares, onde os fenômenos narrados, apresentados como coisas existentes, dominam os interlocutores, as estrofes pares sugerem uma transcendência das personagens da conversa imaginária. Nas estrofes ímpares a média dos substantivos é de dois por verso, no total, portanto, oito no primeiro quarteto e seis no primeiro terceto. Cada estrofe par tem um substantivo a menos do que a estrofe ímpar que a precede, o que quer dizer que temos sete no segundo quarteto e cinco no segundo terceto. Pode-se observar, portanto, uma regressão aritmética dos substantivos ao longo do poema: I – 8 substantivos, II – 7, III – 6, IV – 5. Resulta daí um equilíbrio entre os treze (8+5) substantivos nas estrofes externas e, novamente, treze (7+6) nas estrofes internas.

Cada uma das estrofes ímpares contém vários substantivos verbais, com a única diferença que os da terceira estrofe enunciam sensações ou sentimentos ($III_2$ *le repos*, $_3$*l'amour* e *le plaisir*), enquanto que na primeira estrofe, três dos quatro substantivos verbais dizem respeito diretamente aos conceitos temporais (I $_1$*vie*, $_2$*tour*, $_3$*retour*) e se ligam aos termos do calendário (I $_4$*journée*, $_2$*an*, $_3$*iours*) e o substantivo restante – $I_3$ *espoir* – designa evidentemente uma emoção que está, contudo, intimamente ligada ao fator tempo. Esse léxico que evoca o eixo do tempo encontra seu último eco nos complementos indiretos dos quais se serve a rima masculina do segundo quarteto (II $_2$*de nostre iour* – $_3$*en un plus cler seiour*). O emprego dos diversos substantivos temporais nos dois quartetos e, um outro traço dessas estrofes, a substituição dos adjetivos substantivados *l'eternel l'obscur* pelos substantivos adjetivados $I_2$ *l'eternité* e $II_2$ *l'obscurité* (v. abaixo) estão contrabalançados pela ausência dos substantivos temporais e pela presença dos substantivos adjetivados nos dois tercetos ($III_1$ *le bien*, $IV_3$ *la beauté*). Nas estrofes pares se acumulam os substantivos que não se enquadram nos cassos anteriores (substantivos adjetivados/adjetivos substantivados) e que não dizem respeito ao tempo (II $_1$*ame*, $_4$*dos*, *aele*; $IV_1$ *ame*, *ciel*, *Idée*, *monde*), enquanto nas estrofes ímpares eles aparecem sempre acompanhados pelo determinativo *tout* ($I_4$ *toute chose*, III $_1$*tout esprit*, $_2$*tout le monde*).

## 9. ADJETIVOS

"Em princípio o papel do epíteto é sustentado por um adjetivo", constata Tesnière (p. 145), que prossegue registrando diversos tipos de "epíteto não adjetivo", (pp. 150 e ss.) e também descrevendo outras funções do adjetivo além de seu papel de epíteto (pp. 155 e ss., 411 e ss.). O soneto *CXIII* deixa ver uma verdadeira ruptura entre o epíteto e o adjetivo puro e simples, processo que, por outro lado, tem muitos correspondentes na poesia francesa da mesma época. No soneto em

"SI NOSTRE VIE"...											95

questão, o adjetivo que funciona como epíteto é o comparativo analítico empregado pelas estrofes pares: elas introduzem o motivo de uma superioridade, de início relativa e em seguida absoluta – II$_3$ *en un plus cler seiour* e IV$_{1(-3)}$ *au plus hault ciel* (cf. Gougenheim, pp. 61, 165) em oposição ao nível de inferioridade expresso com a ajuda do comparativo sintético no primeiro predicado do soneto (I$_1$ *nostre vie est moins qu' une iournée*). A correspondência curiosa entre I$_1$ *moins qu'une* e II *un plus* (as únicas ocorrências desse numeral e desse artigo no soneto) ressalta o contraste dos dois níveis.

Por outro lado o epíteto se serve do particípio passado que funciona como tal no último terceto (IV$_1$ *au\*\*\* ciel guidée*) mas que, ao longo dos quartetos, pertence à classe dos adjetivos verbais: I$_4$ *née*, II $_1$*emprisonnée*, $_4$*empanée*. Cf. as sutis observações de Jacqueline Risset (p. 96) sobre os epítetos adjetivos que, no poema de Scève "se ligam principalmente ao verbo" e que, segundo a observadora, "são o prolongamento do substantivo em direção ao verbo"; Ruwet (p. 75) aponta os termos "qualificados dinamicamente" no soneto de Louise Labé. Um papel semelhante é assumido pelas orações relativas que Tesnière (p. 154) interpreta como proposições subordinadas com valor de adjetivo epíteto. Nos tercetos o substantivo com complemento serve de actante passivo (III $_1$*le bien que toute esprit desire;* $_2$*le repos ou tout le monde aspire;* IV$_4$ *la beauté, qu'en ce monde i'adore*: o desejo de todo espírito visa o bem, assim como a aspiração se dirige para o repouso e minha adoração para a beleza). No quarteto, ao contrário, a ação sai do substantivo com complemento (I$_2$ *l'an qui faict le tour*). Além disso aparece no começo e no fim do soneto, como uma das correspondências manifesta entre as duas estrofes externas, um substantivo adnominal precedido pela preposição *de* que tem, em relação ao substantivo com complemento, "função de epíteto do mesmo modo que os adjetivos" (Tesnière, p. 150): I$_3$ *sans espoir de retour* – IV $_3$*l'Idée* $_4$ *De la beauté*.

Os adjetivos verbais são as únicas formas simples de adjetivos empregados como epítetos no soneto *CXIII* e se encontram apenas nos quartetos. É também única e exclusivamente nos quartetos que o adjetivo aparece com outras funções além da de epíteto. Nota-se aí um adjetivo deverbal servindo de atributo e reforçado por uma inversão afetiva: I$_4$ *Si perissable est toute chose née*. Ao lado dos adjetivos atributos os quartetos nos dão dois exemplos de adjetivos substantivados, "processo caro a Petrarca", retomado para ser constantemente aplicado, por Scève, adotado, em seguida, pela Pléiade (v. Brunot, p. 189) e atestado nos dois quartetos do soneto analisado: I$_2$ *En l'eternel* e II$_2$ *l'obscur de nostre iour* (com uma inversão do regido e do regente propriamente dito, "nosso dia obscuro", cf. *L'Olive, C,* III$_2$ *Parmy l'obscur des eternelles nuitz*). Du Bellay consente em tal substituição, *pourveu que telle maniere de parler adioute quelque grace & vehemence* (*Deffence,* II, Cap. IX), e faz uso dela sobretudo "para valorizar a idéia e torná-la menos abstrata (v. *Poësies* V, Índice gramatical, p. 265). Todas essas variantes expressivas da tendência para o adjetivo estão ligadas ao an-

96          POÉTICA EM AÇÃO

damento vivo dos dois quartetos interrogativos em contraste com a total supressão dos adjetivos no conciso discurso dos tercetos.

## 10. GÊNEROS GRAMATICAIS

Os gêneros gramaticais dos substantivos e dos adjetivos substantivados estão submetidos a regras estritas na sua distribuição. A apóstrofe – $II_1$ e $IV_1$ *ame* – e o sujeito das orações atributivas – $I_1$ *vie* e *iournée* ("termo do primeiro actante desdobrado", segundo Tesnière, p. 354); $I_4$ *chose* – são femininos. Os substantivos que têm a função de sujeito nos outros tipos de orações são masculinos – $I_2$ *an*, $II_2$ *obscur*, III $_1$*bien, esprit*, $_2$*repos, monde*, $_3$*amour, plaisir*. Se o sujeito está no masculino, o objetivo direto o acompanha – I $_2$*tour*, $_3$*iours*, caso contrário (isto é, após o pronome *Tu* que se refere ao feminino *ame*), o objeto direto é feminino – $II_4$ *aele*, $IV_2$ *Idée*. As circunstâncias estão todas no masculino: I $_2$*En l'eternel*, $_3$*sans espoir*, II $_3$*en un plus cler seiour*, $_4$*au dos*, $IV_3$ *en ce monde*. O gênero gramatical dos complementos adnominais corresponde ao do substantivo (ou do adjetivo substantivado) que os rege: $I_3$ *espoir de retour*, $II_2$ *l'obscur de nostre iour* (cf. a correspondência entre $I_1$ *vie* e *journée*), IV $_3$ *l'Idée* $_3$*De la beauté*.

No interior do primeiro e do segundo quarteto os substantivos femininos enquadram um número duplo de substantivos masculinos (compreendendo aqui um adjetivo substantivado): 3/6 = 2/4. A terceira estrofe contém apenas três pares de substantivos masculinos, contrastando, nesse aspecto, sobretudo com a estrofe seguinte, a única a desordenar o encadeamento e a relação numérica entre seus femininos e seus masculinos:

    *f*    *f*    *f*

    mmm   mm   mm   *f* m

    mmm   m     mm   *f*

    *f*     m*f*   mm   *f*m

A seqüência dos substantivos femininos assume uma posição particular no desenvolvimento dramático do soneto – *nostre vie, une iournée, toute chose née, mon ame, l'Idée De la beauté*. Nenhum desses substantivos assume parte ativa em qualquer processo e, por outro lado, essas entidades não sofrem nenhuma ação direta e imediata por parte de qualquer agente designado.

$II_4$ *Tu as**\* l'aele* não é exceção porque *avoir* não é um verbo de ação mas de estado (como bem viu Tesnière, pp. 73 e s. e Benveniste, pp. 193 e ss.). Em $IV_3$ a distância entre a "beleza" e sua "adoração" está marcada pelo pronome relativo "que" e, na grafia, pela vírgula que o procede: *la beauté, qu'en ce monde i'adore*. Observamos assim o anonimato do agente em $IV_1$ *ame**\* guidée*. Poderia ser negada a significação construtiva pelo fato de ser o gênero feminino que inaugura o primeiro e o último verso do soneto e que acaba por predominar na sua última estrofe?

"SI NOSTRE VIE"...

## 11. VERSOS

Todos os sonetos são escritos em decassílabos (4 + 6), "versos heróicos", segundo a terminologia da *Deffence*, ou "versos comuns", como os batizará Ronsard em 1555. O exame rítmico do soneto *CXIII* permite observar que, ao lado das duas sílabas obrigatoriamente acentuadas, isto é, a quarta e a décima, o acento das palavras recai sobretudo nas sílabas pares. O primeiro hemistíquio dos tercetos é exceção: sua segunda sílaba é sempre átona e nos seus cinco primeiros versos é a sílaba inicial que atrai o acento (o que é marcado pela vírgula posterior ao advérbio *La*, no começo dos versos $III_1 - IV_1$), enquanto que nos dois quartetos o acento recai quatro vezes na segunda sílaba e uma única vez na primeira. O esquema do segundo hemistíquio, ao contrário, apresenta uma diferença mínima entre os quartetos e os tercetos: naqueles, o acento recai em 56% das sílabas internas pares, e, nestes, em 50% ($6^a$ e $8^a$) e, respectivamente, em 12,5% e 11% das sílabas ímpares ($5^a$, $7^a$, $9^a$). O começo de cada estrofe evita que o acento recaia nas sílabas ímpares do segundo hemistíquio, enquanto que o penúltimo ou o último verso de cada estrofe e, no caso da última estrofe, esses dois versos, retardam o acento de uma das duas sílabas internas pares para que recaia na sílaba ímpar vizinha.

O penúltimo verso da primeira estrofe, um verso masculino com intervalos dissílabos entre todos os seus quatro tempos fortes, constitui – talvez sem qualquer relação com uma intenção consciente do autor – um palíndromo prosódico que pode ser escandido igualmente no sentido direto e inverso ($\rightarrow$ –uu–uu–uu $\leftarrow$), como se o próprio contorno prosódico do verso funcionasse como uma réplica ao conceito da irreversibilidade de nosso tempo que passa: $I_{2(-3)}$ *Chasse noz iours sans espoir de retour*. Os antepenúltimos versos das estrofes inicial e final (IV) se relacionam quanto à repartição das sílabas acentuadas e átonas: $IV_{2(-2)}$ *tu y pourras recongnoistre l'Idée*. Esse verso é exatamente o último que, nos tercetos, acentua a sílaba inicial, o que, nos quartetos, ocorre unicamente com o verso $I_{2(-2)}$. Quanto ao segundo hemistíquio – $IV_2$ *recognoistre | l'Idée* – o verso seguinte é, em todo o soneto, o único que repete o mesmo movimento rítmico (até o lugar onde cai o corte facultativo); $IV_3$ *qu'en ce monde | i'adore*, e este fechamento semelhante dos dois últimos versos do poema coloca em relevo o final do poema. Se no soneto, o intervalo de duas sílabas entre o último tempo forte de cada hemistíquio e o acento precedente, cria uma relação rítmica entre os penúltimos versos das duas estrofes externas, por outro lado, os últimos versos das duas estrofes internas estão, por sua vez, sensivelmente ligados entre si pela acentuação da sílaba que abre o segundo hemistíquio: $II_{4(-1)}$ *Tu as au dos | l'aele bien emparee* – $III_{3(-1)}$ *la, est l'amour, | la le plaisir encore*. Os acentos que se ligam dos dois lados ao corte mediano desses versos lhes dão uma aparência particular, sublinhado ainda no verso $II_4$ pela acentuação das duas sílabas ímpares vizinhas (*l'aele bien*). Resta lembrar o julgamento de

98          POÉTICA EM AÇÃO

Saulnier (p. 148) que observa em du Bellay uma arte verdadeiramente
única de "dar vida ao verso através dos acentos e dos cortes".

## 12. RIMAS

Para du Bellay a *contraincte de la rime** é um componente fundamental do soneto. O encadeamento das rimas nos quartetos é comum
a todos os sonetos rimados do poeta (*abba abba*), enquanto que a ordem das rimas nos tercetos admite variações. Os tercetos imitando o
estilo de Marot** *ccd eed*, que, em *L'Olive* de 1549, aparecem nove vezes nos seus cinqüenta sonetos, prevalecem, mais tarde, em termos de
freqüência, em relação a todos os outros arranjos de rimas no interior
dos tercetos. Assim, entre os 64 sonetos rimados que foram publicados
pela primeira vez em *L'Olive avgmentée* de 1550, há 41 que suprimem
essa forma, como é o caso particular do soneto *CXIII*, e, nas compila-
ções posteriores do autor, essa mesma forma passa a ocupar um lugar
privilegiado (cf. Ziemann, pp. 144 e ss.). Já em 1548, em sua *Art Poétique François*, Thomas Sibilet afirma que os seis últimos versos do soneto "sont sugetz a diverse assiette: mais plus souvent lés deuz premiers
de cés sis fraternizent en ryme platte. Les 4. et 5. fraternizent aussy en
ryme platte, mais differente de celle dés deuz premiers: et le tiers et si-
ziéme symbolisent aussy en toute diverse ryme quatre autres".

A regra de alternância, segundo a qual duas rimas da mesma classe
(isto é, duas rimas masculinas ou duas rimas femininas) não podem se
suceder, foi reconhecida por du Bellay como princípio facultativo ou,
com suas próprias palavras, uma "diligênce fort bonne pourveu que tu
n'en faces point de religion" (*Deffence* II, Cap. IX). – "Toutefois affin
que tu ne penses que j'aye dedaigné ceste diligence", acrescenta no breve prefácio "Ao leitor" de seus *Vers lyriques*, incluídos em *L'Olive*
(*Poësies* I, p. 151), "tu trouveras quelques Odes, dont les Vers sont dis-
posez avecques tele Religion". É necessário observar que, em *L'Olive*
*CXIV*, é esse o único, entre os sonetos do poeta, composto em versos
brancos (ou *libres*, como ele os denomina) e onde a separação sintática
das quatro estrofes e a distribuição canônica das cláusulas femininas e
masculinas são fielmente observadas: I $_1$*Populaire!* – $_2$*ignorant!* – $_2$*vers*
– $_4$*Muses*. II $_1$*Déesse*, – $_2$*immortalizer*, – $_3$*d'Amour* – $_4$*image*. III $_1$*es-*
*prit* – $_2$*yeux*, – $_3$*nues*. IV $_1$*legers*, – $_2$*beautez*, – $_3$*inusitée*.

As infrações deliberadas à "*religion*" dos metrificadores dão ao
poeta a possibilidade de realçar a antítese dos versos masculinos e femininos. Assim, no soneto *CXIII*, a seqüência das rimas nos quartetos,
*abba abba*, ao invés de resultar na ordem canônica *ccd eed*, acarreta
uma série uniforme de seis versos femininos *ccd eed* e faz ressaltar mais
ainda a oposição entre os quartetos e os tercetos do soneto (cf. Vianey,

---

\* "as exigências da rima" (N. da T.).

\*\* Clément Marot, poeta francês que viveu entre 1496 e 1544 (N. da T.).

"SI NOSTRE VIE"... 99

1930, p. 43; Mönch, 1955, p. 122). Entretanto a unidade de composição das quatro estrofes permanece vigorosa: cada uma delas começa e termina com um verso feminino: I $_1$*iournée* – $_4$*née*; II $_1$*emprisonnée* – $_4$*empannée*; III $_1$*desire* – $_3$*encore*; IV *guidée* – *i'adore*.

Em *Les Regrets*, pode-se observar alguns sonetos compostos em versos exclusivamente femininos e dedicados às mulheres, como Diane de Poictier (*CLIX*) ou ainda *Cette princesse & si grande & si bonne* – Catherine de Medicis (*CLXXI*); por outro lado, encontramos dos quartetos (*CLX*), masculinas: esses poemas prestam homenagem a Jean du Bellay, *Seigneur mien*, e a Jean de Saint-Marcel, senhor de Avansom. Seria pertinente lembrar a perspicácia então demonstrada, em 1548, por Thomas Sibilet, a propósito da terminação específica do verso chamado masculino, "a cause de sa force et ne say quéle virilité qu'il ha plus que le femenin".

A despeito do fato que as rimas unem os dois quartetos do soneto, a correspondência entre os membros da rima no interior de uma estrofe tende a ser mais estreita do que a conexão entre os dois quartetos; I $_2$*tour* e $_3$*retour* ou II $_2$*iour* e $_3$*seiour* estão mais intimamente ligadas do que dois pares entre si; podemos notar também uma estreita coesão fônica e semântica entre II $_1$*emprisonnée* e $_4$*empanée* e a aliteração das fricativas palatais iniciais reforçando a relação entre I $_1$*iournée* e $_4$*chose née*. Esse procedimento nos autoriza a dividir as duas rimas quádruplas em quatro relações binárias e a discernir SETE rimas do soneto, de acordo com o princípio subjacente do soneto (cf. acima): $a^1$ $b^1$ $b^1$ $a^1$ $a^2$ $b^2$ $b^2$ $a^2$ *ccd eed*. A distribuição dessas sete rimas leva a uma confrontação dos sete versos ímpares do poema com seus sete versos pares: 1./4.; 2./3.; 5./8.; 6./7.; 9./10.; 11./14.; 12./13. Duas rimas se encontram representadas em cada uma das quatro estrofes: cada quarteto contém duas rimas inteiras e cada terceto uma rima completa mais um verso da segunda rima.

A distribuição das rimas entre as estrofes exibe vários traços simétricos. O soneto *CXIII* possui quatro rimas emparelhadas, uma por estrofe: duas rimas masculinas nos quartetos e duas rimas femininas nos tercetos.

Em oito casos – quatro versos masculinos dos quartetos e quatro versos femininos dos tercetos – a vogal acentuada da rima é seguida de um /r/ e, de modo especial, esse fonema aparece na segunda rima de cada estrofe. Todos os versos do soneto, que não possuem esse /r/ na sua rima, terminam em – *ée*.

A distribuição das rimas no soneto está submetida a uma regra suplementar: considerando que existem duas rimas em cada estrofe, a vogal acentuada da primeira delas opõe sempre uma vogal aguda não-bemolizada (palatal não-arredondada) à vogal grave bemolizada (velar arredondada) da segunda rima. Ou seja, no interior de cada estrofe, as vogais acentuadas das duas rimas apresentam um duplo contraste de tonalidade que segue constantemente a direção de alto para baixo: *-ée* /*-our* nos quartetos: *-ire* /*-ore* e *-ée* /*-ore* nos tercetos. A rima que abre o segundo corresponde à que inaugura o primeiro quarteto e reaproxima uma vez mais o fim e o começo do soneto. Por outro lado, a mesma consoante de apoio /d/ desconhecida das outras estrofes, liga os três versos do segundo terceto (*guidée - Idée - i'adore*), assim como a final comum (*-re*) une todos os versos do primeiro terceto (*desire – aspire – encore*). Da segunda rima do primeiro quarteto ($b^1$) até a primeira rima dos tercetos (*c*), as duas palavras em confronto apresentam as mesmas características (número, tempo e pessoa no caso dos verbos; número, gênero no caso dos substantivos e adjetivos verbais). Na primeira rima da estrofe preliminar ($a^1$) e também da estrofe final ($d^1$) as partes do discurso diferem mas o número e o gênero são idênticos: I $_1$*iournée* – $_4$*née*; IV $_1$*guidée* – $_2$*l'Idée*. Enfim, a rima final (*d*) entrelaçando os dois tercetos para além do limite das frases, esta única rima puramente interestrófica é, além disso, a única a introduzir uma palavra invariável e a afastar toda correspondência morfológica e também toda consoante de apoio: III $_3$*encore* – IV $_4$*i'adore* (o único espécime verbal da primeira pessoa no texto do soneto). A única outra rima sem consoante de apoio imediato a substitui, entretanto, por séries de fonemas aparentados, que fazem parte de contextos paralelos na sua estrutura gramatical e semântica: III $_1$Tou*t* e*s*prit d*e*sire – $_2$Tout le mon*d*e *a*spire. A redução ou mesmo a supressão de todo paralelismo gramatical nas rimas do começo e do fim do poema é uma das concordâncias significativas entre suas duas estrofes externas.

No quarteto, uma das duas palavras de cada rima é uma sílaba maior do que a outra, enquanto nos tercetos todos os versos terminam por um dissílabo. Assim, em contraste com as rimas sempre imparissilábicas dos quartetos, todas as rimas dos tercetos são parassilábicas: III $_1$*desire* – $_2$*aspire*, IV $_1$*guidée* $_2$*l'Idée*, III$_3$ *encore* – IV$_3$ *i'adore*. Esta regra engendra uma cesura obrigatória após a oitava sílaba e uma ausência da cesura (um "zeugma") após a nona sílaba, em todos os versos dos tercetos. Esses traços contribuem para a divergência rítmica entre os tercetos e os quartetos. Nesses últimos, o corte pode seguir a nona sílaba do verso (I$_4$ *Si perissable est toute chose née*; II$_2$ *Pourquoy te plaist l'obscur de nostre iour*) e aparece apenas esporadicamente após a oitava sílaba. No interior dos quartetos, uma das palavras que rimam entre si, sendo uma sílaba mais curta do que a outra é, no caso das rimas masculinas, um monossílabo que corresponde à palavra dissílaba do verso que vem a seguir (I $_2$*tour* – $_3$*retour*; II $_2$*iour* – *seiour*), enquanto que, nos versos femininos de cada quarteto, é a primeira palavra da rima (seu *primeiro unissonante*, segundo a terminologia do século XVI) que possui uma sílaba a mais do que a segunda e, além disso, no segundo quarteto, as duas palavras da rima feminina são maiores uma sílaba do que no primeiro quarteto: I $_1$*iournée* – $_4$*née*; II $_1$*emprisonnée* – $_4$*empanée*. Assim os versos femininos dos quartetos variam sistematicamente e o número das sílabas pré-tônicas nas suas palavras finais: I$_1$ uma sílaba – I$_4$ zero (em oposição à relação I$_2$ zero – I$_3$ uma sílaba); II$_1$ três – II$_4$ duas sílabas.

Nas quatro rimas dos quartetos e, ainda, na rima interior do segundo terceto, (*e*) uma das duas palavras que rimam entre si está incluída

"SI NOSTRE VIE"...	101

na cadeia fônica da outra; a primeira faz parte da segunda nas rimas masculinas, enquanto que nas rimas femininas é a segunda que está incorporada na primeira: de um lado I $_2tour$ – $_3retour$, II $_2iour$ –- $_3seiour$, e, de outro, I $_1iournée$ – $_4née$ e IV $_1guidée$ – $_2ldée$; finalmente, na rima II $_1emprisonnée$ – $_4empanée$ a segunda palavra recobre mais ou menos o começo e o fim da primeira palavra: emp$ris$onnée. Du Bellay faz uso, nos seus poemas, das várias rimas inclusivas que ele usa a partir de sua coletânea *Recveil de poésie*, do fim de 1549, onde, no "Dialogue d'un amoureux & d'echo", esse último responde repetindo o final das questões lançadas pelo herói: *le devoir? – de voir?; devenuz? – nuds; couraige? – raige; obscure? – cure; ï endure? dure*; etc. (v. *Poësies* , p. 270).

Nas duas rimas masculinas do soneto, o poeta joga com a oposição de uma raiz sem prefixo e com prefixo, mas não há raízes idênticas nas rimas inclusivas femininas do mesmo poema. Pode-se notar que as rimas das palavras e simples *avecques leur composez, comme un* baisser & abaisser, são rejeitadas na *Deffence*: enquanto os compostos *ne changent ou augmentent grandement la signification de leurs simples, me soient chassez ƀien loing* (II, Cap. VII). As rimas masculinas do nosso soneto vão do simples ao composto, enquanto as outras rimas inclusivas destituídas de raiz comum entre as duas palavras correspondentes, tratam a segunda delas como um eco mais breve do que o apelo ao qual responde.

Todas as rimas inclusivas, quer possuam ou não raiz comum, combinam uma certa afinidade semântica com uma antítese subtendida ou "*contraposição*", segundo o termo introduzido por Jacques Peletier (*I*, Chap. IX). Assim no conjunto I $_2tour$ e $_3retour$, a primeira das duas palavras implica a segunda, mas ao mesmo tempo, o ano que se completa (*l'an qui fait le tour*), ou seguindo o epíteto de Salmon Macrin, escrito também em 1550, *L'an qui en soy* retourne (*Poësies*, I, 311), torna impossível o retorno de nossos dias. As palavras da rima II $_2iour$ e $_3seiour$ designam, todas as duas, um espaço de tempo, mas *séjour* aparece nesses versos como um salto de uma duração de tempo passageira, para uma imagem espácio-temporal, que é de um espaço concebido para permanecer e, por conseqüência, como uma transição da temporalidade dos quartetos à espacialidade dos tercetos. Uma paranomásia particular cria uma estreita associação entre I $_4née$ e a final homófona da palavra $_1iournée$; essa se torna uma espécie de cruzamento entre o nó da rima interna, I $_3noz iourz$*** *sans*** retour*, e, por outro lado, $_4toute chose née*, o único ser vivo admitido (não sem ser humilhado) no texto do primeiro quarteto. Ele desaparecerá, mas também permitirá ao poeta localizar seu refúgio II$_3$ *en un plus cler seiour*.

## 13. TEXTURA FÔNICA

A passagem do segundo quarteto ao terceto vizinho, isto é, das questões endereçadas à alma aprisionada na obscuridade de nossa existência, às reflexões do interrogador sobre as vantagens de uma maior claridade, recorre ao processo que a técnica do cinema chama "fusão". O último verso do quarteto se desfaz e dá lugar a uma imagem semanticamente distante, mas semelhante nos seus contornos fônicos e gráficos (*tant en voix qu'en ecriture*, segundo a expressão do poeta); $II_4$ l'aele bien *empanée* – $III_1$ la, est le bien *que toute esprit desire*. O /l/ duplo de *l'aele* se espalha no terceto que contém uma dezena de consoantes laterais contra os treze /l/ confirmados no conjunto das três outras estrofes. O máximo – 5 /l/ – fica para o último verso desse terceto e de fato, um verdadeiro "verso em /l/": $III_3$ la, est *l'amour, la le plaisir encore*.

A aproximação do substantivo e do advérbio – *bien* – não é a única figura etimológica que liga as duas estrofes internas. Elas confrontam o verbo com o substantivo da mesma raiz: $II_{2(-3)}$ plai*st l'obscu*r e $III_3$ le plai*sir en*core. As duas fomas aparentadas são logo seguidas por um advérbio que mantém com elas uma relação de etimologia poética: $II_3$ e $IV_{1(-3)}$ *plus*. O soneto *XCIII* da mesma coletânea nos faz ver essas três unidades numa sucessão análoga: $I_2$ *Si l'un me* plaist *l'autre me* plaist *aussi*; $II_{3(-2)}$ *Ce m'*est plaisir *de demeurer ain*si; $IV_2$ *Le* plus *heureux des hombre je demeure*. A proximidade de *plaisir* e de *plus* é sustentada no soneto *XCIII* pela concomitância do verbo $II_3$ *demeurer* e $IV_2$ *je demeure* rimando com $IV_1$ *je meure* e concordando com $III_1$ *Amour* e $IV_3$ *amer*; assim também a associação das palavras aliterativas *plaisir* e *plus* no soneto *CXIII* está reforçada pela afinidade paronomástica das palavras vizinhas: $III_3$ *l'am*our, la le pl*aisir* – $IV_1$ l'â*me au* pl*us* (cf. também as contigüidades de $II_2$ plai*st*** *i*our e $III_3$ *am*our... plai*sir*). Uma afinidade semelhante é colocada em relevo no soneto *CXI* da coletânea: $II_2$ *Si* l'am*e* n'est par l'am*our enflammée*. Esse soneto está associado com a Sexta-feira Santa, dia do encontro de Petrarca e de Laura na missa numa igreja de Avignon e *des lauriers tousjours verds* que ali surgiram (sonetos *CXV* e *I*), mas sobretudo I $_1$*Jour que l'eternel amant* $_2$*Fist par sa mort vivre sa bien aimée*. Os versos desse soneto, *CXI*, numa cadeia de paranomásias penetrantes, celebram a fusão de *l'amour* com aquele verso $IV_3$ *Qui em* mou*rant triomphe de* la mort. Tristes são todos aqueles, $I_3$ *Qui telle* mort *au coeur n'a* im*pri*mée, aqueles que não podem $II_1$ *sentir ce doulx* tor*ment* e chorar $III_1$ *de sa* mort *la memoire*.

A ligação estreita entre o último verso do primeiro terceto e o verso do segundo, longe de ser um fato isolado, nos leva a observar as relações análogas entre os outros versos dos dois tercetos: $III_2$ *La, le* repos – $IV_2$ *Tu y* pou*ras*; $III_1$ la *est le* bien – $IV_3$ *De* la be*auté* (a única forma *la* do artigo no soneto *CXIII*). Assim uma simetria especular sustenta essas correspondências: $III_1$/ $IV_3$, $III_2$/ $IV_2$, $III_3$/ $IV_1$.

A ligação apontada acima entre o fim e o começo das duas estrofes internas ($II_4$ e $III_1$) encontra paralelo na correlação entre o começo e o fim das duas estrofes externas. A ação da primeira oração do soneto se passa *en l'eternel*, enquanto aquela da última oração permanece *en ce monde*. Os três /ã/ do primeiro seguem o tema da vida desesperadamente passageira. No segundo hemistíquio do segundo verso *l'an* in-

"SI NOSTRE VIE"...                                                    103

verte a ordem dos dois fonemas que abrem este verso – $I_2$ en *l'eternel*
(/āl/ – /lā/) – de acordo com a tendência do poeta para "l'inversion de
lettres" (*Deffence* II, Cap. VIII). O segundo hemistíquio do último
verso, por seu lado, – $IV_3$ qu'en c*e monde* inverte os fonemas de $I_2$ *l'*an
qui *fait le tour* (/āk/ → /kā/) assim como os de $I_3$ san*s espour* (/sā/ →
/ās/).

Certas paranomásias se mantêm ao longo do soneto. Assim o grupo de um /p/ e de um /r/ precedidos ou seguidos de uma sibilante, segundo o motivo do desespero e da esperança: I $_3$*sans espoir*
– $_4$Peri*ssable* – II $_1$em*r*pi*sonnée* – $_3$Si pou*r voler* – II $_1$*espr*i*t*
– $_2$Re*pos ou tout le monde* aspi*re*. Conferir a acumulação dos /p/ duas
vezes seguidas e depois, no segundo hemistíquio, duas vezes precedidos
de um /r/ nos versos chistosos do fim do soneto *LII* do*s Regrets: Et*
per*dre sans* pro*fit le* re*pos et* re*pas*.

No primeiro terceto, a evocação dos seres dotados de espírito e aspirando ao repouso agradável sucede à imagem do primeiro quarteto,
aquela dos seres dotados de vida: o caminhar do tempo que *chasse nos*
jours *sans espoir de re*tour e condena à perda tou*te chose née. Lâme*
*emprisonnée* é colocada diante de uma alternativa e o triste destino de
*toute* chose n*ée*, lamentado no fim da primeira estrofe propõe, no começo da estrofe seguinte, a questão temerária:*II*$_1$*que* songes-*tu\*\*\*?* Os
dois hemistíquios vizinhos combinam uma similaridade fônica com uma
permutação barroca de alguns traços distintivos que leva a uma troca
recíproca das fricativas e sibilantes e a uma transferência da nasalidade
da consoante para a vogal. As estrofes internas continuam a fazer eco à
palavra condutora do primeiro quarteto, o monossílabo *tour*, repetindo
sua vogal com a consoante inicial ou final: II$_2$‖ pour*quoy\*\*\* jour* ‖ , $_3$‖
Si pour\*\*\* se*jour* ‖; III $_1$/*que* tou*t*, $_2$/*ou* tou*t*, $_3$*l*am*our*.


14. VISÃO DE CONJUNTO


Duas circunstâncias engendram o poema: uma domina a primeira e
outra a última oração do soneto. A circunstância do tempo ilimitado
e impiedoso com *nos jour*, $I_2$ *En l'eternel* cede lugar à circunstância do
lugar restrito que nos pertence, $IV_3$ *en ce monde*.

Os seres dotados de vida são todos assinalados no texto por formas
pronominais, isto é, por pronomes verdadeiramente pessoais (na sua
variante adverbial) ou então por substantivos acompanhados por um
adjetivo pronominal. O autor do soneto é o único indivíduo da classe
dos animados presente no contexto do poema. Sob seu aspecto integral
aparece aí como emissor (*locuteur*) e, sob o aspecto fracionário, como
destinatário (*allocutaire*, segundo os termos lançados por Damourette
& Pichon). O sujeito falante é designado pelo pronome da primeira
pessoa que aparece apenas uma vez, logo no começo do soneto, onde
forma uma combinação enfática e significativa com o dado final: *qu'en*
*ce monde* i*'adore*. Por outro lado é a apóstrofe II$_{1, 4}$ IV$_1$ *mon âme* e as

104 POÉTICA EM AÇÃO

formas do pronome $II_{1,\,4}$ $IV_2$ *tu* e $II_2$ *te* que se dirigem ao interlocutor silencioso[8].

Para além dos dois participantes desse diálogo interno, apenas a totalidade ou cada um dos que pertencem à totalidade dos seres animados tem uma designação no soneto, através de uma forma pronominal *tout*, com ou sem determinante e acrescentada a um substantivo, cujo sentido próprio não aponta para os seres humanos: $I_4$ *toute chose née*, $III$ $_1$*tout esprit;* $_2$*tout le monde.* Somente os dois últimos desses três sujeitos sinônimos produzem uma ação, enquanto o da primeira estrofe, o único marcado por um termo depreciativo, cai vítima da roda do tempo. Por outro lado, o *monde* concebido na terceira estrofe como o conjunto dos seres humanos vai se transformar na estrofe seguinte, do sujeito da oração em uma simples circunstância ligada ao último sujeito – *je* – e se adapta à significação do *ici-bas*, a terra com seus habitantes, em oposição *au plus hault ciel.* É com o contraste do terrestre e do celeste – $III_{3/2\,(-3)}$ e $IV_{1\,(-3)/3}$ – que se associa à antítese do movimento ascendente e de um estado imutável (cf. $II_3$ *voler en un plus cler seiour* e $IV_3$ *qu'en ce monde i'adore*). Os dois aspectos polares da humanidade – o indivíduo e o universo – são expressos no soneto através de pronomes adjetivos pronominais: *je, tu, mon*, por um lado, e *tout, ce*, por outro.

Todos os outros substantivos do soneto são abstratos impalpáveis, com exceção do verso que fecha os quartetos. Seus dois substantivos são ostensivamente materiais e mais, o segundo deles possui um epíteto de caráter perfeitamente tangível: $II_4$ *Tu as au dos l'aele bien empanée.* Ora, a significação notoriamente metafórica de asa (!) bem emplumada (!) enfeitando as costas (!!) da alma tem sem nenhuma dúvida, um grotesco intencional.

Numa exposição engenhosa, *Sur la typologie de langues naturelles: essai d'interprétation psycho-linguistique* (a ser publicada: La Haye-Paris), o ilustre matemático René Thom (Institut des Hautes Études Scientifiques) avalia a "densidade semântica" relativa das categorias gramaticais. Segundo essa perspectiva, "a densidade semântica do verbo é – em princípio – inferior à do substantivo", e "o adjetivo é intermediário em densidade entre substantivo e verbo; ele compartilha com

---

8. O papel notável que tem, nos poetas da época a disposição dos pronomes da primeira e segunda pessoas do singular e dos possessivos que se relacionam com esses dois pronomes pessoais, encontra uma bela ilustração nos dois sonetos dedicados à Maurice Scève, um por Pontus de Tyard no começo dos *Erreurs Amoureuses* publicado em fins de 1549; o outro por DU BELLAY, *L'Olive avgmentée* (fim de 1550), *CV.* Suas estrofes são centradas ou sobre o destinador, ou sobre o destinatário do elogio. Regras de distribuição. – Em Tyard: A) I, III pronome e possessivo segunda pessoa; II, IV pronomes (e IV possessivo) primeira pessoa; B) I, III ausência de pronome e possessivo primeira pessoa; II, IV ausência de pronome (e IV possessivo) na segunda pessoa; C) I, II presença, e III, IV ausência dos pronomes pessoais do caso regime. – Em du Bellay, *CV*: A) I, III pronome (I) ou possessivo (III) segunda pessoa; II, IV pronome e possessivo primeira pessoa; B) I, III ausência de pronome e de possessivo primeira pessoa; II, IV ausência de pronome (e IV possessivo) segunda pessoa.

"SI NOSTRE VIE"... 105

o substantivo seu caráter invariante, independe do tempo". O que nos interessa particularmente na análise comparada das categorias gramaticais mobilizadas pelo autor de *L'Olive CXIII* são as opiniões do topólogo sobre as flutuações de densidade e suas diferenças qualitativas no interior de uma mesma categoria. "Assim, um substantivo abstrato de ação (como *dança*, de dançar, *corrida*, de correr... etc.) não é de modo algum mais denso do que o verbo do qual ele origina. Quanto mais o substantivo se torna abstrato, tanto menos denso ele é do ponto de vista semântico."

Os termos abstratos, cuja maioria consiste em substantivos verbais, e as medidas do tempo, em resumo, o *corpus* fundamental dos substantivos do soneto, se apresentam com redução de densidade e se aproxima do verbo. Assim também se observa uma diminuição de densidade nos dois substantivos adjetivados, cada um dos quais é colocado em destaque pelo paralelismo das orações relativas em *que* nos extremos do sexteto final: $III_1$ *le bien que tout esprit desire* – $IV_{3\,(-1)}$ *le beauté qu'en ce monde i'adore*.

Os limites imprecisos caracterizam não apenas os substantivos em relação ao adjetivo e ao verbo, mas também os adjetivos do soneto que tentam abandonar sua função usual de epíteto e se fazem substituir nesse papel por particípios adjetivados ou puros. O único adjetivo que serve de atributo, $I_4$ *perissable* é um derivado verbal. Por outro lado os adjetivos substantivados contribuem para atenuar os limites entre o adjetivo e a camada mais profunda do sistema gramatical, a do substantivo.

Os advérbios, caracterizados por Thom como uma categoria menos densa do que a dos substantivos, adjetivos e verbos, servem para quantificar os epítetos do soneto – $II_{\,4}$*bien empanée*, ${}_3$*plus cler*, $IV_{\,1}$*plus hault*. Na construção $I_1$ *est moins qu'une* – o advérbio de gradação suprime ou substitui o adjetivo atributo.

As duas pedras de toque do sistema gramatical, o substantivo e o verbo, um tratando a palavra como signo de uma entidade e outro como signo de um processo (*existent* e *occurrent*, segundo a dicotomia de Sapir) desempenham um papel fundamental na *estrutura* do soneto, na medida em que "se iluminam de reflexos recíprocos" e nos revelam *transposições* feéricas. A máxima de Stéphane Mallarmé me leva a citar outro grande simbolista, Aleksander Blok, que no prefácio do poema "Châtiment" (*Vozmezdie*) esclarece "a consciência trágica do todo inalienável e indissolúvel nas suas contradições que permanecem irreconciliáveis e ao mesmo tempo exigem solução". Assim, entre as contradições capazes de tornar perplexa a alma que pense nisso, continua insolúvel a antinomia apontada no soneto *CXIII* entre a adoração terrestre da beleza e a apreensão espiritual de sua idéia *aů plus hault ciel*, aquela *qu'on ne puysse ny des yeux ny des oreilles, ny d'aucun sens apercevoir*, apesar de sua acuidade.

Procurando evitar colocar no texto da obra o que esse não contém, notemos fielmente que seu terceto final comporta sete pares de conceitos opostos que manipula a fim de desenvolver um paralelismo antitético das duas faces da beleza:

106                    POÉTICA EM AÇÃO

*– La, o mon âme au plus hault ciel guidée!*
*Tu y pourras recongnoistre l'Idée De la beauté*
*– beauté, qu'en ce monde i'adore.*

1. A iniciação gradual ao poder de *recongnoistre l'Idée de la beauté* é subitamente confrontada na última oração do soneto com o ato apaixonado da adoração espontânea.

2. A atualidade de *i'adore* substitui a marca potencial do verbo *pouras*.

3. Em relação ao presente $_3$*i'adore* a forma anterior $_2$*pouras recongnoistre* marca uma ação direcionada para o futuro e portanto distante no tempo.

4. As duas circunstâncias designam uma – $_2$*au plus hault ciel* – a distância máxima e a outra $_3$*en ce monde* – a proximidade mais íntima no espaço.

5. A beleza em carne e osso, adorada *en ce monde* pelo poeta, sucede no último verso do soneto à *espece imaginative* enquanto *puysse*, como diz a *Deffence* (II, Cap. I), "compreendre seulement de la cogitation et de la pensée". Na composição *l'Idée de la beauté* o substantivo adnominal revela a natureza partitiva da sinédoque. Segundo a argumentação de René Thom, "é esta situação geral: num genitivo de forma *X de Y*, o conceito *Y* sofre geralmente uma espécie de *destruição semântica*, que anula quase todo o conteúdo significado para conservar apenas uma ligação verbal ou espácio-temporal com *X*". No caso citado acima *l'Idée* está sobreposta a *la beauté*, enquanto no interior do último verso é *la beauté* que encontramos sintaticamente superposta àquele que a adora.

6. Das duas classes de imagens a última acaba por designar a primeira pessoa, o *je* do autor (IV$_3$ *i'adore*) enquanto que o texto anterior assinala apenas o *tu* da segunda pessoa. Até o penúltimo verso (IV$_2$ *Tu y pouras*) é o destinatário da mensagem que é colocado em evidência, enquanto o próprio emissor fica fora do texto.

7. A apóstrofe que especifica a segunda pessoa, IV$_1$ *mon ame*, modifica as relações entre o emissor e o destinatário da mensagem para uma relação entre um todo e sua parte; o *moi*, corpo e alma, se dirige apenas à alma, que se torna uma espécie de sinédoque em relação ao indivíduo total que se deixa conhecer apenas no fim do último verso do soneto.

Esta oposição sétupla do próximo ou indiviso, e do distante ou separado, que observamos no epílogo do soneto, difere fundamentalmente do quadro que dele dá Leo Spitzer no seu ensaio de 1957 e na sua retrospectiva apresentada e publicada em Roma em 1960:

*trent'anni fa vi avevo scoperto un ritmo che, nella lettura ad alta voce, costringe la nostra voce ad elevarsi continuamente sino alla fine quando l'idea platonica, a idéia da Beleza, appare come nel'epifania di una dea, e questo disegno vocale mi era sembrato caratteristico dell'idea platonica che ci innalza al di sopra della terra, a una cima di adorazione non terrena.*

## "SI NOSTRE VIE"...                                                            107

# REFERÊNCIAS BIBLIOGRÁFICAS

I. *Edições de Joachim du Bellay e de autores franceses de seu tempo.*

*L'Olive avgmentée depuis la premiere edition.* Paris, 1550. – O Soneto CXIII é citado a partir dessa edição.

*Poësias.* Texto estabelecido e anotado por M. Hervier, 5 volumes (Paris, 1956).

*La Deffence, et Illustration de la Langue Françoyse* (Paris, 1549). – Edição crítica
por Henri Chamard. Paris, 1904; – Nova edição (Paris, 1948).

ANEAU, Barthélemy. *Le Quintil Horatian sur la "Deffence et Illustration de la
Langue Françoyse".* Lyon, 1550. – Reproduzido segundo a coleção de Paris,
1555, por Ém. Person in *La Deffence et Illustration de la langue francoyse,\*\*\**
*suivie du Quintil Horatian.* Paris, 1878, 187-212.

HEROET, Antoine. *La Parfaicte Amye.* Lyon, 1542. Cf. *OEuvres poétiques.* Edição crítica por F. Gohin. Paris, 1909.

PELETIER, J. *L'art poëtique.* Lyon, 1555. Cf. Publicações da Faculté des Lettres
de l'Université de Strasbourg, LIII (1930).

SCEVE, Maurice. *Oeuvres poétiques complètes.* Edição estabelecida por Hans
Staub, I. Bussière, Sain-Amand, 1971.

SIBILET, Thomas. *Art Poétique François. Pour l'instruction des ieunes studieux &
encor peu auancez en la poësie françoise.* Paris, 1548.

TYARD, Pontus de. *Les Erreurs Amoureuses.* Edição crítica por J. A. McClelland.
Genebra, 1967.

II. *Estudos relativos a du Bellay e seu ambiente*

ADDAMIANO, N. *Delle opere poetiche francesi di Joachim du Bellay e delle sue
imitazioni italiane.* Cagliari, 1921.

AEBBY, H. *Von der Imitation zur Originalität, Untersuchungen am Werke Joachim
du Bellays.* Zürich, 1942.

BOURCHEZ, É. *Les moeurs et la littérature de cour sous Henri II.* Paris, 1886.

BRUNOT, F. *Histoire de la langue française,* II: *Le Seiziènne Siècle.* Paris, 1922.

CHAMARD, H. *Joachim du Bellay, 1522-1560 = Travaux et Mémoires de l'Université de Lille,* VII. – Mén. Nº 24. Lille, 1900.

————. *Histoire de la Pléiade,* I, IV. Paris, 1939-1940 ou 1961²-1963².

CLEMENT, R. J. "Anti-petrarchism of the Pléiade". *Modern Philology* XXXIX,
1941, pp. 15 e ss.

GAMBIER, H. *Italie et renaissance poétique en France.* Cedam-Padova, 1936.

GOUGENHEIM, G. *Grammaire de la langue française du seiziènne siècle.* Lyon-
Paris, 1951.

GOURMONT, Remy de. "Du Bellay grammairien", in *Promenades Philosophi-
ques,* I. Paris, 1913⁵.

KUPISZ, K. "U źródel dziejów sonetu we Francji". *Zeszyty naukowe* Uniwer-
sytetu Lódzkiego, nauki humanistyezno-spoleczne, Ser. I, Nº 41 (1965), pp.
153 e ss.

MERRILL, R. V. *The Platonism of Joachim du Bellay.* Chicago, 1925.

————. "A Note on the Italian Genealogy of du Bellay's *Olive,* Sonnet CXIII".
*Modern Philology,* XXIV, nov. 1926, pp. 163 e ss.

MÖNCH, W. "Le sonnet et le platonisme". *Congrès de Tours et de Poitiers.* Paris,
1954.

————, *Das Sonett. Gestalt und Geschichte.* Heidelberg, 1955.

RICHARDS, I. A. "Jakobson's Shakespeare – The Subliminal Structures of a
Sonnet". *Times Literary Supplement.* 28.5.70, pp. 589 e ss.

RISSET, Jacqueline. *L'anagramme du désir – essai sur la Délie de Maurice Scève.*
Roma, 1971.

RUWET, N. "Analyse structurale d'un poème français: un sonnet de Louise Labé". *Linguistics,* III (1964), pp. 62. e ss.

SAULNIER, V. I. *Du Bellay, L'homme et l'oeuvre.* Paris, 1951.

SCHLEGEL, A. W. "Petrarca". In *Kritische Schriften und Briefe,* IV. Stuttgart,
1965.

108                    POÉTICA EM AÇÃO

SPITZER, L. "Language of Poetry". *Language: an Enquiry into Its Meaning and Function*, New York, 1957, pp. 201 e ss.

——————. "Sviluppo di un metodo". *Cultura Neolatina*, XX, 1960, pp. 109 e ss.

VAGANAY, H. *Le sonnet en Italie et en France au XVIᵉ siècle*. Lyon, 1903.

VIANEY, J. "Les sources italiennes de l'Olive". *Annales internationales d'histoire*, Congrès de Paris 1900, 6ª seção. Paris, 1901, pp. 71 e ss.

——————. "Les origines du Sonnet régulier". *Revue de la Renaissance*, IV (1903), pp. 74 e ss.

——————. *Le Pétrarquisme en France au XVIᵉ siècle*. Montpellier, 1909.

——————. *Les Regrets de Joachim du Bellay*. Paris, 1930.

VILLEY, P. *Les sources italiennes de la "Deffence et Illustration de la Langue Françoise" de Joachim du Bellay*. Paris, 1908.

ZIEMANN, G. *Vers- und Strophenbau bei Joachim du Bellay*. Königsberg, 1913.


III. *Trabalhos gerais*

BENVENISTE, È. *Problèmes de linguistique générale*. Paris, 1966.

DAMOURETTE, J. e PICHON, E. *Des mots à la pensée – Essai de Grammaire de la Langue Française*, I, Paris, 1911-1927.

JAKOBSON, R. *Selected Writings* II, Haya-Paris, 1971.

MERLEAU-PONTY, M. *Phénoménologie de la perception*. Paris, 1945.

SAPIR, E. *Totality = Language Monographs*. VI, Baltimore, 1930.

STRAWINSKY, I. *Poétique musicale sous forme de six leçons*. Cambridge, Massachussetts, 1942.

TESNIÈRE, L. *Éléments de syntaxe structurale*. Paris, 1966².

# 6. A Arte Verbal de Shakespeare em ''Th'Expence of Spirit''*

ROMAN JAKOBSON e LAWRENCE G. JONES

*What is the figure? What is the figure?*
(*Love's Labor's Lost*, 5.1.63)

### 129

TH'expence of Spirit in a waſte of ſhame
 Is luſt in action, and till action , luſt
Is periurd, murdrous, blouddy full of blame,
Sauage, extreame, rude, cruell, not to truſt,
Inioyd no ſooner but diſpiſed ſtraight,
Paſt reaſon hunted, and no ſooner had
Paſt reaſon hated as a ſwollowed bayt,
On purpoſe layd to make the taker mad.
Made In purſut and in poſſeſſion ſo,
Had, hauing, and in queſt, to haue extreame,
A bliſſe in proofe and proud and very wo,
Before a ioy propoſd behind a dreame,
    All this the world well knowes yet none knowes well,
    To ſhun the heauen that leads men to this hell.

                                                    My

---

*The Hague-Paris, Mouton, 1970. Trad. de Natália Lisivchenko

## 1. SONETO 129

O centésimo vigésimo nono dos 154 sonetos que foram escritos por Shakespeare próximo ao limiar do século dezessete e publicado no *Quarto** de 1609 (veja a reprodução fotográfica anexa) pode ser lido como segue:

I   ₁*Th'expence of Spirit | in a waste of shame*
     ₂*Is lust in action, | and till action, lust*
     ₃*Is perjurd, murdrous, | blouddy full of blame,*
     ₄*Savage, extreame, rude, | cruel, not to trust,*

II   ₁*Injoyd no sooner | but dispised straight,*
     ₂*Past reason hunted, | and no sooner had*
     ₃*Past reason hated | as a swollowed bayt,*
     ₄*On purpose layd | to make | the taker mad.*

III   ₁*Mad(e) In pursut | and in possession so,*
     ₂*Had, having, and in quest, | to have extreame,*
     ₃*A blisse in proofe | and provd | a(nd) very wo,*
     ₄*Before a joy proposd | behind a dreame,*

IV      ₁*All this the world | well knowes | yet none knowes well,*
       ₂*To shun the heaven | that leads | men to this hell.*

---

\* Na época elisabetana, a maioria dos livros era publicada in *folio* ou in *quarto*, termos estes que indicam o formato em que as páginas do livro eram impressas e dobradas ao ser encadernado. Nos livros in *folio*, dobrava-se uma vez a folha grande de papel, obtendo-se duas folhas ou quatro páginas impressas. Nos livros in *quarto*, o papel era dobrado duas vezes, produzindo quatro folhas ou oito páginas, e era o formato em que normalmente se imprimiam os textos das peças de teatro. A folha original variava de 11"x16" até 15"x22". Um *quarto* seria, antes de ter as bordas cortadas pelo encadernador, um livro de cerca de 5 ¹/2 por 8 polegadas, ou seja, de mais ou menos 14X20, 5 cm. (N. da T.)

112                    POÉTICA EM AÇÃO

## 2. ELEMENTOS: RIMAS, ESTROFES, VERSOS

Este *soneto inglês* contém três quartetos, cada um com as suas rimas masculinas alternativas e um dístico final com uma rima masculina
simples. Das sete rimas, apenas a primeira, justapondo dois substantivos
à mesma preposição (*of shame – of blame*), é gramatical. A segunda rima também se inicia com um substantivo, mas confronta-o com uma
outra parte do discurso. A terceira e as últimas três rimas invertem esta
ordem: um não-substantivo é seguido de um substantivo, ao passo que a
quarta rima, a central das sete, não tem nenhum substantivo e consiste
em um particípio *had* e em um adjetivo *mad*. A primeira palavra rimada
na segunda e única rima de cada estrofe é duplicada em outra parte no
soneto: $I_2$ *lust–lust*; $II_2$ *had–*$III_2$ *Had*; $III_2$ *extreame-*$I_4$ *extreame*; $IV_1$
*well–well*. Na segunda estrofe, a segunda palavra da rima também é re-
petida. $II_4$ *mad–*$III_1$ *Mad*. (A respeito desta repetição, veja a Secção 7
abaixo.)

As quatro unidades estróficas apresentam três tipos de correspondências binárias, às quais pode ser estendida e aplicada a classificação usual de padrões de rima: 1) alternância (*abab*), que une entre si
as duas estrofes *ímpares* (I, III) e as opõe às estrofes *pares* que são, por
sua vez, ligadas uma à outra (II, IV); 2) interpolação (*abba*) que aproxima as estrofes *externas* que encerram as demais (I, IV) e as opõe às
duas estrofes *internas* cercadas e mutuamente relacionadas (II, III);
3) emparelhamento (*aabb*) que forma pares de estrofes *anteriores*
(I, II) e *posteriores* (III, IV) opostas umas às outras. A estas três inter-
conexões simétricas virtualmente inerentes a qualquer composição de
quatro estrofes, os sonetos shakespearianos acrescentam um contraste
assimétrico eficaz entre o dístico *final* e os três quartetos, como estrofes
*não-terminais (aaab)*.

O Soneto 129 mostra claramente como, acrescentando-se às con-
vergências estruturais de estrofes inteiras, os próprios versos podem
manifestar suas lúcidas correspondências binárias. Os pentâmetros jâmbicos deste poema de quatorze versos apresentam uma diferença surpreendente entre a formação frásica dos primeiros sete versos *centrípetos*, aferentes, movendo-se em direção ao centro de todo o poema e os
outros sete versos *centrífugos*, eferentes, dirigindo-se do centro para
fora. Nos versos centrípetos, o terceiro pé do pentâmetro jâmbico é
cortado por uma ruptura, um limite de palavra obrigatório que cai aqui
precisamente no meio do verso, após a quinta sílaba. A esta ruptura ce-
sural feminina entre o acento ascendente e o acento descendente do terceiro pé mediano, os sete versos centrífugos opõem uma ruptura masculina dierética, marcando o início e/ou o final do pé mediano: ambos
os limites em cinco ocasiões e apenas um destes limites em dois casos.
Esta ruptura cai após a quarta sílaba de acento descendente e/ou a sexta, igualmente descendente. (Veja acima, na Secção 1, o nosso texto do
soneto com aquelas rupturas marcadas por linhas verticais.)

# A ARTE VERBAL DE SHAKESPEARE... 113

## 3. ORTOGRAFIA E PONTUAÇÃO

Em nossa leitura do soneto, seguimos a *editio princeps*, mas suprimimos seu emprego confuso de *i* tanto para *i* como para *j* (*periurd, inioyd, ioy*) e de *u* por um *v* não-inicial (*sauage, hauing, haue, proud, heauen*), um emprego que até deu origem à ridícula questão de se o *i*, em palavras como *ioy*, etc., não seria pronunciado como estava grafado. Preservamos as oscilações ortográficas do período elisabetano, porque, em certos casos, elas revelam peculiaridades da antiga pronúncia ou oferecem apoio visual às rimas de Shakespeare; por exemplo, em III, *so–extreame–wo–dreame*. Usamos parênteses ( ) apenas para indicar que III$_3$ *and very wo*, ao invés de *a very wo* é um erro de impressão óbvio sob a influência assimilativa do antecedente *and* no mesmo verso e nos dois primeiros versos do mesmo quarteto, e que é do adjetivo *mad*, e não do particípio *made*, que se trata evidentemente em III$_1$. Kökeritz (pp. 126 e s., 164, 175) chama a atenção para a ortografia nas peças de Shakespeare e para os trocadilhos do poeta com estas palavras.

A síncope disseminada do *e* participial no inglês dos séculos XVI e XVII é indicada, na primeira edição do soneto, pela omissão do *e*. É apenas depois de *ow* que este *e* é convencionalmente preservado na ortografia: II$_3$ *swollowed*, cf. também IV$_1$*knowes* (duas vezes) e dificilmente se poderia seguir aqueles críticos que afirmam que este particípio, ocupando precisamente dois acentos do verso, "deve ter sido destinado a funcionar como uma palavra trissílaba". Apenas a forma *dispised*, em II$_1$, é grafada como evidentemente se pretendia que se preservasse na pronúncia, como em outros casos da obra de Shakespeare (*Othello*, 1.1.162: *And what's to come of my despised time*). Uma razão possível para esta forma conservadora no soneto é a tendência para uma alternância dissimilatória dos finais -*d* e -*ed* nos versos do segundo quarteto, rico em particípios: $_1$*injoyd,–dispised*, $_2$*hunted–had*, $_3$*hated–swollowed* ( = *swollow'd*).

Não se pode senão concordar com o argumento de George Wyndham pela justificação estrutural da pontuação variante no *Quarto* de 1609 e, especialmente, em "o magnífico 129". Assim, a distribuição peculiar das vírgulas no interior dos versos é explicável pela função híbrida que, tão amiúde empregada pelos poetas, comprova ser uma contemporização entre divisão sintática e encadeamento rítmico; por isso, nos versos centrífugos, a vírgula motivada sintaticamente é omitida como desnecessária, quando as pausas sintáticas coincidem com as rupturas, de tal forma que o encadeamento rítmico induz à segmentação desejável dos versos. Por outro lado, a vírgula aparentemente inesperada em III$_2$ *Had, having, and in quest,* | *to have extreame* é necessária para salientar a ruptura no final do pé mediano, uma vez que *a)* falta a ruptura no início deste pé, enquanto que *b)* a ruptura no verso precedente marca apenas o início, mas não o final do pé mediano: *Mad In pursut* | *and in possesion so*, e uma vez que *c)* a ruptura assinalada pela vírgula é motivada apenas léxica mas não sintaticamente. Os dois versos

114                                  POÉTICA EM AÇÃO

em questão são os únicos versos centrífugos com uma ruptura que marca somente o início ou o final do pé mediano, ao passo que nos outros versos do mesmo grupo rítmico, tanto o início como o final do pé mediano são marcados por uma ruptura. Quanto aos versos centrípetos, a ausência de vírgula depois de *blouddy* na seqüência de quatro adjetivos colaterais *Is perjurd, murdrous, | blouddy full of blame*, enfatiza a maior relevância do limite da palavra precedente que leva consigo a ruptura compulsória através de toda a primeira metade do soneto.

## 4. INTERPRETAÇÃO

Uma percepção do emprego peculiar das vírgulas na primeira edição do soneto e uma análise conseqüentemente comparativa das suas quatro estrofes nos conduziu à sua reformulação explicativa provisória, tão literal quanto possível

I   Em ação, a luxúria é o gasto de energia vital (intelecto e sêmen) em uma debilitação vergonhosa (castidade e órgãos genitais) e, até a ação, a luxúria é deliberadamente traiçoeira, assassina, sanguinária, censurável, selvagem, imoderada, brutal, cruel, pérfida;
II  tão logo desfrutada quanto imediatamente desprezada, tão logo loucamente perseguida quanto loucamente odiada como uma isca engolida que foi colocada propositalmente (para fornicação e cilada) para fazer elouquecer o engolidor.
III Louco, tanto na perseguição como na posse, imoderado após haver possuído, enquanto possui, e na busca de atingir o êxtase enquanto experimentado e uma verdadeira angústia após ter sido experimentado, anteriormente um gozo sugerido, posteriormente um espectro;
IV  tudo isto o mundo conhece muito bem, mas ninguém sabe suficientemente bem como evitar o céu que conduz os homens a este inferno.

Entre os prognósticos perspicazes feitos por Charles Sanders Peirce, podemos citar sua antiga observação (p. 343) de que "Mostrando, em vários pontos, trocadilhos até agora não percebidos", o estudo da pronúncia shakespeariana nos levará a "uma compreensão de versos até agora não-inteligíveis". Atualmente, investigadores como Kökeritz e Mahood descobriram a abundância e relevância dos jogos de palavras, ambigüidades léxicas e trocadilhos nas obras de Shakespeare. Estes artifícios devem ser e foram interpretados no contexto da retórica e *ars poetica* elisabetanas (especialmente na monografia incentivadora da Irmã Miriam Joseph), embora o seu poder criativo transcenda quaisquer rubricas e receitas livrescas. Uma espécie de "linguagem dúplice", implicando a co-presença de um significado sublime e um inculto no interior das mesmas palavras, semelhante ao que Kökeritz detecta em *As You Like It*, pode ser observada também no Soneto 129. *Spirit*, no vocabulário da época de Shakespeare, significava um poder vital, vivificante, manifestado tanto na mente como no sêmen; correspondentemente, *shame* tinha o significado de castidade e órgãos genitais, como partes da desonra. A aproximação das duas palavras não está confinada, no emprego do poeta, a este soneto (*Cymbeline*, 5.3.35 e s.: *guilded pale lookes: Part shame, part spirit renew'd*); também ambas as características negativas quase sinônimas de *lust in action-expense* e *waste* — são ligadas entre si em sua dicção dramática (*Lear*, 2.1.100: *To have th'expense*

A ARTE VERBAL DE SHAKESPEARE... 115

*and waste of his revenues*). A conexão íntima entre sangue e esperma na fisiologia e beletrística da Renascença inglesa foi observada por Hilton Landry, e o co-aparecimento de *blood* e *lust* é bastante comum na fraseologia shakespeariana. A ambigüidade no léxico do autor não interfere, entretanto, na construção temática essencialmente homogênea e firme de seus poemas e deste soneto em particular.

## 5. TRAÇOS PERMEADORES

As numerosas variáveis que formam uma rede proeminente de oposições binárias entre as quatro unidades estróficas têm maior eficácia contra o pano de fundo dos traços permeadores comuns a todas as quatro estrofes. Assim, cada estrofe apresenta sua seleção específica de categorias verbais, mas, por outro lado, cada estrofe é dotada de um caso de infinitivo que pertence a um dos versos pares, o quarto de I e II e o segundo de III e IV. Todas estas formas infinitivas de verbos transitivos diferem em sua função sintática e a primeira e a última delas parecem até transgredir o padrão gramatical da época elisabetana:

$I_3$ *Is\*\*\** $_4$*not to trust*
$II_4$ *layd to make the taker mad*
$III_2$ *in quest to have*
$IV_1$ *none knowes well* [how] $IV_2$ *To shun the heaven*, em uma oração elíptica descrita por Puttenham (p. 175) como "a figura de omissão".

Um traço permeador característico é a falta manifesta de certas categorias gramaticais de um extremo ao outro do poema. Este é o único entre os 154 sonetos do *Quarto* de 1609 que não contém nenhum pronome pessoal ou possessivo correspondente. Nos Sonetos 5, 68 e 94 aparecem apenas pronomes de terceira pessoa, enquanto que, no restante dos sonetos, emprega-se amplamente pronomes de primeira e segunda pessoas. O Soneto 129 evita epítetos: com exceção do modificador mais assertivo do que qualitativo em $III_3$ *very wo*, os adjetivos não são empregados como atributos, porém apenas em uma função predicativa e uma vez – em $II_4$ *to make the taker mad* – como complemento. Com exceção da palavra *men* no verso final, aparecem somente formas singulares no soneto. O poema não recebe nenhum outro finito a não ser o singular de terceira pessoa do tempo presente.

Cada verso ostenta uma aliteração proeminente ou repetição de seqüências de sons e morfemas inteiros ou palavras:

1 *expence of Spirit* (sp -sp)
2 *lust in action – action, lust*
3 *blouddy – blame*
4 *extreame – trusts* (str – tr.st)
5 *sooner – straight*
6 *hunted – had*
7 *hated – bayt* /ɛyt/ -/ɛyt/
8 *make – mad*

116 POÉTICA EM AÇÃO

    9 *pursut – possession*
  10 *had, having – had*
  11 *proof – provd*
  12 *before a – behind a.*

A textura amplamente repetitiva dos dois versos finais será analisada adiante, na Secção 9, dedicada ao dístico final.

O poema, que se inicia com uma contração característica de duas vogais contíguas, *Th'expence*, é inteiramente destituído de hiatos. As vogais iniciais de palavras com um começo tenso ou frouxo (*h* ou #) são distribuídas simetricamente no soneto. Uma das duas partes de cada dístico inicia-se com um começo tal que, nas estrofes ímpares, abre os versos internos e, nas estrofes pares, abre o primeiro verso, bem como o quarto, quando se trata de um quarteto:

  2 *Is*
  3 *Is*
  5 *Injoyd*
  8 *On*
 10 *Had*
 11 *A*
 13 *All.*

Em seus assentos descendentes, cada quarteto inclui três começos vocálicos e o dístico final dois; em oito casos, a vogal é /aε/; e em todas as quatro estrofes o segundo acento descendente parece estar dotado de um começo deste tipo: $I_2$ *in action, and till acion* (/aε/–/aε/–/aε/); $II_2$ *hunted, and no sooner had* (/hʌ/–/aε/–/aε/); $III_2$ *having and in quest to have* (/hae/–/aε/–/hae/); $IV_2$ *heaven\*\*\* hell* (/hε/–/hε/).

O *leitmotif* semântico de cada estrofe é a predestinação trágica: *lust\*\*\* is perjurd* ($I_{2,3}$), isto é, deliberadamente traiçoeira. É uma isca mortal colocada propositalmente (II) e propondo uma bem-aventurança aparentemente divina, apenas para se transformar em uma verdadeira angústia. A terminologia deste entrecho está estreitamente ligada ao vocabulário dos dramas de Shakespeare:

O passing traitor, perjurd and unjust! (*3 Henry VI*, 5.1.106).
There's no trust [cf. # 129; $I_4$ *not to trust*], No faith, no honesty in men; all perjurd (*Romeo and Juliet*, 3.2.85 e s.).
Pejurie, in the high'st Degree; Murther, stern murther [cf. # 129: $I_3$ *perjurd, murdrous*] (*Richard III*, 5.3.228 e s.)
What to ourselves in passion we propose
The passion ending, doth the purpose lose [cf. # 129: $II_4$ On *purpose* layd – $III_4$ Before a joy *proposd*] (*Hamlet*, 3.2.204)

A afinidade fônica entre *perjurd* e *purpose* é completada pelo confronto da última palavra com *proposd* nos versos finais de II e III e o parentesco etimológico destas duas palavras é restaurado pelo poeta. Se o primeiro·verso centrífugo do soneto introduz o herói, *the taker*, entretanto ainda não como agente mas como vítima, o verso centrífugo final conduz à exposição do ofensor malévolo, *the heaven that leads men to this hell*, e deste modo revela por que perjurar o prazer foi pro-

A ARTE VERBAL DE SHAKESPEARE... 117

posto e o engodo preparado. Como D. Bush observa ponderadamente, "o *céu* e o *inferno* do amante sensual são lembretes austeramente irônicos de seus equivalentes religiosos" (p. 18), enquanto que a conjectura lançada por Riding e Graves (p. 80) de que, neste soneto, *"Heaven* é, para Shakespeare, o anelo por uma estabilidade temporária", não encontra apoio algum no texto do poeta.

## 6. ÍMPAR *VERSUS* PAR

As múltiplas correspondências entre as estrofes ímpares por um lado e aquelas entre as estrofes pares por outro, bem como o seu contraste mútuo, revelam as simetrias mais elaboradas no soneto; e é precisamente a hierarquia das três correlações interestróficas (veja acima a Secção 2) que individualiza e diversifica os poemas de quatro estrofes de qualquer artista verbal. A apresentação do tema nas estrofes ímpares do 129 é uma confrontação intensamente abstraída das diferentes etapas da luxúria (*before, in action, behind*), ao passo que as estrofes pares estão centradas na metamorfose propriamente dita ($II_2$ *hunted, and no sooner had* $_3Past$ *reason hated*; e em IV o caminho de *heaven* para *hell*. Poder-se-ia comparar as estrofes pares com um filme de desenvolvimento meramente linear, ao passo que as estrofes ímpares introduzem uma abordagem retrospectiva e generalizante: $I_2$ *In action, and till action*; $III_2$ *Had, having, and in quest, to have extreame*. Estes quartetos buscam a essência inalterável da paixão descrita: $III_1$ *Mad In pursut and in possession so.*

As estrofes ímpares, em contraste com as pares, são ricas em substantivos e adjetivos: dezessete $(9+8)$ substantivos *versus* seis $(2+4)$ adjetivos, bem como dez adjetivos $(8+2)$ *versus* um $(1+\#)$ substantivo. A estrofe I concentra oito dos substantivos em seu primeiro dístico e todos os oito adjetivos no segundo dístico, enquanto que a III confina seus adjetivos ao primeiro dístico e a maioria dos seus substantivos ao segundo. Todos os dezessete substantivos das estrofes ímpares são abstratos, todos os seis substantivos das estrofes pares são concretos, se excluirmos da lista dos substantivos aqueles três abstratos de II que fazem parte de expressões adverbiais ($II_{2,3}$ *Past reason;* $_4On$ *purpose*). Os abstratos dividem-se em duas categorias: *A)* palavras de conexão verbal: cinco substantivos em I e quatro em III (I: *expence, waste, action, blame*; III: *pursut, possession, quest, proofe*); *B)* sentimentos, estados, faculdades: quatro na I e igualmente na III (I: *Spirit, shame, lust, lust*; III: *blisse, wo, joy, dreame*). A simetria entre I e III afigura-se total se confrontamos III apenas com o primeiro dístico puramente substantivo da primeira estrofe. Este dístico contém precisamente quatro palavras de conexão verbal, enquanto que o único substantivo do segundo dístico, dotado de oito adjetivos, funciona como mero modificador de seu último adjetivo: *full of shame = blameful* (censurável).

Apenas nas estrofes ímpares, os substantivos surgem como modificadores de outros substantivos ou de adjetivos $(6+4)$. Nas estrofes ímpares, as formas verbais $(3+5)$ são destituídas de modificadores. Nas

POÉTICA EM AÇÃO

estrofes pares, as formas verbais (7+4) exigem modificadores com apenas uma exceção (II₃ *a swollowed bayt*). Todas estas regras revelam a diferença nítida entre as estrofes ímpares e pares, as últimas dinâmicas e orientadas para verbos ou verbais, sobrepondo-os a outras partes do discurso, ao passo que as estrofes ímpares desenvolvem uma tendência muito mais estática e sintetizante e, por isso, focalizam substantivos abstratos e adjetivos. A orientação verbal das estrofes pares pode ser exemplificada tanto pelo dístico final edificado sobre os três únicos finitos concretos do poema, como pelo segundo quarteto *a)* com os seus particípios que seus modificadores separam distintamente de adjetivos e *b)* com os dois substantivos deverbais concretos *taker* e *bayt*. Cf., quanto à sensibilidade de Shakespeare para cognatos verbais do último substantivo, sua sentença *Bait the hook well; this fish will bite (Much Ado about Nothing*, 2.3.114).

Ambos os animados do soneto, os dois que pertencem ao gênero pessoal (humano), funcionam como objetos diretos no último verso das estrofes pares: II *taker* e IV *men*. No emprego genérico, o agente não-marcado do verbo é um animado, fundamentalmente do gênero pessoal, e o alvo não-marcado é um inanimado. Mas nas duas construções citadas com verbos transitivos, o soneto inverte esta ordem nuclear. Ambos os substantivos pessoais do poema caracterizam seres humanos como alvos passivos de ações extrínsecas, não-humanas e inumanas. É significativo que o substantivo deverbal, II₄ *taker*, provido de um sufixo pessoal agente e subordinado ao verbo *to make*, caracteriza este ser humano como aquele que sofre ação. A correspondência fônica e semântica entre os verbos *make* e *take* é sublinhada pela primeira rima *make – take* do Soneto 81 e pela rima final *take – make* do 91.

As conjunções são copulativas somente nas estrofes ímpares (1+3); sobretudo adversativas nas estrofes pares (1+1). A proximidade de conjunções e negativos é estranha às estrofes ímpares, mas regular nas pares: II₁*no sooner\*\*\* but;* ₂*and no sooner;* IV₁ *yet none*. Estas diferenças entre as conjunções e seu emprego nos dois pares de unidades estróficas caracterizam a tensão dramática mais intensa das estrofes pares.

Apenas as estrofes pares apresentam hipotaxe e terminam em estruturas "progressivas" multiniveladas, isto é, construções com vários graus de subordinados, cada um deles posposto ao elemento subordinante (cf. Yngve e Halliday):

II A) *hated* B) *as a swollowed bayt*, C) *on purpose layd* D) *to make* E) *the taker* F) *mad*.
IV A) *none knowes well*, B) *to shun* C) *the heaven* D) *that leads* E) *men* F) *to this hell*.

Os penúltimos elementos de ambas as estruturas progressivas são os únicos substantivos animados do soneto (II₄ *the taker*, IV₂ *men*) e ambas as construções terminam com os únicos tropos substantivos: *bayt* e *taker, heaven* e *hell*, ao invés de soberano divino e tormento infernal.

A ARTE VERBAL DE SHAKESPEARE...          119

Há uma estreita ligação entre os versos finais de ambas as estrofes na sua textura consonantal:

II  *layd* (1.d) *to*(t) *make*(m) *the(ð) taker*(t) *mad*(m.d)
IV  *that(ðt) leads*(l.d) *men*(m) *to*(t) *this(ð) hell*(l).

Também o verso vizinho ao último revela uma textura semelhante em ambas as estrofes: II *swollowed* – IV *knows well*.

A harmonia íntima entre I e III fica manifesta nas suas rimas. A primeira rima de I e a última de III terminam em *m* e as unidades de palavra rimadas são dissílabas em ambos os casos: *of shame – of blame, extreame – a dreame*, ao passo que a outra rima de I confronta unidades de palavras imparissílabas, *lust – to trust*, e o restante das unidades rimadas são todas monossílabas. Do mesmo modo, o soneto à Dark Lady, Nº 127, possui uma rima terminando em *m* ambos os quartetos ímpares: $I_2$ *name* – e novamente $_4$*shame*, $III_2$ *seeme* – $_4$*esteeme*; além disso, a rima III $_1$*so* – $_3$*wo* do 129 está presente, porém invertida no dístico final do 127 (e também do 90). No intervalo entre os dois versos com rima em *m*, ambas as estrofes ímpares apresentam mútuas correspondências simétricas: o primeiro hemistíquio e o início do segundo em $I_2$ concordam com as partes análogas de $III_3$:

$$I_2 \quad \overset{2}{Is} \; \overset{}{lust} \; (1.s) \; [when \; lust \; is] \; \overset{3}{in \; action,} \; | \; \overset{1}{and}$$

$$III_3 \quad \overset{2}{A} \; \overset{}{blisse} \; (1.s) \; [when \; lust \; is] \; \overset{3}{in \; proofe} \; | \; \overset{1}{and}$$

Assim, *lust* em $I_2$ age como substância e *bliss* em $III_3$ como um *accidens*. A propósito, a preposição *in* aparece somente nas estrofes ímpares: duas vezes em I e quatro em III. A palavra rimada *extreame* de $III_2$ é antecipada em $I_4$, onde o par de adjetivos colaterais – *Savage, extreame* – forma um princípio quase coriâmbico do verso jâmbico (cf. a discussão introdutória de Jespersen) e corresponde ritmicamente ao outro único início "coriâmbico": $III_1$ *Mad In pursut*, seguido, por sua vez, pelo adjetivo colateral *extreame*, o primeiro adjetivo começando com e o último terminando em *m*. No primeiro verso da terceira estrofe, a preposição *in* é ligada duas vezes ao acento descendente métrico e, talvez, o *In* com maiúscula da *editio princeps* tem por objetivo assinalar o acento descendente regular do esquema métrico. Os feixes de $I_4$ *extreame* (kstr)*** *not to trust* (tt.tr.st.) e $III_2$ *in quest, to have* (k.stt) *extreame* (kstr) são cada um deles concatenado com um infinitivo. O dístico adjetivo enfático, concluindo a primeira estrofe, é rico em reiterações expressivas de feixes complexos:

*Is perjurd, murdrous, blouddy full of blame,* (rdm.rdr bl bl.m)
*Savage, extreame, rude, cruel, not to trust* (kstr. mr.d kr tr st).

Nos versos iniciais de I e III, o último acento ascendente com os dois acentos descendentes adjacentes apresenta duas cadeias semelhantes de fonemas consonantais: $I_1$ *Spirit* (sp.r.t) *in* – $III_1$ *in pursut* (p.rs.t).

## 7. EXTERNO *VERSUS* INTERNO

Conforme demonstram muitos poemas de quatro estrofes da literatura universal, as estrofes externas trazem um grau sintático mais elevado que as internas. As estrofes internas são destituídas de finitos, mas compreendem dez (6+4) particípios. Por outro lado, as estrofes externas são despojadas de particípios, mas cada uma destas estrofes contém um finito que aparece duas vezes nas orações coordenadas ligadas por uma conjunção: I₁ *Th'expence\*\*\** ₂*Is lust\*\*\* and\*\*\* lust* ₃*Is perjurd*; IV₁ *the world well knowes yet none knowes well.* Em cada um destes casos, ambas as orações apresentam uma metátese: I₂ *Is lust in action — till action lust* ₃*Is*; IV₁ *well knowes — knowes well.* Na primeira estrofe *lust* aparece em duas funções sintáticas diversas. Na quarta estrofe, o advérbio *well,* quando preposto e posposto, revela dois matizes semânticos distintos: "conhece perfeitamente" no primeiro caso e "sabe o suficiente" na posição final. Os finitos das duas estrofes externas diferem tanto morfológica como sintaticamente; às duas cópulas da primeira estrofe a quarta contrapõe três transitivos: duas vezes *knowes* no primeiro verso e *leads* no segundo. Nas orações principais, cada uma destas estrofes apresenta dois sujeitos e dois predicados finitos; a quarta estrofe, além disso, inclui uma oração subordinada com um sujeito e um predicado finito, ao passo que não há sujeitos e, como foi mencionado, predicados finitos nas estrofes internas. Ritmicamente, a última metade do último verso da última estrofe (*léads mén to this héll:* ⌣ ⌣ — — —) aparece em relação de simetria especular com a primeira parte do último verso da primeira estrofe (*sávage, extréame, rúde:* ⌣ — — ⌣ ⌣); estas são as duas únicas ocorrências de um monossílabo acentuado sob um acento ascendente interno.

Os traços típicos das estrofes internas são, nas palavras da Irmã Miriam Joseph (p. 296), "figuras gramaticais que funcionam por deficiências e, desse modo, representam economia de expressão". Estas estrofes são formadas por orações secundárias despojadas de finitos e atuando de forma eficaz em função independente: cf. as observações pertinentes de Barbara Strang sobre "gramática disjuntiva" (p. 67); e as eventuais objeções (veja, por exemplo, B. H. Smith, p. 183) contra o período "impróprio" colocado, no *Quarto* de 1609, no final da segunda estrofe, são dificilmente sustentáveis. A obliteração do limite funcional entre adjetivos e advérbios pode ser observada como sendo uma propriedade específica das estrofes internas: II₁ *dispised straight* (adjetivo adverbializado); III₁ *in possession so* (advérbio adjetivado). Ambas as estrofes internas primam por aquilo que o *Timon* de Shakespeare chama de "confounding contraries": II₁ *injoyd — dispised,* ₂*hunted —* ₃*hated,* III₁ *pursut — possession,* ₃*blisse — wo.*

A figura de "redobro"\* de Puttenham (uma palavra que termina um verso e é repetida no início do verso seguinte) é típica das ligações estreitas entre as estrofes internas: II termina e III inicia-se com o ad-

---

\*Esse recurso é também chamado *repetição* ou *rima encadeada.* (N. da T.)

A ARTE VERBAL DE SHAKESPEARE... 121

jetivo *mad* empregado no primeiro caso como um modificador gramatical, especificando a fase final da luxúria e, no segundo caso, como uma palavra principal aplicada a todos os estágios desta obsessão demoníaca. O particípio *had* (uma vez em rima final e uma vez em inicial com *mad*) conclui $II_2$ e abre $III_2$. A construção $II_4$ *on purpose*, anterior ao *mad* final, e a construção $III_1$ *in pursut*, seguindo o *mad* inicial, correspondem uma à outra pela nasal da preposição e pelo mesmo prefixo. O emprego do "bordar", como Puttenham denominou a repetição da mesma raiz com afixos diferente, é usual nas estrofes internas: cf. *Injoyd* no verso inicial de II e *joy* no verso final de III; *Had, having* e *to have* em $III_2$; *proofe and provd* na $III_3$ $II_4$ *purpose* – $III_4$ *proposd*. As figuras mencionadas formam uma correspondência complexa entre as estrofes internas: $II_1$ *Injoyd*, $_2had$, $_4On$ *purpose*\*\*\* *mad* – $III_1$ *Mad*, $_2Had$, $_4joy$ *porposd*. Cada um destes dois conjuntos correspondentes contém dois particípios, um substantivo e um adjetivo. As estrofes internas são ainda ligadas por uma cadeia paronomástica: $II_1$ *dispised straight* (d.sp.z.d str.t), $II_{2,3}$ *Past reason* (p.str.z.n), $_4On$ *purpose* (np.rp.s), $III_1$ *In pursut* (np.rs.t), $_4proposd$ (pr.p.zd).

## 8. ANTERIOR *VERSUS* POSTERIOR

As duas primeiras estrofes, tal como as duas últimas, manifestam um número visivelmente pequeno de correspondência específica e, entre os três tipos de correlações interestróficas, a oposição das estrofes anteriores e posteriores desempenha um papel subalterno, de terceira categoria no Soneto 129. As estrofes anteriores apresentam uma alteração interna de artigos definidos e indefinidos, um *the* seguido de um *a* na I e um *a* seguido de um *the* na II, ao passo que as estrofes posteriores contêm ou apenas artigos indefinidos (quatro na II), ou apenas definidos (dois na IV). Todavia, o traço mais relevante na distribuição de artigos definidos e indefinidos é antes a ausência de artigos indefinidos, o que opõe o dístico final a todos os três quartetos.

Além das rimas em *m* compartilhadas por ambas as estrofes ímpares, as outras três rimas das estrofes anteriores terminam em um som dental mudo, enquanto que as rimas das estrofes posteriores carecem de elementos obstrutores. Aos nove ditongos idênticos das duas primeiras estrofes – I *waste, shame, blame;* II *straight, hated, bayt, layd, make, taker* – não corresponde nenhum ditongo semelhante nas estrofes posteriores.

Em cada um dos dois pares estróficos contíguos, anterior/posterior, os contrastes gramaticais entre estrofes vizinhas desempenham um papel incomparavelmente mais amplo (ímpares *versus* pares e externas *versus* internas) do que as semelhanças específicas na sua estrutura gramatical.

Apesar da independência relativa entre as estrofes internas e as estrofes externas adjacentes, as últimas ocupam uma posição elevada na textura gramatical do poema. Conseqüentemente, ambos os pares de estrofes contíguas apresentam dois tipos opostos de gradação: a primei-

122 POÉTICA EM AÇÃO

ra estrofe ímpar externa, dominando a estrofe par subseqüente, anuncia a essência imutavelmente homicida da luxúria, ao passo que a estrofe par final externa impõe sobre o par estrófico posterior o tema concludente, estrênuo do inevitável e horrendo fim.

## 9. DÍSTICO *VERSUS* QUARTETOS

O dístico final apresenta um número considerável de traços estranhos aos três quartetos. Este dístico é desprovido de adjetivos, particípios, artigos indefinidos (em comparação com os quinze adjetivos, onze particípios e seis artigos indefinidos dos quartetos), e de verbos relacionais (gramaticais). É a única estrofe com um substantivo plural, com finitos nocionais (lexicais), pronomes substantivos e adjetivos e com uma oração relativa. Os quatro substantivos de IV são substantivos puros, ao passo que nos quartetos a maioria dos substantivos estão profundamente ligados a verbos: I *expence, Spirit* (cujo parentesco com o latim *spirare* e com verbos prefixados tais como *respire, inspire, expire* dificilmente teria escapado à observação do poeta), *waste, action, blame;* II *bayt, taker;* III *pursut, possession, quest, proofe.* Os substantivos do dístico são os assim chamados "únicos" (cf. Christophersen, pp. 30 e s., 77): no universo do discurso a que se reporta o poema há apenas um mundo, um céu e um inferno; uma tal particularização contextual atribui um artigo definido a *the world* e a *the heaven that leads men to this hell;* o último, visto "em uma estreita afinidade a nomes próprios", é destituído de qualquer artigo, mas provido de um determinante anafórico. Os artigos definidos do dístico, como uma variedade específica de seus "particularizadores" diferem sensivelmente dos mesmos artigos nos quartetos, onde eles preenchem uma função "não-particularizadora": um substantivo, empregado genericamente em $I_1$ *Th'expence of Spirit* ou figurando como um tipo de sua classe, quando $II_4$ *the taker* representa a classe inteira de *takers* seduzidos por uma tentação (cf. Strang, pp. 125 e s.). No dístico, os seus substantivos de amplo campo semântico são aparentados aos totalizadores pronominais, de acordo com a formulação de Sapir, $IV_1$ *all, none.*

O dístico final opõe substantivos concretos e primários aos substantivos abstratos e/ou deverbais dos quartetos. De maneira similar, os finitos concretos do dístico final diferem do *is* abstrato de I e das formas derivadas participiais de II e III. É digno de nota o fato de que em um "dos mais admiráveis dos sonetos generalizadores", como Barber merecidamente define este "grande poema", glorificado por alguns críticos até como "o maior do mundo" (veja Rollins, p. 331), os efeitos semânticos mais profundos dos seus quartetos são alcançados por meio de um emprego quase que exclusivo de elementos que, desde Bentham e Brentano, foram rotulados de meras "ficções lingüísticas" e que são relegadas às estruturas "superficiais" pelos lingüistas contemporâneos. O caminho dos quartetos para o dístico seria, nos termos de Jeremy Bentham e seus herdeiros realistas, uma transição dos "nomes de entidades fictícias" para "nomes de entidades fabulosas".

A ARTE VERBAL DE SHAKESPEARE...     123

O soneto possui dois tópicos – a luxúria e o libertino – e omite a designação do primeiro na estrofe final e a designação do último na estrofe inicial. A denominação abstrata do primeiro tópico atrai uma série de outros substantivos abstratos. A primeira estrofe caracteriza a luxúria em si mesma; a segunda inicia um conjunto de particípios passivos com uma alusão ao *dramatis personae* ainda não nomeado e termina referindo-se ao *taker* (engolidor) da *bayt* (isca); a terceira estrofe emprega particípios ativos para descrever o comportamento do engolidor e apresenta imagens de luxúria como objetos de suas buscas. O adjetivo *extreame*, referente à luxúria na primeira estrofe, é transferido para o libertino na terceira. Simples pronomes anafóricos referem-se, no dístico final, à representação prévia da luxúria e a idéia de libertino torna-se uma idéia generalizada de homens (*men*) e sua danação. O verso final parece aludir à suprema *persona*, o condenador celestial da humanidade.

Todo o dístico consiste unicamente em monossílabos, parcialmente acentuáveis, parcialmente proclíticos; porém atente para Puttenham: "Em palavras monossílabas***, o acento é indiferente e pode ser empregado para efeito agudo ou surdo ou forte, como nos agradar"! (p. 92). Observamos uma composição lapidar semelhante do dístico final em diversos outros sonetos de Shakespeare, por exemplo, nos de número 2, 18 e 43. Esta estrutura favorece uma formação frásica dupla nítida dos versos em questão:

> *All this | the world | well knowes | yet none | Knowes well*
> *To shun | the heaven | that leads | men to this hell.*

O fraseado métrico é preparado pelas oxítonas que preenchem os dois versos precedentes, de tal forma que oito dos dez pés são assinalados expressamente em cada um dos dois dísticos finais:

> $III_3$ *A blisse | in proofe | and provd | a very wo,*
> *Before | a joy | proposd | behind | a dreame,****

A textura sonora do dístico é particularmente densa: na posição inicial, observamos cinco casos de /ð/, três de /w/ (em contraposição a dois /ð/ e dois /w/ em todos os doze versos dos quartetos).

Em palavras acentuadas, os /n/ iniciais e finais ocorrem sete vezes e /l/, seguido de vogal surda, cinco vezes (ao passo que os doze versos das três primeiras estrofes não apresentam nenhum /n/ ou /l/ nas mesmas posições). Entre as vogais, os seis /ɛ/ do dístico (3+3) são os mais evidentes. A seqüência de três monossílabos como um /ɛ/ interno, *heaven*/hɛvn/ – *men* /mɛn/ – *hell* /hɛl/, segue a disposição iconográfica vertical e a ordem de desenvolvimento da estória; a afinidade do primeiro substantivo com o segundo é sublinhada pelo /n/ final e com o terceiro pelo /h/ inicial. Vários tipos de grupos repetidos emergem no dístico: *well knowes – none knowes well* (cf. Kökeritz, pp. 122, 232, sobre a pronúncia idêntica de *"known"* e *"none"* [no:n]); $_1$*All this the* – $_2$*the**** this hell* ( lð.ð – ð.ð.l); $_1$*well,* $_2$*To* – $_2$*that leads* (lt-tl); $_2$*shun the* – *heaven that* (nð-nð).

# 124 POÉTICA EM AÇÃO

## 10. CENTRO *VERSUS* EXTREMIDADES

É digno de nota que os últimos dois versos do segundo quarteto diferem dos seis versos precedentes, bem como dos seis versos subseqüentes, e formam um dístico central *sui generis* que abarca o sétimo verso centrípeto e o primeiro dos sete versos centrífugos. Cada um dos seis versos iniciais apresenta um paralelismo gramatical dos seus dois hemistíquios: palavras da mesma categoria gramatical aparecem duas vezes na mesma função sintática ($I_1$ *of Spirit, of shame;* $_2$*in action, till action;* $_{3,4}$seqüências de adjetivos colaterais; $II_1$ *Injoyd, dispised;* $_2$*hunted, had*). Os versos centrais são destituídos de tal paralelismo intralinear e especialmente $II_4$ é construído de cinco formas gramaticais totalmente dessemelhantes. Além do mais, este dístico traz o único símile e, desse modo, o único caso sintático de uma construção comparativa (*as...*). Os seis versos finais do soneto retornam ao paralelismo gramatical (morfológico e, exceto $III_2$ e $IV_2$, sintático) dos hemistíquios que era característico dos seis versos iniciais: $III_1$ *in pursut, in possession;* $_2$*having, to have* (!); $_3$*A blisse, a wo;* $_4$*a joy, a dream;* $IV_1$ *knowes, knowes;* $_2$*the heaven, to this hell* (!). Em cada um destes doze versos nas extremidades, uma semelhança semântica liga os vocábulos em paralelo e aguça a divergência entre estas correspondências intralineares e o excêntrico símile em dois versos do dístico central.

O número desigual de versos nas quatro estrofes – 3.4 + 1.2 – fez surgir dois tipos de oposição na organização gramatical do soneto: por um lado, um contraste multifacetado entre o dístico e os quartetos e, por outro, um aparente dístico central guarnecido simetricamente de dois sextetos nas extremidades. Significativas correspondências temáticas, morfológicas, sintáticas e paronomásticas (veja acima Secções 4, 6 e 9) vinculam uma à outra estas idéias básicas de todo o poema dispostas em dois versos.

## 11. ANAGRAMAS?

Em alguns sonetos de Shakespeare (134-136), seu nome Will encontra-se inserido em forma de trocadilho e sugere a questão hipotética de se a sua assinatura está ou não anagramatizada no 129, de tal forma que a observação do poeta – "cada palavra quase denuncia o meu nome" (Soneto 76) – poderia ser aplicada em seu sentido literal ao poema em discussão. Especialmente as letras e os sons do primeiro verso parecem descobrir o sobrenome do poeta, grafado *Shakspere, Shakspeare, Shackspeare, Shaxpere* na ortografia dele próprio e naquela sua contemporânea (veja Kökeritz, p. 177): $I_1$ *expence* (xp) *of Spirit* (sp.r) *shame* (sha), enquanto que o dístico final, com o /w/ repetido três vezes e, particularmente, com as palavras *well* (w.ll) *yet* (y) *men* (m), poderia trazer uma alusão latente a *William*. Como em jogos de palavras Shakespeare estava propenso a equiparar os vocábulos *will* e *well* (veja Kökeritz, pp. 153 e s.), todo o dístico final poderia – talvez! – ocultar uma segunda e chistosa leitura autobiográfica: "All this [is] the world Will knows, yet none knows Will to shun the heaven that leads men to this

A ARTE VERBAL DE SHAKESPEARE... 125

hell". A omissão do verbo copulativo seria consistente com as elipses usadas no resto do soneto; além do mais, a contração de "this is" para "this" era corrente durante a época shakespeariana (veja Partridge, p. 25).

## 12. QUESTÕES FINAIS

Depois de um exame atento do Soneto 129 de Shakespeare com a sua surpreendente estruturação externa e interna palpável a qualquer leitor sensível e imparcial, pode-se perguntar se é possível afirmar com John Crowe Ransom que, longe de ser um verdadeiro soneto, este é apenas um poema de quatorze versos, "sem qualquer organização lógica", excetuando-se o fato de que tem uma pequena conclusão em dístico (p. 535). Ou aceitar-se-á a alegação de J. M. Robertson de "impotência verbal" e "violência sem consideração à adequação psíquica mesmo malogrando em prejuízo do argumento como em *past reason hated*"? E será que se pode acreditar que o "malogro torna a suceder quando *a very wo* se desvanesce em *a dreame* por amor à rima"? (p. 219). Além disso, como poderia um diligente estudioso da poética, dos esquemas gramaticais e da técnica rímica de Shakespeare concordar com Edward Hubler que "a posição anticlimática de *not to trust* deve-se inteiramente à necessidade de uma rima" (1952, p. 35) ou que este poema, apesar do seu padrão rímico, "não está escrito em quartetos"? (1959, p. 72). Uma inspeção cuidadosa do soneto não se insurgiria contra a conjectura de C.W.M. Johnson de que a imagem de *a swollowed bayt* sugere "uma hostilidade e desconfiança mútua entre parceiros de luxúria" (embora "she" [ela] não seja mencionada, nem insinuada no soneto) e de que estes versos aludem "aos efeitos da sífilis"? Finalmente, será que é possível ao leitor atento à poesia de Shakespeare e às suas "figuras de construção gramatical", como Puttenham as rotula, admitir a explicação de R. Levin desta obra (p. 179), ou seja, discutir superficialmente sua seqüência de estrofes como uma recuperação contínua de uma "amarga repugnância em relação a um recente encontro sexual", gradualmente "se dissipando na memória do protagonista" e conduzindo-o em direção a uma "visão mais favorável da luxúria"?

Uma reação sadia contra tais interpretações forçadas, simplificadoras e diluidoras das próprias palavras de Shakespeare e, particularmente, contra uma modernização excessiva de sua pontuação, levou Laura Riding e Robert Graves ao extremo oposto. Se mais de uma vez a poética elisabetana foi subliminarmente adaptada por editores e comentadores a uma poética vitoriana, os autores do ensaio "William Shakespeare e E. E. Cummings" são, por sua vez, propensos a encerrar o abismo entre estes dois poetas de aspirações e esforços distintos. A pesquisa das últimas décadas mostrou o papel significativo das ambigüidades extravagantes na obra de Shakespeare, mas há uma grande distância entre seus trocadilhos e duplos sentidos e a suposição da livre e infinita multiplicidade de carga semântica atribuída ao Soneto 129 pelos críticos mencionados. Um escrutínio objetivo da linguagem e da arte verbal de Shakespeare, com referência especial a este poema, revela

# 126 POÉTICA EM AÇÃO

uma unidade irrefutável e obrigatória de sua estrutura temática e de composição. A confrontação perspícua de um gozo proposto anteriormente com um fantasma retardando-se posteriormente ($III_4$) não pode ser arbitrariamente remodelada em um gozo "a ser desejado através do sonho, por meio do qual a luxúria se arrasta a si própria", ou em tais significados "legítimos" acessórios como "antes que um gozo possa ser proposto, deve haver por trás um sonho, um gozo perdido ao despertar", ou "antes que um gozo possa ser proposto, ele deve ser posto de lado como um sonho" (p. 72) etc. etc. Que nenhum destes supostos significados não possui a menor concretização no poema de Shakespeare, "so far from variation or quick change" (Soneto 76), pode e deve ser corroborado por uma análise estrutural de seu texto e sua textura poética em todas as suas entrelaçadas facetas.

## REFERÊNCIAS BIBLIOGRÁFICAS

BARBER, C. L. "An Essay on the Sonnets". *The Sonnets of Shakespeare*, ed. por F. Fergusson, New York, 1960.

BENTHAM, J. *Theory of Fiction*. Ed. por C. K. Ogden, Londres, 1932.

BRENTANO, F. *Psychologie vom empirischen Standpunkt*. II, Hamburgo, 1959, Apêndice.

BUSH, D. e HARBAGE, A. (eds.) *Shakespeare's Sonnets*. Baltimore, 1961.

CHRISTOPHERSEN, P. *The Articles; a Study of their Theory and Use in English*. Copenhagen, 1939.

HALLIDAY, M.A.K. "Class in Relation to the Axes of Chain and Choice in Language". *Linguistics* II, 1963.

HUBLER, E. *The Sense of Shakespeare's Sonnets*. Princeton Univ. Press, 1952.

—————. (ed.) *Shakespeare's Songs and Poems*. New York, 1959.

JESPERSEN, O. "Notes on Metre". In: *Linguistica*, Copenhagen, 1933.

JOHNSON, C. W. M., "Shakespeare's Sonnet CXXIX". *The Explicator*, VII, nº 6, abr. 1949, # 41.

KÖKERITZ, H. *Shakespeare's Pronunciation*. New Haven, 1953.

LANDRY, H. *Interpretations in Shakespeare's Sonnets*. Univ. of Calif. Press, 1964.

LEVIN, R. "Sonnet CXXIX as a 'Dramatic' Poem". *The Shakespeare Quarterly*, XVI, 1965.

MAHOOD, M. M. *Shakespeare's Wordplay*. Londres, 1957.

MIRIAM JOSEPH, SISTER. *Shakespeare's Use of the Arts of Language*. New York, 1947.

PARTRIDGE, A. C. *Orthography in Shakespeare and Elizabethan Drama*. Londres, 1964.

PEIRCE, C. S. com NOYES, J. B. "Shakespearian Pronunciation". *The North American Review*, XCVIII, n.º CCIII, 1864.

PUTTENHAM, G. *The Arte of English Poesie*. Reimpr. em Londres, 1869.

RANSOM, J. C. "Shakespeare at Sonnets". *Southern Review*, III, 1938.

RIDING, LAURA e GRAVES, R. "William Shakespeare e E. E. Cummings". In: *A Survey of Modernist Poetry*, New York, 1928.

ROBERTSON, J. M. *The Problems of the Shakespeare Sonnets*. Londres, 1926.

ROLLINS, H. E. (ed.) *A New Variorum Edition of Shakespeare – The Sonnets*, I, Filadélfia e Londres, 1944.

SAPIR, E. *Totality = LSA, Language Monographs*, n.º 6, 1930.

SMITH, Barbara H. (ed.) *William Shakespeare – Sonnets*. New York, 1969.

STRANG, Barbara. *Modern English Structure*. New York, 1968.

WYNDHAM G. (ed.) *The Poems of Shakespeare*. Londres, 1898.

YNGVE, V. H. "The Depth Hypothesis". *Proceedings of Symposia in Applied Mathematics*, XII, Amer. Mathem. Soc., 1961.

# 7. Sobre a Arte Verbal de William Blake e Outros Poetas-Pintores*

*Para Meyer Shapiro*

## 1. UMA DAS CANÇÕES DE EXPERIÊNCIA

*Not a line is drawn without intention...*
*as Poetry admits not a Letter that is*
*Insignificant so Painting admits not a*
*Grain of Sand or a Blade of Grass*
*Insignificant much less an Insignificant*
*Blur or Mark.*

W. BLAKE, *A Vision of the Last Judgement*

"Infant Sorrow"

1*My mother groand! my father wept.*
2*Into the dangerous world I leapt:*
3*Helpless, naked, piping loud:*
4*Like a fiend hid in a cloud.*

5*Struggling in my father's hands:*
6*Striving against my swaddling bands:*
7*Bound and weary I thought best*
8*To sulk upon my mothers breast.*

A ortografia e a pontuação destes versos seguem rigorosamente o texto que foi gravado por William Blake (veja Fig. 1) em suas *Songs of Experience* (1794) e que é inteiramente uniforme tanto em todas as cópias mais antigas existentes na Houghton Library e na Widener Memorial Library da Universidade de Harvard como na edição fac-similada de *Songs of Innocence and of Experience* publicada em Londres e Beccles (s.d.).

*\*Linguistic Inquiry* I, n.º 1, 1970. Tradução de Natalia Lisinchenko.

Os dois quartetos do poema estão divididos em quatro dísticos nítidos. Especialmente, os dois versos de cada dístico estão ligados por uma rima e os dísticos ímpares do poema diferem dos pares na estrutura de suas rimas. Ambas as palavras que rimam em qualquer dístico ímpar pertencem à mesma categoria morfológica, terminam com um sufixo consonantal flexivo idêntico e são destituídas de concordância nos seus fonemas pré-vocálicos: ₁w*ep-t:* ₂*leap-t,* ₅*hand-s:* ₆*band-s.* A composição formal similar das duas rimas ímpares sublinha a orientação semântica divergente dos dois quartetos, ou seja, o contraste conceitual entre os pretéritos inaugurais e os inanimados que pairam sobre o segundo quarteto e que são, *nota bene,* os únicos plurais do poema. A rima gramatical combina-se com um paralelismo profundo dos versos rimados. O terceiro dístico consiste em duas orações estritamente simétricas: ₅*Struggling in my fathers hands:* ₆*Striving against my swadling bands.* No primeiro dístico, duas orações coordenadas do verso inicial, os únicos hemistíquios paralelos no poema – ₁*My mother groand! my father wept* – encontram sua réplica na terceira oração coordenada: ₂*I leapt.* Em contraste com os dísticos ímpares, os dísticos pares colocam em confronto palavras gramaticalmente heterogêneas; a saber, em ambos os casos um adjunto adjetivo rima com um substantivo inanimado. Toda a composição fonética da palavra precedente aparece inclusa no segundo membro do par rimado: ₃*loud:* ₄*cloud;* ₇*best:* ₈*breast.*

Fig. 1. WILLIAM BLAKE, *Songs of Experience* (1794).

SOBRE A ARTE VERBAL DE WILLIAM BLAKE...	129

Assim, as rimas pares, agramaticais por si mesmas, são manifestamente gramaticais em sua justaposição. Em particular, elas afirmam a similaridade de duas imagens finais – $_4a$ *cloud* como metáfora de placenta e $_8breast$ – dois laços sucessivos entre a criança e sua mãe.

Os oito versos do poema formam um cortejo de correspondências gramaticais estreitas e impressionantes. Os quatro dísticos do octastíquio estão divididos em dois pares de três maneiras diferentes semelhantes aos três tipos de rima contidos em um quarteto. Ambos os pares consecutivos de dísticos – dois dísticos *anteriores* (I, II) do primeiro quarteto (versos 1-4) e dois dísticos *posteriores* (III-IV) do segundo quarteto (versos 5-8) podem ser comparados às duas rimas "emparelhadas" (ou "simples") *aabb* dentro de um quarteto. A relação entre os dois dísticos *ímpares* (I, III: versos 1-2 e 5-6) e os dois dísticos pares (II, IV: versos 3-4 e 7-8) é análoga às rimas "cruzadas" *abab*. Finalmente, a oposição dos dísticos *externos* (I, IV: versos 1-2, 7-8) aos dísticos *internos* (II, III: versos 3-6) é equivalente às rimas "interpoladas" *abba*. Estes três tipos de correspondências gramaticais estão distintamente interligados em "Infant Sorrow". Um isomerismo, ou seja, um mesmo número de componentes equivalentes, encontra-se subjacente à correlação dos dísticos e apresenta duas variedades significativas. Uma simetria *global* equacionando ambos os dísticos de um tipo com os dísticos do tipo oposto, a saber $I+II=III+IV$ ou $I+III=II+IV$ ou $I+IV=II+III$, difere de uma simetria *seccional* que forma uma equação entre os dísticos dentro de cada um dos tipos opostos isto é, $I=III$ e $II=IV$ ou $I=IV$ e $II=III$.

Aqui, em cada caso de simetria global entre os dísticos anteriores e posteriores, uma das outras duas correspondências – interno/externo ou par/ímpar – é também global e sustenta o equilíbrio dos quartetos: ela distribui o mesmo número total de unidades gramaticais similares pelos dois pares de opostos (isto é, pela totalidade dos pares de dísticos ímpares e pares ou internos e externos), enquanto que a outra revela uma simetria seccional e atribui um número igual de entidades gramaticais similares a ambos os dísticos de um mesmo par.

Além do importante papel estruturador assumido pelos dísticos em seu todo, a parte desempenhada pelos versos isolados do quarteto também deve ser levada em consideração. Assim, os dois versos externos, marginais de cada quarteto e também todo o octastíquio parecem apresentar correspondências específicas.

O lembrete de Blake de que tanto a Invenção como a Identidade "são Objetos de Intuição" fornece uma chave importantíssima à tessitura poética de suas palavras. Cada um dos dois quartetos contém cinco substantivos e cinco formas verbais. Esses cinco substantivos estão distribuídos por igual entre os quatro versos de cada quarteto:

| | | | | | |
|---|---|---|---|---|---|
| 1. *mother, father* | = | 2 | = | *fathers hands* | 5. |
| 2. *world* | = | 1 | = | *bands* | 6. |
| 3. | = | ≠ | = | | 7. |
| 4. *fiend, cloud* | = | 2 | = | *mothers breast* | 8. |

130                    POÉTICA EM AÇÃO

Evidencia-se que todas as três correlações composicionais estão contidas na disposição dos substantivos.

I. 3     3 III.
II. 2     2 IV.

A simetria global entre os dísticos anteriores e posteriores (I+II=III+IV=5) é acompanhada por uma simetria global semelhante entre dísticos externos e internos (I+IV=II+III=5) e por uma simetria seccional dos dísticos ímpares e pares (I+III=3; II+IV=2). Esta simetria seccional não se limita à totalidade dos dísticos mas se aplica também aos versos que os constituem: há (1) dois substantivos no primeiro e um no segundo verso dos dísticos ímpares, (2) nenhum substantivo no primeiro e dois no segundo verso dos dísticos pares. Desse modo ficam delineadas a homogeneidade dos'dísticos ímpares e a dos seus opostos pares bem como o contraste destes dois tipos. Em contraste com todos os outros versos do poema, os versos marginais de ambos os quartetos diferem de todos os outros versos do octastíquio: cada um dos versos marginais contém um par de substantivos: $_1$*mother, father;* $_4$*fiend, cloud;* $_5$*fathers hands,* $_8$*mothers breast.*

Os dez substantivos do poema estão divididos de modo uniforme em cinco animados e cinco inanimados. Os cinco animados restringem-se aos quatro versos marginais dos dois quartetos. A distribuição dos animados e inanimados entre os dois dísticos anteriores do primeiro quarteto e os dois dísticos posteriores do segundo quarteto e, além disso, entre os dísticos externos e internos, segue o princípio da anti-simetria:

| | |
|---|---|
| Dísticos anteriores: | 3 animados, 2 inanimados |
| Dísticos externos: | 3 animados. 2 inanimados |
| Dísticos posteriores: | 2 animados, 2 inanimados |
| Dísticos internos: | 2 animados, 2 inanimados |

Um tratamento evidenciadamente espacial opõe inanimados e animados. Os inanimados são constantemente ligados com preposições locativas, enquanto que, dos cinco animados, quatro são empregados sem qualquer preposição e um com uma preposição indicando equivalência ($_4$*Like a fiend*).

Dois epítetos emergem no poema. Ambos estão vinculados ao segundo verso dos quartetos e pertencem a construções sintáticas semelhantes: $_2$*Into the dangerous world I leapt;* $_6$*Striving against my swadling bands.* Juntamente com todos os outros atributos pré-posicionados – formas possessivas de substantivos e pronomes, artigos definidos e indefinidos – estes epítetos formam um esquema visivelmente simétrico no poema. Tais atributos ocorrem duas vezes em cada verso de ambos os quartetos, com exceção do seu penúltimo verso: $_1$*My, my;* $_2$*the dangerous;* $_3$#; $_4$*a, a;* $_5$*my fathers;* $_6$*my swadling;* $_7$#; *my mothers.* Seis destes atributos pertencem ao primeiro quarteto e seis ao segundo, correspondentemente, um número igual pertence aos dísticos externos e internos do poema. Os dísticos ímpares opõem quatro (2+2) atributos pré-posicionados a dois (#+2) nos dísticos pares.

SOBRE A ARTE VERBAL DE WILLIAM BLAKE...    131

Em comparação com os dez substantivos, as dez formas verbais apresentam semelhanças e divergências na sua distribuição entre os quatro dísticos:

I. 3    2 III.
II. 2    3 IV.

Estamos diante da mesma simetria global entre os dísticos anteriores e posteriores (I+III=III+IV=5), mas o tratamento das correlações externo/interno e ímpar/par é diametralmente oposto nos conjuntos nominais e verbais. A disposição das formas verbais mostra uma simetria global entre os dísticos ímpares e pares (I+III=II+IV=5), e uma simetria seccional dos dísticos externos e internos ($\overline{I}$=IV=3; II=III=2). Essa simetria cabe tanto aos dísticos como aos seus versos. O primeiro verso dos dísticos externos contém duas formas verbais (₁groand, wept; ₇bound, thought), o segundo verso contém uma forma verbal (₂leapt; ₈to sulk) e cada verso dos dísticos internos também contém uma (₃piping, ₄hid; ₅struggling, ₆striving).

Há uma diferença sensível entre uma simetria global de elementos constituintes externos/internos e ímpares/pares: a primeira sugere uma configuração fechada e a segunda uma cadeia com extremidade aberta. O poema de Blake associa a primeira com substantivos e a segunda com verbos e devemos lembrar a definição semântica dos substantivos de Edward Sapir como "existentes" e a dos verbos como "ocorrentes".

O particípio passivo aparece uma vez em cada dístico par (₄hid, ₇bound). Não aparece nenhum transitivo entre as formas verbais ativas. Na voz ativa, o primeiro quarteto possui três formas finitas e uma não finita, enquanto que o segundo quarteto mostra a relação anti-simétrica de uma forma finita e três não finitas. Todos os quatro finitos são pretéritos. Um nítido contraste origina-se entre os dísticos internos, com os seus três gerúndios como as únicas formas verbais e os dísticos externos que não possuem gerúndios, mas têm cinco verbos propriamente ditos (quatro finitos e um infinito). Em ambos os quartetos, o dístico interno está subordinado ao verso adjacente do dístico externo: versos 3 e 4, ao segundo verso do octastíquio; e versos 5 e 6, ao segundo verso a partir do fim.

As preposições são paralelas aos verbos na simetria global de sua distribuição. Entre as seis preposições do poema, três pertencem aos dísticos anteriores (₂into, ₄like, in) e três aos dísticos posteriores (₅in, ₆against, ₈upon) e, correspondentemente, três aos dísticos ímpares e três aos pares, enquanto que qualquer dístico externo emprega uma preposição e qualquer dístico interno, duas. A impressionante proporção gramatical entre as partes correlatas do poema molda e desencadeia o desenvolvimento dramático. As únicas quatro orações independentes com os únicos quatro predicados finitos e os únicos quatro sujeitos gramaticais – dois deles pronominais e dois nominais – estão todos restritos aos dísticos externos. Enquanto que a oração pronominal com o sujeito em primeira pessoa aparece nos dois quartetos – no verso se-

132 POÉTICA EM AÇÃO

guinte ao primeiro do octastíquio e no verso seguinte que antecede o último (₂*I leapt;* ₇*I thought*) – os dois sujeitos nominais destacam o primeiro verso do resto do poema e Blake concluiu este verso com um ponto. *Infant*, o herói do título, e as outras duas *dramatis personale* são apresentadas com referência ao remetente da mensagem: *I, my mother, my father*. Ambos os substantivos juntamente com seus determinantes reaparecem no segundo quarteto, porém com modificações sintáticas e semânticas significativas. Os sujeitos gramaticais são transformados em atributos possessivos de objetos indiretos que são governados por formas verbais subordinadas. As duas partes complementares do octassílabo inaugural ficam desligadas. O verso inicial do segundo quarteto termina com a mesma evocação paternal como o verso correspondente do primeiro quarteto: ₁*my father wept;* ₂*my fathers hands*. A visão primeira do pai chorando cede à imagem dúplice da luta contra *fathers hands* e *swadling bands*, as forças hostis que acometem o recém-nascido quando do seu salto *into the dangerous world*.

As palavras iniciais do poema – ₁*My mother* – reaparecem mais uma vez no seu final – ₈*my mothers* – e, juntamente com o sujeito *I* do segundo e sétimo versos, demonstram simetria especular. O primeiro destes dois pronomes é seguido de um par de semipredicados ₃*Helpless, naked*, enquanto que o segundo *I* é precedido por um par sintaticamente análogo: ₇*Bound and weary*. A disposição e a estrutura quiástica deste par retêm o princípio da simetria especular. O particípio *Bound* sobrepuja o antônimo *naked* e o desamparo inicial se transforma em esgotamento. O choro alto do recém-nascido que suplantou o gemido intenso da mãe, cede ao anseio pelo silêncio: ₇*I thought best* ₈*To sulk upon my mothers breast*. A expulsão de dentro da mãe prognostica o retorno a ela, um novo abrigo maternal de refúgio e proteção (₄*hid in* – ₈*To sulk upon*).

Os esboços do autor para um poema mais longo[1] ficaram reduzidos aos oito primeiros versos para o seu livro *Songs of Experience*. A indagação a respeito da textura verbal desses dois quartetos corrobora e reforça a compreensão intuitiva expressa astuciosamente na monografia de J. Bronowski: "Toda a progressão repousa envolvida no desamparo inicial"[2]. Um escrutínio do burilado octastíquio com a sua vasta moldura gramatical pode ilustrar e especificar outra conclusão pertinente na mesma monografia: "Blake tinha uma imaginação pictórica, surpreendente em sua percepção geométrica" (p. 139).

Neste sentido, parece-me conveniente reformular a "extraordinária analogia entre o papel da gramática em composição poética e pictórica baseada numa ordem geométrica latente ou patente, ou numa

---

1. Veja *The Poetry and Prose of William Blake*, editado por D. V. Erdman (New York, 1965), pp. 719-721.
2. *William Blake and the Age of Revolution* (New York, 1965), p. 161.

SOBRE A ARTE VERBAL DE WILLIAM BLAKE... 133

reação contra arranjos geométricos"[3]. Especialmente as palavras-título, as orações principais e os motivos proeminentes que fazem os dísticos externos divergentes sobressair em relação aos conteúdos acessórios e subordinados dos dísticos internos adjacentes, muito semelhante aos traços do pano de fundo em uma perspectiva pictórica.

A firme e plástica geometricidade relacional da arte verbal de Blake assegura um dinamismo surpreendente no desenvolvimento do tema trágico. As operações anti-simétricas delineadas acima e o contraste categorial das duas rimas gramaticais paralelas ressalta a tensão entre a natividade e a subseqüente experiência mundana. Em termos lingüísticos, há tensão entre a supremacia inicial dos sujeitos animados com verbos de ação finitos e o subseqüente predomínio de inanimados concretos, materiais-empregados, como objetos indiretos de gerúndios, meros verbais derivados de verbos de ação e subordinados ao único finito ₇thought, no seu sentido restrito de um desejo concebido.

Uma característica singular da pontuação de Blake é o seu emprego de dois pontos. Os dois pontos em "Infant Sorrow" assinalam a divisão dos dísticos internos nos versos que os constituem e desassociam os dísticos internos dos externos. Cada um dos versos internos que contém uma construção gerundiva termina em dois pontos e é separada por dois pontos da oração precedente da mesma sentença.

O motivo crescente da resignação fatigada encontra sua fascinante corporificação também no desenvolvimento rítmico do poema. Seu octassílabo inicial é o mais simétrico dos oito versos. Consiste em duas orações coordenadas tetrassilábicas com uma pausa expressiva entre elas, veiculada no texto de Blake através de um ponto de exclamação. Uma segunda pausa opcional surge entre o sujeito e o predicado de ambas as orações justapostas. O efeito dessas pausas contrastantes precede a sílaba final do verso: ₁My mother groand! my father wept. No verso seguinte, que conclui o primeiro dístico ímpar, a pausa sintática interna surge antes da penúltima sílaba (6+2) e, com cada verso, o intervalo entre a pausa final e a interna torna-se uma sílaba mais longo, até que o último verso do segundo dístico ímpar fixe a pausa interna depois da segunda sílaba do verso: 2+6. Destarte, a oscilação mais ampla que o verso possui (₂Into the dangerous world/I leapt) modifica-se gradualmente para medida mais curta, refreada, reprimida: (₆Striving/against my swadling bands).

Cada quarteto inclui dois octassílabos jâmbicos e dois heptassílabos trocados. Observa-se o esquema jâmbico nos dois versos marginais do octastíquio, ambos com a evocação my mother; e, no último verso de ambos os dísticos ímpares, cada um deles caracterizado por um impulso oposto – no primeiro caso em direção ao e, no segundo, para longe do meio ambiente "perigoso". O comprimento semelhante destes dois versos correlatos dá um poder de convicção especial ao contraste dúplice de seu estilo rítmico e orientação semântica. A idéia da salvação upon

3. Cf. Jakobson ...1968.

134 POÉTICA EM AÇÃO

*my mothers breast* como uma réplica à image mde detestáveis *swadling bands* reforça a associação entre os dois versos pares do segundo quarteto pela sua identidade rítmica: ₆*Striving / against my swadling bands* e ₈*To sulk / upon my mothers breast.* O verso intermediário que abre o último dístico par compartilha, conforme foi mencionado acima, diversas características estruturais com o verso inicial do primeiro dístico par e duplica seu padrão trocaico com uma pausa mediana (4+3).

Nos versos jâmbicos, a principal e única pausa cai sempre antes de um acento crescente. Nos versos trocaicos, a pausa ocorre antes do acento decrescente ou, excepcionalmente, antes de um acento crescente complementado por uma sílaba acentuada (₄*Like a fiend / hid in a cloud*). A distribuição das pausas no octastíquio de Blake pode aclarar sua surpreendente simetria. Em nosso quadro, os números seguidos por um ponto indicam a ordem dos oito versos; a vertical subseqüente indica o início do verso e a vertical oblonga, no quadro à direita, o final. As sílabas do verso, do seu final para o início, são designadas pela seqüência horizontal superior de números. A vertical entre os dois limites de cada verso representa a sua pausa interna, enquanto que a pausa interna secundária opcional é representada por uma vertical pontilhada. Uma linha inclinada assinala a crescente tendência regressiva demonstrada pela disposição das pausas internas dos versos e, depois, no último dístico, das pausas antes do verso.

Como o próprio poeta afirma na Introdução a *Jerusalem*, realmente, ele conseguiu "uma variedade em cada verso, tanto de cadências como em número de sílabas" no interior de seus segmentos.

O verso heptassílabo de cada dístico par é ligado ao final octassilábico do dístico ímpar precedente por meio de uma aliteração dos dois vocábulos finais (₂*Leapt* – ₃*Loud*, ₅*Bands* – ₇*Best*), e por uma afinidade paronomástica entre o vocábulo final e inicial dos dois versos sucessivos (₂LEAPt – ₃hELPless, ₆BaNDS – ₇BouND). No interior de um dístico, os versos são parissílabos no primeiro quarteto e imparissílabos no segundo. Dois vocábulos aliteram no primeiro caso e três no segundo: ₁*Wept* – ₂*World*, ₃*Loud* – ₄*Like;* ₇*Bound* – *Best* – ₈*Breast.* No primeiro dístico paralelístico do segundo quarteto, a aliteração se desenvolve numa fusão paronomástica dos dois vocábulos subseqüentes no membro precedente de uma cadeia tripla: ₅STRuggLING – ₆STRivING – *swad*LING. A semelhança dos grupos contrabalança a distribuição dissimilar dos acentos decrescentes e crescentes em ambos os gerúndios confrontados, um dos quais inicia um verso trocaico (₅*Struggling in*) e o outro, um jâmbico (₆*Striving against*).

Na extremidade de ambos os quartetos, os versos parissílabos contíguos dos dois dísticos internos, um par e o seguinte ímpar, revelam uma múltipla afinidade na sua textura fônica: ₄FienD – HiD IN – ₅IN *my Father*S HaNDS. Tão logo o quarto verso, o único símile do poema, introduziu um herói mitizado, a imagem adversa das mãos acorrentadoras do pai, numa espécie de "esmaecer" fílmico, aparece sob a primeira "tomada", depois do que ocorre a notável metamorfose: o suposto

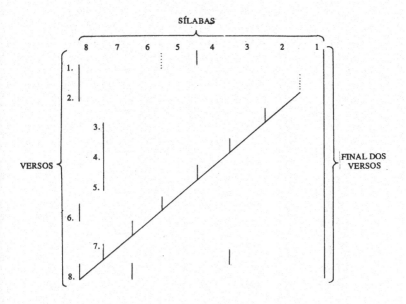

herói sobrenatural (₄*Like a fiend hid in a cloud*) é vitimado (₅*Struggling in my fathers hands*).

Os oito versos de "Infant Sorrow" são extraordinariamente ricos no que Gerald Manley Hopkins entende por "figuras de gramática" e "figuras de som", e é à sua simetria eloqüente e à interação palpável imbuída de simbolismo diáfano que esta estória sucinta e ingênua deve a maior parte do seu poder mitológico e caráter sugestivo.

O Douanier Rousseau foi comparado a Blake e considerado próximo a ele[4]. Um octastíquio do pintor francês será o nosso próximo assunto.

## 2. O APÊNDICE POÉTICO DE HENRI ROUSSEAU AO SEU ÚLTIMO QUADRO

> *J'ai conservé ma naïveté... Je ne pourai maintenant changer ma manière que j'ai acquis par un travail opiniâtre.*
>
> Henri Rousseau para André Dupont, 1º de abril de 1910.

Pouco antes da morte do artista (2 de setembro de 1910), ele colocou em exibição um único quadro, *O Sonho* no Salon des Indépendants (18 de março até 1º de maio do mesmo ano) e escreveu a Guillaume Apollinaire: "J'ai envoyé mon grand tableau, tout le monde le trouve

---

4. Veja NORTHROP FRYE, *Fearful Symmetry: A Study of William Blake* (New York, 1965²), p. 105.

bien, je pense que tu vas déployer ton talent littéraire et que tu me ven-
geras de toutes les insultes et affronts reçus" (11 de março de 1910, veja Apollinaire e m*Les Soirées de Paris*, n. 20, 15 de de janeiro, 1913, na
realidade, 1914, p. 56). O jornal comemorativo de Apollinaire *"Le
Douanier"* relata que Rousseau jamais havia esquecido seu amor de juventude na Polônia, Yadwiga (= Jadawiga), "qui lui inspira *le Rêve*,
son chef-d'oeuvre" que, no momento, pertence ao Museu de Arte Moderna de New York e, entre alguns poucos exemplos das atividades
poéticas do pintòr ("gentils morceaux de poésie"), a sua "Inscription pour Le Rêve" complementa o ensaio de Apollinaire (*ibidem*, pp.
11 - 65):

1 *Yadwigha dans un beau rêve*
2 *S'étant endormie doucement*
3 *Entendait les sons d'une musette*
4 *Dont jouait un charmeu bien pensant*
5 *Pendant que la lune reflète*
6 *Sur les fleuves, les arbres verdoyants,*
7 *Les fauves serpents prêtent l'oreille*
8 *Aux airs gais de l'instrument*

Uma tradução quase literal para o português pode ser acrescentada:

Yadwigha num belo sonho
Tendo adormecido docemente
Estava ouvindo os sons de uma flauta
Tocada por um feiticeiro bem intencionado.
Enquanto a lua reflete
Sobre os rios as árvores verdejantes,
As serpentes selvagens emprestam os ouvidos
Às melodias alegres do instrumento.

Esse octastíquio foi escrito pelo pintor sobre uma pequena placa
dourada como uma "explicação" deste quadro, porque, segundo o relato de Arsène Alexandre sobre a sua visita ao artista, publicado em *Co-
maedia*, 19 de março de 1910, Rousseau declarou que seus quadros
precisam de uma explicação: "Les gens ne comprement pas toujours ce
qu'ils voient.*** c'est toujours mieux avec quelques vers" (veja Dora
Vallier: *Tout l'oeuvre peint de Henri Rousseau*, 1970, p. 10). No *Cata-
logue de la 26ème Exposition* da *Société des Artistes Indépendents* (Paris,
1910, p. 294) a referência a *4468 Le Réve* de Henri Rousseau vem
acompanhada pélos mesmos versos, impressos, entretanto, com erros
graves e distorções, por exemplo, *Yadurgha*, de tal forma que a versão
de Apollinaire e o texto idêntico de W. Uhde em seu *Henri Rousseau*
(Paris, 1911) parece ser o mais confiável.

Os quatro versos pares "masculinos" do poema terminam com a
mesma vogal nasal, enquanto que os quatro versos ímpares "femininos"
terminam em uma sílaba fechada com uma variação longa ou breve de
[ɛ] como seu núcleo. Entre as rimas aproximadas que aparecem nestes
dois conjuntos de versos, aquelas que ligam entre si os dois dísticos in-

Fig. II. Henri Rousseau, *O Sonho*, 1910.

POÉTICA EM AÇÃO

ternos (versos 3-4 com 5-6) e, por sua vez, as rimas dos dois dísticos externos (1-2 com 7-8) ostentam uma similaridade complementar entre os vocábulos que rimam em comparação com as rimas no interior dos quartetos: nos dísticos externos, a identidade perfeita de vogais silábicas é reforçada por uma consoante pré-vocálica auxiliar ($_1$RÊve–oREille; e douceMENT – $_8$instruMENT) e, nos dísticos internos, uma identidade vocálica semelhante é secundada pela consoante pós-vocálica das rimas femininas ($_3$musETTE – $_5$reflÈTE) ou pela proeminente uniformidade gramatical dos vocábulos que compartilham a rima masculina ($_4$pensant – $_6$verdoyant, as duas únicas formas participiais do poema.

Como as rimas lhe dão ênfase, o octastíquio apresenta uma divisão nítida em dísticos externos (I, IV) e internos (II, III). Cada um desses pares de dísticos contém um número igual de seis substantivos com a mesma bifurcação em quatro masculinos e dois femininos. O verso inicial bem como o final em cada um desses dois pares de dísticos contém dois substantivos: um feminino e um masculino no verso inicial (= Yadwigha, rêve; $_3$sons, musette), e dois masculinos no final ($_8$airs, instrument; $_6$fleuves, arbres). A simetria global revelada pelos substantivos nos dísticos externo e interno não encontra apoio na distribuição entre dísticos ímpares e pares ou anteriores e posteriores, mas ambos os dísticos internos contêm um mesmo número de três substantivos em simetria especular (II; $_3$sons, musette, $_4$charmeur; III: $_5$lune, $_6$fleuves, arbres) e, conseqüentemente, a relação entre os substantivos dos dísticos pares e ímpares – sete para cinco – é exatamente a mesma que a relação entre os substantivos dos dísticos posteriores e anteriores.

Cada um dos quartetos compreende uma sentença com dois sujeitos e dois predicados finitos. Cada dístico do octastíquio contém um sujeito, enquanto que na distribuição dos finitos – três para um – os dísticos pares têm a mesma relação tanto para os dísticos ímpares como para os pares e externos.

Os sujeitos dos dísticos externos pertencem às duas orações principais do poema, ao passo que ambos os sujeitos dos dísticos internos constituem-se em parte das orações subordinadas. Os sujeitos principais iniciam o verso ($_1$Yadwigha dans un beau rêve; $_7$Les fauves serpents) em contraste com a posição não inicial dos sujeitos subordinados ($_4$Dont jouait un charmeur; $_5$Pendant que la lune). Os sujeitos femininos surgem nos dísticos ímpares do octastíquio, e os sujeitos masculinos, nos dísticos pares. Assim, em cada quarteto, o primeiro sujeito é feminino e o segundo masculino: $_1$Yadwigha – $_4$charmeur; $_5$lune – $_7$serpents. Conseqüentemente, ambos os dísticos anteriores (o primeiro quarteto do poema), com o gênero feminino de seu sujeito principal Yadwigha e o masculino de seu sujeito subordinado charmeur são diametralmente opostos aos dísticos posteriores (segundo quarteto), onde o sujeito principal serpents é masculino e o sujeito subordinado lune é feminino. O gênero pessoal (humano) distingue os sujeitos gramaticais dos dísticos anteriores ($_1$Yadwigha, $_4$charmeur) dos sujeitos não pessoais dos dísticos posteriores ($_5$lune, $_7$serpents).

Estes dados podem ser resumidos em um quadro com inscrições em itálico, indicando a disposição dos quatro sujeitos na composição do octastíquio e em tipo romano, indicando suas propriedades gramaticais:

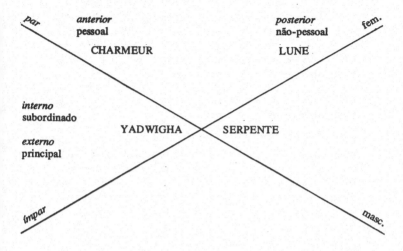

Esta distribuição dos quatro sujeitos gramaticais demonstra corresponder à disposição *relativa* dos seus referentes pictóricos na tela de Rousseau/veja Figura II)[5].

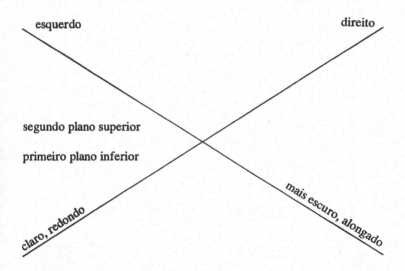

5. Agradecemos ao Museu de Arte Moderna de New York pela excelente reprodução de *O Sonho* e pela sua generosa permissão de utilizá-la como ilustração neste ensaio e a Curadora Associada do Museu, Betsy Jones, pelas suas inestimáveis informações.

# 140 POÉTICA EM AÇÃO

As figuras pictóricas nas áreas em primeiro plano são traduzidas no poema pela disposição nos dísticos externos divergentes, ao passo que as figuras em segundo plano, que foram puxadas para cima e diminuídas no quadro, produzem sujeitos subordinados alocados nos dísticos internos convergentes do octastíquio. O ensaio sugestivo de Tristan Tzara, publicado como prefácio à exposição dos quadros de Henri Rousseau na Sidney Janis Gallery (New York, 1951), discute "O Papel de Tempo e Espaço em sua Obra" e chama a atenção para a relevância e peculiaridade da "perspectiva, tal como Rousseau a concebia" e, em particular, para um traço significativo de suas grandes produções: uma série de movimentos repartida "em elementos individuais, verdadeiras porções de Tempo interligadas por uma espécie de operação aritmética" (cf. T. Tzara, "Le Rôle du temps et de l'espace dans l'oeuvre du Douanier Rousseau", *Art de France*, 1962).

Enquanto o feiticeiro e a lua cheia encaram o espectador, as figuras de perfil de Yadwigha e da serpente estão viradas uma para a outra; as sinuosidades da serpente são paralelas à curva do quadril e da perna da mulher e as samambaias verticais verdes sobressaem debaixo de ambas as curvas apontam para o quadril de Yadwigha e para a curva superior do réptil. Com efeito, esta serpente reluzente e delgada surge contra o pano de fundo de outra serpente, mais grossa, preta e difícil de discernir; a segunda espelha a pele do feiticeiro, enquanto que a primeira corresponde à cor de uma listra em seu cinto multicor. As flores azuis e violeta erguem-se acima de Yadwigha e das duas serpentes. No poema, duas construções paralelas ligam a heroína aos répteis: ₃*Entendait les sons d'une musette* e ₇*prêtent l'oreille* ₈*Aux airs gais de l'instrument.*

Algumas questões desafiantes de gênero gramatical surgem nesse sentido. Aos dois sujeitos femininos do poema, o quadro responde com dois aspectos proeminentes característicos de Yadwigha e da lua, sua palidez diferente em comparação com as cores mais profundas do ambiente e, especialmente, do feiticeiro e dos répteis; e a rotundidade semelhante da lua cheia e do seio da mulher em comparação com o corpo alongado da cobra reluzente e a flauta do feiticeiro. A *sexuisemblance* dos gêneros feminino e masculino sentidos por qualquer membro da comunidade lingüística francesa foi lúcida e exaustivamente examinada por J. Damourette e E. Pichon no primeiro volume da sua obra histórica *Des mots à la Pensée – Essai de Grammaire de la Langue Française* (Paris 1911-1927), Cap. IV:

> Tous les substantifs nominaux français sont masculins ou féminins: c'est là un fait incontestable et incontesté. L'imagination nationale a été jusqu'à ne plus concevoir de substances nominales que contenant en elles-mêmes une analogie avec l'un des deux sexes; de sorte que la sexuisemblance arrive à être un mode de classification générale de ces substances (§ 302) ...Elle a dans le parler, done dans la pensée, de chaque Français un rôle de tout instant (§ 306) ... Cette répartition n'a évidemment pas un caractère purement intellectuel. Elle a quelque chose d'affectif ... La sexuisemblance est tellement nettement une comparison avec le sexe que les vocables français féminins en arrivent à ne pouvoir au figuré être comparés qu'à des femmes (§ 307) ...Le répartitoire de sexuisemblance est le mode d'expression de la personnification des choses (§ 309).

SOBRE A ARTE VERBAL DE WILLIAM BLAKE...    141

É digno de nota que os quatro femininos do poema de Rousseau estão ligados aos quatro versos ímpares. Eles inauguram o verso quando funcionam como sujeitos gramaticais nos dísticos ímpares e eles finalizam o verso, quando agem como modificadores nos dísticos pares.

A associação obrigatória do gênero feminino com os versos ímpares, isto é, "femininos", convida a uma interpretação. A tendência para diferenciar formas femininas e masculinas pelo final aberto ou fechado do vocábulo (cf. Damourette & Pichon, § 272) cria uma associação entre a sílaba final do verso, aberta ou fechada, e o gênero, feminino ou masculino. Também o termo "rimas femininas", freqüente mesmo em livros escolares elementares, pode ter favorecido a distribuição dos substantivos femininos naqueles versos.

Nos versos de Rousseau, a distribuição dos gêneros sujeita-se a um princípio dissimulador. O objeto mais próximo do verbo pertence ao gênero oposto àquele do sujeito da oração dada, e se há um modificador regido mais adiante, seja ele adverbial ou nominal, ele retém o gênero do sujeito; deste modo, o papel dos gêneros no poema torna-se particularmente proeminente: $_1$*Yadwigha* (f.)... $_3$*entendait les sons* (m.) *d'une musette* (f.); $_4$ *Dont* [referente a *musette* (f.)] *jouait un charmeur* (m.); $_5$ *la lune* (f.) *reflète* $_6$... *les arbres* (m.); $_7$ *Les fauves serpents* (m.) *prêtent l'oreille* (f.)$_8$ *Aux airs gais* (m.).

O primeiro plano do quadro e do poema de Rousseau pertencem a Yadwigha e às serpentes; somos induzidos a nos lembrar de *Eve*, seu quadro um pouco anterior, com o espantoso dueto de dois perfis, a mulher nua e a serpente (veja Vallier, 1970, pl. XXV, suas *Croniques*, Paris, 1960, p.76). Esta hierarquia das *dramatis personae* passou despercebida, entretanto, aos críticos. Assim, o panegírico de Apollinaire de 18 de março de 1910: "De ce tableu se dégage de la beauté" – viu a mulher nua sobre um sofá, vegetação tropical ao seu redor com macacos e aves do paraíso, um leão, uma leoa e um negro tocando flauta – "personnage de mystère". Mas as serpentes e a lua não foram mencionadas. Jean Bouret também restringe sua discussão da forma de composição em *O Sonho* ao tocador de flauta, ao tigre(?), ao pássaro e à mulher reclinada. Os observadores param na parte esquerda e maior do quadro sem se deslocarem para a parte direita menor, tema do segundo quarteto. O passo inicial para o exame da pintura é, naturalmente, seu lado esquerdo: "cette femme endormie sur ce canapé" que sonha que está sendo transportada "dans cette forêt, entendant les sons de l'instrument du charmeur", de acordo com a explicação do pintor de seu próprio quadro (Apollinaire, p. 57). De Yadwigha e do misterioso feiticeiro, o foco se desloca para a segunda parte do díptico, separados da primeira por uma flor azul sobre uma longa haste, que é o pararelo a uma planta semelhante do lado esquerdo da heroína. A seqüência narrativa e a sucessiva cognição e síntese da tela *Sonho* (cf. A. Luria, *Higher Cortical Functions in Man and Their Disturbance in Local Brain Lesions*, Moscou, 1962) encontram sua correspondência concisa na transição do primeiro quarteto com os seus dois imperfeitos paralelos – ou presentes pretéritos, na terminologia de L. Tesnière – ($_3$entendAIT – $_4$jouAIT) para os dois presentes rimados do segundo quarteto ($_5$reflÈTE – $_7$prÊTEnt) e na substituição de meros artigos definidos ($_5$la lune, $_6$les fleuves, les arbres, $_7$les serpents, l'oreille, $_8$aux airs, l'instrument) pelos artigos indefinidos que, com a única exceção de $_3$les sons, dominam o quarteto precedente ($_1$un rêve, $_3$une musette, $_4$un charmeur).

Na composição de Rousseau, tanto poética como pictórica, a ação dramática é sustentada pelos quatro sujeitos do poema e seus referentes na tela. Conforme delineado acima, todos eles estão interligados por três contrastes binários, brilhantemente expressos pelo poeta-pintor e transformando este quarteto invulgar em seis pares opostos que determinam e diversificam o diagrama gráfico e verbal. Na "Inscription" cada um dos quatro sujeitos é dotado de um aspecto categorial suplementar que o contrasta com cada um dos outros três correspondentes: Yadwigha é o único substantivo próprio do poema; un charmeur, seu único apelativo pessoal; les serpents, seu único plural animado; e la lune é o único inanimado entre os quatro sujeitos. A diversidade é acompanhada pela diferença de artigos – o artigo zero que assinala o nome próprio, o indefinido un, seguido por um plural les e o feminino la do mesmo artigo definido.

A interação variada das similaridades e divergências embasa e vivifica o Sonho escrito e pintado em todas as suas facetas: o silêncio da noite iluminada pela lua, interrompido pelas melodias de um feiticeiro moreno; o encantamento do luar e das magias musicais; o sonho da mulher iluminado pela lua; dois ouvintes das melodias mágicas, a mulher e a serpente, ambas estranhas e sedutoras uma para a outra; a serpente como o tentador lendário da mulher e o alvo inveterado do feiticeiro de cobras e, por outro lado, o contraste máximo e a afinidade misteriosa entre a pálida Yadwigha no seu sofá fora de moda e o flautista tropical bem intencionado em meio à floresta virgem; e, depois disso tudo, nos olhos do morador de 2 bis, rue Perrel, o igualmente exótico e atraente matiz do mágico africano e a feiticeira polonesa com seu nome complicado.

Quanto ao leão, escoltado por uma leoa e omitido no poema, no quadro ele pertence ao triângulo do tocador de flauta e, como Bouret (loc. cit.) observou, constrói seu "ápice" apontando para baixo. Esta face frontal parece ser um duplo do feiticeiro superposto e, de modo similar, o pássaro reluzente de meia-face acima de Yadwigha parece ser o seu duplo. Contudo, na comparação iconográfica da tela de Rousseau com o poema, nossa atenção ficou focalizada sobre o seu denominador comum, facilmente extraível apesar dos seus diferentes adereços, tais como rios refletindo as árvores em verso ou a abundância zoológica na pintura.

Como o "Infant Sorrow" de Blake, o octastíquio de Rousseau, a fim de assegurar a coesão dos seus dísticos expressamente diferenciados, une-os através de fortes laços fonológicos entre os versos pares e os ímpares subseqüentes: $_2$sctă tădormi dusmăt $_3$ătădɛ/; $_4$păsă $_5$pădăl. Além disso, os últimos dois dísticos são ligados por uma textura sonora

SOBRE A ARTE VERBAL DE WILLIAM BLAKE... 143

sensível: $_6$*les* FL*euves* – $_7$*Les* F*auves* (com duas vogais arredondadas correspondentes); $_6$SuR... *les a*RBR*es* – *se*RP*ents* PR*êtent* (onde o fonema /R/ alterna-se com as consoantes sibilares e as labiais explosivas).

Em minha conclusão natural, sigo Vratislaw Effenberger (*Henri Rousseau*, Praga, 1963), quando este especialista tcheco da obra de Henri Rousseau define-a como "um sinal da crescente simbiose entre pintura e poesia". Uma avaliação semelhante de Paul Klee por Carola Gledion-Welcker – neste artista "ist der Dichter mit dem Maler eng verknüpft"[6] – impele-nos para as obras poéticas póstumas de Klee.

## 3. O OCTASTÍQUIO DE PAUL KLEE

> *Sprache ohne Vernunft ... Hat die Inspiration Augen oder schlafwandelt sie?*
> *Das Kunsverk als Akt. Eine Teilung der Zehen in drei Teile: 1 + 3 + 1.*
> *Dos diários de Klee de 1901 (n.º 183, 310)*

O poema de 1903 do pintor sobre feras, deuses e homens, escrito segundo o hábito do autor sem qualquer disposição vertical dos versos, revela, todavia, uma clara divisão rítmica em oito versos de dois hemistíquios; o segundo hemistíquio no primeiro e terceiro versos leva três fortes acentos de palavra, e cada um dos outros hemistíquios, dois. Na realidade, o próprio autor separa os versos do poema, espaçando os intervalos entre eles, especialmente quando estes versos não estão separados um do outro por um sinal de pontuação (veja o autógrafo reproduzido pelo filho do pintor, Felix Klee, em *Gedichte von Paul Klee*, Zurique, 1960, p. 56):

$_1$*Zwei Berge gíbt es* | *auf denen es héll ist und klár,*
$_2$*den Bérg der Tíere* | *und den Bérg der Götter.*
$_3$*Dazwíschen aber líegt* H *das dämmerige Tál der Ménschen.*
$_4$*Wenn éiner éinmal* | *nach óben síeht,*
$_5$*erfásst ihn áhnend* | *eine únstillbare Séhnsucht,*
$_6$*íhn, der wéiss,* | *dass ér nicht wéiss*
$_7$*nach íhnen die nicht wíssen,* | *dass síe nicht wíssen*
$_8$*únd nach íhnen,* | *die wíssen dass sie wíssen.*

Uma tradução literal:

$_1$Há duas montanhas sobre as quais está claro e aberto
$_2$a montanha das feras e a montanha dos deuses.
$_3$Mas entre elas está situado o vale crepuscular dos homens.
$_4$Quando alguma vez alguém olha para cima,
$_5$toma-o um insaciável desejo como presságio,
$_6$a ele, que sabe que nada sabe,
$_7$por eles que não sabem que não sabem
$_8$e por eles que sabem que lhes sabem.

6. Em *Antologie der Abseitigen*, Berna, 1946. "O poeta está estreitamente ligado ao pintor". (N. da T.).

144                    POÉTICA EM AÇÃO

A pontuação de Klee no seu autógrafo deste poema revela uma diferença significativa entre o estilo rítmico das construções sintáticas nos dois versos finais: *₇nach ihnen die nicht wissen, dass sie nicht wissen* e, por outro lado, *₈und nach ihnen, die wissen dass sie wissen*. A vírgula indica o local diferente do limite entre os hemistíquios nestes dois versos. Assim, a leitura *únd nach íhnen, die wíssen dass sie wíssen*, com um acento enfático sobre a conjunção antitética, parece ser a única correta.

A transcrição deste poema na edição de F. Klee dos diários de seu pai (*Tagebücher von Paul Klee 1898-1918*, Colônia, 1957, nº 539) e poemas (*op. cit.*, p. 56) infelizmente reconstitui a pontuação do artista de acordo com a norma ortográfica. Destas duas publicações, a primeira imprime o octastíquio como prosa, enquanto que na segunda ele é quebrado artificialmente em doze versos; isto é, alguns dos hemistíquios são considerados como versos independentes e, além disso, o proclítico inaugural do segundo hemistíquio é atribuído ao final do primeiro hemistíquio, por exemplo:

*Dazwischen aber liegt das*
*dämmerige Tal der Menschen.*

Com exceção do segundo hemistíquio solene e anfíbraco do primeiro verso – *auf dénen es héll ist und klár* – os versos dos poemas revelam um ritmo dúplice, predominantemente jâmbico. O primeiro hemistíquio, dímetro em seis versos e trímetro em dois, perde o acento crescente inicial em dois casos: ₆ *íhn, der wéiss;* ₈ *únd nach íhnen*. O segundo hemistíquio de dois, três ou quatro pés duplos inicia-se com um acento crescente após a cesura masculina (versos 3 e 6) enquanto que, após uma cesura feminina, ele se inicia ou com um acento decrescente, preservando assim a uniformidade métrica de todo o verso (₂*den Bérg der Tíere | und den Bérg der Götter;* ₅*erfásst ihn áhnend | eine únstillbare Séhnsucht*), ou começa com um acento crescente e alcança assim o seu padrão jâmbico autônomo (₄*Wenn éiner éinmal | nach óben síeht;* cf. versos 7 e 8).

Três plurais genitivos, os únicos substantivos animados do poema – ₂ *der Tiere, der Götter,* ₃ *der Menschen* – apontam para os seus heróis triádicos. O princípio ternário, parcialmente ligado a essa tricotomia temática e parcialmente autônomo, percorre de ponta a ponta o octastíquio. O poema abarca três sentenças (1-2; 3; 4-8) que, por sua vez, consistem em três orações independentes com três finitos: ₁*gibt,* ₃*liegt,* ₅*erfasst,* todos os três estão colocados antes do sujeito em contraste com os predicados das orações dependentes. O acusativo plural ₁*Berge* é seguido pela oposição dupla ₂*Berg ... Berg*, e o pronome relativo ₁*denen* pelos artigos cognatos ₂*den ... den*. Três neutros com três predicados finitos – ₁*gibtes, es hell ist,* ₃*liegt das* – iniciam o poema. Os domicílios dos tríplices – ₂*Berg der Tiere, Berg der Götter* e ₃ *Tal der Menschen* – estão associados a três adjetivos: ₁*hell, klar,* ₃*dämmerige*, e as imagens contrastantes com que terminam as duas primeiras sentenças são sublinhadas por artifícios paronomásticos: ₂*Berg der Götter* (erg – erg); ₃*dämmerige ... der Menschen* (dem.r-derm). A terceira sentença

## SOBRE A ARTE VERBAL DE WILLIAM BLAKE... 145

também está permeada por reiterações ternárias: ₄*einer, einmal,* ₅*eine;* ₄*nach,* ₇*nach,* ₈*nach;* ₆*ihn, der weiss, dass er* nicht *weiss* – ₇*ihnen die* nicht *wissen, dass sie* nicht *wissen* – ₈*ihnen, die wissen dass sie wissen* – com o triplo negativo *nicht* refletidamente distribuído no sexto e sétimo versos. A conjunção que ocorre três vezes ₁,₂,₈ *und* está ligada a uma correspondência entre a primeira e a última sentenças: o acusativo ₁*Berge,* seguido de uma oposição de dois acusativos pleonásticos interligados por *und,* fica emparelhado com o acusativo ₅*ihn* e sua oposição pleonástica ₆*ihn* com os dois dativos subseqüentes ₇*nach ihnen...* ₈*und nach ihnen.*

Um esquema puramente metafórico e espacial de cunho bíblico está subjacente a todo o poema:

O vale é o único domicílio de antinomia insolúvel entre os dois contrários, a consciência da própria inconsciência que talvez alude à sua reversão antinômica, a trágica inconsciência da própria consciência.

A tripartição temática do octastíquio superpõe um padrão simétrico à sua divisão sintática em três sentenças desiguais de dois, um e cinco versos. Os três primeiros versos do poema descrevem o *status* quase-material permanente de seus heróis; o dístico externo inicial (versos 1 e 2) é dedicado a feras e deuses, enquanto que o terceiro verso trata de homens, e o dístico externo final (versos 7-8) considera as feras e deuses, ao passo que o terceiro verso a partir do final (6) é consagrado aos homens. A seção central dessas três (versos 4-5) pode ser definida como dinâmica e diz respeito aos processos ativos que têm lugar – mais uma vez com permanência – no "vale sombrio dos homens". Cada uma destas três seções é marcada por um monossílabo acentuado no fim do seu verso inicial (₁*klar,* ₄*sieht,* e ₆*weiss*), ao passo que os outros cinco versos do poema são fechados por uma paroxítona

146 POÉTICA EM AÇÃO

Como a seção central de dois versos (4, 5), juntamente com os dois versos adjacentes (3 e 6), focaliza os homens, todos os quatro versos internos podem ser considerados num certo sentido como um todo oposto ao tema elevado dos dois dísticos externos. Os versos-limite (3 e 6) são evocados por um monossílabo acentuado no final do seu primeiro hemistíquio (duas formas verbais paralelas ₃*liegt,* ₆*weiss*) enquanto que os dois pares de versos adjacentes a cada um destes versos-limite apresentam uma cesura feminina.

Na sua conformação gramatical (3 e 6) ocupam uma evidente posição de transição; cada um deles é basicamente aparentado ao dístico externo contíguo, mas, ao mesmo tempo, eles compartilham certos aspectos formais com os versos centrais.

Este dístico central, a parte menos dramática do poema, é dotado de verbos de processo (₄*nach oben sieht,* ₅*erfasst*), em contraste com os verbos de estado em (1-3) e com os outros *verba sciendi* em (6-8). O substantivo abstrato ₅*Sehnsucht* difere dos cinco substantivos concretos dos três versos precedentes e da ausência total de substantivos nos próximos três versos. Os componentes de *Sehnsucht* estão relacionados um com o verbo *sehnen* [ansiar] e o outro, através da etimologia popular, com o verbo *suchen* [procurar]. Todo o verso manifesta uma inclinação ostensivamente verbal, e além do verbo transitivo *erfasst* com o objeto direto *ihn,* ele contém um gerúndio *ahnend* e um adjetivo deverbativo *unstillbare.* A oração adverbial temporal (₄*Wenn...*), comparada às orações relativas nas outras duas seções, está subordinada à primazia do verbo nos versos centrais. O verso hexapódico orientado verbalmente que conclui o dístico central – ₃*erfásst ihn áhnend/eine únstillbare Séhnsucht* – contrasta especialmente com o pentapodo puramente nominal do dístico inicial – ₂*den Bérg der Tiere / und den Bérg der Götter* – os únicos dois versos integralmente jâmbicos com finais femininos nos dois hemistíquios. O trio indeterminado ₄*einer-einmal-*₅*eine* contrasta com as duas cadeias de "determinantes": ₁*denen-*₂*dender-den-der-*₃*dazwischen-das-der* (incluindo o aliterativo *dämmerige*) na primeira seção e ₆*der-dass-*₇*die-dass-*₈*die-dass* no terceto final. O princípio vocálico do *ein*-repetido três vezes é reforçado pelas iniciais semelhantes dos vocábulos adjacentes – ₄*einer einmal... oben...* ₅*erfasst ihn ahnend eine unstillbare...* – enquanto que as palavras finais deste dístico produzem uma aliteração tríplice de consoantes sibilantes: ₄*sieht-Sehnsucht.*

O dístico central compartilha com o verso de transição antecedente os únicos sujeitos nominais e os únicos epítetos do octastíquio; a propósito, estes dois atributos tetrassilábicos nos únicos hemistíquios tetrapódicos – ₃*dämmerige* e ₄*unstillbare* – são os vocábulos mais longos de todo o texto. Os únicos substantivos no caso nominativo, juntamente com seus modificadores adjetivos, referem-se indiretamente aos homens e estão contrapostos aos três acusativos nominais do dístico inicial que aponta para feras e deuses. Além disso, o gênero opõe o sombrio ₃*Tal,* o único neutro do poema e, especialmente, seu único feminino, o afetivo ₅*Sehnsucht,* aos cinco substantivos masculinos do dístico inicial, co-

SOBRE A ARTE VERBAL DE WILLIAM BLAKE...        147

mo se esta diferença fosse confirmar a hegemonia dos destinos e sofrimentos humanos. Em geral, as oposições de contrários e de incompatíveis são muito mais característicos da textura gramatical de Klee do que as correspondências numéricas entre diferentes seções.

O dístico central compartilha com o verso de transição subseqüente as únicas formas singulares de pronomes masculinos ($_4$einer; $_5$ihn; $_6$ihn, der, er) e a ausência de plurais nominais, pronominais e verbais dos outros versos.

Este isolamento singular, graficamente delineado no ápice do poema de Klee, encontra um preâmbulo congênere nas linhas imediatamente precedentes de seu diário (nº 538): "... ganz auf sich selber abstellen, sich auf grösste Einsamkeit vorbereiten. Abneigung gegen die Fortpflanzung (ethische Überempfindlichkeit)"*.

Os três últimos versos estritamente relacionais e meditativos, manifestando três variedades de uma hipotaxe dupla e consistindo em nove pronomes, seis formas do verbo "saber", três vezes com o negativo *nicht* – e três vezes sem, e de seis conjunções e preposições finalizam a tessitura metafórica das duas seções anteriores. O leitor é obrigado a passar de visões espaciais para rigorosas abstrações espirituais.

De acordo com o desejo do dístico final voltado para os habitantes da montanha, *auf denen es hell ist und klar*, ou talvez mais de acordo com a luta final pelo apogeu da meditação abstrata, sete acentos tônicos nos dois versos finais caem sobre a vogal aguda e difusa / i / – $_7$*nach íhnen die nicht wíssen, dass síe nicht wíssen* $_8$*únd nach íhnen, die wíssen dass sie wíssen*. Também nos três versos da seção inicial, é o√ i / que leva o último acento do primeiro hemistíquio. Entre os trinta e quatro acentos tônicos do octastíquio, vinte e três caem sobre vogais frontais (isto é, agudas) e em particular, treze caem sobre o / i /. Os quatro ditongos /ai/ com sua terminação aguda reforçam, por sua vez, o matiz "brilhante" do poema de Klee que evita manifestamente vogais arredondadas posteriores acentuadas e tolera apenas dois /u/ e um /o/.

Uma união espantosa de transparência radiante e magistral simplicidade com intricado multiforme permite a Klee, pintor e poeta, desdobrar uma disposição harmoniosa de artifícios invulgarmente variados, seja numa faixa de tela ou em algumas poucas linhas de um caderno de anotações. O esquema anexado pode resumir aquelas combinações concomitantes, binárias e ternárias, de assunto e recursos gramaticais que deram profundidade e grandiosidade à miniatura verbal do artista com o seu senso agudo de conceitos dinâmicos e estáticos, brilhantes e profundos, intensos e extensos, gramaticais e geométricos e, finalmente, de regra e anulação da mesma, todos eles sugeridos em seu diário de 1908 (n.º 832):

---

*"...desligar-se inteiramente de si próprio, preparar-se para a maior solidão. Aversão à propagação (hipersensibilidade ética)". (N. da T.)

148 POÉTICA EM AÇÃO

Handlung sei ausserordentlich und nicht Regel. Handlung ist aoristisch, muss sich abheben von Zuständlichem. Will ich hell handeln, so muss der Zustand dunkel zu Grund liegen. Will ich tief handeln, setzt das helle Zustände voraus. Die Wirkung der Handlung erhöht sich bei starker Intensität und kleiner Ausdehnung, aber auf geringer zuständlicher Intensität und grosser zuständlicher Ausdehnung ... Auf mitteltoniger Zuständlichkeit aber ist doppelte Handlung möglich, nach hell und nach tief hin gesichtete**.

| 1ª sentença | Feras e deuses | 1. Dístico inicial 2. | I Condição exteriorizada | |
|---|---|---|---|---|
| 2ª sentença | | 3. | | Imagens |
| 3ª sentença<br><br>homens em relação a feras e deuses | Homens | 4. Dístico central 5. | II Movimento | |
| | | 6. | Condição interna | |
| | Feras e deuses | 7. Dístico final 8. | | Abstração |

(com "danação" e "Segregação" dispostos verticalmente entre as colunas)

## REFERÊNCIAS BIBLIOGRÁFICAS

APOLLINAIRE, Guillaume (1913) Editor de *Les Soirées de Paris*, III, n.º 20, jan. 15, 1913 (realmente 1914) Paris.

APOLLINAIRE, Guillaume (1960) *Chroniques d'art*, Paris.

BOURET, Jean (1961) *Henri Rousseau*, Neuchatel.

BRONOWSKI, J. (1965) *William Blake and the Age of Revolution*, New York.

EFFENBERGER, Vratislav (1963) *Henri Rousseau*, Praga.

ERDMAN, D.V. (1965) Editor de *The Poetry and Prose of William Blake*, New York.

FRYE, Northrop (1965²) *Fearful Symmetry: A Study of William Blake*, Boston.

GLEDION-WELCKER, Carola (1946) *Anthologie der Abseitigen*, Berna.

JAKOBSON, Roman (1968) "Poetry of Grammar and Grammar of Poetry", *Lingua*, 21.

KLEE, Felix (1957) Editor de *Tagebücher von Paul Klee 1898-1918*, Colônia.

KLEE, Felix (1960) Editor de *Gedichte von Paul Klee*, Zurique.

UHDE, W. (1911) *Henri Rousseau*, Paris.

VALLIER, Dora (1962) *Henri Rousseau*, New York.

VALLIER, Dora (1970) *Tout l'oeuvre peint de Henri Rousseau*, Paris.


**A criação seria excepcional e não regra. A criação é aorística, ela deve se destacar do situacional. Se eu quero criar o claro, então a situação deve ser escura no pano de fundo. Se eu quero criar em profundidade, isto pressupõe situações claras. O efeito da criação aumenta em caso de forte intensidade e pequena dimensão, porém com intensidade situacional insignificante e grande extensão situacional... Mas, com o situacionável em meio-tom, uma criação dúplice é possível, facetada para o claro e para a profundidade. (Tradução livre, N. da T.)

# 8. Yeats "Sorrow of Love" através dos Anos*

ROMAN JAKOBSON E STEPHEN RUDY

> *Why, what could she have done being what she is?*
> *Was there another Troy for her to burn?*
>
> "No Second Troy", 1910.

*Lisse, The Peter de Ridder Press, 1977. Tradução de Luiz Roberto Velloso Cairo.

# THE SORROW OF LOVE

The brawling of a sparrow in the eaves,
The brilliant moon and all the milky sky,
And all that famous harmony of leaves,
Had blotted out man's image and his cry.

A girl arose that had red mournful lips
And seemed the greatness of the world in
      tears,
Doomed like Odysseus and the labouring
      ships
And proud as Priam murdered with his
      peers;

Arose, and on the instant clamorous eaves,
A climbing moon upon an empty sky,
And all that lamentation of the leaves,
Could but compose man's image and his cry.

## *The Sorrow of Love.*

THE quarrel of the sparrows in the eaves,
   The full round moon and the star-laden sky,
And the loud song of the ever-singing leaves
   Had hid away earth's old and weary cry.

And then you came with those red mournful lips,
   And with you came the whole of the world's tears,
And all the sorrows of her labouring ships,
   And all burden of her myriad years.

And now the sparrows warring in the eaves,
   The crumbling moon, the white stars in the sky,
And the loud chanting of the unquiet leaves,
   Are shaken with earth's old and weary cry.

152 POÉTICA EM AÇÃO

## 1. INTRODUÇÃO

*1.0.* Paul Valéry, que além de poeta foi também um teórico inquiridor da poética como "arte da linguagem", lembra a estória do pintor Degas, que gostava de escrever poemas, embora uma vez tivesse se queixado a Mallarmé que se sentia incapaz de expressar o que queria em poesia embora estivesse "cheio de idéias". A resposta certeira de Mallarmé foi: "Ce n'est point avec des idées, mon cher Degas, que l'on fait des vers. C'est avec des mots" (p. 141). Para Valéry, Mallarmé estava certo, pois a essência da poesia está precisamente na transformação poética do material verbal e no manejo exato de seus aspectos fonéticos e semânticos (cf. *ibid.*, p. 319).

*1.1.* William Butler Yeats, num artigo escrito em 1898 em defesa da "arte que não é simples contar estórias", defendeu o princípio de que "forma e ritmo são os caminhos para instaurar o simbolismo". Segundo Yeats, "as artes têm-se tornado cheias de forma e ritmo. Pinturas subjetivas não mais nos interessam \*\*\*". Neste contexto, refere-se precisamente a Degas, na opinião de Yeats, um artista cujo desejo extravagante e obstinado de "pintar" a vida – "e vida no seu sentido mais vívido e vigoroso" – prejudicara seu trabalho (*Memoirs*, p. 283 e s.). A ênfase do poeta na forma lembra alguém como Benjamin Lee Whorf, o penetrante lingüista que verificou que "o aspecto 'formal' da linguagem sempre anula e controla a 'morfologia' ou o aspecto do nomear" (1941: XXX), e uma investigação sobre a função da "forma" na própria poesia de Yeats torna-se particularmente atraente, especialmente quando se confronta com suas modificações constantes e cuidadosas de seus próprios trabalhos.

## 2. TEXTO E VARIANTES

*2.0.* Desde 1899, Yeats declarou que "revisou e reescreveu certos poemas, tornando-os mais longos" (*Var.*, 846). Na epígrafe ao *Collected Works in Verse and Prose* (Stratford-on-Avon, 1908), lê-se:

The friends that have it I do wrong
When ever I remake a song,
Should know what issue is at stake:
It is myself that I remake (*Var.*, 778).

E, em janeiro de 1927, menciona "novas revisões em que meu coração está inteiramente contido" e acrescenta a propósito que "está sempre batendo na mesma tecla" (*Var.*, 848). Para a edição de 1925 de seu *Early Poems and Prose*, "alterou consideravelmente" vários dos seus poemas, entre eles "The Sorrow of Love", "até que fossem todos juntos poemas novos. Quaisquer mudanças foram feitas por mim num esforço em expressar melhor aquilo que pensei e senti quando era ainda muito jovem" (*Var.*, 842).

*2.1.* "The Sorrow of Love", a que nos referiremos doravante como *SL*, está preservado no manuscrito do poeta de outubro de 1891 (*SL 1891*), ainda em duas variantes de 1892 que diferem ligeiramente uma

## YEATS "SORROW OF LOVE" ATRAVÉS DOS ANOS

da outra, uma publicada no volume *The Countess Kathleen and Various Legends and Lyrics* (*SL 1892*) e a outra no semanário *The Independent*, de 20 de outubro de 1892 (*SL 1892 Ind*). Mais tarde pequenas variantes apareceram nos *Poems* (1895) de Yeats e na sua edição revisada (1899). Os textos radicalmente reestruturados apareceram inicialmente em *Early Poems and Stories* (*SL 1925*), de Yeats, cujas notas, mencionando expressamente *SL*, foram citadas acima. Para uma pesquisa exaustiva da história do texto vide *Var.* (119-120), G. Monteiro (1966: 367-368) e R. Ellmann (1954: 122 e nota 317).

2.2. O "Sorrow of Love" do poeta, que pode ser delineado em suas mudanças textuais através de três décadas, provou ser rico material para pesquisa. A reprodução comparativa de *SL 1925* e a primeira versão incluída em um dos volumes de Yeats, *SL 1892*, com todas as outras variantes textuais relevantes é a seguinte:

### THE SORROW OF LOVE
(Final version, 1925)

I
1 *The brawling of a sparrow in the eaves,*
2 *The brilliant moon and all the milky sky,*
3 *And all that famous harmony of leaves,*
4 *Had blotted out man's image and his cry.*

II
1 *A girl arose that had red mournful lips*
2 *And seemed the greatness of the world in tears,*
3 *Doomed like Odysseus and the labouring ships*
4 *And proud as Priam murdered with his peers;*

III
1 *Arose, and on the instant clamorous eaves,*
2 *A climbing moon upon an empty sky,*
3 *And all that lamentation of the leaves,*
4 *Could but compose man's image and his cry.*

### THE SORROW OF LOVE[a]
(First book version, 1892)

I
1 *The quarrel* [b] *of the sparrows in the eaves,*
2 *The full round moon and the star-laden sky,*
3 *And the loud song of the ever-singing leaves* [c]
4 *Had hid* [d] *away earth's old and weary* [e] *cry.*

II
1 *And then you came with those red mournful lips,*
2 *And with you came the whole of the world's tears,*
3 *And all the sorrows* [f] *of her labouring ships*
4 *And all the burden* [g] *of her myriad* [h] *years.*

a. *1892 Ind: the World*
b. *1892 Ind: quarreling*
c. *1895: leaves,*
d. *1891: hushed*
e. *1892 Ind: bitter*
f. *1892 Ind: sorrow; 1895: trouble*
g. *1895: trouble*
h. *1891: million*

154 POÉTICA EM AÇÃO

III
$_1$*And now the sparrows warring* $^i$ *in the eaves,*
$_2$*The crumbling* $^j$ *moon, the white* $^k$ *stars in the sky,*
$_3$*And the loud chaunting of the unquiet leaves* $^l$,
$_4$*Are shaken with earth's old and weary* $^e$ *cry.*

*2.3.* Na realidade, o poema oferece dois textos profundamente diferentes, a primeira versão de 1892, com uma série de variantes desde o manuscrito de 1891 até os retoques finais de 1895, e, por outro lado, a última, radicalmente revista de 1925. A revisão final foi tão extensa que o vocabulário das duas versões só têm em comum: 1) a rima das palavras – em poucos casos com suas palavras antecedentes auxiliares (I $_1$*in the eaves,* 2.ª *and* \*\*\* *the* \*\*\* *sky,* 3.º *of* \*\*\* *leaves,* 4.ª *and* \*\*\* *cry;* III 3.º *of the* \*\*\* *leaves,* 4.ª *and* \*\*\* *cry*) e com a exceção de uma substituição (1925: II $_4$*peers* por *1892: years*) – ou com seus atributos no quarteto interno (II $_1$*red mournful,* $_3$*labouring*); 2) os sete monossílabos acessórios iniciais (cinco *and,* dois *the,* um *had*); 3) um substantivo na segunda linha de cada quarteto (I $_2$*moon,* II $_2$*world,* III $_2$*moon*).

## 3. COMPOSIÇÃO

*3.0.* O poema compõe-se de três quartetos que possuem em sua estrutura duas oposições binárias patentes: os dois quartetos externos (I e III) apresentam características comuns diferentes daquelas do quarteto interno (II), enquanto ao mesmo tempo diferem essencialmente um do outro na sua estrutura interna.

*3.1.* Tanto na primeira como na versão final, o poema faz o confronto de dois níveis opostos de subjetividade, respectivamente o superior e o inferior. Seis versos são destinados a cada um deles. A esfera superior, que pode ser designada de nível "elevado", é tratada nos três primeiros versos de cada um dos quartetos externos. O nível inferior é enfocado nos quatro versos do quarteto interno e no quarto verso de cada quarteto externo. O último verso destes dois quartetos ($I_4$ e $III_4$) indica seu assunto como *earth* na versão inicial do poema e como *man* na versão posterior, e o nível inferior pode por conseguinte ser definido como "terreno" em relação a *SL 1892* e como especificamente "humano" em *SL 1925.*

*3.2.0* Apenas os quartetos externos definem expressamente os dois níveis diferentes e os levam a entrar em choque. Em ambas as versões do poema, o quarteto inicial retrata o resultado deste combate como uma vitória, e o quarteto final – como uma derrota do nível elevado. Ainda que a dimensão destes resultados varie significativamente nas

*i. 1891: angry sparrows; 1892 Ind: warring sparrows*
*j. 1891 e 1892 Ind: withered; 1895: curd-pale*
*k. 1892 Ind: pale*
*l. 1891: The wearisome loud chaunting of the leaves,*

YEATŚ "SORROW OF LOVE" ATRAVÉS DOS ANOS          155

duas versões do poema, na inicial (*SL 1892*), os dois níveis opostos continuam coexistindo, e apenas a hierarquia deles tolera uma mudança: no começo, o elevado I $_4$ *Had hid away earth's old and weary cry*, mas no final são os caracteres do elevado que III $_4$*Are shaken with earth's* \*\*\* *cry*. Para esta proximidade preservada das esferas contrárias, a última versão do poema (*SL 1925*) responde inicialmente com a obliteração do nível humano (o elevado I $_4$ *Had blotted out man's image and his cry*) e então, contrariamente, pela dissolução do elevado no nível humano (os caracteres do nível superior III $_4$*Could but compose man's image and his cry*). (Na linguagem do tradutor francês Yves Bohnefoy, "Ne purent être qu'à l'image de l'homme et son cri d'angoisse", e na tradução alemã de R. Exner, "Verdichtensich zu Menschenruf und Menschenbild". Conforme *A Concordance to the Poems of W. B. Yeats*, a *composição* verbal surge na poesia de Yeats uma única vez, no verso final de *SL 1925* [Parrish, p.159].)

*3.2.1.* A simples contigüidade, definível em termos metonímicos, que caracterizou as duas esferas nos quartetos externos de *SL 1892*, em *SL 1925* transforma-se numa metamorfose mútua de dois jogos contrastantes de dados. O revezamento de público e o fenômeno visual que delineia a esfera superior permanece válido em ambas as versões (o ruído dos pardais, a visão celestial, o farfalhar das folhas). Na versão inicial a esfera inferior é meramente audível, enquanto em *SL 1925* incorpora também a dimensão visual (*image* e *cry*), e por isso corresponde em seu desenvolvimento ao nível elevado.

*3.3.* No quarteto interno de *SL 1925*, a heroína que emerge subitamente (II $_1$*A girl arose*) é identificada – através de uma cadeia de símiles (II $_2$*seemed*, $_3$*like*, $_4$*as*) – com o heróico e trágico mundo humano. O sistema de metáfora subjacente do quarteto interno de *SL 1925* difere claramente do extravagante metatético das duas preposições associativas *with* (II $_1$*And then you came with* \*\*\*, $_2$*And with you came* \*\*\*) em *SL 1892* e das aditivas sintetizantes (II $_2$*the whole of* \*\*\*, $_3$*And all the* \*\*\* *of* \*\*\*, $_4$*And all the* \*\*\* *of* \*\*\*) na versão primitiva. A primeira destas aditivas (II $_2$*the whole of the world's tears*) transformou-se em *SL 1925* em II $_2$*the greatness of the world in tears*, que está em contraste semântico grosseiro com I $_2$*The brawling of a sparrow in the eaves*, enquanto ao mesmo tempo demonstrando um expressivo paralelismo formal, que além disso, enfatiza as divergências incompatíveis entre os dois níveis.

*3.4.* Para a concordância e discordância simultânea entre as partes de cada um dos poemas integrais, o credo de Yeats, como poeta e visionário criador, acrescenta uma diferente fusão de estabilidade e variabilidade, isto é, seu conceito de desenvolvimento como "uma imagem temporal daquilo que permanece em si mesmo", para citar Hegel como foi mencionado pelo poeta (*Vision*, p. 249). As duas espécies de conflito contínuo entre ser e seu oposto encerram tanto "coexistência" como "sucessão", de acordo com Yeats, e no caso em discussão isto se aplica à tensão dramática tanto entre as estrofes interna e externas, ou inicial e

156 POÉTICA EM AÇÃO

final, dentro de cada uma das versões do poema, como também entre o poema e suas duas versões diferentes, a última das quais é vista pelo autor, de um lado, como um poema "inteiramente novo" (*Var.*, p. 842) e de outro como ainda pertencente "ao tempo em que (foi) escrito inicialmente" (*Var.*, p. 855). Como as estrofes individuais de *SL 1892* ou *1925*, que encontram sua antítese na versão citada, estas duas versões por sua vez permanecem próximas uma da outra num esforço antitético e numa complementaridade harmoniosa.

*3.5.* Na "Dedicatória" ao seu *Early Poems and Stories* (1925), Yeats conclui seus comentários sobre as novas versões de alguns poemas "escritos antes dos seus vinte e sete anos" com a convicção de que: "Encontrei uma simplicidade mais apropriada" (*Var.*, p. 855). Os críticos, com raras exceções (vide R. Cowell, 1969: 144), têm repudiado a alteração de *SL* com argumentos tais como: "A nova versão como um todo é não só maldigerida como também obscura" (MacNeice, 1941: 71); "o poema foi esvaziado do seu conteúdo vital" (Hone, 1943: 126); as primeiras versões de *SL* "eram intrinsecamente mais lógicas e menos pretensiosas e por isso mais encantadoras" (Saul, 1957: 56). Parece necessário substituir tão polêmicas e injustificáveis respostas pela própria opinião do poeta através de uma comparação detalhada e objetiva do poema de Yeats em suas duas fases.

## 4. GRAMÁTICA

*4.0.* É contra o pano de fundo da evidente simetria gramatical subjacente que une os três quartetos – e esta simetria é, na verdade, suprema em *SL 1925* – que a individualidade significativa de cada estrofe na composição dramática de todo o poema ganha uma potência e uma eloqüência particulares. Os traços distintos e tematicamente conexos que diferenciam quartetos isolados, seus dísticos e versos isolados são conquistados ou através de apreciáveis variantes das matrizes morfológicas e sintáticas predominantes ou por meio do preenchimento dessas matrizes com constituintes lexicais e fraseológicos semanticamente divergentes. A metáfora de Robert Frost, uma das favoritas de I. A. Richards, na preferência dos poetas em jogar tênis com uma rede é válida não só para metros e rimas, mas igualmente para o padrão gramatical de um poema.

## 5. FORMAS -*ING*

*1925*

*5.0.* Antes de focalizar os dois opostos gramaticais básicos – substantivo e verbo –, vamos mencionar a entidade morfológica intermediária que é, de acordo com Strang (1968: 175), "mais bem designada, sem comprometimento, de *forma-ing*". Tais formas aparecem uma vez em todas as estrofes de *SL 1925*, cada vez introduzindo o tema do movimento na parte nominal das três sentenças: a primeira, numa função substantivada, I ₁*The brawling*, e as outras duas num uso adjetivado, II ₃*the labouring ships* e III ₂*A climbing moon*.

YEATS "SORROW OF LOVE" ATRAVÉS DOS ANOS     157

*1891 – 1892*

*5.1.* Como *SL 1925*, o manuscrito de 1891 continha uma forma-*ing* em cada quarteto, duas ou três na função adjetiva e uma substantiva (I $_3$*ever-singing*, II $_3$*labouring*, III $_3$*the\*\*\* chaunting*). Seu padrão proeminente em *SL 1891* era a localização no terceiro verso de cada quarteto. *SL 1892* demonstra uma maior tendência para o dinamismo no terceiro quarteto, no qual, além da já mencionada função substantiva III $_3$*the\*\*\* chaunting*, encontramos as duas adjetivas $_1$*warring* e $_2$*crumbling*.

## 6. SUBSTANTIVOS

*1925*

*6.0.* O poema contém vinte e sete ($3^3$) substantivos, nove ($3^2$) em cada quarteto, três dos quais em cada quarteto ocorrem com preposições:

I $_1$(of) *sparrow*, (in) *eaves*; $_2$*moon, sky*; $_3$*harmony*, (of) *leaves*; $_4$*man's image, cry*.

II $_1$*girl, lips*; $_2$*greatness*, (of) *world*, (in) *tears*; $_3$*Odysseus, ships*; $_4$*Priam*, (with) *peers*.

III $_1$(on) *instant, eaves*; $_2$*moon*, (upon) *sky*; $_3$*lamentation*, (of) *leaves*; $_4$*man's, image, cry*.

*6.1.* Um verso par de cada quarteto tem três substantivos ($I_4$, $II_2$, $III_4$), e qualquer outro verso, dois. Esta regra pode ser especificada mais adiante. Nos quartetos externos (ímpares), o verso par do dístico par contém um número ímpar de substantivos (3), visto que nos quartetos pares este número ímpar de substantivos (3) é encontrado no verso par do dístico ímpar. Qualquer outro verso do poema contém um número par de substantivos (2).

*6.2.* Cada quarteto tem apenas um substantivo abstrato, cada um com mais de uma sílaba e cada um seguido da mesma preposição: $I_3$*harmony* (of); II $_2$*greatness* (of); III $_3$*lamentation* (of).

*6.3.* O poema contém seis substantivos pessoais (humanos, isto é, pertencentes ao gênero-*who*), dois dos quais comuns (II $_1$*girl*, $_4$*peers*), e dois nomes próprios ($_3$*Odysseus*, $_4$*Priam*) aparecem no quarteto interno, visto que cada um dos quartetos externos tem apenas um substantivo pessoal, o possessivo *man's* em $I_4$ e $III_4$. Destes seis substantivos pessoais apenas um ($II_1$ *girl*) pertence ao gênero feminino (*she*-), enquanto os outros cinco são do gênero masculino (*he*-).

*6.4.0.* Somente os substantivos funcionam como rimas emparelhadas, e o plural ocorre somente em rimas: oito das doze rimas emparelhadas são substantivos no plural. Esta propensão das rimas finais para o plural não faz sobressair, talvez, um contraste entre o arranjo dos versos e seu interior? O interior do verso não é o palco efetivo onde os atores individuais do drama atuam, tais como *the brawling sparrow* e *the brilliant moon, a girl* e *man, Odysseus* e *Priam*?

158                    POÉTICA EM AÇÃO

*6.4.1.* A distinção das rimas é ressaltada não só pelas suas particularidades gramaticais, mas também pelo uso consistente de palavras monossilábicas em todas as rimas do poema e pelas propriedades vocálicas comuns que todas elas compartilham: as rimas do primeiro quarteto, todas repetidas no terceiro, são construídas sobre o fonema /i/ sozinho ou como o final assilábico do ditongo /ai/, enquanto todas as quatro linhas do segundo quarteto usam o /I/ solto (curto) oposto do tenso /i/.

*6.4.2.* Os dois constituintes de cada uma das seis rimas são morfologicamente homogêneos, mas sintaticamente heterogêneos. Em cada quarteto, um verso termina com um assunto gramatical (I $_2$*sky*, II $_3$*ships*, III $_1$*eaves*), um com um objeto direto (I $_4$*cry*, II $_1$*lips*, III $_4$*cry*), e dois com construções preposicionais (I $_1$*in the eaves*, $_3$*of leaves*; II $_2$*in tears*, $_4$*with his peers*; III $_2$*upon an empty sky*, $_3$*of the leaves*).

*6.4.3.* A variedade no emprego sintático dos substantivos rimados atingida em *SL 1925* está ausente na versão inicial, onde dez das rimas emparelhadas pertencem a construções preposicionais. A única exceção em *SL 1892* é a rima do assunto I $_2$*sky* com o objeto direto I $_4$*cry*, que gramaticalmente sublinha a forte oposição dos níveis elevado e terreno (cf. *3.2* e ss. acima).

*1892*

*6.5.* A distribuição dos substantivos é aqui menos simétrica do que na versão final. Há um total de vinte e cinco substantivos em *SL 1892*, o número por quarteto entre nove (I) e oito (II e III). Um verso de cada quarteto contém três substantivos; dois versos – dois substantivos cada; e um verso – dois ou um.

*6.6.* Todos os três substantivos abstratos de *SL 1925* são inovações da versão final; a versão inicial é completamente destituída de substantivos abstratos. Não há propriamente substantivos pessoais, mas *SL 1892* contém três formas possessivas, cada uma num verso par de um quarteto diferente e cada uma pertencente a um substantivo que apresenta, nas palavras de Jespersen (1924: 237), "algo próximo à personificação": II $_2$*the world's tears* e I$_4$, III $_4$*earth's cry*, a última em correspondência posicional com a forma possessiva do substantivo pessoal propriamente em *SL 1925*, I$_4$, III $_4$*man's*. (Quanto à personalização dos possessivos de *SL 1892*, cf. tais versos em trabalhos de Yeats como "The wandering earth *herself*\*\*\*" [*Var.*, 65, verso 18] ou "before earth took him to *her* stony care" [*Var.*, 126, verso 4]). É digno de nota que, em ambas as versões, o possessivo sempre cai sobre a sílaba métrica com acento ascendente (cf. *17.3.0* e ss.). O aumento de personalização entre os substantivos de *SL 1925* é também testemunhado pela colocação do pronome pessoal *you* em II $_{1-2}$ de *SL 1892* pelo substantivo II $_1$*girl* (cf. *19.7*).

*6.7.* O número de plurais nas rimas emparelhadas permanece o

YEATS "SORROW OF LOVE" ATRAVÉS DOS ANOS 159

mesmo em ambas as versões, mas *SL 1892* tem a mais quatro substantivos plurais no interior do verso, um nos quartetos I e II e dois no III:
I $_1$*sparrows*; II $_3$*sorrows*, III $_1$*sparrows* e *stars*. Todos os quatro plurais
interiores são compostos por sibilantes assobiadas, um /s/ inicial e um
/z/ final, e possuem uma vogal acentuada seguida por um /r/. Assim, a
distinção gramatical entre o interior e o final dos versos atingida em *SL
1925* pela restrição de substantivos plurais à última (cf. *6.4.0*) é omitida
em *SL 1892*.

*6.8.* A palavra *sorrows* de II$_3$ foi aparentemente rejeitada na
versão final para evitar a repetição das palavras do título dentro do texto, como num processo semelhante o título provisório de *SL 1892 Ind*,
"The Sorrow of the World", foi abolido porque *world*, não *love*, ocorre
no texto. A confrontação trocadilhística de II $_3$*sorrows* e I$_1$, III $_1$*sparrows* tornou-se reduzida em *SL 1925* ao título e verso de abertura, onde
*sparrows* imita a forma singular de *Sorrow*. Esta mudança de plural para singular, eficiente não só no significado gramatical, mas também no
sonoro (cf. *16.2*, abaixo) – I $_1$*The brawling of a sparrow\*\*\** –, defron-
ta-se com objeções do crítico Parkinson (1951 : 168), para quem "*brawling* não é muito correto: um pardal pode brigar?" Cf., entretanto,
tais empregos desta palavra na poesia de Yeats como "big brawling
lout" (*Var.*, 301, verso 9) ou "I took you for a brawling ghost" (*Var.*,
304, variante para o verso 41).

## 7. ATRIBUTOS PRENOMINAIS

*1925*

*7.0.* As frases construídas com substantivos e atributos prenominais propriamente (adjetivos e formas-*ing*) nos três quartetos de *SL
1925* mostram um padrão notavelmente simétrico:

|  | VERSO: | 1. | 2. | 3. | 4. | TOTAL |
|---|---|---|---|---|---|---|
| | I: | – | 2 | 1 | – = | 3 |
| Quarteto | II: | 2 | – | 1 | – = | 3 |
| | III: | 1 | 2 | – | – = | 3 |
| | | | | | | 9 |

*7.1.* Cada quarteto contém dois versos com atributos prenominais e
dois sem. Não há atributos prenominais no quarto verso de nenhum dos
quartetos. Dos três primeiros versos de cada quarteto, um verso contém
dois atributos prenominais, um verso – um, e um outro – nenhum. O
terceiro verso contém não mais do que um atributo prenominal (I $_3$*famous*, II $_3$*labouring*, III $_3$ ——— ). Se um dos três versos não contém nenhum atributo prenominal, um verso vizinho terá dois deles: I $_1$———,
$_2$*brilliant, milky*; II $_1$*red, mournful*, $_2$———; III $_2$*climbing, empty*,
$_3$——— . Em oposição aos quartetos externos, com atributos prenominais nos versos contíguos, o quarteto interno tem tais atributos apenas
nos seus versos ímpares. O verso sem atributos prenominais avança de
um quarteto para o seguinte, de modo que sua distribuição forma uma

160 POÉTICA EM AÇÃO

curva descendente. A distribuição de atributos prenominais nos três primeiros versos do quarteto final exibe uma simetria de espelho em relação àquela do quarteto inicial (1,2,– ↔ –,2,1).

*1892*

7.2. A versão inicial de *SL* é quase duas vezes tão rica em atributos prenominais com uma função epitética (total 17-18) e tem um número alto de tais atributos no quarteto externo em oposição aos quartetos internos: sete em I ($_2$*full round,* $_2$*star-laden,* $_3$*loud,* $_3$*ever-singing,* $_4$*old and weary*) e sete nas duas versões primitivas de III (*1891* e *1892 Ind*), visto que o número em *SL 1892* está reduzido a seis – $_2$*crumbling,* $_2$*white,* $_3$*loud,* $_3$*unquiet,* $_4$*old and weary* – pela reposição dos atributos prenominais *1891: angry* (*1892 Ind: warring*) *sparrows* por III $_1$*sparrows warring*. Por outro lado, II contém apenas quatro atributos prenominais: $_1$*red mournful,* $_3$*labouring,* $_4$*myriad*.

7.3. Poderíamos dizer que as mudanças encontradas em *SL 1925* são coerentes com alguns *slogans* como um aviso de Marianne Moore contra o emprego de adjetivos e advérbios em demasia, que se baseia na noção de que "poesia é totalmente substantivos e verbos" (*New York Times,* 22 de março de 1961, p. 31). Como declara Parkinson, o texto revisado do poema "reduz o número e referência sensual de epítetos" (1951: 172). O próprio Yeats reconhece uma inclinação para o desbastamento de seu estilo (*Auto.,* p. 291).

## 8. ATRIBUTOS POSPOSITIVOS

8.0. *SL 1925* só contém pospositivos (semipredicativos) no segundo dístico do quarteto interno (cf. *15.0*). Das três ocorrências, duas são particípios passados passivos (II $_3$*Doomed,* $_4$*murdered*) e outro é um adjetivo (II $_4$*proud*). O único atributo pospositivo em *SL 1892* (III $_1$*sparrows* WARRING *in the eaves*) esteve ausente nas duas variantes primitivas (*1891, 1892 Ind*).

## 9. PRONOMES

*1925*

9.0. Somente três pronomes ocorrem no poema. Todos os três são atributivos, e cada um deles – *his, that, all* – é repetido três vezes, dando uma soma total de nove. *His* ocupa a penúltima sílaba do último verso em cada quarteto e refere-se expressamente a um substantivo masculino: I $_4$*his cry,* II $_4$*his peers,* III $_4$*his cry* (*man's* em I $_4$ e III $_3$; *Priam* em II $_4$). *That* aparece em um verso ímpar de cada quarteto, como um pronome demonstrativo que se refere de uma maneira um pouco superficial a abstratos nos quartetos externos (I $_3$*that*\*\*\* *harmony,* III $_3$*that lamentation*) e como um pronome relativo que se refere a um substantivo feminino no quarteto interno (II $_1$*a girl*\*\*\* *that*) – em conformidade com a estrutura subordinativa desta estrofe (cf. *14.1*). *All* ocorre apenas

YEATS "SORROW OF LOVE" ATRAVÉS DOS ANOS        161

nos quartetos externos, duas vezes em versos contíguos do primeiro e uma vez no terceiro, em combinações *and all the* (I $_2$), *And all that* (I $_3$, III$_3$), e refere-se a substantivos singulares do nível elevado, I $_2$*sky*, I $_3$*harmony of leaves*, III $_3$*lamentation of the leaves*.

*1892*

9.1. Os quartetos externos de *SL 1892* são destituídos de pronomes, visto que o quarteto interno contém sete. Em *SL 1925*, Yeats "abandonou o estímulo da estrutura de destinatário" (Parkinson 1951: 168), enquanto todas as versões primitivas de *SL* fazem uso por duas vezes do pronome pessoal *you* no primeiro dístico, com referência ao destinatário feminino do poema, e então de *her* no segundo dístico, em relação a *world*, que submerge com o destinatário: II $_1$*you came with\*\*\**, $_2$*And with you came the whole of the world's tears*. Todos os versos do quarteto interno são dominados pelo gênero-*she*, que é diretamente expresso em ambos os versos do segundo dístico e claramente insinuado em *you* e *world* do primeiro dístico (cf. *6.6*, acima). Em *SL 1925*, o pronome feminino do primeiro dístico (o relativo *that* de II $_1$) abre caminho para o pronome masculino do segundo dístico (II $_4$*his*), e a divisão em dois dísticos contrastantes em gênero é mantida pela distribuição de substantivos femininos e masculinos (II $_1$*girl* e $_2$*world* vs. $_3$*Odysseus*, $_4$*Priam, peers*). Duas vezes, por sua vez, o pronome *all* abre os versos contíguos do segundo dístico no quarteto interno de *SL 1892* (II $_{3,4}$*And all the\*\*\**), onde se refere a substantivos do nível terreno (II $_3$*sorrows*, $_4$*burden*); em *SL 1925* este pronome é encontrado, ao contrário, nos quartetos *externos* (I $_3$, III $_3$*And all that\*\*\**), onde se refere ao nível *elevado* (cf. *9.0*, acima). Finalmente, II $_1$*those*, no contexto *you came with those red mournful lips*, reforça à maneira de ode o destinatário direto na versão inicial e desempenha os papéis tanto de remetente quanto de destinatário mais proeminente (cf. *19.7*).

## 10. ADVÉRBIOS

10.0. Dois advérbios, II $_1$*then* e III $_1$*now*, cada um deles precedido pela conjunção inicial *And*, abrem as duas sentenças do segundo e terceiro quartetos de *SL 1892* (note-se também uma terceira forma adverbial no primeiro quarteto que é parte do adjetivo complexo I $_3$*And\*\*\* ever-singing*). Todos os três desaparecem, em *SL 1925* (cf. *18.7.1*, abaixo).

## 11. ARTIGOS

*1925*

11.0. As nove ocorrências de *the* nos três quartetos formam uma regressão aritmética: 4–3–2. Na primeira metade do poema, três versos contêm dois artigos definidos cada, e três, nenhum, enquanto a segunda metade tem três versos com um artigo em cada uma e três sem nenhum. Em cada quarteto do poema, há dois versos com artigos definidos, e dois sem.

162        POÉTICA EM AÇÃO

|  | VERSO: | 1. | 2. | 3. | 4. | TOTAL |
|---|---|---|---|---|---|---|
|  | I: | 2 *the* | 2 *the* | – | – | 4 |
| Quarteto | II: | – | 2 *the* | 1 *the* | – | 3 |
|  | III: | 1 *the* | – | 1 *the* | – | 2 |

$$\frac{\quad}{9}$$

Apenas um verso em cada quarteto, e em cada caso um verso diferente, contém tanto o artigo definido quanto atributos prenominais: $I_2$, $II_3$, $III_1$. Cada quarteto tem um verso com o artigo indefinido *a* e/ou *an*, que podem ser comparados à igual distribuição de versos com o artigo definido (dois versos por quarteto). O último verso de cada quarteto é totalmente isento de artigos.

*11.1.* A distribuição dos artigos limita-se aos primeiros dois versos no primeiro quarteto e forma um retângulo. No segundo e terceiro quartetos, os artigos prolongam-se pelos três primeiros versos de cada e formam a figura de um quadrângulo oblíquo angular:

I:
> *The*          *a*          *the*
> *The*                       *the*

II:
> *A*
> *the*                       *the*
>                             *the*

III:
> *The*
> *A*                         *an*
>                             *the*

*1892*

*11.2.* Dos artigos, *a* está totalmente excluído de *SL 1892*, ao passo que a distribuição dos artigos definidos – dezoito em todo o poema: sete em cada quarteto externo e quatro no interno – corresponde obviamente ao padrão idêntico dos atributos prenominais nas duas variantes primitivas do poema (cf. *7.2*, acima). Dever-se-ia observar, finalmente, que em cada quarteto de *SL 1892* apenas em um verso falta o artigo definido: o último verso nos quartetos externos e o verso inicial no quarteto interno.

## 12. CONECTIVOS

*1925*

*12.0.* O poema contém duas conjunções proporcionais, ambas limitadas ao quarteto interno (II $_3$*like*, $_4$*as*), contra nove conjunções copulativas, três instâncias de *and* em cada quarteto. A outra espécie de conectivos, isto é, as preposições (que aqui incluem *of, in, with, on* e *upon*), como conjunções copulativas, são ao todo nove, três por quarteto. As duas últimas classes de conectivos tomadas conjuntamente são confirmadas nove vezes em cada metade do poema ($I_1$–$II_2$ e $II_3$–$III_4$).

YEATS "SORROW OF LOVE" ATRAVÉS DOS ANOS    163

*12.1.* A distribuição destas duas categorias (conjunções copulativas e preposições) forma um quiasmo idêntico nos dois dísticos de cada quarteto:

|  | CONJ. | + | PREP. | = | TOTAL |
|---|---|---|---|---|---|
| PRIMEIRO DÍSTICO | 1 | | 2 | = | 3 |
| SEGUNDO DÍSTICO | 2 | quiasmo | 1 | = | 3 |
| QUARTETO | 3 | | 3 | | 6 |

Desta maneira na transição do primeiro dístico para o segundo, cada quarteto exibe um único e mesmo movimento de orientação realizada pelas preposições até a concordância gramatical regida pela conjunção copulativa *and*. Este papel de transição de superposição a alinhamento pode ser justaposto à ausência consistente em substantivos pessoais masculinos nos primeiros dísticos de todos os três quartetos e à presença de tais substantivos no dístico final de cada quarteto (cf. *6.3*).

*1892*

*12.2.* Diferente de *SL 1925*, a versão primitiva carece completamente de conjunções equitativas (cf. *3.3*, acima). Quanto às conjunções copulativas e preposições, a distribuição delas em dois dísticos do primeiro quarteto coincide com aquela de *SL 1925*. A tendência para um número mais alto de preposições no primeiro dístico oposto ao segundo é observada também nos outros dois quartetos de *SL 1892*, mas a distribuição é menos regular do que de *SL 1925*, onde o padrão estabelecido pelo primeiro quarteto era generalizado através do poema. Deste modo, a distribuição por dístico apresenta o seguinte padrão em *SL 1892* tomada como um todo:

|  | CONJ. | + | PREP. | = | TOTAL |
|---|---|---|---|---|---|
| PRIMEIRO DÍSTICO: | 4 | | 7 | = | 11 |
| SEGUNDO DÍSTICO: | 6 | | 5 | = | 11 |
| QUARTETOS | 10 | | 12 | = | 22 |

Em outras palavras, o número total de todos os conectivos através da versão primitiva do poema é o mesmo para os dísticos pares e ímpares. Esta igualdade é reforçada em *SL 1925* por um número igual de conjunções copulativas e preposições no poema como um todo e em cada um de seus quartetos, e pelo número total de tais formas em cada dístico de todo o texto (cf. *12.1*, acima).

## 13. VERBOS FINITOS

*1925*

*13.0.* Na primeira metade do poema, três versos sem finitos ($I_{1-3}$) são seguidos por três versos cada um contendo um ou mais finitos

164 POÉTICA EM AÇÃO

($I_4$–$II_2$); na segunda metade do poema, o último verso de cada grupo de três versos ($II_3$–$III_1$, $III_{2-4}$) contém um finito.

*13.1.* O número de finitos limita-se a seis formas ativas referentes à terceira pessoa. Três destas formas (1+2) aparecem nos quartetos externos, e três, no primeiro dístico do quarteto interno. A proporção de verbos para substantivos é 1:3 no interno e 1:8 nos dois quartetos externos.

*13.2.* Todos os três tipos semânticos de verbos descritos por Jespersen (1924 : 86) – verbos de ação, de movimento e de estado – ocorrem, cada duas vezes, entre as seis formas finitas de *SL 1925*. Os verbos de ação são representados por duas formas compostas ligadas ao primeiro hemistíquio do último verso nos quartetos externos (I $_4$*Had blotted out*, III $_4$*Could but compose*). Os verbos de estado restringem-se ao primeiro dístico do quarteto interno (II $_1$*had*, $_2$*and seemed*). O verbo de movimento repetido ocorre no hemistíquio inicial do quarteto interno e do último (II $_1$*arose*, III $_1$*Arose*). Em *SL 1925*, os verbos de ação em suas formas compostas consistem em quatro sílabas; os verbos de movimento, duas; e os verbos de estado, em apenas uma sílaba.

*13.3.* Os finitos dos três quartetos apresentam uma interação difusa. Os predicados iniciais e finais do poema (I $_4$*Had blotted out*, III $_4$*Could but compose*), suas únicas formas verbais compostas e seus únicos verbos de ação, são dramaticamente jogados um contra o outro. O auxiliar (I $_4$*Had*\*\*\*) permite claramente o aparecimento independente do mesmo verbo (II $_1$*had*\*\*\* *lips*), que então se emparelha com o outro único verbo de estado, II $_2$*And seemed*\*\*\*. O único verbo de movimento, *arose*, que comanda toda a sentença do quarteto interno (II $_1$*A girl arose*\*\*\*), é repetido para introduzir o terceiro quarteto (III $_1$*Arose, and*\*\*\*) e, finalmente, forma uma rima interna com o último verbo do poema, III $_4$\*\*\* *compose*.

*1892*

*13.4. SL 1925* contém um alto número de finitos e, ao mesmo tempo, apresenta uma maior uniformidade gramatical no seu emprego do que a versão primitiva. O repertório de verbos em *SL 1892* limita-se a quatro finitos, dois no primeiro dístico do quarteto interno e dois nos últimos versos do quarteto externo. A proporção de verbos para substantivos é aqui 1:4 no quarteto interno e 1:8 nos quartetos externos. O quarteto interno emprega, duas vezes, o mesmo pretérito, *came*, primeiro referindo-se à segunda pessoa (II $_1$*you came with*\*\*\*) e depois referindo-se à terceira (II $_2$*with you came the whole*\*\*\*). As formas finitas compostas dos quartetos externos, os únicos verbos de ação, diferem em tempo e voz (I $_4$*Had hid away*, III $_4$*Are shaken*).

*13.5.* Em contraste com *SL 1925*, a versão primitiva carece de verbos de estado. Os verbos de ação nas duas versões limitam-se ao último verso dos quartetos externos, ao passo que o primeiro dístico do quarteto interno contém os verbos de movimento em *SL 1892* e os verbos

YEATS "SORROW OF LOVE" ATRAVÉS DOS ANOS 165

de estado em *SL 1925*. O verbo de movimento ocorre duas vezes tanto na versão primitiva quanto na final, mas no primeiro refere-se a pessoas diferentes (segunda e terceira respectivamente) e na última qualifica como uma repetição genuína (referindo-se em ambas as instâncias a II $_1A$ *girl*). Em *SL 1925*, este verbo de movimento pertence ao hemistíquio inicial dos quartetos interno e final, enquanto em *SL 1892* se liga ao hemistíquio inicial do primeiro e segundo verso do quarteto interno.

*13.6.* Apesar dessas variações, as diferentes espécies semânticas de verbos seguem a mesma simetria especular em ambas as versões:

|  | 1925 | 1892 |
|---|---|---|
| Ação | Had blotted out | Had hid away |
| Movimento | arose | came |
| Estado | had | |
| | | |
| Estado | seemed | |
| Movimento | Arose | came |
| Ação | Could but compose | Are shaken |

# 14. COORDENAÇÃO E SUBORDINAÇÃO DE ORAÇÕES

*1925*

*14.0.* A diferença substancial entre o quarteto interno e os dois externos está na sua organização sintática. O primeiro e o terceiro quartetos contam com uma coordenação de quatro orações elípticas: I a) $_1$*The brawling\*\*\* [Had blotted out\*\*\*]*; b) $_2$*The brilliant moon [Had blotted out\*\*\*]*; c) $_2$*and all the milky sky [Had blotted out\*\*\*]*; d) $_3$*And\*\*\* that harmony\*\*\* $_4$Had blotted out man's image and his cry*; III a) *[a girl]* $_1$*Arose*; b) $_1$*and\*\*\* eaves [Could but compose\*\*\*]*; c) $_2$*A\*\*\* moon\*\*\* [Could but compose\*\*\*]*; d) $_3$*And\*\*\* that lamentation\*\*\* $_4$Could but compose man's image and his cry.*

*14.1.* Na estrofe interna, ao contrário, a divisão sintática em quatro partes baseia-se na subordinação gramatical: II a) $_1$*A girl arose*; b) $_1$*that had\*\*\* $_2$And seemed\*\*\**; c) $_3$*Doomed\*\*\* $_4$And proud\*\*\**; d) $_4$*murdered\*\*\** (cf. *15.0*). Cada uma das duas partes internas deste quarteto – b) e c) – é por sua vez dividida em duas seções coordenadas, cada qual unida uma a outra pela conjunção *and*.

*1982*

*14.2.* Cada um dos quartetos externos forma uma sentença de quatro sujeitos coordenados unidos elipticamente com um único e mesmo predicado: I a) $_1$*The quarrel\*\*\* [Had hid away\*\*\*]*; b) $_2$*The\*\*\* moon [Had hid away\*\*\*]*; c) $_2$*and\*\*\* the\*\*\* sky [Had hid away\*\*\*]*; d) $_3$*And the\*\*\* song\*\*\* $_4$Had hid away earth's old and weary cry;* III a) $_1$*And now the sparrows\*\*\**; b) $_2$*The\*\*\* moon\*\*\**; c) $_2$*the\*\*\* stars\*\*\**; d) $_3$*And the\*\*\* chaunting\*\*\* $_4$Are shaken with earth's old and weary cry.* Em contraste com *SL 1925*, na versão primitiva o quarteto interno

166 POÉTICA EM AÇÃO

também forma uma frase coordenada que consta de uma oração inicial completa – a) II ₁*And then you came*\*\*\* – seguida por uma combinação elíptica de um predicado com três sujeitos conseqüentes – b) ₂*And with you came the whole*\*\*\*; c) ₃*And [with you came] all the sorrows*\*\*\*; d) ₄*And [with you came] all the burden*\*\*\*.

*14.3.* Assim em *SL 1892* a coordenação permanece o princípio construtivo dentro de cada um dos três quartetos, ao passo que *SL 1925* opõe os externos, quartetos coordenados, ao quarteto interno, que é construído sobre o princípio de subordinação (cf. *19.5*).

## 15. PREDICAÇÃO

*1925*

*15.0.* Nos quartetos externos tanto da versão primitiva quanto da final, todos os sujeitos nominais dos primeiros três versos aguardam seus predicados no quarto verso. No quarteto interno de *SL 1925*, a oração principal – II ₁ *A girl arose* – compreende o hemistíquio inicial do primeiro verso, mas o restante do primeiro dístico é ocupado concomitantemente por duas orações subordinadas cujos predicados diferentes se referem ao mesmo sujeiro antecedente, enquanto, nos quartetos externos, sujeitos coordenados diferentes referem-se a um único e mesmo predicado. No segundo dístico deste quarteto interno, os dois versos começam com semipredicados de orações contraídas paralelas (II ₃*Doomed* – ₄*And proud*) que são subordinadas a uma palavra inicial antecedente e seguidas no último hemistíquio de uma oração participial de classe sintática mais baixa (II ₄*murdered with his peers*).

*1892*

*15.1.* A diferença estrutural básica entre o quarteto interno de *SL 1892* e seus quartetos externos está na direção progressiva do último como opostos à orientação regressiva do primeiro (nestes termos cf. Halliday, 1963, e Yngve, 1961). Embora o quarteto interno seja composto, como os quartetos externos, de sujeitos coordenados com um predicado associado, há uma diferença essencial na ordem dos primeiros: nos quartetos externos o predicado é colocado após o sujeito, ao passo que no interno aparece antes deles (II ₂\*\*\* *came the whole*\*\*\* ₃*And all the sorrows*\*\*\* ₄*And all the burden*). Nos termos de *A Vision*, "estes pares de opostos [sujeito e predicado] giram rapidamente em direções opostas" (p. 74). O mesmo pode ser dito do critério distintivo para a oposição dos quartetos interno *versus* externos em *SL 1925*, isto é, o princípio de subordinação como oposto ao de coordenação (cf. *14.3*, acima).

*15.2.* Cada uma das duas versões de *SL* contém um desvio da oposição entre o quarteto interno e os externos estabelecida pela expressão de sujeito e predicado. Em *SL 1892*, a primeira oração do quarteto in-

YEATS "SORROW OF LOVE" ATRAVÉS DOS ANOS     167

terno é a única na estrofe que coloca o predicado após o sujeito (II
₁*And then you came*\*\*\*). Em *SL 1925*, a oração inicial, elíptica do terceiro quarteto, III ₁*Arose*, referindo-se ao sujeito II ₁*A girl*, é a única
entre as orações elípticas da estrofe que omite o sujeito ao invés do
predicado. É significativo que em ambas as versões de *SL* o desvio
ocorra em relação ao único verbo que é repetido duas vezes e que indica o aparecimento da heroína.

## 16. SONS

*16.0.* De acordo com a meditação de Yeats de 1900, "todos os
sons, todas as cores, todas as formas, seja por causa de suas energias
preordenadas, seja por causa da longa associação, evocam emoções in-
definíveis e não obstante precisas, ou, como prefiro pensar, fazem bai-
xar sobre nós certos poderes desencarnados cujas marcas em nossos co-
rações chamamos emoções" ("The Symbolism of Poetry", em *Essays*,
156 e s.).

*16.1.* A associação fonológica estabelecida na versão primitiva de
*SL* entre o título da poesia e a imaginação auditiva de seu primeiro
quarteto é mantida em *SL 1925: Sorrow* – I ₁*sparrow*, e *Love* – I ₃*leaves*. Nos doze versos do poema, a interação de palavras ligadas ao som
cria uma afinidade e um contraste ou entre os componentes do mesmo
verso ou entre versos diferentes no mesmo quarteto, e ainda nos mesmos dísticos, ou, contrariamente, entre versos correlativos de dois
quartetos diferentes. O aparecimento de grupos consonantais expressivos através do emprego de grupos de palavras encadeadas e de síncope
vocálica favorece e amplia a aplicação deste desvio poético.

*16.2.* Entre outras razões para as mudanças textuais na versão final dos
quartetos externos (cf. *19.10*, abaixo), um papel pertinente pertence ao
paronomástico estabelecido nestas duas estrofes entre o desempenho
auditivo referido nos seus primeiros versos e os fenômenos visuais re-
feridos em seus segundos versos. Além disso, especialmente no primeiro quarteto, uma aliteração distinta liga estes dois vocábulos do primeiro dístico, orientados respectivamente rumo à audição e à visão, com o
predicado do quarto verso: I ₁*brawling* /br.l/ – ₂*brilliant* /br.l/ – ₄*Had
blotted* /bl/ e III ₁*clamorous* /kl.m/ – ₂*climbing* /kl.m/ – ₂*empty* /mp/
– ₃*lamentation* /l.m/ – ₄*Could but compose* /k.mp/. O grupo de junção
/db/ é comum a ambos os predicados finais dos quartetos externos (I
₄*Had blotted out* – III ₄*Could but*). Observa-se também a junção semelhante /tk/ de III ₁*instant clamorous* – III ₄*but compose*. Vale observar
que nenhuma das palavras citadas ocorreu na versão primitiva.

*16.3. Moon*, a significativa imagem verbal que em todas as variantes de *SL* encabeça o segundo verso das duas estrofes externas (cf.
*19.2.1* e s. abaixo), não encontra nenhum apoio ulterior para sua inicial
/m/ em todo o primeiro quarteto da versão primitiva, e o único exemplo

168 POÉTICA EM AÇÃO

adicional de /m/ no terceiro quarteto – III ₂crumbling moon de SL 1892
– foi substituído em todas as edições de 1895 a 1924 pelo epíteto des-
nasalado curd-pale. Embora a última forma mantenha o /k/, /r/, /l/ de
seu antecedente (que deve ter tido uma influência mesmo na forma sonora e sufixo do correspondente atributo climbing em SL 1925). O
equivalente cromático e paronomástico a III ₂The curd-pale /rd...l/ lips
ou crumbling /r.m.l/ moon foi encerrado no II ₁red mournful /r.dm...l/
lips do quarteto interno com as três ocorrências de realce ulteriores de
/m/: II ₁.₂came e ₄myriad (cf. 16.8 e 19.3.0). A inovação focal de SL
1925 em seus quartetos externos foi o de se ter provido ₂moon com sua
contraparte vocálica, gramatical (gênero-he) e semântica no outro verso par das mesmas estrofes – I₄ e III ₄man's (cf. 19.1.1).

16.4. Nos quartetos externos de SL 1925, os substantivos abstratos
do terceiro verso intermediário – I ₃harmony /m.n/ e III ₃lamentation
/m.n/ – formam um suporte paronomástico entre I, III ₂moon e ₄man's;
ao mesmo tempo, intensificam a relação oposta entre as estrofes interna
e externas, ao passo que em SL 1892 os dísticos finais dos quartetos externos repetidamente confrontam I ₃the loud /l.d / song (ou III ₃chaun-
ting) of the*** leaves com I₄ e III ₄earth's old /l.d/ and weary cry.

16.5. Em SL 1925, os versos pares dos quartetos externos, em contraste com os versos ímpares, possuem uma nítida cesura masculina
após a segunda acentuação do pentâmetro iâmbico. Nos quartetos externos, o primeiro hemistíquio do segundo verso termina com moon, e o
segundo hemistíquio do quarto verso começa com man's. A inicial /m/
das duas alternantes é simetricamente reforçada pelo ambiente fonêmi-
co. Em contraste com o único par de nasais graves (labiais) em SL 1895
e edições subseqüentes anteriores a 1925 (I₂ e III ₂moon), os quartetos
externos de SL 1925 chegam a quatorze exemplos deste fonema: no
quarteto inicial /m/ aparece duas vezes em cada um de seus versos pares e no verso intermediário (I ₂moon*** milky sky, ₄man's image, ₃fa-
mous harmony); o último quarteto tem um /m/ em cada verso ímpar e
três em cada verso par (III ₁clamorous, ₂climbing moon*** empty sky,
₃lamentation, ₄compose man's image). A dupla cadeia de respostas
/m.n/ é mais notável : I moon – harmony – man's; III moon – lamentation – man's. É também significativo que precisamente a última cena do
solitário caminhante enluarado contenha o maior acúmulo de nasais: III
₂A climbing moon upon an empty sky (com sete nasais: três labiais, três
dentais e uma velar).

16.6. No símile inicial do quarteto interno, os sons do "tenor", II
₁girl /g.rl/, apresentam duplos elos com o "veículo", II ₂greatness /gr/
of the world /rl/. Seja-nos permitido mencionar neste contexto que
Marjorie Perloff estava certa ao salientar os rr "trinantes" nas leituras
gravadas que o poeta fez de seus próprios poemas (1970: 29); as vogais
timbradas em r do inglês incluem um /r/ pós-vocálico no padrão sonoro
de Yeats, de modo que a vogal de girl e world aparece aqui realmente
seguida por um par de fonemas de consoantes brandas /rl/. As sete
ocorrências de um /r/ tautossilábico destaca distintamente o quarteto

YEATS "SORROW OF LOVE" ATRAVÉS DOS ANOS        169

interno de *SL 1925* em relação aos quartetos, onde /r/, com uma exceção (I $_3$ *armony*), ocupa regularmente uma posição pré-vocálica.

*16.7.* O único substantivo interno comum a ambas as versões da
segunda estrofe – II $_2$*world* – está em ambas provido de um antecedente
análogo em seu grupo sonoro /rl/: em *SL 1925*, o verso precedente do
mesmo quarteto abre com o substantivo II $_1$*girl*, ao passo que em *SL
1892* o verso correspondente do quarteto inicial tem dois epítetos completos, cada um contendo um grupo destas consoantes brandas – I $_2$*full
round* /lr/ *** *star-laden* /lr/ – ecoados por /rl/ em II $_3$*her lab(ou)
ring***.

*16.8.* No quarteto interno de *SL 1925*, duas construções subordinadas, a primeira e a última não só nesta estrofe, mas também no poema
como um todo, estão unidas num conjunto por seu ânimo melancólico e
formam uma paronomásia complexa: II $_1$*had red mournful**** – $_4$*murdered* /dr.dm.r – m.rd.rd/. É curioso que Parkinson (1951: 169) tenha
menosprezado a última "palavra principal" como prosaica, desordenada
e incapaz de "participar do padrão aliterativo": II $_4$*proud* /pr/ – *Priam*
/pr/ – *peers* /p.r/. Um padrão aliterativo conclui cada quarteto externo
em *SL 1892* (I $_4$*harmony* – $_4$*Had* – $_4$*his*, III $_4$*Could* – *compose* – *cry*),
juntamente com um *"anlaut"* (som inicial) vocálico triplo: I $_4$*away earth's old* e III $_4$*Are shaken with earth's old****. Além do mais, observa-se
que embora não participe da aliteração das consoantes iniciais, II $_4$*murdered* em *SL 1925* está, não obstante, ligada às palavras do hemistíquio
antecedente: *proud* /pr.d/ – rd.rd/ e *Priam* /pr.m/ – /m.r/. Os dois versos marginais do quarteto interno inspiraram Yeats de *SL 1892* em
diante a procurar um liame paronomástico na sua imagística sombria: II
$_1$*mournful* /m.r/ *lips* – $_4$*myriad* /m.r/ *years*. Em *SL 1925*, ambos os versos apresentam-se claramente emoldurados em sua forma sonora pela
imagística dos dísticos circundantes: I $_3$*harmony of leaves* /rm.n...l/ – II
$_1$*red mournful lips* /r.dm.rn...l/ – II $_4$*murdered* /m.rd.rd/ – III
$_1$*clam(o)rous eaves* /l.mr/.

*16.9.* Os únicos epítetos tomados da versão primitiva do poema por
*SL 1925* são aqueles ligados às palavras-rimas dos versos ímpares no
quarteto interno: II $_1$*red mournful lips* e $_3$*lab(ou)ring ships*. Este último
atributo compartilhou seus sons /l.br/ com II $_4$*burden* /b.r/ de *SL 1892*
e II $_{3-4}$*trouble* /r.b.l/ de *SL 1895*. Em *SL 1925*, a antítese interna (*a
sparrow* – *the world*) dos versos externamente similares I$_1$ e II$_2$ (*the***
of*** in****; cf. *3.3*, acima) explodem no máximo contraste semântico
entre o chilro de um passarinho e o pesado balouço dos navios de Odisseu: I $_1$*brawling* – II $_3$*lab(ou)ring*, unidos pelo sufixo comum-*ing* e pelas suas idênticas mais diferentemente ordenadas consoantes de raízes
/br.l/ – /l.br/. Os mesmos versos desses dois quartetos foram justapostos em *SL 1892* pela paronomásia trocadilhista I$_1$*of the sparrows* – II
$_3$*the sorrows of* (cf. *6.8*).

# 17. PADRÃO MÉTRICO

*17.0.* Uma análise estrutural detalhada do pentâmetro iâmbico masculino em que *SL* está escrito exigiria, evidentemente, um exame cuidadoso da produção do poeta e de seus contemporâneos nos mesmos metros cognatos. Com exceção de alguns esboços preliminares de Dougherty (1973) e Bailey (1975), uma investigação sistemática lingüisticamente fundamentada na versificação do inglês moderno mal se pode dizer que tenha começado, quando comparada ao menos a seis décadas da pesquisa eslávica, especialmente russa, no domínio da métrica, com seus fecundos resultados do ponto de vista histórico e metodológico em questões tais como a pertinência rítmica de fronteiras vocabulares e de unidades sintáticas superiores de variados níveis.

*17.1.* Em relação ao tópico principal de nosso estudo – a investigação abrangente das oposições básicas que determinam a relação, de um lado, entre as diferentes partes do poema em cada versão, e de outro, entre *SL 1892* e *SL 1925* –, o aspecto mais esclarecedor do verso é a modelagem variada dos dois tipos prosódicos fundamentais de palavras que preenchem as acentuações do metro binário. Estes dois tipos foram claramente distinguidos tanto na tradição russa de estudos métricos quanto nos mais recentes escritos dedicados à versificação inglesa. Desta maneira, P. Kiparsky salienta (1975 : 581), por um lado, "membros de categorias lexicais – substantivos (incluindo membros de compostos), adjetivos, verbos e advérbios" e, por outro, "membros de categorias não-lexicais (tais como *his, the, and, with*)" que figuram em construção com os membros lexicais. (A tradição russa chama estas duas classes de unidades de "lexical" e "formal" respectivamente.) Em *SL 1925*, por exemplo, há uma diferença significativa entre acentuações portadoras do acento, o único nos constituintes lexicais separados, *e.g.*, I $_2$*milky sky*, com dois acentos primários, em oposição a I $_3$*harmony*, com o acento primário na primeira sílaba, ou I $_1$*in the eaves*, com o acento primário na terceira.

*17.2.0.* Em *SL 1925*, os quartetos externos apresentam uma curva ondulatória claramente regressiva no tratamento das acentuações: as três acentuações ímpares trazem uma maior percentagem de acentos primários – e podem assim ser designados como acentuações "fortes" – do que as duas pares ("fracas") (vide Figura 1). Nestes dois quartetos externos, como em todas as estrofes de *SL* independentemente de sua versão, a acentuação final de todos os versos é consistentemente atribuída a um acento primário. No quarteto inicial de *SL 1925* todas as três acentuações ímpares (fortes) recebem um acento primário em todos os versos, ao passo que a quarta e segunda acentuações trazem um acento primário apenas em um ou dois versos respectivamente.

*17.2.1.* No último quarteto, a superioridade numérica dos acentos primários nas acentuações ímpares sobre as pares permanecem válidas, mas reduz-se em todos os sentidos, achatando assim ligeiramente a curva ondulatória apresentada no quarteto inicial: a primeira e terceira portam cada uma três acentos primários, e a segunda e quarta, dois.

*17.2.2.* Em oposição aos quartetos externos, com sua seqüência descendente/ascendente (4 – 2 – 4 e 3 – 2 – 3), o quarteto interno exibe a seqüência inversa (3 – 4 – 2), seguidas por uma ascensão gradativa (3 – 4), de maneira que mais uma vez difere nitidamente dos dois quartetos externos (cf. em particular *18.3* e ss., abaixo).

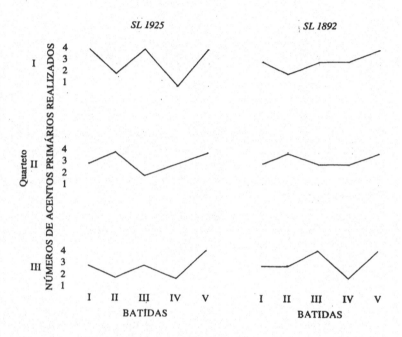

figura 1. Freqüência de acentos primários nas duas versões.

172                                POÉTICA EM AÇÃO

*17.2.3.* Em *SL 1892*, como foi mencionado, a última acentuação de qualquer verso sempre traz um acento primário, mas, nas outras quatro a curva ondulatória é muito menos pronunciada do que em *SL 1925*: além de uma seqüência de descenso e ascenso, duas acentuações, vizinhas podem apresentar um número igual de acentos primários. Assim aparece uma simetria especular entre o quarteto inicial e o final: descenso – ascenso – igualdade e igualdade – ascenso – descenso respectivamente (vide Figura 1). A seqüência igualdade – ascenso (3 – 3 – 4), que conclui a ordem de acentuações nos quartetos inicial e interno, abre o quarteto final. Em termos desta relação, o quarteto interno de *SL 1892* ocupa um lugar intermediário entre os dois quartetos externos.

*17.3.0.* No interior do verso, palavras monossilábicas ocorrem sobre acentuações altas e são seguidas por acentuações baixas sob acento primário dez vezes em *SL 1892*, quatro vezes em cada quarteto externo (com uma simetria lexical consistente entre I e III: *moon – star – loud – earth's*), e duas vezes no quarteto interno: I $_2$*full round moon,* $_2$*star-laden,* $_3$*loud song,* $_4$*earth's old*; II $_1$*red mournful,* $_2$*world's tears*; III $_2$*curd-pale moon,* $_2$*white stars,* $_3$*loud chaunting,* $_4$*earth's old.*

*17.3.1.* Cada quarteto da versão final preserva apenas uma instância do mesmo fenômeno, literalmente repetindo II $_1$*red mournful,* e substituindo o possessivo *earth's* por I$_4$ e III $_4$*man's*. A evitação do preenchimento de acentuações altas internas por palavras monossilábicas acentuadas aproxima-se de uma regra.

*17.4.* Apenas *SL 1925* possui exemplos do emprego de monossílabos tônicos na acentuação ascendente inicial (anacruses); II $_3$*Doomed like Odysseus,* III $_4$*Could but compose.*

## 18. PRINCÍPIOS CONSTRUTIVOS

*1925*

*18.0.0.* *SL 1925* apresenta uma simetria espantosa na distribuição das categorias gramaticais principais entre os três quartetos, uma simetria que é ou deficiente ou muda na versão primitiva. Pode ser na verdade considerada um exemplo persuasivo do "simbolismo geométrico" (*Vision*, p. 80) que era uma força tão vital tanto na imagística subliminar do poeta quanto em seu pensamento abstrato. O princípio operativo que regula as simetrias do poema é aqui o número 3 e seus expoentes ($3^2$, $3^3$). Quando refletindo sobre a "Grande Roda" como o "símbolo principal" do universo, Yeats insistiu que "cada grupo de 3 é ele próprio uma roda" (*Vision*, pp. 82 e ss.). Em sua descrição das vinte e oito fases, Yeats qualifica a primeira fase como "não sendo humana" (*A Vision*, p. 105), tanto que três para o terceiro poder ($3^3$) de fato exaure todo o reino humano.

*18.0.1.* Há vinte e sete substantivos *in toto* ($3^3$), nove por quarteto ($3^2$), que incluem três abstratos e três substantivos preposicionados, distribuídos um por quarteto (cf. *6.0, 6.2*). Um total de três formas-*ing* estão presentes, uma por quarteto (cf. *5.0*). Atributos prenominais e

YEATS "SORROW OF LOVE" ATRAVÉS DOS ANOS 173

pronomes, um total de nove cada ($3^2$), o primeiro distribuído simetricamente (três por quarteto; cf. *7.1*), o último apresentando apenas simetria parcial (três pronomes diferentes, dois dos quais aparecem uma vez em cada quarteto; cf. *9.0*). As ocorrências do artigo definido também totalizam nove (cf. *11.0*). O total de conectivos, dezoito, dos quais nove ($3^2$) são conjunções copulativas e nove ($3^2$) – preposições, cada uma aparecendo três vezes por quarteto (cf. *12.0*). Apenas na distribuição de verbos o princípio de três encontra expressão na dicotomia de estrofes interna *versus* externas ao invés de na sua equivalência simétrica (cf. *13.1*).

*1892*

*18.0.2.* A impressionante identidade simétrica estabelecida entre os quartetos de *SL 1925* pela distribuição de categorias gramaticais está quase inteiramente ausente em *SL 1892*. Das categorias principais, apenas os possessivos são divididos eqüitativamente, um por estrofe (cf. *6.6*). Em vez da simetria equivalente de *SL 1925*, encontramos em *SL 1892* um uso dissimilar de significados gramaticais para distinguir o quarteto interno dos dois externos.

*18.1.0.* Em *SL 1892*, o contraste entre os três quartetos transmitido ou pela presença de certas categorias gramaticais no quarteto interno, junto com sua ausência em I e III, ou por uma distribuição igual de determinadas categorias nos dois quartetos externos como opostos à sua freqüência mais baixa no interno, e aqui é o número 7, ao invés do 3, que serve de princípio operativo.

*18.1.1.* Assim, por um lado, há sete pronomes no quarteto interno, enquanto os quartetos externos de *SL 1892* são completamente isentos desta categoria (cf. *9.1*). Por outro lado, o quarteto interno tem um número mais baixo (quatro) tanto de atributos prenominais (cf. *7.2*) quanto de artigos definidos (cf. *11.2*) do que os quartetos externos, que desta, maneira contém cada um sete entidades (mas cf. *7.2*).

*18.1.2.* O quarteto interno de *SL 1892* também difere dos externos pelo caráter repetitivo da parte inicial das duas linhas dentro de cada dístico (e seu uso pronunciado de oxítonos – cf. *19.4.1*) e pela presença de palavras gramaticais repetidas (os pronomes II $_{1-2}you$, $_{3-4}all$, $_{3-4}her$ e as preposições associativas $_{1-2}with$), que estão ausentes nos quartetos externos, mas estão aqui estritamente distribuídas por dístico: II $_1And$ *then YOU came WITH\*\*\** – $_2And$ *WITH YOU came\*\*\**; $_{3-4}And$ *ALL the [$_3sorrows$, $_4burden$] of HER\*\*\**. (Em *SL 1895* e edições subseqüentes anteriores a 1925, o paralelismo dos inícios de versos no segundo dístico era completo: II $_{3-4}And$ *all the trouble of her\*\*\**.) O quarteto interno, além disso, é claramente dominado pelo gênero-*she* (cf. *9.1*), que é simplesmente sugerido nos últimos versos dos dois quartetos externos (cf. *6.6*).

*18.1.3.* Finalmente, o quarteto interno de *SL 1892*, embora siga o princípio de coordenação exposto pelos dois quartetos externos, é dife-

174  POÉTICA EM AÇÃO

renciado deles em termos de predicação. Ao passo que os dois quartetos externos são construídos num princípio progressivo de quatro sujeitos coordenados compelido elipticamente para um e mesmo verbo final, o quarteto interno inicia com uma oração completa "sujeito-predicado", mas depois, no segundo verso, inverte a ordem de primários numa seqüência "predicado-sujeito" (cf. *14.2*).

*18.2*. É válido notar que as versões em várias instâncias empregam categorias gramaticais idênticas em vez de sentidos opostos. Geralmente, como é o caso de atributos prenominais, artigos e pronomes, as categorias denotando equivalência dos quartetos em *SL 1925* designam contraste em *SL 1892*. O caso oposto também ocorre: possessivos, empregados na versão primitiva como um dos únicos significados de equivalência estabelecida entre quartetos, são, ao contrário, um dos únicos significados de contraste entre os quartetos interno e externos na última versão.

*1925*

*18.3*. A despeito da esmagadora preferência da versão final por simetrias de equivalência ao invés de contraste, o quarteto interno de *SL 1925* difere tão dramaticamente dos dois quartetos externos, quanto difere do de *SL 1892*. Em ordem consecutiva, cada verso deste quarteto desvia-se manifestamente do padrão da primeira estrofe, que constitui uma oração isolada, destacada na versão final do resto do texto pelo único ponto final no poema. Em oposição aos quartetos externos, que são inteiramente construídos sobre o princípio de coordenação, baseia-se na subordinação (vide *14.0*) e contém os dois únicos verbos de estado a ser encontrados no poema (*13.5*). O verso inicial do quarteto interno é o único verso em que encontramos dois finitos: além do mais, destes, um pertence à oração principal (II ₁*arose*) e o outro, à primeira oração subordinada no texto (II ₁*had*). O segundo verso deste quarteto inaugura uma seqüência de imagem-espelho de tipos verbais diversificados ecoando os verbos de ação, movimento e estado que haviam aparecido até o momento, mas em ordem inversa. Começa também o grupo de três símiles, que marcam a constituição metafórica deste quarteto em oposição à estrutura metonímica dos dois externos.

*18.4*. No limite entre as duas metades do poema, o terceiro verso do quarteto interno em *SL 1925* inicia o dístico II₃₋₄, a composição gramatical de que diverge surpreendentemente de todos os outros versos do poema. Este dístico é o único que possui: 1) três substantivos pessoais do gênero-*he*, a saber, dois nomes próprios (II ₃*Odysseus*, ₄*Priam*) e o apelativo ₄*peers*; 2) três atributos semipredicativos pospositivos (II ₃*Doomed*, ₄*proud* e *murdered*); 3) as duas únicas conjunções eqüitativas (₃*like*, ₄*as*); e 4) a única preposição associativa em *SL 1925* (₄*with*). Em oposição a este dístico, o primeiro dístico do mesmo quarteto possui três finitos (II ₁*arose*, *had*, ₂*seemed*) e dois substantivos do gênero feminino (₁*girl*, ₂*world* – cf. *6.6*). Assim um grupo bem definido de características marca o limite entre as duas metades do poema.

YEATS "SORROW OF LOVE" ATRAVÉS DOS ANOS 175

*18.5.* A divisão do poema em duas metades de seis versos cada, além disso subdividida em dois ternos, é também sugerida pela distribuição de certas categorias gramaticais. Na primeira metade do poemã, três versos destituídos de verbos seguidos por três versos, cada um contendo pelo menos um verbo; na segunda metade, cada um dos dois ternos tem um verbo no seu último verso. O artigo definido também apresenta uma distribuição simétrica por metades e ternos: na primeira metade, um terno, contendo dois artigos definidos por verso, é seguido por um terno sem nenhum; na segunda metade, um terno, contendo um *the* por verso, alterna com um terno novamente destituído de artigos definidos. Além do mais as dezoito conjunções copulativas e preposições dividem igualmente em dois grupos de nove, um em cada metade do poema.

*18.6.0.* Uma outra divisão em dois grupos de seis versos cada é claramente sugerida pelo assunto. Como foi mencionado acima (*3.1*), em ambas as versões, seis versos são dedicados ao "elevado" sublime e seis versos ao nível "terreno" ou "humano" (*SL 1925*). Esta divisão é sustentada pela distribuição de substantivos e pronomes pessoais e não-pessoais: os pessoais dirigem-se exclusivamente aos seis versos "terrenos" ou "humanos". Contudo, as duas versões diferem na caracterização de gênero dos substantivos e pronomes pessoais de nível terreno. Em *SL 1892*, os quatro versos do quarteto interno e o último verso de cada quarteto externo referem-se exclusivamente ao gênero feminino. Em *SL 1925*, todavia, os versos "humanos" dividem-se de acordo com o gênero: os que pertencem aos segundos dísticos dos quartetos caracterizam-se como masculinos ($I_4$, $II_{3-4}$, $III_4$); os outros, como femininos ($II_{1-2}$). A diferenciação gramatical do dístico encontra expressão consistente também na distribuição relativa de conjunções e preposições copulativas (*12.1*). A divisão dos quartetos em dístico é favorecida pelo esquema de rima alternada (ABAB).

*18.6.1.* É significativo que verbos apareçam em ambas as versões apenas nos seis versos referentes ao nível terreno ou humano. A única exceção a esta regra é a simples transferência repetitiva do quarteto interno, III $_1$*Arose*, em *SL 1925* (cf. *15.2*).

*18.7.0.* Os segmentos externo (marginal) e interno dos versos individuais são mutuamente opostos pelos significados gramaticais. Os fins de versos em ambas as versões delimitam-se pelo fato de que as palavras-rimas são substantivos monossilábicos e pelo fato de que os substantivos plurais são próprios apenas em *SL 1925*, e em *SL 1892*, predominantemente, às rimas (cf. *6.4.0* e *6.7*). Em *SL 1925*, qualquer substantivo concreto interno entra numa relação metonímica com a palavra-rima seguinte, que na maioria dos casos especifica sua estrutura: I $_1$*a sparrow in the eaves*, $_2$*The\*\*\* moon and all the milky sky*; II $_2$*A girl\*\*\* that had red mournful lips*, $_3$*Odysseus and the labouring ships*, $_4$*Priam murdered with his peers*; III $_2$*A\*\*\* moon upon an empty sky*.

*18.7.1.* Em *SL 1925*, o verso final de cada quarteto é marcado gramaticalmente pela presença de um substantivo de gênero humano

176                    POÉTICA EM AÇÃO

masculino (I $_4man's$, II $_4Priam$, III $_4man's$) e de um possessivo correspondente *his*, referindo-se a estes substantivos e em qualquer outra
parte ausente, e pela falta de artigos (cf. *11.0*) ou atributos prenominais
(cf. *7.1*).

*18.7.2.* A transição de uma fase para outra marcada em *SL 1892*
pelos pares de advérbios, II $_1then$ e III $_1now$, é eliminada em *SL
1925*. Lá, em concordância com *A Vision* (p. 136), "toda imagem é separada de outra, pois se imagem fosse ligada à imagem, a alma desper-
taria de seu imóvel transe". O foco sobre o tempo em *SL 1892* e sua
exclusão em *SL 1925* torna-se particularmente palpável quando opomos
as seis indicações temporais da versão primitiva – I $_3ever$-***, $_4old$; II
$_1then$, $_4myriad$ $years$; III $_1now$, $_4old$ – à falta total de tais indicações na
versão final.

*18.8.* Em ambas as versões as propriedades comuns aos dois quartetos externos são evidentes, qualquer que seja sua relação (equivalência ou contraste) com o interno. A equivalência dos dois é semanticamente sublinhada, especialmente em *SL 1925*, onde os três primeiros
versos de cada retratam uma contigüidade metonímica de imagens ele-
vadas, visual no verso par, auditiva nos versos ímpares, e desta forma
correspondem à alternância de *man's* visível, *image and his cry* auditiva
em $I_4$, $III_4$. Em *SL 1892*, o nível terreno referido no último verso de
cada quarteto externo é descrito unicamente em imagens auditivas
($I_4$, III $_4earth's$ $old$ $and$ $weary$ $cry$).

*18.9.0.* A oposição dos dois quartetos externos encontra uma expressão gramatical cortante na versão primitiva, isto é, a diferença de
tempo e voz nos verbos através da emergência do presente e passado –
III $_4Are$ $shaken$ (cf. *13.4*) e o confinamento de palavras-rimas sem preposição ao primeiro quarteto (cf. *6.4.3*), ao passo que *SL 1925* socor-
re-se principalmente dos significados lexicais para constrastar os dois
quartetos externos. Por exemplo, uma reviravolta irônica inverte a hierarquia sintática das duas primeiras palavras-rimas: em I $_2sky$ é um sujeito e I $_2eaves$ é advérbio de lugar, enquanto no terceiro quarteto o papel de sujeito é transferido para III $_1eaves$, e $_2sky$ é desclassificado para
um advérbio de lugar (vide mais adiante, *19.0* e ss.).

*18.9.1.* As formas pretéritas compostas do predicado nos dois
quartetos externos de *SL 1925* são semanticamente opostas uma à outra: a inicial destrutiva e, voltada para o passado, a final construtiva e
prospectiva.

19. CORRESPONDÊNCIAS SEMÂNTICAS

*19.0.* Nos epítetos da versão manuscrita (*SL 1891*) podia ser observado o que o poeta chama "uma atração forçada entre Opostos" (*A
Vision*, p. 93); III $_3The$ $wearisome$ [!] $loud$ $chaunting$ $of$ $the$ $leaves$ rea-
parece subitamente III $_4shaken$ $with$ $earth's$ $old$ $and$ $weary$ [!] $cry$.

YEATS "SORROW OF LOVE" ATRAVÉS DOS ANOS 177

*19.1.0.* Em comparação com *SL 1892*, a versão final atinge um maior contraste entre os dois quartetos externos empobrecendo a imagem do nível elevado no terceiro quarteto, e assim impele eficazmente para o primeiro plano a relação entre as duas esferas opostas. Os caracteres que preenchem os versos elevados do primeiro quarteto em *SL 1925* e *SL 1925* reduzem-se gradativamente em número, e seus epítetos tornam-se mais submissos: I $_1a$ *sparrow*, substituído em *SL 1925* por $I_1$ e III $_1the$ *sparrows* de *SL 1892*, desaparece atrás da metonímia III $_1clamorous$ *eaves* na última estrofe da versão final; a *famous harmony of leaves* que adornava $I_3$ funde-se em $III_3$ com sua simples *lamentation*; I $_2the$ *star-laden sky* e *the milky sky*, os sujeitos gramaticais das duas versões, transformam-se no quarteto final de *SL 1925* em um mero adjunto adverbial de lugar com um epíteto pobre, III $_2upon$ *an empty sky*.

*19.1.1.* No fim dos dois quartetos externos, o possessivo *earth's* em *SL 1892* e *man's* em *SL 1925* designam a entidade principal da esfera inferior (cf. *3.1*). Na versão primitiva, $I_2$ e III $_2sky$ permanecem em oposição direta ao *earth's\*\*\** *cry* no verso par seguinte dos mesmos quartetos, ao passo que na versão final uma oposição análoga abrange os substantivos iniciais dos verbos equivalentes $I_2$ e III $_2moon$ com respeito a $I_4$ e III $_4man's$ (cf. *16.3*).

*19.2.0.* O limiar dos anos noventa foi para Yeats marcado por uma "descoberta contínua de verdades místicas" (*Memoirs*, p. 30); a criação de *SL 1891* pertence ao período de sua inclinação crescente rumo à pesquisa esotérica, com uma fé nas correspondências entre a alma e o corpo humano e o planeta Saturno com a Lua (*ibid.*, p. 23).

*19.2.1.* O corpo lunar, como o símbolo principal na mitologia, do poeta, foi promovido por Yeats com uma persistência particular no primeiro esboço de seu tratado *A Vision* (1925), que foi preparado pelo poeta ao mesmo tempo e com tanto interesse quanto a versão final de "The Sorrow of Love" (incluída pelo autor em um outro livro do mesmo ano, seu *Early Poems and Stories*). Em sua nota de 1925 para a última coleção (*Var.*, p. 842) Yeats testemunha que está "agora ocupado mais uma vez em *A Vision* com aquele pensamento, as antíteses de dia e noite e de lua e sol"; imediatamente volta-se para o ciclo *The Rose* e conta que "lendo estes poemas pela primeira vez em vários anos" compreende que sua heroína fora imaginada "como sofrendo com o homem e não como algo perseguido e visto de longe".

*19.2.2.* Já na versão primitiva de *SL* as imagens contrastantes de I $_2The$ *full round moon* e III $_2The$ *crumbling* (1891: *withered*) *moon* foram aparentemente relacionadas com a doutrina mística do autor gradativamente amadurecidas e mais tarde sistematizadas em *A Vision*. Esta "filosofia de vida e morte" encontrou sua corporificação poética na fantasmagoria "The Phases of the Moon", inicialmente impressa em 1919 (*Var.*, p. 821) e mais tarde incluído na primeira edição de *A Vision*. Este poema evoca a cena "When the moon's full" (*Var.*, p. 375, verso 75 e ss.), imediatamente seguido pelo "the crumbling of the moon" (*ibid.*, verso 87 e ss.) e focaliza os diversos efeitos destas fases "Upon the body and upon the soul" (*ibid.*, p. 376, verso 93). É significativo que de 1895 em diante *crumbling* fosse substituído em *SL* pelo tropo *curd-pale*, e que na versão final do poema estes dois epítetos notáveis fossem suplantados por alusões mais remotas: I ₂*The brilliant moon* e III ₂*A climbing moon*, a última ambígua (subindo em direção ao zênite ou melhor rumo à próxima fase?) e a precedente, *brilliant*, de acordo com o próprio reconhecimento do autor, por seu "torpor e embotamento", tanto "que todos podiam parecer como se fossem lembrados com indiferença, exceto alguma imagem viva" (*Auto.*, p. 291). Aquela "imagem viva" deve ter sido o próprio substantivo dominante *moon*, o motivo visual central comum aos dois quadros do nível elevado em *SL 1925* (cf. *16.3*).

*19.2.3.* "A lua cheia é Fase 15", escreve Yeats, e "como nos aproximamos da Fase 15, a beleza pessoal aumenta, e na Fase 14 e Fase 16 a maior beleza humana torna-se possível" (*A Vision*, pp. 78, 131). Enquanto o quarteto interno de *SL* alude à Fase 15, os dois quartetos externos refletem suas Fases adjacentes.

> *Under the frenzy of the fourteenth moon,*
> *The soul begins to tremble into stillness,*
> *To die into the labyrinth of itself!*
> (*Var.*, p. 374, versos 53-55)

*Man's image and his cry*, obliterada de acordo com o quarteto inicial de *SL 1925*, corresponde à canção de Robartes em "The Phases of the Moon" e a seus demais versos anunciando a lua cheia:

> *All though becomes an image and the soul*
> *Becomes a body*
> (*Var.*, p. 374, verso 58 e s.)

— ou nos termos de *SL 1925*, II ₁*A girl arose.*

> *And after that the crumbling of the moon.*
> *The soul remembering its loneliness*
> *Shudders in many cradles; all is changed.*
> (*Var.*, p. 375, versos 87-89)

Como foi explicado em *A Vision* (pp. 137 e s.), "há sempre um elemento de furor", mas "Fase 16 está em contraste com Fase 14, apesar de sua semelhança de subjetividade externa***. Encontrou sua antítese e portanto autoconhecimento e autodomínio". Em resumo, é a fase em que todas as ilusões físicas da Fase 14 *Could but compose man's image and his cry.*

*19.3.0.* O quarteto interno carece de tais pares de opostos como *sky* e *earth* de *SL 1892* ou *moon* e *man* de *SL 1925*. Ainda que, ao mesmo tempo, a *moon* das duas estrofes externas apresente uma correspondência particular com a heroína do quarteto interno adjacente. Em *SL 1892*, as descrições justapostas de I ₂*The full round moon* e II ₁*those*

YEATS "SORROW OF LOVE" ATRAVÉS DOS ANOS          179

*red mournful lips* exibem uma correspondência múltipla na caracterização morfológica e fonológica das duas expressões: *full* – *** *ful* e /r.ndm.n/ – /r.dm.rn/.

*19.3.1.* "My love sorrow [!]", diz Yeats, "foi minha obsessão, nunca abandonando-o durante o dia ou a noite" (*Memoirs*, 74), e uma passagem no primeiro esboço da *Autobiografia*, de Yeats, com uma paráfrase mais do que livre dos *Cadernos*, de Leonardo da Vinci, esclarece a imagem do III $_2$*climbing moon* e sua contraparte, o "elevar-se" II $_2$*girl*** *that had red mournful lips* de *SL 1925*: "Por fim ela veio para mim em janeiro do meu trigésimo ano, penso***. Eu não podia dar a ela o amor que era seu direito à beleza***. Todas as nossas vidas suspiram, como diz Da Vinci, nós suspiramos, pensando que é não apenas a lua que nós suspiramos [por], por nossa destruição, e como, quando nós a encontramos na forma da mais bela mulher, o mínimo que fazemos é deixarmos todas as demais por ela? Não procuramos nossa ruína em seus lábios?" (*Memoirs*, 88). Estas linhas podem ser confrontadas com um parágrafo anterior das mesmas *Memoirs* (p.72), a confissão do poeta de seu vigésimo sétimo (3³) ano: "Penso que meu amor parecia quase sem esperança***. Desde a infância que nunca havia beijado os lábios de uma mulher".

*19.3.2.* O esboço da Fase 15 em *A Vision* (p. 136) acrescenta que "agora contemplação e desejo, unidos num só, habitam um mundo onde toda imagem amada tem forma corpórea e toda forma corpórea é amada. Este amor não conhece nada de desejo, pois desejo implica esforço***. Como todo esforço cessou, todo pensamento tornou-se imagem, porque nenhum pensamento podia existir se não fosse levado para sua própria extinção".

*19.3.3.* O motivo para as reflexões do poeta sobre a Décima Quinta Fase da Lua diz: "Nenhuma descrição exceto que esta é uma fase de completa beleza" (*A Vision*, p. 135). Em *L 1892*, o quarteto interno, centrado em torno desta fase particular, difere surpreendentemente das estrofes externas gramatical e composicionalmente (cf. *8.1.0* e ss.). Cada um dos dois dísticos é construído sobre um esquema amplamente pleonástico. Os dois primeiros versos apresentam uma justaposição como um trocadilho de duas preposições associativas idênticas, uma sinedóquica (II $_1$*you came with those*** *lips*) e a outra puramente metonímica (II $_2$*with you came the whole of the world's tears*). Em *SL 1895*, o segundo dístico obtém uma tautologia heptassilábica, II $_3$–$_4$*And all the trouble of her****, com uma expressiva figura sonora, /r.b.l/ – /l.b.r/ (*labouring*) – /r.b.l/.

*19.4.0.* O isolamento relativo da segunda estrofe com respeito aos outros quartetos de *SL 1892* é até um certo ponto contrabalançado pelas correspondências equivalentes entre a versão primitiva deste quarteto interno e alguns poemas adjacentes do ciclo intitulado *The Rose*. Escrevendo sobre o nascimento "daquelas mulheres que são as mais tocantes em sua beleza", Yeats estabelece em *A Vision* que Helen foi da Fase 14 (p. 132). A referência a Tróia, exposta abertamente mais tarde

180                    POÉTICA EM AÇÃO

em *SL 1925*, permanece um pouco obscura na versão primitiva, mas é claramente revelada num poema que se avizinha de *SL* no ciclo *The Rose*, "The Rose of the World":

> Who dreamed that beauty passes like a dream?
> For *these red lips, with all their mournful pride,*
> *Mournful* that no new wonder may betide,
> *Troy passed away* in one high funeral gleam,
> And Usna's children died.
>
> (*Var.*, p.111)

*19.4.1.* Não só feições fraseológicas, mas também métricas revelam a afinidade entre o quarteto interno de *SL 1892* e os outros poemas do mesmo ciclo. O repetido *arose* em $II_1$ e $III_1$ de *SL 1925* sugere a um crítico, John Unterecker, ver uma dupla visão de "a girl arose" e "a girl, a rose" (1959 : 159). O verso $II_1$ é o único no poema com todos os três primeiros acentos descendentes seguidos por um limite de palavras – A girl/ arose/ that had/ red*** (cf. em *SL 1892* o verso correspondente – $II_1$*And then/ you came/ with those/ red****, e em *SL 1925*, tais oxítonos iniciais no mesmo quarteto como $II_2$*And seemed/, $_4$And proud/*); é interessante notar que o poema "The Rose" (1892), que inicia o ciclo do mesmo nome (1893, *Var.*, pp. 100 e s.), tem o ritmo idêntico em seu primeiro verso – Red Rose,/ proud Rose,/ sad Rose/*** – literalmente repetido no fim do poema (verso 24), bem como no verso inicial da segunda estrofe de doze versos – $_{13}$Come near,/ come near,/ come near/***.

*19.4.2.* Estamos examinando as correspondências entre "The Sorrow of Love" e os poemas adjacentes de *The Rose*, mas há uma outra questão tão tentadora, a das palavras-chave, abundantes nos versos circundantes, que foram vistos superficialmente em silêncio em *SL*. Junto com *SL*, o poema "When You Are Old" dirige-se a Maud Gonne (cf. Bradford, 1961 : 454) e é o único outro texto do ciclo *The Rose* composto em três quartetos de pentâmetros iâmbicos. É dificilmente por acaso que neste poema, que está localizado na edição de 1892 justamente antes, e em edições a partir de 1895 imediatamente depois, "The Sorrow of Love", o vocábulo *love*, limitado ao título de *SL*, ocorre seis vezes, quatro vezes como verbo no segundo quarteto ($II_1$*How many loved***, $_2$And loved your beauty, $_3$But one man loved***, $_4$And loved the sorrows****)'e duas vezes como substantivo ($II_2$*with love false or true*, $III_2$*** how Love fled*). Em *SL*, tanto amor como Helen permanecem não nomeados.

*19.5.* Da mesma forma, para o destino de Helen, "não é porque ela deseja tão pouco, ou tão pouco, que os homens morrerão e matarão a seu serviço (*A Vision*, p. 133). De acordo com o quarteto interno de *SL 1892*, ela está acompanhada por *the whole of the world's tears*, enquanto na última versão desta estrofe, está *the world in tears*, a segunda *dramatis persona* que emerge como uma de suas encarnações metafóricas. Suas corporificações ulteriores, os homens que "morrem e matam" dentro da cena do dístico seguinte, completam a lista de substantivos

YEATS "SORROW OF LOVE" ATRAVÉS DOS ANOS     181

pessoais, e sua pirâmide subordinada agudamente distingue a estrofe interna de *SL 1925* das construções circundantes (cf. *14.1*), uma dessemelhança depois ampliada pelo fato de que a terceira acentuação central, que é a mais pesada nos dois quartetos externos, é a mais leve na estrofe interna (cf. *17.2.0*).

*19.6. The world*, casualmente, é o caráter geral designado em *A Vision* para as Fases 14, 15, 16 da Grande Roda, com a dedução subseqüente *Sorrow* (p.102), e foi sob o título "The Sorrow of the World" que *SL 1892 Ind* apareceu (cf. *6.8*).

*19.7*. Enquanto a associação de similaridade dirige a configuração do quarteto interno de *SL 1925*, na versão primitiva do poema o fio condutor pertence às relações de contigüidade. A falta completa de substantivos humanos (*versus* quatro na mesma estrofe de *SL 1925*), o excesso de pronomes (sete *versus* dois na versão final), e especialmente o reiterado *you* de *SL 1892*, correspondendo a *A girl* de *SL 1925*, tudo testemunha a função dêitica que sublinha o quarteto interno da versão primitiva. Determinativos, como II $_2$*the whole of the world's tears* e II $_4$*myriad years*, são semelhantes ao vocabulário de parentesco externo. A estrofe dedicada à Fase 15 ou indica (*SL 1892*) ou nomeia (*SL 1925*), mas em ambos os casos evita "descrição" (cf. *19.3.3*).

*19.8*. Os críticos podem indagar sobre qual das duas versões é mais "defeituosa" e qual delas requer mais "indulgência". Contudo, a seleção exata e arranjo de símbolos verbais citados em "The Sorrow of Love" para construir um sistema harmonioso de correlações semânticas ricas e, nos próprios termos de Yeats, "por demais tecido na trama de [seu] trabalho para [si] para dar conta detalhada deles, um por um" (*Var.*, p. 843), na verdade justificam a afirmação do poeta: *And words obey my call*.


REFERÊNCIAS BIBLIOGRÁFICAS

ALLT, G. D. P. "Yeats and the Revision of His Early Work". *Hermathena* LXIV. 1944, 90-101; LXV (1945), 40-57.

BAILEY, James. "Linguistic Givens and Their Metrical Realization in a Poem by Yeats". *Language and Style* VIII, n. 1 (Winter, 1975), 21-33.

BONNEFOY, Yves (trad.). "Le chagrin de l'amour". *Argile* 1, Paris 1973, 65.

BRADFORD, Curtis. "Yeats and Maud Gonne". *Texas Studies in Language and Literature* 3 (1961-62), 452-474.

COWELL, R.   . *B. Yeats.* New York, 1969.

DOUGHERTY, Adelyn. *A Study of Rhythmic Structure in the Verse of William Bulter Yeats.* Haia-Paris, 1973.

ELLMANN, Richard. *The Identity of Yeats.* Londres-New York, 1954.

EXNER, Richard (trad.). "Trübsal der Liebe". In YEATS, W. B. *Werke* I, ed. por W. Vordtriede, Neuwied, 1960.

## POÉTICA EM AÇÃO

HALLIDAY, M. A. K. "Class in Relation to the Axes of Chain and Choice in Language". *Linguistics* 2 (1963), 5-15.

HENN, T. R. *The Lonely Tower: Studies in the Poetry of W. B. Yeats.* Londres, 1965.

HONE, Joseph. *W. B. Yeats.* New York, 1943.

JESPERSEN, Otto. *The Philosophy of Grammar.* Londres, 1924.

KIPARSKY, Paul. "Stress, Syntax, and Meter". *Language* LI, n. 3 (set. 1975), 576-617.

MACNEICE, Louise. *The Poetry of W. B. Yeats.* Londres, 1941.

MASSON, David I. "Word and Sound in Yeats' 'Byzantium' ". *ELH* XX, n. 2, 136-60.

————. "Poetic Sound-Patterning Reconsidered". *Proceedings of the Leeds Philosophical and Literary Society XVI,* Parte V (1976), 66-124.

MONTEIRO, George. "Unrecorded Variants in Two Yeats Poems". *Papers of the Bibliographical Society of America* LX, n. 3 (1966), 367f.

PARKINSON, T. *W. B. Yeats Self-Critic.* Berkeley-Los Angeles, 1951.

PARRISH, S. M. (comp.). *A Concordance to the Poems of W. B. Yeats.* Cornell, N.Y., 1963.

PERLOFF, Marjorie. *Rhyme and Meaning in the Poetry of Yeats.* Haia-Paris, 1970.

SAUL, G. B. *Prolegomena to the Study of Yeats' Poems.* Philadelphia, 1957.

STALLWORTHY, Jon. *Between the Lines: Yeats's Poetry in the Making.* Oxford, 1963.

STAMM, R. "The Sorrow of Love. A Poem by William Butler Yeats Revised by Himself". *English Studies* XXIX, n. 3 (1948), 79-87.

STRANG, Barbara. *The Structure of English Grammar.* Londres, 1968.

UNTERECKER, John. *A Reader's Guide to William Butler Yeats.* New York, 1959.

VALÉRY, Paul. "Poésie et pensée abstraite". Em seu *Varieté,* V, Paris, 1945.

WHORF, B. L. *Language, Mind and Reality.* Cambridge, Mass., 1941.

YEATS, William Butler. *(Auto. =) Autobiography.* New York, 1965.

————. *The Countess Kathleen and Various Legends and Lyrics.* Londres, 1892.

————. *Early Poems and Stories.* Londres, 1925.

————. *(Essays =) Essays and Introductions.* New York, 1968.

————. *(Memoirs =) Memoirs: Autobiography – First Draft, Journal,* ed. por D. Donoghue, New York, 1973.

————. *(Var. =) The Variorum Edition of the Poems,* ed. por P. Allt e R. K. Alspach, New York, 1957.

————. *(Vision =) A Vision.* Londres, 1925. Nossas páginas de referência remetem a edição, New York, 1956.

YNGVE, V. H. "The Depth Hypothesis". *Proceedings of Symposia in Applied Mathematics* XII, 1961, 130-38.

# 9. Um Olhar sobre "Der Aussicht", de Hölderlin*

*Alles greift in emander*
Hölderlin

---

*Hölderlin. Klee. Brecht (Zur wortkunst dreier gedicht)*. Frankfurt am Main Surkamp Taschenbuch Verlag, 1976. As referências bibliográficas internas remetem à bibliografia desta edição. Tradução de Nathan Norbert Zins.

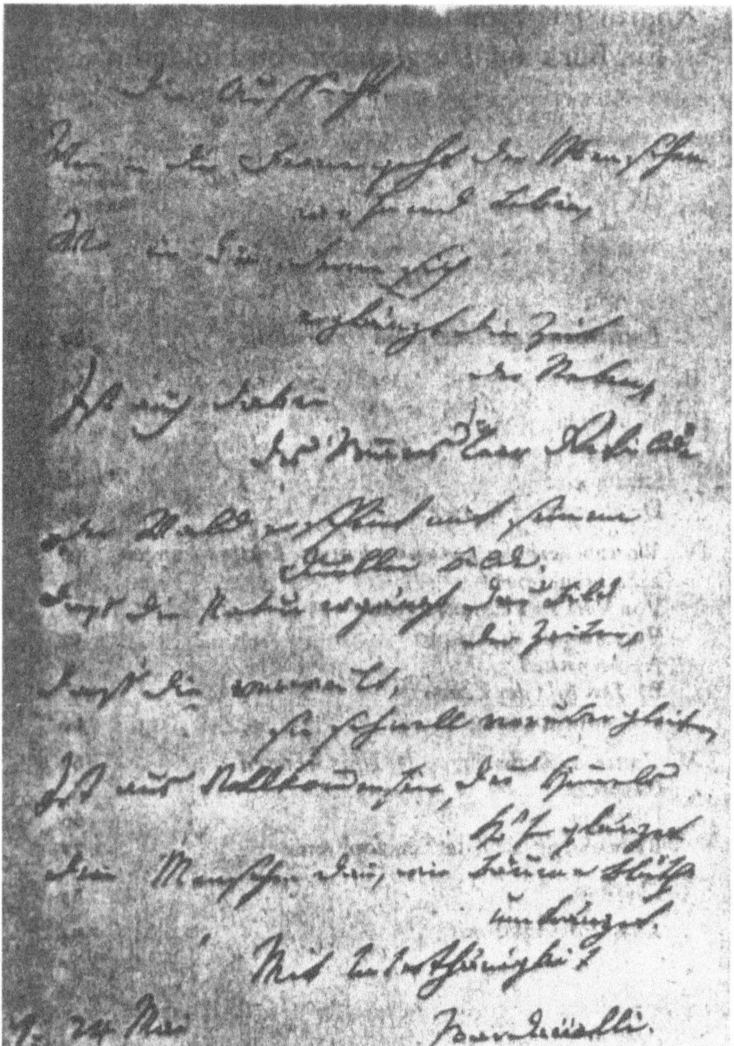

## DIE AUSSICHT

Wenn in die Ferne geht der Menschen wohnend Leben,
Wo in die Ferne sich erglänzt die Zeit der Reben,
Ist auch dabei des Sommers leer Gefilde,
Der Wald erscheint mit seinem dunklen Bilde.

Dass die Natur ergänzt das Bild der Zeiten,
Dass die verweilt, sie schnell vorübergleiten,
Ist aus Vollkommenheit, des Himmels Höhe glänzet
Den Menschen dann, wie Bäume Blüth' umkränzet.

Mit Unterthänigkeit
Scardanelli*


## *"A PAISAGEM

Quando para longe a vida habitada pelos homens caminha,
Lá, onde para longe o tempo das videiras rebrilha,
Está também aí o campo vazio do verão,
A floresta aparece com sua escura visão.

Que a natureza completa a imagem das eras,
Que ela demora, elas deslizam ligeiras,
É por perfeição, as alturas do céu resplandecem
Nos homens então, como árvores, coroadas florescem.

Com subserviência
Scardanelli"

## 186 POÉTICA EM AÇÃO

## 1. ÉPOCA DA CRIAÇÃO, TÍTULO E ASSINATURA

Poema de Hölderlin "Die Aussicht" (H 312) [A Paisagem] – cujo fac-símile aparece na edição berlinense de suas obras (vol. VI, 1923, a partir da p. 50) – é considerado·como o derradeiro. O poeta faleceu em 7 de junho de 1843. Na crônica que Beck dedicou a Hölderlin (109), lê-se sob a data "aproximadamente no princípio de junho: O doente, acometido de um resfriado, contra o qual Gmelin lhe prescreveu um medicamento, está escrevendo seu último poema 'Aussicht'". F. Beisner insere-o na Grande Edição de Stuttgart, em ordem cronológica, juntamente com o "Freundschaft" [Amizade] (escrito em 27 de maio de 1843), e atribui "Die Aussicht" à data de maio/junho de 1843 (H VII/3, n.º 608, p. 306). Estas indicações baseiam-se na nota de Fritz Bräulin, sobrinho do poeta, na margem superior da folha manuscrita: "Escrito por Hölderlin em Tübingen, nos últimos dias de sua vida" (H 926). Observação semelhante de Bräulin aparece aliás no poema "Der Frühling" [A Primavera] *(Die Sonne kehrt...)* [O sol volve...]: "escrito nos seus últimos dias" (H 308 e 923 e s.). Essas duas oitavas têm, além disso, evidentes pontos de contato fraseológicos. "Die Aussicht" pertence, em todo caso, às criações mais tardias de 1843. Somente oitenta anos após a morte do poeta foi publicado na edição de Weimar de suas obras (II, 1923, p. 289).

O mesmo título, embora sem artigo, surge em dois poemas anteriores. "Aussicht" (Wenn Menschen [!] fröhlich sind...) [Quando homens [!] se alegram...] (H 281 e 908) foi escrito por volta de 1830. O segundo "Aussicht" (Der off'ne Tag ist Menschen hell...) [O pleno dia ilumina homens...] (H 287 e 911), já assinado por *Scardanelli*, foi redigido nos fins dos anos trinta. O motivo evidente e imediato para o título, o qual, a seguir, deu lugar a multiformes interpretações espaciais e temporais, foi a predileção do poeta doente pelo panorama que se via da sacada da sua pequena torre em Tübingen, a qual é mencionada repetidas vezes nas anotações e memórias de seus visitantes. "É para ele uma felicidade poder gozar, do seu quartinho, uma vista realmente muito risonha...", conta a testemunha Wilhelm Waiblinger, mencionando "algumas belas imagens" que Hölderlin "colhia sem hesitar da natureza, ao ver da sua janela a primavera chegar e partir" (VII/3, n.º 499, pp. 71, 73). Bettina von Arnim atesta: "Ele tem um quartinho estreito no andar superior de uma casa de carpinteiro, nos arredores da cidade, arredondado em forma de balcão, que dá para o Nécar, para um vale, e ao longe, para a linha elevada do horizonte da floresta; esta vista é sua única alegria, talvez a única coisa que o leve a sentir simpatia pelos homens e a poder exprimi-la no seu íntimo" *(Ilius Pamphilius,* II, 380 e s.). O mestre carpinteiro Ernst Zimmer relata igualmente, em 1835, sobre seu pupilo: "Eu lhe pedi que escrevesse algo também para mim, ele apenas abriu a janela, deu uma olhada para fora e, em doze minutos, o poema estava pronto" (H VII/3, n.º 528, p. 134). Mesmo fora do próprio quarto, o poeta doente parecia especialmente atraído pelos lugares perto da jane-

UM OLHAR SOBRE "DER AUSSICHT", DE HÖLDERLIN    187

la. Como hóspede de Waiblinger, Hölderlin "abriu a janela, sentou-se ali perto e pôs-se a elogiar a vista, usando palavras bem compreensíveis" (H VII/3, n.º 499, p. 67).

"Die Aussicht" traz, no final do manuscrito de Hölderlin, à direita, a assinatura:

> Com subserviência
> Scardanelli.

De acordo com a edição de Stuttgart, Hölderlin passou a assinar seus poemas com o nome *Scardanelli* somente a partir de 1837-1838, aproximadamente (H VII/3, n.º 529, p. 139). Waiblinger, que tinha relações com Hölderlin nos princípios dos anos vinte, reproduz a seguinte declaração do poeta doente: "Eu, meu senhor, não tenho mais o mesmo nome, agora me chamo Killalusimeno. Oui, Majestade: Vossa Majestade diz assim, Vossa Majestade assim afirma! a mim nada acontece!" Este nome, entretanto, não aparece nos manuscritos conhecidos do poeta, e quando este como hóspede entrega a Waiblinger um poema, assina como segue: "Vosso mais subserviente Hölderlin!" (H VII/3, n.º 499, p. 69). A fórmula da subserviência surge portanto bem antes de se tornar habitual em associação com o nome *Scardanelli*, sendo também nas conversas, segundo Waiblinger, características de Hölderlin: "O tempo todo se ouve apenas: Vossa Majestade, Vossa Santidade, Vossa Graça, Vossa Excelência, Senhor Padre! Excelentíssimo, aceite o testemunho de minha subserviência..." Segundo o mesmo depoimento, "ele nunca cessava de falar consigo mesmo e repetia sempre: Está bem: Agora não! Verdade! Sou muito devoto a Vossa Excelência, aceite o profundo testemunho de minha subserviência a Vossa Graça – sim, sim, mais do que posso dizer – Vossa Graça é por demais clemente" (H VII/3, n.º 470, p. 11).

No dia 21 de janeiro de 1841, Christoph Theodor Schwab anotou no seu diário:

> Hoje estive outra vez em sua casa para apanhar uns poemas que ele havia feito. Eram dois, sem assinatura. A filha de Zimmer disse, me que eu devia pedir a ele que escrevesse embaixo o nome H. Entrei, fui ter com ele e fiz-lhe o pedido; ele ficou furioso, começou a correr pelo quarto, pegava a poltrona e punha-a, num ímpeto, ora aqui, ora acolá, gritava palavras incompreensíveis, dentre as quais se ouvia nitidamente: "meu nome é Skardanelli", e por fim ele sentou, apesar de tudo, e escreveu embaixo, numa expressão de fúria, o nome Skardanelli (H VII/3, n.º 551, p. 205).

Johann Georg Fischer, que visitou Hölderlin em 1841-43, conta que este, folheando um exemplar de seus poemas recentemente publicados, disse: "Sim, os poemas são autênticos, são meus, mas o nome é falsificado, nunca me chamei Hölderlin, eu me chamo Scardanelli ou Scarivari ou Salvator Rosa ou algo semelhante". Todavia, *Scardanelli* é o único nome que Hölderlin adotou como assinatura para seus poemas. (A variante *Scartanelli*, assinalada principalmente por Chr. Th. Schwab, não se conservou nos manuscritos.) Em contrapartida, Hölderlin cos-

POÉTICA EM AÇÃO

tuma, nas folhas de álbum do mesmo período, utilizar-se da assinatura "com subserviência, Buonarotti" ou "Buarotti" (v. H 353 e 970 e s.; VII/3, n.º 529 e n.º 608, p. 305).

Scardanelli, "cuja sombra emerge mais amiúde nos poemas encomendados", é definido em H VII/3, n.º 608, pp. 304 e s., como "obscuro". Mas a questão do nome talvez possa ser aclarada pela indicação de duas correlações nítidas. Omitindo, nos nomes *Scandanelli* e *Hölderlin*, a primeira vogal com a qual os antecede, resulta que a série de oito letras -*rdanelli* repete, numa ordem diferente, todas as sete letras da seqüência -*lderlin*:

```
1 2 3 4 5 6 7          4 2 - 7 3 1 5 6
- l d e r l i n         - r d a n e l l i
```

A omissão das primeiras letras na elaboração de um pseudônimo era corriqueira. Além disso, o nome *Scardanelli* parece ter um outro modelo de apoio, *Sganarelle*, nome de uma conhecida personagem de Molière, cujas nove letras, excetuando a vogal muda do fim, reencontram-se na forma *Scardanelli*, com a única substituição do surdo *g* pelo sonoro *k* (*c*):

```
1 2 3 4 5 6 7 8 9      1 2 3 6 - 5 4 7 8 9
S g a n a r e l l       S c a r d a n e l l
```

O *d e o i* que faltam em *Sganarelle* são comuns a *Scardanelli* e a *Hölderlin*. O ritual da polidez, assumido por Hölderlin na velhice, com a predileção por locuções francesas e fórmulas serviçais, podia facilmente lembrar-lhe a figura cênica de Sganarelle, a qual desenvolve, em suas inúmeras variantes, uma fraseologia e uma postura reverente análogas às de Hölderlin'(Seigneur Commandeur; Je suis votre valet; Je baise les mains à M. le Docteur; Monsieur, votre serviteur...). Quando Waiblinger perguntou ao poeta: "Que idade tem, senhor bibliotecário? – ele respondeu numa torrente de palavras francesas: Não sou mais cônscio disso, Vossa Graça" (H VII/3, n.º 470, p. 11).

A profunda inclinação de Hölderlin para os pseudônimos anagramáticos pode ter-se manifestado já no *Hyperion*. Várias vezes foi ressaltado que "Hyperion significa apenas uma máscara para o próprio Hölderlin e que no fundo são mutuamente idênticos" (Lange, 66). O fundo gráfico comum a ambos os nomes – ao mitológico *Hyperion* (H..eri.n) e ao herdado *Hölderlin* (H...er.in) – salta aos olhos, sendo reforçado por várias fórmulas do *Eremiten in Griechenland* [Eremitas na Grécia], como, por exemplo, "holder Stern" [Estrela graciosa] (holder....n – Hölder..n), ou a confissão de Diótima: "Dein Namensbruder, der herrliche (herli.. – H...erli.) *H*yperion des *H*immels ist in dir" [O seu xará, o magnífico Hyperion dos céus, está em ti] (H III 73), com a tríplice aliteração do *H* inicial, a qual, aliás, aparece já em 1792 (v. Binder, 1961/1962, 135 e s.), quando é mencionado, pela primeira vez, o cognome do deus do sol (H I 160) no "Hymne an die Freiheit" [Hino à Li-

UM OLHAR SOBRE "DER AUSSICHT", DE HÖLDERLIN       189

berdade] (1793): "Wenn ihr Haupt die blaichen Sterne neigen, || Stralt *H*yperion im *H*eldenlauf" (Hölde.1..) [Quando as pálidas estrelas inclinam sua cabeça, || Brilha Hyperion na carreira do herói]. Deve-se assinalar, além disso, que, no "Die Aussicht", três sílabas tônicas seguidas estão marcadas igualmente pelo fonema inicial *H* (IV$_1$ Vollkommen*h*eit, | des *H*immels *H*öhe glänzet ||), e que esta aliteração, juntamente com o tríplice fonema nasal terminal (IV$_2$ De*n* Mensche*n* dan*n*|), contém talvez uma leve alusão ao nome oculto: *Höhe glänzet den* (Hö-l-de-n).

Os poemas de Hölderlin dos seus cinco últimos anos de vida apresentam, quase sem exceção, a assinatura *Scardanelli*, e à esquerda deste nome, quase sempre, a indicação, de próprio punho, de uma data imaginária. Sem a assinatura usual *"Com subserviência Scardanelli"*, aparece uma tal indicação *(15 de nov. de 1759)* uma única vez, sob o texto de "Der Herbst" [O Outono], escrito em torno de 1841-1842 (H 229, 918). Dos vinte e quatro poemas preservados, assinados *Scardanelli* (H 286-312 e 360, v. 976), vinte estão datados.

Os dois poemas mais antigos, assinados desta maneira (H 286 e 287), aparentemente redigidos por volta de 1838, e ainda um terceiro, oitava talvez posterior (H 304), referem-se ao século XVII *(3 de maio de 1648, 24 de março de 1671, 24 de janeiro de 1676)*, e em quatro casos – H 288 *(24 de abril de 1839)*, 295 *(25 de dezembro de 1841)*, 298 *(15 de março de 1842)* e 302 *(28 de julho de 1842)* – a data, pelo menos com respeito ao ano, "possivelmente... não é fingida" (v. H 911, 916, 918, 920). Dois poemas foram destinados pelo autor ao futuro, a saber, "Der Winter" [O Inverno], escrito em 7 de novembro de 1842, traz a data de *24 de abril de 1849* (H 303, 921), e "Der Sommer" [O Verão], escrito em 9 de março do mesmo ano, indica dia e mês autênticos, mas recua o ano para *1840* (H 297, 917). A maior parte dos poemas escritos entre 1841 e 1843 (onze obras isoladas) é atribuída, nos manuscritos de Hölderlin–Scardanelli, ao século XVIII, e especificamente aos anos que precedem o nascimento do poeta ou pelo menos sua adolescência (H 293: *24 de maio de 1778*).

As invenções das datas sob o texto dos poemas exprimem uma preferência do poeta por certas designações e relações cronológicas. Dez dos onze números de anos do pretenso século XVIII terminam com o algarismo 8. Dentre estes onze números de quatro algarismos, o do decênio é, na maior parte, assinalado por *4* ou *5* (de cinco em cinco exemplos), enquanto todo número de ano contém, forçosamente, o *8* como o último ou o *4* como o penúltimo algarismo, caso não ocorram juntos.

O mês de *maio* aparece nove vezes, seguido somente por anos que começam com *1700* e terminam com 8. Todos os onze poemas compilados no século XVIII teriam sido compostos, segundo depõe Scardanelli, após o dia 20 do mês. Em dois casos, a data diz *20*, e em nove outros, *24* (número que aparece ainda quatro vezes nas atribuições de Scardanelli a outros séculos). O número *24* parece ser o ponto crucial de todas essas datações.

# POÉTICA EM AÇÃO

O ano de *1748* aparece quatro vezes e sempre em conexão com o *24 de maio*. Todos os quatro poemas que contêm a mesma data *(24 de maio de 1748)* – com uma distribuição simétrica dos dois algarismos, no princípio *(24)* e no fim *(48)* – foram todos escritos pouco tempo antes da morte de Hölderlin: "Die Aussicht" (H 312, 926), "Der Zeitgeist" [O Espírito da Época] (H 310, 925), "Der Frühling" [A Primavera] (H 307, 926) e "Griechenland" [Grécia] (H 306, 922). Johann Georg Fischer conta sobre sua última visita ao poeta doente, como pediu a Hölderlin "algumas linhas de lembrança" e como ele, depois que Hölderlin lhe propôs uma escolha entre "estrofes sobre a Grécia, sobre a primavera, sobre o 'espírito da época' ", decidiu-se pela última (H VII/3, n.º 608, p. 295, v. 301). As idéias das "estrofes sobre a Grécia" e "sobre a primavera" concretizaram-se, provavelmente, nos dois poemas de *24 de maio de 1748,* acima mencionados.

## 2. VERSO

Hölderlin dedicava atenção especial à concatenação e à estrutura interna dos versos. Segundo o testemunho de J. G. Fischer (1816-1897), que em abril de 1843 viu o poeta doente trabalhando, "ele ia até a escrivaninha... e punha-se a escrever, escandindo os versos no móvel com os dedos da mão esquerda, e expressando com um aceno de cabeça, após o término de cada linha, um nítido *Hum* de satisfação" (*ibid.*).

O poema iâmbico de oito versos compõe-se de dois quartetos. Cada uma destas estrofes consiste em dois pares de versos. Cada verso é dividido em dois hemistíquios por meio de uma cesura – segmentação obrigatória – ante as sete últimas sílabas, que a partir de agora chamaremos de hemistíquio inicial e terminal.

Os pares de versos aparecem indicados por algarismos romanos e os versos por algarismos arábicos colocados um pouco abaixo, de tal modo que o primeiro e o último versos do poema todo são designados como $I_1$ e $IV_2$. A cesura é indicada por uma barra vertical simples |, e o final de verso, por uma barra vertical dupla ||.

Os quartetos, no poema de Hölderlin, estão separados por um ponto, sendo que cada quarteto constitui um período. Em ambos os casos, o primeiro par de versos contém duas subordinadas paralelas, cujos hemistíquios iniciais se assemelham um ao outro em termos de conteúdo lingüístico. A aliteração é apoiada por um eco no hemistíquio terminal dos primeiros versos:

$I_1$    *Wenn in der Ferne x | x x x wohnend*
2    *Wo in die Ferne    x |*
$III_1$    *Dass die x x | x x das*
2    *Dass die x x |*

UM OLHAR SOBRE "DER AUSSICHT", DE HÖLDERLIN    191

Os segundos pares de versos (ou seja, os de número par) são formados por duas orações principais coordenadas e apresentam semelhanças fonéticas e semânticas entre si:

$II_1$     *Ist auch dabei* | *des Sommers*
$2$       *Der x x x*
$IV_1$    *Ist aus* Vollkommenheit | *des Himmels*
$2$       *Den x x x*

A estrutura do segundo quarteto é mais complicada do que a do primeiro. A segunda frase em cada par de versos decompõe-se aqui novamente em duas orações, 1) adversativa – repartida no primeiro par de versos em hemistíquio inicial e terminal

$III_2$    *Dass die verweilt,* | *sie schnell vorübergleiten*

2) comparativa – repartida no segundo par em dois hemistíquios terminais:

$IV_1$    | *x x x Höhe glänzet* | |
$2$       |*wie x x Blüth' umkränzet* | .

Uma delimitação sintática dos hemistíquios (3 vírgulas) e um complemento do sentido de um verso no verso imediato, dentro do último par de versos, relacionam-se ao dito acima. – Sobre a importância que Hölderlin atribuía à pontuação, pode-se ver no depoimento de Wilhelm Waiblinger, para o qual Hölderlin costumava declamar com grande ênfase seu *Hyperion,* acrescentando subitamente: "Veja, Exmo. Sr., uma vírgula!" (H VII/3, n.º 499, p. 66).

Em três linhas do poema, o hemistíquio inicial abrange seis sílabas cada linha, nos cinco restantes, quatro: por conseguinte, dos oito versos iâmbicos em rimas graves, distinguem-se três versos "de seis pés" e cinco outros "de cinco pés".

Os últimos poemas de Hölderlin comprovam quase sem exceção uma preferência pela métrica iâmbica, oscilando entre tais linhas de seis e cinco pés. Os comentários na edição de Stuttgart (E 915) ressaltam a rima *blinkt / sinkt* no poema "Der Winter" (Wenn blaicher Schnee...) [Quando a neve pálida...], escrito por volta de 1841, definindo-a como "única rima aguda desde 1830 aproximadamente", sendo que, no caso, a interpretação mais adequada seria *blinket / sinket,* como está, por exemplo, no "Die Aussicht" IV *glänzet / kränzet.*

Os dois quartetos do poema terminam com um verso curto. Em cada quarteto, os dois versos iniciais (ou seja, ambas as linhas de cada par de versos de número par) contêm o mesmo número de sílabas: são versos longos no primeiro quarteto ($I_{1-2}$) e curtos no segundo ($III_{1-2}$). A passagem do primeiro par de versos para o terceiro verso é marcada claramente por uma mudança na quantidade de sílabas, a saber, o verso longo $I_2$ é substituído pelo verso curto $II_1$, e o curto $III_2$ pelo longo $IV_1$. Só no verso final os quartetos possuem um número idêntico de sílabas ($II_2 = IV_2$), enquanto os três primeiros versos de cada quarteto

192 POÉTICA EM AÇÃO

encontram-se em relação assimétrica: dois versos longos ($I_{1-2}$) seguidos
por um curto ($II_1$) contrastam com dois curtos ($III_{1-2}$) e um longo subseqüente ($IV_1$).

| $I_1$ | Wenn in | die | Ferne | geht | der Menschen wohnend Leben, | ‖ |
| 2 | Wo in | die | Ferne | sich | erglänzt die Zeit der Reben, | ‖ |
| $II_1$ | | Ist· | auch· | dabei | des Sommers leer Gefilde, | ‖ |
| 3 | | Der | Wald | erscheint | mit seinem dunklen Bilde. | ‖ |

| $III_1$ | | Dass | die | Natur | ergänzt das Bild der Zeiten, | ‖ |
| 2 | | Dass | die | verweilt, | sie schnell vorübergleiten, | ‖ |
| $IV_1$ | Ist | aus | Vollkommenheit, | des Himmels Höhe glänzet | ‖ |
| 2 | | Den Menschen dann, | | wie Bäume Blüth' umkränzet. | ‖ |

O curto verso terminal de ambos os quartetos distingue-se dos
demais pelo forte acento nominal da ársis inicial ($II_2$ Der Wald e
$IV_2$Den Menschen) e por dois monotongos acentuados á, sem equivalente nos versos restantes ($II_2$Wáld – $IV_2$ dánn). A passagem do primeiro para o segundo par de versos de cada quarteto é ressaltada no
manuscrito de Hölderlin através de transferência do hemistíquio terminal para uma linha própria. Somente nestes casos, o autor pára no meio
da página ($I_2$-$II_1$ e $III_2$), por exemplo:

$I_2$   Wo in die Ferne sich
      erglänzt die Zeit der Reben,
$II_1$   Ist auch dabei
      des Sommers leer Gefilde,

Cada par de versos é ligado pelas rimas, cujo conteúdo fonético e
estrutura gramatical acentuam, de um lado, as diferenças entre os pares
de versos de cada quarteto, de outro lado, o paralelismo de ambos os
quartetos. Enquanto as palavras que compõem a rima $II_{1-2}$ Gefilde (nominativo) – Bilde (dativo) diferenciam-se morfologicamente apenas no
caso gramatical, na rima $I_{1-2}$ Leben – der Reben os substantivos estão
em casos diferentes (nominativo-genitivo), em número (sing.-pl.) e em
gênero (neutro-feminino). No mesmo sentido, mas ainda mais agudo, é
o contraste de ambas as rimas no segundo quarteto. A rima $IV_{1-2}$ glänzet – umkränzet conjuga dois verbos morfologicamente semelhantes, enquanto o par precedente $III_{1-2}$ der Zeiten – vorübergleiten confronta um
substantivo com um verbo. Ao mesmo tempo, traços genéricos das rimas indicam coincidências de situação entre pares de versos de quartetos diferentes, em especial os terminais idênticos -en em todas as rimas
dos pares ($I_1$ Leben – $_2$Reben e $III_1$ Zeiten – $_2$vorübergleiten), assim
como a confrontação de radicais com e sem prefixo nos pares ($II_1$ Gefilde – $_2$Bilde e, na ordem inversa, $IV_1$ glänzet – $_2$ umkränzet). Todas as
quatro rimas se apóiam sobre vogais anteriores, e as rimas dos pares ($I$-
$I_1$ Gefilde – $_2$Bilde e $IV_1$glänzet – $_2$umkränzet) têm vogais breves, em
contraste com as vogais longas e ditongos das rimas ($I_1$ Leben – $_2$Reben
e $III_1$ Zeiten – $_2$vorübergleiten).

UM OLHAR SOBRE "DER AUSSICHT", DE HÖLDERLIN     193

Além do contraste entre os primeiros (I, III) e últimos (II, IV) pares de cada quarteto, assinala-se ainda uma diferença entre os pares externos (I, IV) e os internos (II, III): a alternância das líquidas de apoio *l/r*, diante da vogal tônica é idêntica nas rimas pares externas (I$_1$ *Leben* – $_2$*Reben* e IV$_1$ *glänzet* – $_2$*umkränzet*).

Uma precisão notável com a qual Hölderlin elabora aqui todas as tésis internas nos hemistíquios iniciais e terminais comprova sua elevada sensibilidade para a particularidade artística dos versos dentro dos pares, assim como dos pares nos quartetos e destes em relação à oitava como um todo. Cada sílaba das tésis internas está subordinada, do ponto de vista gramatical (seja morfológico ou sintático), a uma das duas sílabas mais próximas. Caso o papel subordinante caiba à ársis seguinte, denomina-se a tésis como pré-sílaba; da mesma forma, chama-se pós-sílaba à tésis subordinada a uma ársis que a antecede.

A penúltima sílaba dos hemistíquios iniciais é a única tésis interna comum a todos eles, tenham dois ou três pés. A tésis afirma-se como pós-sílaba em ambos os pares externos (I$_1$ *Ferne* ⁝ *geht*, $_2$*Ferne* ⁝ *sich*; IV$_1$ *Vollkommen* ⁝ *heit*, $_2$*Menschen* ⁝ *dann*) e como pré-sílaba nos pares internos do poema (II$_1$ ⁝ *dabei*, $_2$ ⁝ *erscheint*; III$_1$ ⁝ *Natur*, $_2$ ⁝ *verweilt*). Com isso ficam esboçados os limites de ambos os pares de versos dentro dos quartetos. Os quatro dissílabos dos pares internos, mencionados por último, pertencem as seis "palavras iâmbicas" do poema todo, as quais, sem exceção, são imediatamente contíguas à cesura. Os dois casos restantes, pertencentes aos hemistíquios terminais I$_2$ *erglänzt*, III$_1$ *ergänzt*), serão discutidos abaixo.

Os hemistíquios terminais apresentam duas tésis internas na terceira e quinta sílabas. Todas as três tésis sempre internas (a do hemistíquio inicial e as duas do terminal) estão sendo ocupadas por pós-sílabas no primeiro verso do poema, de acordo com a inclinação genérica por "palavras trocaicas" que opõe este primeiro verso aos demais.

A primeira tésis interna dos hemistíquios terminais (que ocorre na terceira sílaba) é pós-sílaba nos quatro versos dos pares (II$_1$ | *des Sommers* ⁝, $_2$| *mit seinem* ⁝ , IV$_1$ | *des Himmels* ⁝, $_2$*wie Bäume* ⁝), enquanto os versos dos pares (I$_2$ | *erglänzt* ⁝ *die Zeit*, III$_1$ | *ergänzt* ⁝ *das Bild*, $_2$| *sie schnell* ⁝ *vorübergleiten*) apresentam uma pré-sílaba, com exceção do primeiro verso, que também aqui favorece uma pós-sílaba (*Menschen* ⁝ ) – talvez apoiada na seguinte (*wohnend* ⁝ ) – e que com isso redobra o contraste com o segundo verso (I$_1$ | *der Menschen* ⁝ *wohnend* ⁝ *Leben* – $_2$| *erglänzt* ⁝ *die Zeit* ⁝ *der Reben*). De modo geral, a regra de distribuição, caracterizando a primeira tésis nos hemistíquios terminais, garante e até acentua principalmente o contraste marcante entre os versos limítrofes de todos os pares vizinhos, e, deste ponto de vista, a articulação interna do primeiro verso é indiferente, uma vez que nada o antecede.

## POÉTICA EM AÇÃO

Na primeira tésis dos hemistíquios terminais, o limite entre os pares I e II e os que seguem III e IV é assinalado pela passagem de uma tésis anterior para uma posterior, enquanto o limite entre os pares II e III é indicado pela passagem de uma pós-sílaba para uma pré-sílaba.

Ao contrário da primeira tésis interna dos hemistíquios terminais, a qual procura igualar os versos do mesmo par, na segunda tésis é realizada uma dissimulação sistemática: pré e pós-sílabas alternam-se dentro do par, o que faz surgir um intervalo entre os componentes de cada rima emparelhada. (Sobre o jogo de rimas dos limites morfológicos, em pós e pré-sílabas, veja o poema "Der Sommer" (H 301), escrito em 1842: $II_1$ *Dämme* ¦ *rungen* – $_2hinab$ ¦ *geschlungen*, $III_1$ *umher* ¦ *gebreitet* – $_2hinunter$ ¦ *gleitet*.)

Graças a uma alternância regular das pré e pós-sílabas na segunda tésis dos hemistíquios terminais, estão sendo separados os versos vizinhos, não apenas os dentro de cada par, como também os de ambos os quartetos. Desse modo é ressaltada a particularidade dos versos dentro dos pares e a dos quartetos dentro do poema, enquanto, dentro dos quartetos, o limite entre os pares está sendo tratado por assimilação e ajustamento.

A comparação de duas tésis internas, no hemistíquio inicial (*In*) e no fim do terminal ($Ter_2$), evidencia que, na passagem de um verso para outro, a alternância de pré e pós-sílaba ($\sim$) e o *status* inalterado da tésis ($=$) se distribuem de modo diametralmente oposto:

| | | | *In* | *Ter* |
|---|---|---|---|---|
| $I_1$ | – | $I_2$ | $=$ | $\sim$ |
| $I_2$ | – | $II_1$ | $\sim$ | $=$ |
| $II_1$ | – | $II_2$ | $=$ | $\sim$ |
| $II_2$ | – | $III_1$ | $=$ | $\sim$ |
| $III_1$ | – | $III_2$ | $=$ | $\sim$ |
| $III_2$ | – | $IV_1$ | $\sim$ | $=$ |
| $IV_1$ | – | $IV_2$ | $=$ | $\sim$ |

A segunda tésis interna dos hemistíquios terminais se revela como pós-sílaba no primeiro e último versos do primeiro quarteto ($I_1$ *wohnend* ¦ *Leben* ||, $II_2$ *dunklen* ¦ *Bilde* ||) e como pré-sílaba no segundo e penúltimo versos do mesmo $I_2$ *Zeit* ¦ *der Reben* ||, $II_2$ *leer* ¦ *Gefilde* ||); uma imagem refletida semelhante aparece no quarteto seguinte: uma pré-sílaba surge no primeiro e último versos ($III_1$ *Bild* ¦ *der Zeiten* ||, $IV_2$ *Blüth'* ¦ *umkränzet* ||), e uma pós-sílaba no segundo e penúltimo versos ($III_2$ *vorüber* ¦ *gleiten* ||, $IV_1$ *Höhe* ¦ *glänzet* ||). Em cada hemistíquio, a tésis interna que se une à última ársis (isto é, *In* e $Ter_2$) está marcada pelo fato de que, em suas variantes, ambos os quartetos são introduzidas de modo sistemático: a cada pré-sílaba de um corresponde uma pós-sílaba no outro.

# UM OLHAR SOBRE "DER AUSSICHT", DE HÖLDERLIN

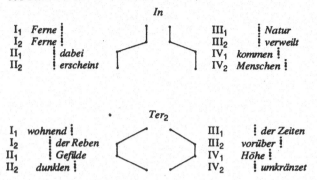

A primeira tésis interna dos hemistíquios terminais (*Ter*₂), excluindo-se o verso inicial (v. acima), ostenta nos dois quartetos o mesmo esquema de distribuição de pré e pós-sílabas, que também é próprio das tésis internas dos hemistíquios iniciais, coincidência que ocorre, porém, só no segundo quarteto.

Com isso, a primeira tésis dos hemistíquios terminais assume uma disposição intermediária com relação às duas tésis internas restantes.

## 3. CATEGORIAS GRAMATICAIS

### Verbos

Os dez verbos do poema conjugam-se na terceira pessoa do presente e todos são imediatamente adjacentes a um limite rigoroso: cinco apóiam-se no limite do verso e os outros cinco, no limite do hemistíquio. Cinco pertencem aos hemistíquios iniciais e cinco, aos terminais. Cinco verbos encontram-se nos pares I e III e cinco, nos pares II e IV. Tanto os pares externos (I, IV), quanto os internos (II, III) contêm cinco verbos cada um. Dois verbos abrem e três encerram, de um lado os hemistíquios iniciais e, de outro lado, os terminais. No primeiro quarteto há quatro verbos, um em cada verso, no segundo quarteto, seis. Dois verbos que encerram os hemistíquios nos versos externos do primeiro quarteto (I₁ *geht*, II₂ *erscheint*) opõem-se aos dois que abrem os hemistíquios nos versos internos do mesmo (I₂ *erglänzt*, II₁ *Ist*). Todos os hemistíquios terminais do segundo quarteto, e, além disso, também ambos os hemistíquios iniciais dos versos internos do mesmo, contêm um verbo cada um. O segundo quarteto distingue-se do primeiro, não apenas pelo maior número de verbos nos versos internos, mas também pela presença, nos versos externos, dos dois únicos verbos transitivos do

196 POÉTICA EM AÇÃO

poema (III$_1$ *ergänzt das Bild*, IV$_2$ *Bäume* ... *umkränzet*), suplementares aos quatro verbos intransitivos de cada quarteto. A tabela abaixo esclarece a distribuição dos verbos no poema:

| | | | |
|---|---|---|---|
| I$_1$ | *geht* | | |
| 2 | | *erglänzt* | |
| II$_1$ *Ist* | | | |
| 2 | *erscheint* | | |
| III$_1$ | | *ergänzt* | |
| 2 | *verweilt* | | *vorübergleiten* |
| IV$_1$ *Ist* | | | *glänzet* |
| 2 | | | *umkränzet* |

Hölderlin, que valorizava sobremaneira a inversão de palavras no período poético (v. H IV 233), alinha os verbos em seqüências eficazes e concordantes. Tais seqüências realizam-se sobretudo através da coordenação assindética de orações elementares da mesma categoria. O paralelismo interno e inter-estrófico de ambos os períodos de quatro versos, entrelaçado com as suas divergências, forma a tensão dramática de todo o poema. As duas orações subordinadas paratáticas, do primeiro par de versos, encontram resposta nas duas orações principais, igualmente paratáticas, do segundo par de versos. A relação basicamente semelhante entre as duas metades do último quarteto é mais confusa devido à decomposição destes pares de versos em seqüências de três orações. Como nos dois versos do primeiro par, os do terceiro estão coordenados sintaticamente, mas o segundo verso do último par divide-se, por sua vez, em duas orações semanticamente adversativas (III$_2$ *Dass die verweilt*, | *sie schnell vorübergleiten*). Da mesma forma que o segundo par de versos do poema, o quarto par encontra-se numa relação sintaticamente subordinada com o precedente, mas, ao contrário do segundo par, o quarto se divide em três orações, tal como o terceiro. Um exemplo claro de simetria de reflexo nasce entre ambas as metades do último quarteto: dois verbos em cada verso interno (III$_2$ e IV$_1$) e um (o único transitivo) em cada verso externo, sendo que o primeiro e o último hemistíquio terminal do quarteto começa e termina, respectivamente, com verbos foneticamente quase idênticos, enquanto o objeto direto é subseqüente ao primeiro verbo e precedente ao segundo (III$_1$ | *ergänzt das Bild* – IV$_2$ *Bäume... umkränzet* ||). A passagem do último hemistíquio do primeiro par para o primeiro hemistíquio do par subseqüente, ambos formando uma oração, é assinalada pelas ársis com acentuação secundária no final dos hemistíquios (III$_2$ *vorübergleiten* || – IV$_1$ *Vollkommenheit* |), contrariando os restantes quatorze hemistíquios do poema, nos quais a última ársis coincide com a acentuação principal das palavras.

Cada par de versos do último quarteto consiste em três orações, uma das quais preenche dois hemistíquios, enquanto as outras duas ocupam, cada uma, um hemistíquio. Mas a distribuição das três orações é diferente em cada par: no terceiro, a oração longa, constituída por um

UM OLHAR SOBRE "DER AUSSICHT", DE HÖLDERLIN     197

hemistíquio inicial e um terminal, antecede as duas curtas; já na oração longa do quarto par, o hemistíquio inicial segue o terminal, e as orações curtas rodeiam as longas. Esta diferença entre as duas seqüências – hemistíquio inicial/terminal e terminal/inicial – pode ser compreendida como expressão da simetria de reflexo. A singularidade sintática realiza-se pelo recuo da oração principal para uma oração comparativa, tal como no hemistíquio final do "Die Aussicht" ($IV_2|$ *wie Bäume Blüth' umkränzet* || ).

Diante deste fundo simétrico de concordâncias perfeitas sobressaem com especial nitidez as discordâncias, por exemplo, a elevação dinâmica do número de verbos, de quatro para seis, no segundo quarteto em comparação com o primeiro, ou, uma preponderância parecida dos seis verbos terminais sobre os quatro abertos. Salto notável é o aumento do número de verbos de um para quatro nos hemistíquios terminais de cada quarteto. Estas linhas ascendentes sugerem o desenvolvimento do tema poético. Os três versos finais – com suas inovações no conteúdo fonético, no tamanho das palavras e no conteúdo gramatical dos termos nominais (v. a seguir, p. 211) – caracterizam-se pela acumulação dos verbos no final do verso, em paroxítonos que se apoderam das rimas (v. tabela, p. 200), em contraste com as formas verbais precedentes, todas paroxítonas (compare-se em especial $I_2$ | *erglänzt* e $IV_1$ *glänzet* || ).

Os pares II e IV abrem com o verbo "sein" [ser/estar], preenchendo assim a sílaba vaga dos dois versos iniciais ($II_1$ e $IV_1$ *Ist*). Os restantes oito verbos, contíguos à cesura e ao final do verso, constroem, desde o primeiro hemistíquio inicial até o último terminal, uma curiosa trama de múltiplas relações morfológicas e paronomásticas que desvelam a força motriz do "Die Aussicht", de acordo com o conceito de lírica definido pelo poeta: "É uma metáfora contínua de um sentimento" (*Über den Unterschied der Dichtarten,* H IV 266) [Sobre as diferenças dos gêneros poéticos].

"Em poemas líricos, a ênfase recai sobre... o demorar-se" (*ibid.,* 267); com efeito, é o que se lê em $III_1$ "die Natur" – que no "Die Aussicht" é compreendida como uma expressão de plenitude ($IV_2$ *Ist aus Vollkommenheit*) – $IV_2$ *verweilt*, em contraste com as estações do ano que deslizam ligeiramente e com a vida dos homens desvanecendo-se para longe. Deve-se lembrar aqui do ensinamento de Hölderlin: "Se o significado é um objetivo propriamente dito, então a expressão é sensual e o livre tratamento, metafórico" (*Über die Verfahrungsweise des poëtischen Geistes,* H IV 244) [Sobre o processo do espírito poético]. A "tensão extrema" do duplo "conflito" representado no "Die Aussicht" encontra sua expressão lingüística concreta de dois modos: 1. na "combinação" de dois verbos prefixados por *ver-* e *vor-* no mesmo verso – $III_2$ *verweilt* | e *vorübergleiten* || ) –, verbos que, além de opostos quanto ao número, trazem à luz, nas suas raízes, uma acentuada metátese fonética (*-eilt* / *-leit-*); 2. a passagem semântica da divisão para a unidade

198 POÉTICA EM AÇÃO

manifesta-se na fusão dos fragmentos, antes isolados, numa unidade lingüística definida: $I_1$ *in die Ferne* (fer-) *geht* (-t) | – $III_2$ *verweilt* (fer...t)| .

Os verbos $I_2$ | *erglänzt* e $II_2$ *erscheint* |, aparentados pelo prefixo e contíguos à cesura, estão entrançados numa espécie de oximoro: uma tensão contraditória liga o rebrilhar *(erglänzen)* ao efeito que se extingue na distância *(Ferne)* espacial e temporal, enquanto a aparência *(Schein)*, como forma interna do verbo no hemistíquio inicial $II_2$ *Der Wald erscheint*, colide com a dissonância proposital *dunklen Bilde* do hemistíquio terminal. A estreita relação do mesmo verbo com a idéia de luz é patente na oitava "Der Winter" *(Das Feld ist kahl)* (H 296) [O campo é deserto], que se aproxima do "Die Aussicht" em outros aspectos do campo lexical: $I_1$ *glänzet* || $_2$ *Der blaue Himmel nur* |... $II_1$ *Erscheint die Natur...* $_2$ *von Helle nur umkränzet.* || $III_2$ *... in heller Nacht umgeben* || *Wenn hoch erscheint* | *Von Sternen das Gewimmel,* || (v. Thürmer, 54 e s.).

A substância fonética da forma $I_2$ *erglänzt*, ou seja, do primeiro verbo dos hemistíquios terminais do "Die Aussicht", encontra uma continuação paronomástica significativa em todos os demais verbos dos hemistíquios terminais e em vários termos adjacentes. Ao tecido fonético do verso $I_2$ *die Ferne... erglänzt* corresponde a circunstância $II_1$ *leer Gefilde*, que fatalmente acompanha o brilho *(Glanz)* a perder-se na distância. A escura visão *(dunklen Bilde)* do efêmero, que aparece como final do primeiro quarteto, é abolida na estrofe seguinte e substituída pelo (2) "presentâneo [presentificação] do infinito", de acordo com o termo filosófico do poeta (H IV 251): $III_1$ *die Natur ergänzt das Bild der Zeiten.* "Ergänzen" significa aqui, de acordo com o sentido da raiz, transformar em uma totalidade *(Ganzes)*, produzir uma unidade. No paralelismo das estruturas – $I_2$ *erglänzt die Zeit der Reben* e $III_1$ *ergänzt das Bild der Zeiten* – com seus verbos foneticamente quase idênticos, o tempo *(die Zeit)* é rebaixado de sujeito gramatical para genitivo-atributivo do objeto: *das Bild der Zeiten*. E quando os tempos $III_2$ *vorübergleiten* [deslizam], as consoantes deste verbo (rgl..t.n) repetem as do $I_2$ *erglänzt* (rgl. n.t), foneticamente análogas. Além disso, os verbos $I_2$ *erglänzt* e $III_1$ *ergänzt* compartilham suas consoantes com os substantivos dos mesmos versos $I_2$ *Zeit* e especialmente $III_1$ *Zeiten*. No último quarteto, o final do primeiro verso $III_1$ *Zeiten* recebe um eco no fonema terminal (-*nzet*) da última rima do "Die Aussicht"; $IV_1$ *glänzet* – $_2$*umkränzet*. Termina nesta rima a corrente verbal e seu adorno paronomástico. O verbo da segunda linha ($I_2$ *erglänzt*) retorna sem prefixo no final do penúltimo verso ($IV_1$ *glänzet*). A evocação do brilho *(Glanz)*, contida no radical destes verbos, coroa todo o poema em estreita conformidade com um dos textos mais significativos que Hölderlin escreveu em Hamburgo – *Das Werden im Vergehen* [O tornar-se no desvanecer] –, segundo o qual "o ato certeiro, irresistível e audaz" consiste em que "cada ponto, em sua dissolução e estruturação, está infinitamente mais entrelaçado com o sentimento total de dissolução e estruturação, e tudo... infinitamente se compenetra mais, se comove, se pega, ardendo as-

UM OLHAR SOBRE "DER AUSSICHT", DE HÖLDERLIN          199

sim um fogo divino *[des Himmels Höhe glänzet]* ao invés de terreno *[erglänzt die Zeit der Reben]*" (H IV 284). Como já foi várias vezes acentuado (v. especialmente Pellegrini, 327), no espólio teórico de Hölderlin está o núcleo de "sua doutrina poética, observada pelo estilo como meio de expressão".

*Substantivos*

Cada quarteto contém onze substantivos, sendo que no primeiro há dez substantivos e um pronome substantivo ($I_2$ *sich*) e no último, nove substantivos e dois pronomes substantivos (III *die* e *sie*). Dos vinte e dois substantivos, dezessete são empregados no singular, e dos três gêneros, o feminino é representado pela maioria absoluta de doze ocorrências, contra seis do masculino e quatro do neutro. O verso inicial apresenta todos os três gêneros (F + M + N): $I_1$ *Wenn in die Ferne geht der Menschen wohnend Leben*. Em $I_2$ o feminino, único gênero representado, ocorre quatro vezes incluindo o pronome reflexivo *sich*, referente a *die Zeit*. No segundo par desaparece o feminino e é substituído pelos dois gêneros restantes (dois masculinos e dois neutros). Os sete femininos do último quarteto colidem, no terceiro par, com um neutro isolado e, no quarto par, com três masculinos. Com isso, cada um dos gêneros está presente em três pares de versos: feminino em I, III, IV, masculino em I, II, IV, neutro em I, II, III. Aos dois primeiros pares, apenas o masculino e o neutro são comuns, enquanto nos dois últimos, apenas o feminino é coincidente.

O nominativo, caso gramatical de maior peso e freqüência no poema, ocorre nove vezes, mas no plural apenas em $III_2$ *sie*, pronome referente a $III_1$ *Zeiten,* – por sinal, é o único verso que não contém substantivos e igualmente o único composto de duas orações completas, cada uma das quais provida de um sujeito pronominal anafórico, orações que, além disso, são opostas em número e conteúdo semântico. Os cinco nominativos do segundo quarteto, a começar pelo seu próprio tema fundamental, $III_1$ *die Natur* – , pertencem, sem exceção, ao gênero feminino, enquanto, entre os nominativos do primeiro quarteto, emerge apenas um feminino, $I_2$ *die Zeit*. A evidente carga semântica deste contraste gramatical entre ambas as partes do quarteto será discutida adiante.

Os cinco genitivos do poema, todos adjuntos adnominais, aparecem em ambos os versos do primeiro par e uma vez em cada um dos demais. As cinco combinações desses genitivos com as palavras subordinantes em nominativo ou ($III_1$) acusativo, abrangem dez, ou seja, mais da metade dos dezenove substantivos constantes do poema. De acordo com seu lugar no texto, as cinco combinações desdobram relações estritamente simétricas. Todas as cinco estão distribuídas nos hemistíquios terminais, e o genitivo é sempre imediatamente contíguo a uma cesura. O genitivo ocupa uma posição inicial antes do subordinante, ou uma posição terminal, precedido pelo subordinante. Estas duas variantes alternam-se com absoluta regularidade: $I_1$ *der Menschen wohnend Leben*

POÉTICA EM AÇÃO

– $I_2$ *die Zeit der Reben*, – $II_1$ *des Sommers leer Gefilde*, – $III_1$ *das Bild der Zeiten*, $IV_1$ *des Himmels Höhe*. Junto com o artigo, o genitivo constitui sempre um trissílabo paroxítono.

O genitivo é ou feminino ou masculino, o subordinante, feminino ou neutro. O genitivo é masculino em posição inicial ($I_1$, $II_1$ e $IV_1$), feminino em posição terminal ($I_2$ e $III_1$). Nos pares de versos ($I_{1,2}$ e III) está no plural, mas é singular nos pares restantes.

| | | | |
|---|---|---|---|
| Pl. | $I_1$ | M | |
| | $_2$ | | F |
| Sing. | $II_1$ | M | |
| | $_2$ | | |
| Pl. | $III_1$ | | F |
| | $_2$ | | |
| Sing. | $IV_1$ | M | |
| | $_2$ | | |

Os subordinantes adotam seguidamente o singular e, quanto ao gênero, alternadamente o neutro e o feminino, separadamente em cada quarteto: no primeiro $I_1$ *Leben* – $I_2$ *Zeit* – $II_1$ *Gefilde* e no segundo $III_1$ *Bild* – $IV_1$ *Höhe*. Deste modo, subordinantes e subordinados no primeiro quarteto são correspondentes em gênero – de um lado, os dois femininos, de outro, os dois não-femininos (neutro e masculino), enquanto no segundo quarteto os gêneros dos subordinantes e subordinados revelam duas direções opostas do contraste feminino/não-feminino.

| | Subordinante / subordinado |
|---|---|
| $I_1$ | N / M |
| $_2$ | F / F |
| $II_1$ | N / M |
| $III_1$ | N / F |
| $IV_1$ | F / M |

Tanto o acusativo quanto o dativo ocorrem quatro vezes no poema, duas vezes em cada quarteto, sendo que ambos estão empregados duas vezes com e duas vezes sem preposição. O verso inicial do primeiro par ($I_1$) contém um acusativo e o último par ($IV_1$), um dativo. O segundo verso destes mesmos pares assume o mesmo caso para então associá-lo aos outros: assim, o dativo segue o acusativo em $I_2$, e o acusativo segue o dativo em $IV_2$.

Um único verso dos respectivos quartetos segue o primeiro par e precede o último ($II_1$ e $III_2$), que não possui nem o acusativo, nem o dativo. Dos dois versos intermediários restantes, o último verso do primeiro quarteto ($II_2$) tem um dativo, e o verso inicial do segundo quarte-

UM OLHAR SOBRE "DER AUSSICHT", DE HÖLDERLIN    201

to (III$_1$), um acusativo, de tal modo que os quatro versos, contendo apenas um único dos dois casos, alternam-se paralelamente: I$_1$, Ac. – II$_2$ Dat. – III$_1$ Ac. – IV$_1$ Dat.

|          |   |   |
|----------|---|---|
| I$_1$    | A |   |
| 2        | A | D |
| II$_1$   | – |   |
| 2        | D |   |
| III$_1$  | A |   |
| 2        | – |   |
| IV$_1$   | D |   |
| 2        | D | A |

O acusativo como caso do objeto direto, regido por verbos transitivos, ocorre duas vezes no poema e só no segundo quarteto, onde emerge com um sujeito feminino singular e com um gênero divergente do objeto – III$_1$ *die Natur | ergänzt das Bild der Zeiten* || IV$_2$ *Bäume Blüth' umkränzet* || – em contraste evidente com a construção preposicional de um acusativo com um verbo intransitivo, também em ocorrência dupla.

"Die Aussicht" emprega dois desígnios com o dativo livre, uma das locuções preferidas de Hölderlin (v. Pir'jan, 78) – uma vez no último par IV$_1$ *des Himmels Höhe glänzet* || $_1$ *den Menschen*, e também já no primeiro par, I$_2$ *sich | erglänzt die Zeit der Reben,* || , um equivalente pronominal do dativo nominal. As duas frases apresentam, contrastando entre si, uma construção simétrica especular: no final – genitivo adnominal, nominativo, verbo, dativo nominal, e no início – dativo pronominal, verbo, nominativo, genitivo, onde o verbo é igual em ambos os casos, salvo o prefixo, e está separado do respectivo dativo ou pela cesura ou pelo limite do verso: I$_2$ *sich | erglänzt* – IV$_1$ *glänzet || Den Menschen.* Cabe observar que, em ambos os casos, o dativo livre pertence a um hemistíquio inicial e o verbo, a um terminal.

No primeiro quarteto, o dativo preposicional segue o dativo livre, o segundo apresenta uma ordem inversa. Em suma: no primeiro quarteto o dativo livre encontra-se mais próximo do início e no segundo, mais próximo do final. O verso final distingue-se em certos aspectos de todo o texto restante. Em ambos seus hemistíquios ele possui substantivos nominativos que dependem diretamente de verbos: IV$_2$ Dat. *Den Menschen* e Ac. *Bäume*. Estas são, entre os nominativos adverbiais, as únicas formas de plural e as únicas masculinas.

*Palavras determinativas*

Todas as cinco formas adjetivas encontram-se no interior dos hemistíquios terminais. No primeiro quarteto trata-se das determinações dos substantivos nominativos nos verdadeiros adjetivos qualificativos, no possessivo e no particípio (I$_1$ *wohnend Leben* || , II$_1$ *leer Gefilde* || ,

$II_2$ *seinem dunklen Bilde* || ). A verbalidade expressiva que caracteriza o segundo quarteto corresponde à passagem para o uso adverbial do adjetivo ($III_2$ *schnell vorübergleiten*).

Falta o artigo indefinido *ein* no poema, enquanto o artigo definido ocorre doze vezes. Desta maneira, surge aí uma tendência à aliteração numerosa do *d* inicial e, incluindo ainda mais seis palavras como $II_1$ *dabei*, $_2$ *dunklen*, $III_2$ *dass*, etc., produz-se uma série prevalente de dezoito sons iniciais semelhantes, nove em cada quarteto:

$$
\begin{array}{lcccc}
I & & d & d & \\
& & d & d & d \\
& & d & d & \\
& & d & d & \\
II & & d & d & d & d \\
& & d & d & - \\
& & - & d & \\
& & d & d & -
\end{array}
$$

## 4. REPETIÇÕES DE PALAVRAS E CORRESPONDÊNCIAS PREFACIAIS

### Limitações

A repetição de palavras idênticas desempenha um papel significativo na construção do poema. Não há repetições de palavras, nem dentro de um verso nem entre os pares de versos do mesmo quarteto. Afora os artigos definidos, uma palavra só pode ser representada uma única vez. Entre os versos de um par, repetições de palavras só são admitidas quando se trata de pares de versos ímpares; neste caso, a palavra repetida permanece inalterada ($I_{1,2}$ *in die Ferne*). Em contrapartida, aqueles substantivos e verbos repetidos no outro quarteto estão sujeitos a modificações na sua forma gramatical e em seu significado ($I_1$ *der Menschen* – $IV_2$ *den Menschen*, $I_2$ *die Zeit* – $III_1$ *der Zeiten*, $II_1$ Dat. *Bilde* – $III_1$ Ac. *das Bild*, $I_2$ *erglänzt* – $IV_1$ *glänzet*, $II_1$ *Ist dabei* – $III_1$ *Ist*.

### De Verso para Verso: die Ferne

Os dois versos iniciais de "Aussicht" estão estreitamente ligados através da repetição da locução *in die Ferne* no hemistíquio inicial e no genitivo plural *der* no hemistíquio terminal, e projetados através do início paralelístico – $III_{1,2}$ *Dass* – do último quarteto como primeira parte de uma composição de duas estrofes.

O verso inicial $I_1$ *Wenn in die Ferne geht der Menschen wohnend Leben* é evidentemente eco de uma obra anterior do adoentado Hölderlin, o qual, de modo estranho, "fala pela boca de Diótima como poema de papéis" (H 262 e s. e 898):

# UM OLHAR SOBRE "DER AUSSICHT", DE HÖLDERLIN 203

1 *Wenn aus der Ferne, da wir geschieden sind,...*
2 *die Vergangenheit...*
4 *Einiges Gute bezeichnen dir kann,...*
9 *Das muss ich sagen, einiges Gute war*
10 *In deinen Bliken, als in den Fernen du*
11 *Dich einmal fröhlich umgesehen*
12 *Immer verschlossener Mensch, mit finsterem || Aussehen\*.*

"Die Aussicht" entrelaça desde o começo o tema da *Ferne* [distância] com a imagem dos *Menschen* [homens] se distanciando e desvanecendo, e dos *Zeiten* [tempos] passantes, expirantes (tempos de vida, de anos e de dias). O poema atribuído a Diótima prossegue:

13 *Aussehen. Wie flossen Stunden dahin,...*
19 *so ergeht es mir auch,*
20 *Dass ich Vergangenheit alles sage.*
21 *Wars Frühling? War es Sommer?\*\**

No espólio dos últimos anos de vida de Hölderlin, o metro alcaico é substituído por pares de rimas iâmbicas, o que anteriormente era preferido, e os pronomes da primeira e segunda pessoa, assim como as formas dos verbos do passado são retiradas em favor de uma enunciação mais abstrata, afastada, empenhada em manter a distância. Contudo, o conteúdo semântico e fraseológico do poema atribuído a Diótima é mais desenvolvido e condensado nos últimos esboços, atribuídos ao fictício Scardanelli, como o prova em particular "Die Aussicht". "Der Sommer" *(Die Tage gehn vorbei)* [Os dias passam], datado de julho de 1842, é o que mais se lhe aproxima (H 301):

III *Der Wälder Schatten sieht umhergebreitet,*
　*Wo auch der Bach entfernt hinuntergleitet,*
IV *Und sichtbar ist der Ferne Bild in Stunden,*
　*Wenn sich der Mensch zu diesem Sinn gefunden\*\*\*.*

\*"Se da distância, já que estamos separados,...
o passado... algo de bom te possa indicar,...
isto devo dizer, algo de bom havia
nos teus olhares, quando nas distâncias
tu alegremente uma vez perscrutavas
homem sempre fechado, de sombrio || aspecto."

\*\*"Aspecto. Como as horas fluíam,...
assim também acontece a mim,
que tudo o que falo é passado.
Era primavera? Era verão?"

\*\*\*"A sombra das florestas parece se espalhar,
Onde também o regato distante vai deslizar,
E a imagem da distância em horas se pode avistar,
Quando o homem este sentido encontrar."

204 POÉTICA EM AÇÃO

O entrançamento do temporal $I_1$ *Wenn* e do espacial $I_2$ *Wo* no poema "Aussicht", corresponde à série alternada destes pronomes relativos nas sílabas iniciais das quatro linhas pares do poema "Der Sommer": $I_2$ *Wenn* – $II_2$ *Dort, wo* – $III_2$ *Wo* – $IV_2$ *Wenn*. "Der Sommer", com suas referências aos dias passantes ($I_1$) e suas vistas para as sombras espalhadas das florestas ($III_1$), assim como ao distante deslizar do regato ($III_2$), e finalmente na sua crença de que, para o homem, que para tudo isso encontrou este *(diesem)* seu sentido *(Sinn)* ($IV_2$), a imagem da distância se torna visível no mesmo passar das horas ($IV_1$) – relembra inevitavelmente "Die Aussicht" e se apresenta em unissonância com suas conjunções da palavra e do sentido. No que se refere à escolha das palavras-chave, pode-se comparar, por exemplo, "Der Sommer" com seu último par de versos – *...der Ferne Bild in Stunden, Wenn sich der Mensch...* – e "Die Aussicht" com os primeiros versos dos dois quartetos – $I_1$ *Wenn in die Ferne geht der Menschen...* e $III_1$ *das Bild der Zeiten.*

O psicanalista Laplanche (1969) revelou, com especial sagacidade, "um dos motivos centrais na criação de Hölderlin, talvez até uma chave para todo o seu modo de pensar", ou seja, a dialética da distância, a da proximidade e da lonjura: "C'est vers une problématique de l'éloignement que va s'orienter toute l'oeuvre ultérieure" [É para uma problemática do distanciamento que vai orientar-se toda a obra posterior] do poeta, o qual, segundo sua própria expressão, $_{75}$*Fernes Nahem vereinte* [uniu o distante ao próximo] (*Der Archipelagus* H 105). O pesquisador refere-se ao psicoterapeuta Matussek, que comentou a constante oscilação do esquizofrênico entre os extremos afastamento e aproximação (v. Häussermann, 104).

## De Estrofe a Estrofe

Nas obras de Hölderlin dos seus últimos anos, o vocabulário é sensivelmente circunscrito e fixado. Nos trinta e dois poemas, do primeiro "Aussicht" escrito em 1830 (H 281) até o último "Aussicht" do ano da morte e inclusive o quarteto ("Überzeugung", de 1841 (H 360, 276 e ss.), existem quase duzentos substantivos nominativos diferentes, que ao todo aparecem setecentas vezes. Dezenove substantivos da mencionada espécie apresentam-se, cada um, pelo menos oito vezes. Dos quinze substantivos nominativos diferentes do último "Aussicht", oito pertencem a este grupo: "Mensch" (cinqüenta e oito vezes no período final da vida do poeta), "Leben" (trinta vezes), "Natur" (vinte), "Himmel" (treze), "Zeit" e "Bild" (doze vezes cada), "Sommer" e "Blüthe" (oito vezes cada).

Três desses substantivos nominativos são empregados no poema duas vezes cada um, o mesmo nome aparece em cada um dos dois quartetos, unindo-se uma variante, em contraste com a outra, ao limite do verso. Na base de todos os três pares há um poliptoto, e, na verdade, é alterado ou o caso sozinho ($I_1$ Gen. *der Menschen* – $IV_2$ Dat. *Den Menschen*; $II_2$ Dat. *Bilde* – $III_1$ Ac. *das Bild*), ou o caso com número

UM OLHAR SOBRE "DER AUSSICHT", DE HÖLDERLIN     205

($I_2$ Nom. sing. *die Zeit* – $III_1$ Gen. pl. *der Zeiten*). Cada uma destas três palavras comporta-se, em três sentidos, de maneira completamente diversa que as outras duas. $IV_2$ *Dem Menschen* foi substituído no manuscrito por *Den Menschen* (H 926) e assim o vocábulo "Mensch" aparece apenas no plural, "Bild" no singular e "Zeit" em ambos. Todas as três palavras estão diferenciadas entre si no gênero. "Mensch" abarca o poema, ligando o primeiro par de versos do primeiro quarteto ao último par do último quarteto; "Bild" une o último par de versos do primeiro quarteto ao primeiro do último e, por fim, "Zeit" encadeia os primeiros pares de versos de ambos os quartetos.

*A) Menschen*

O substantivo "Mensch" [homem], em diversas combinações de número e caso, freqüentemente acompanhado pelo prenome relativo "wenn", é um importante componente vocabular da maioria dos poemas de Hölderlin, desde aproximadamente 1830, começando com o primeiro "Aussicht" *(Wenn Menschen fröhlich sind...)* com suas sete variantes do paradigma "Mensch". "Freundschaft" [Amizade] *(Wenn Menschen sich...)*, o último de Hölderlin com datação exata – 27 de maio de 1843 (H 311) – usa a raiz "mensch" uma vez em cada um dos seus quatro pares de versos, ou seja, nos versos ímpares do primeiro quarteto e nos versos pares do segundo; nos pares de versos ímpares coincide com a segunda sílaba do hemistíquio inicial e nos pares com a segunda do hemistíquio terminal, sendo que no inicial ela está no nominativo, e no terminal no dativo, e os três primeiros exemplos empregam o plural *Menschen*, enquanto o quarto emprega o coletivo *Menschheit*:

$I_1$ *Wenn Menschen*
2
$II_1$                                      *den Menschen*
2
$III_1$
2*Die Menschen*
$IV_1$
2                                      *der Menschheit*

"Die Aussicht", cronologicamente próximo ao "Freundschaft", introduz o plural *Menschen* no verso inicial e final ($I_1$ e $IV_2$). Esta forma com sua acentuada série de consoantes (uma nasal antes e após uma sibilante) encontra uma perceptível concordância fonética nos dois pares de versos internos: $II_2$ *erscheint* e $III_2$ *schnell* (sibilante – nasal). (Compare a trama das mesmas consoantes no poema de doze versos "Dem gnädigsten Herrn von Lebret" (H 282) com o enfático, seis vezes repetido, "Mensch": 10*die Menschen leben nimmer* || 11*Allein und schlechterdings* 12*von ihrem Schein und Schimmer*.) As quatro palavras de som parecido em "Aussicht" encontram-se regularmente distribuídas entre todos os pares de versos do poema: elas estão na margem do hemistíquio inicial nos pares de número par, e no começo do hemistíquio ter-

## 206 POÉTICA EM AÇÃO

minal nos pares de número ímpar. A forma da palavra *Menschen* ocupa no poema os dois primeiros e os dois últimos hemistíquios, e cada intervalo entre as quatro unidades similares no som compreende um número par de hemistíquios – quatro antes e após o verbo $II_2$ *erscheint* e dois entre $III_2$ *schnell* e $IV_2$ *Menschen*:

$$I_1 \qquad\qquad\qquad der\ Menschen$$
$$2$$
$$II_1$$
$$2 \qquad erscheint$$
$$III_1$$
$$2 \qquad\qquad\qquad sie\ schnell$$
$$IV_1$$
$$2 \qquad Den\ Menschen$$

O primeiro verso dos quatro quartetos de "Winter", escrito ao redor de 1841 (H 294), acentua duplamente a ligação entre consoante sibilante e nasal ($_1$*Wenn blaicher Schnee verschönert die Gefilde*), após o que nos quartetos anteriores segue uma série alternada de fonemas: $III_1$ *Erscheinung* – $_2$*den Menschen* – $V_1$ *scheint* – $_2$*Dem Menschen* – $VII_2$ *erscheidender* – $VIII_2$ *Erscheint*.

Se, como o descreve "Die Aussicht", a vida do homem $I_1$ *in die Ferne geht* [para longe caminha] (*fer – geht!*), fica no caso $II_1$ *leer Gefilde* [campo deserto] (com uma unissonância metatética $I_1$ fer – gē : $II_1$ er – gef). À passagem da vida humana ($I_1$), ao insolitamente sombrio aspecto da floresta ($II_2$) e as ligeiramente deslizantes épocas do ano e da vida ($III_2$), opõe-se no fim do poema uma nova visão: o brilho que descende das alturas do céu ($IV_{1-2}$). O *Wenn* do primeiro hemistíquio inicial – $I_1$ *Wenn in die Ferne geht* – recebe no último hemistíquio inicial a resposta $IV_2$ *Den Menschen dann*. A distância do rebrilhar do par de versos inicial encontra equivalente na proximidade do brilho do céu, no contato mais íntimo que a palavra final do verso indica; $IV_2$ *umkränzet* (com uma metátese alusiva ern – ren). Ao $II_2$ *dunklen Bilde* da floresta desfolhada e do campo deserto está sendo confrontado o demorado resplandecer das alturas do céu, e ambos são fundidos através da alegoria do último hemistíquio terminal: $IV_2$ *wie Bäume Blüth' umkränzet*. (Cf. os comentários sobre o poema de Hölderlin "Der Winter" (H 294), de Anke Bennholdt-Thomsens (99 e ss.)) A notável relação entre os contrastantes verbos finais de ambas as estrofes – primeiro a escuridão da floresta e depois o florescer das árvores – é, como acima mencionado, acentuada pelos únicos monotongos *á* de todo o texto – $II_2$ *Wáld* e $IV_2$ *dánn* – e ainda sublinhada pelos substantivos nominativos, que aparecem em posição inicial apenas naqueles hemistíquios iniciais ($II_2$ *Der Wald* e $IV_2$ *Den Menschen*.

As três linhas finais chegam a uma síntese entre deslizar ligeiramente e demorar. Os dois últimos conceitos valiam às vezes para Hölderlin como sinônimos. Schottmann (104 e s.) observa que a tradução de Píndaro por Hölderlin interpreta αωτος"o mais alto, o cume", como *Blüthe* [flor].

UM OLHAR SOBRE "DER AUSSICHT", DE HÖLDERLIN          207

As três últimas linhas do "Aussicht" destacam-se por alguns traços singulares dos cinco versos antecedentes (sobre isso a seguir pp. 224 e s.). Cada uma das três linhas está repartida entre duas frases diferentes: o limite entre essas frases coincide sempre com a cesura das linhas e está caracterizada no manuscrito do poeta por uma vírgula. Somente nessas linhas, a última ársis de um hemistíquio pode ser realizada por uma acentuação secundária da palavra: $III_2$ *vorübergleiten* e $IV_1$ *Vollkommenheit*.

Na construção do hemistíquio terminal, as três linhas finais demonstram particularidades marcantes. São as únicas linhas que terminam com um verbo. Antes do verbo final, o hemistíquio terminal das duas últimas linhas contém substantivos diretamente confinantes, o que não ocorre em outro lugar do poema. Os únicos substantivos nominativos sem determinantes pertencem ao quarto par de versos ($IV_1$ *aus Vollkommenheit*; $_2$*wie Bäume Blüth'*). Já que o antepenúltimo verso evidencia apenas substantivos pronominais, é possível constatar que, nas últimas três linhas do poema, não há nenhum nominativo ou acusativo com determinante, enquanto em todos os cinco versos antecedentes, todo nominativo ou acusativo (seis e três ao todo) está acompanhado por uma determinante (cf. especialmente a diferença na construção sintática de duas frases: $III_1$ *die Natur ergänzt das Bild der Zeiten* e $IV_2$ *Bäume Bluth' umkränzet*). Exclusivamente nas duas linhas do último par de versos impõe-se uma aliteração ante ársis confinantes, no primeiro caso estendida sobre três sílabas: $IV_1$ *Vollkommenheit, des Himmels Höhe* (h-h-h) e $_2$*wie Bäume Bluth'* (b-b). Nos dois casos, a aliteração começa com a terceira ársis do verso e termina com sua penúltima.

Em todas as três linhas finais, a penúltima ársis e, quase no final de todo o poema, também a ársis a ela precedente, estão marcadas por vogais especiais, ou seja, por vogais palatais bipolares, "rebaixadas", de timbre "claro" e arredondadas (cf. Jakobson, *Aufsätze*, p. 81), estranhos ao restante do texto: $III_2$ *vorübergleiten*, $IV_1$ *Höhe glänzet*, $_2$*Bäume Blüth' umkränzet.*

Nota-se que nos poemas tardios de Hölderlin, *Blüthe* atrai outras vogais da mesma espécie; assim, por exemplo, "Der Frühling", de março de 1842 (H 298), abre com uma série fonética $I_1$ *Wenn neu[!] das Licht der Erde sich gezeigt,* $_2$ *Von Frühlingsreegen[!] glänzt das grüne [!] Thal und munter* $II_1$ *Der Blüthen [!] Weiss...* "Der Frühling" dos últimos meses de vida (H 307) fala de $III_1$ *Ströme* [correntes] e $_2$*"Blüthenbäume"* [árvores em flor], e num outro poema do mesmo título e da mesma época (H 308), $I_2$ *die Blüthe* [a flor] segue $I_1$ *neuen Freuden* [novas alegrias] e rima com $II_1$ *dem Gemüthe* [o ânimo]. Alguns poemas primaveris costumam estar entrelaçados por vogais palatais arredondadas:

(H 286)  $I_1$  *Es kommt der neue [!] Tag aus fernen Höhn [!] herunter*
         $II_1$  *geschmükt [!] –$_2$Von Freuden [!]*
         $III_1$  *Ein neues [!] Leben will der Zukunft sich enthüllen [!]*
         *–$_2$Mit Blüthen [!]*

208 POÉTICA EM AÇÃO

$IV_1$     *sich zu füllen [!] – ₂zur Frühlingszeit [!].*

(H 292)    $I_2$    *Der Frühling [!] aber blüh't [!]*
           $II_1$    *Das grüne [!] Feld – ₂schön [!]*
          $III_1$    *mit den Bäumen [!] – ₂in offnen Räumen [!]*
          $IV_2$    *an Hügeln [!]*.

Compare especialmente no poema de Diótima "Wenn aus der Ferne" [Quando da Distância] (H 262) a sexta estrofe de quatro linhas (novamente uma paisagem florescente!) com a inflexão *ü* em cada verso e ainda uma vogal palatal arredondada em cada linha par:

*Wars Frühling? [!] war es Sommer? die Nachtigall*
*Mit süssem [!] Liede lebte mit Vögeln [!!], die*
*Nicht ferne waren im Gebüsche [!]*
*Und mit Gerüchen [!] umgaben Bäum' [!!] uns**.*

*B) A Imagem das Eras*

O substantivo $I_1$ *die Zeit*, que aparece no primeiro par de versos do quarteto, tem seu equivalente declinado $III_1$ *der Zeiten* também no primeiro par de versos do segundo quarteto. As duas variantes pertencem às duas linhas mais próximas entre si de cada respectivo par de versos, como se atrás disso se escondesse uma mútua força de atração. A transição do último verso de um quarteto ao verso inicial do outro, ou seja, o caminho de $II_2$ *dunklen Bilde* [a escura visão] da época invernal para $III_1$ *Bild der Zeiten* [a imagem das eras], ligada e completada pela natureza, recebe uma ênfase fora do comum: as únicas vogais *u* de todo o poema precedem duas vezes a palavra *Bild:* $II_2$ *Der Wald erscheint mit seinem dunklen* [!] *Bilde* e $III_1$ *Dass die Natur [!] ergänzt das Bild der Zeiten* – com um contraste crasso na tonalidade das vogais acentuadas *u* e *i*.

A estreita ligação das imagens do tempo e da perfeição leva-nos a uma topografia das respectivas palavras no poema. O conteúdo vogal da palavra "Zeit", o ditongo *ai*, ocorre oito vezes, primeiro no quar-

---

*"(H 286)   I   Vem o novo dia descendo de longínquas alturas
           II   adornado – de alegrias
         III   uma nova vida quer se revelar ao futuro
             – com flores
         IV   encher-se – na época da primavera.

(H 292)   I   A primavera no entanto floresce
           II   o campo verde – belo
         III   com as árvores – em espaços abertos
         IV   nas colinas."

**"Era primavera? era verão? o rouxinol
    Com doce canto vivia com pássaros, que
      Não estavam longe no bosque
        E com odores as árvores nos circundavam." (N. do T.)

to-primeiro hemistíquio, no fim, no quarto-último, e está repartido no texto do poema com simetria surpreendente. Quatro hemistíquios iniciais e quatro terminais, dois em cada quarteto, ou seja, a metade de todos os hemistíquios do poema carecem deste ditongo. Dentro de cada quarteto ele se encontra duas vezes no hemistíquio inicial e duas vezes no terminal. O *ai* nunca aparece mais do que uma vez em cada hemistíquio. O ditongo coincide no hemistíquio inicial sempre com a última sílaba; nos hemistíquios terminais do segundo quarteto ele está também ligado ao fim do verso e pertence à sua penúltima sílaba (acentuada por último). Somente as linhas pares dos dois pares de versos internos $II_2$ e $III_2$ contêm este ditongo simultaneamente no hemistíquio inicial e no terminal, e nas linhas circundantes $II_1$ e $IV_1$ antecede ao *ai* do hemistíquio inicial o ditongo *au*, que fora disso não aparece no poema. Para a confrontação eficaz desses dois ditongos compare-se "Der Herbst" (H 299), $IV_2$ *Als eine Aussicht weit*. Deve-se observar que as duas linhas mencionadas do "Aussicht" são a primeira e a última, cujo hemistíquio inicial contém um *ai*. Assim, da distribuição dos ditongos no hemistíquio inicial, resulta um exato quadro simétrico de reflexo:

| | | | | |
|---|---|---|---|---|
| $I_2$ | . . . . . . . . . . . . . . . | | | ai ‖ |
| $II_1$ | au | – | ai | . . . . . . . . . . . . . . . |
| $_2$ | | | ai | – ai |
| $III_1$ | . . . . . . . . . . . . . . . | | | ai |
| $_2$ | | | ai | – ai |
| $IV_1$ | au | – | ai | . . . . . . . . . . . . . . . ‖ |

Em ambos os quartetos, a distribuição dos mencionados ditongos segue regras idênticas. Com excessão das duas linhas externas e livres de ditongos do poema ($I_1$ e $IV_2$), cada linha evidencia um ou dois dos mencionados ditongos. Cada quarteto contém uma corrente de ditongos, que começa com um hemistíquio terminal e termina na segunda próxima linha. O hemistíquio inicial introdutor de cada corrente contém um ditongo *ai* da raiz "zeit" e as duas linhas seguintes, um par de ditongos cada uma, que na primeira linha de um par de versos começa com o ditongo *au* e pertence totalmente ao hemistíquio inicial, enquanto ambas as metades da segunda linha do respectivo par de versos contêm cada uma um ditongo *ai*. A seguinte tabela mostra a distribuição dos ditongos *ai* e *au* no texto do poema:

| | | | |
|---|---|---|---|
| $I_1$ | . . . . . . . . . . . . . . . | . . . . . . . . . . . . . . . | ‖ |
| $_2$ | . . . . . . . . . . . . . . . | *die Zeit* | |
| $II_1$ | *Ist auch dabei* | . . . . . . . . . . . . . . . | |
| $_2$ | *erscheint* | *mit seinem* | |
| $III_1$ | . . . . . . . . . . . . . . . | *der Zeiten* | |
| $_2$ | *verweilt* | *vorübergleiten* | |
| $IV_1$ | *Ist aus Vollkommenheit* | . . . . . . . . . . . . . . . | |
| $_2$ | . . . . . . . . . . . . . . . | | ‖ |

210 POÉTICA EM AÇÃO

A primeira palavra de toda a corrente *ai* e a última formam uma rima interna – $I_2$ *Zeit*-$IV_1$ *Vollkommenheit*, em comparação com a rima final de duas palavras atreladas semanticamente $III_1$ *Zeiten* – $_2vorüber-gleiten*, sendo que nas duas rimas se correspondem uma acentuação principal e uma secundária.

A palavra composta $IV_1$ *Vollkommenheit* [perfeição] é um conceito característico dos últimos poemas de Hölderlin e está profundamente enraizada no vocabulário destes. A forma interna desta palavra estabelece uma relação antônima (*gehen – kommen*) [ir-vir] com o verbo $I_1$ *geht* [vai] da linha inicial do primeiro par de versos, e seu componente *voll* [cheio] responde da mesma maneira antônima ao adjetivo *leer* [vazio] da linha inicial do segundo par de versos: $II_1$ *leer Gefilde*. Em outros dos poemas mais tardios, o sentido interior de *Vollkommenheit* é revelado pela solução da contradição e pela indicação direta ao ato de *kommen* [vir]. "Der Frühling" (H 309): $I_1$ *Wenn aus Tiefe kommt* [!] [Quando da profundeza vem [!]] *der Frühling in das Leben* [a primavera para a vida], $III_1$ *Das Leben findet sich aus Harmonie der Zeiten* [e a vida se encontra da harmonia dos tempos], $IV_1$ *Und die Vollkommenheit [!] ist Eines in dem Geiste* [e a perfeição [!] é uma no espírito] (dentro de um quarteto com um ditongo *ai* sete vezes repetido). "Der Zeitgeist" (H 310) $II_2$ *Dass Dauer kommt [!] in die verschied'nen Jahre* [Que a continuidade vem [!] aos anos passados], $III_1$ *Vollkommenheit [!] vereint sich so in diesem Leben* [perfeição [!] assim se une nesta vida]. Algo divergentes são a posição e a relação do substantivo nominativo *Volkommenheit* ao seu – como o poeta se expressa no ensaio "Über die Verfahrungsweise des poëtischen Geistes" (H IV 251 e ss.) [Sobre o modo de procedimento do espírito poético] – "harmonicamente oposto"nos três quartetos de "Dem gnädigsten Herrn von Lebret" (H 282), escritos em 1830 aproximadamente: as linhas finais da estrofe inicial – $_3Doch die Vollkommenheit [!] enthält verschiedne Fragen, $_4Wenn schon der Mensch es leicht bezeuget nennet* [Contudo, a perfeição [!] contém diversas perguntas, mesmo quando o homem o nomeia como facilmente atestado] – estão respondidas no verso final do poema – $_{12}Der Mensch bezeugt diss und Weisheit geht [!] in Welten* [O homem o atesta e a sabedoria vai [!] nos mundos].

A união do oposto encontra sua expressão, talvez a mais marcante, no poema "Der Herbst" (H 284) composto de quatro quartetos homogêneos, escrito em setembro de 1837. Começa com o verso $_1Die Sagen, die der Erde sich entfernen* [As lendas que da Terra se distanciam] e é dedicado antes ao "Vergehen und Entstehen" [desvanecer e nascer] do que ao tema elegíaco do "Entstehen und Vergehen" [nascer e desvanecer]: $_3und vieles lernen $_4Wir aus der Zeit, die eilends sich verzehret* [e muito aprendemos do tempo que rapidamente se consome]. O eterno retorno é confirmado repetidas vezes: $_3Sie kehren zu der Menschheit sich; $_7kehrt; $_8findet sich... wieder. $_5Die Bilder der Vergangenheit sind nicht verlassen $_6Von der Natur* [Eles retornam à humanidade; retorna; reencontra-se... novamente. As imagens do passado não estão abandonadas pela natureza], e o sentido do passado é definitivamente oposto

UM OLHAR SOBRE "DER AUSSICHT", DE HÖLDERLIN 211

àquele dos três verbos com o mesmo prefixo ₅*verlassen* [abandonar], ₆*verblassen* [desbotar] e ₁₄*verlieren* [perder]. Quando ₁₂*des Menschen Tag vollendet ist* [o dia do homem está concluído], ₁₃*Der Erde Rund* ₁₅*mit einem goldnen Tage* [O ciclo da Terra com um dia dourado] se revela como constante, ₁₆*Und die Vollkommenheit ist ohne Klage* [e a perfeição está sem mácula], como anuncia a linha final do poema, reforçado por uma metátese finalizante (lk – kl). O primeiro componente da palavra composta *Voll-kommenheit* e *voll-enden* recebe a mesma antítese em outros poemas de Hölderlin, por exemplo, "Der Winter", de novembro de 1842 (H 303): II₁*Das Feld ist leer [!]* III₁*Als wie ein Ruhetag, so ist des Jahres Ende,* ₂*Wie einer Frage Ton, dass dieser sich vollende [!]* [O campo está vazio como um dia de repouso, assim é o fim do ano, como o tom de uma pergunta, que este se complete]. No poema "Der Herbst" do mesmo ano (H 299), diz o terceiro verso: *Es ist das Jahr, das sich mit Pracht vollendet [!]* [É o ano que com esplendor se completa], e o antepenúltimo verso acrescenta: *mit Leere [!] sich die Felder dann vertauschen* [o campo se confunde com o vazio].

O segundo "Aussicht" de Hölderlin, o primeiro com a assinatura *Scardanelli* (H 287), louva no verso inicial da oitava o dia aberto, para *Menschen hell [!] mit Bildern ist* [para os homens é claro com imagens], e termina com a afirmação de que IV₂ *ferne steht des Zweifels dunkle [!] Frage* [longe se encontra a escura pergunta da dúvida]. No poema cita-se IV₁ *Die prächtige Natur* [a magnífica natureza], que *erheitert* [alegra] os dias do homem e o liberta de dúvidas sobre o III₁ freqüentemente nublado e fechado *Innerheit der Welt* [âmago do mundo]. A etimologia poética, que predomina especificamente na última arte vocabular de Hölderlin, rompe e une as palavras combinadas *Inn-erheit* e *erheit-ert;* uma associação semelhante parece unir *Vollkommen-heit* e *heit-er*, cf. duas oitavas de 1843, ambas sob o título *Frühling* : I₁ *Die Sonne kehrt zu neuen Freuden wieder,* III₁ *Und heiter [!] ist des Frühlings Morgenstunde* [O sol retorna para novas alegrias, e alegre é a hora matinal da primavera] (H 308) e, por outro, lado, II₁ *die Freude kehret wieder* IV₁ *Und die Vollkommenheit [!] ist Eines in dem Geiste* [a alegria retorna e a perfeição é una no espírito] (H 309).

Em Hegel, amigo e contemporâneo de Hölderlin, observam-se na terminologia filosófica uma procura extensa pela forma interna das palavras e uma genuína tendência para o jogo de palavras (cf. Koyré, 425 e s.). Diversos pontos de contato encontram-se entre as características do vocabulário de Hegel e o de Hölderlin. À consideração, característica para a *Fenomenologia do Espírito* da "Erinnerung" [recordação] como "Er-Innerung" [ensimesmar-se], por exemplo, corresponde o poema "Höheres Leben" [Vida mais Elevada], de 1841 (H 289), onde Hölderlin notadamente combina II₁ *Erinnerungen* [recordações] com composições como II₂ *innern Werth* [valor interior] e IV₁ *In seinem Innern* [no seu interior]. No primeiro "Aussicht" do autor, o substantivo ₉*Erinnerung* está submetido a uma análise poética através da sua combinação com palavras do mesmo sufixo (₆*Dämmerung* e ₁₃*Ermunte-*

212 POÉTICA EM AÇÃO

*rung*) e prefixo (₁₃*Ermunterung, erfreut,* ₁₄*erneuet*), assim como através da insinuada concordância de suas raízes com a preposição "in": *Erinnerung ist auch dem Menschen in den Worten* [A recordação é nas palavras também para o homem] – rima: *in den Orten* [nas localidades]. (Sobre a relação da influência mútua entre Hegel e Hölderlin, cf. Pellegrini, 1965, cap. VII: "Hölderlin und Hegels Dialektik").

Uma utilização singularmente eficaz de tais relações semânticas como sinonímia, antonímia e paradigmática gramatical está estreitamente entrelaçada no "método poético" de Hölderlin, com uma riqueza de artifícios paronomásticos. Assim, tais raízes, próximas em som e sentido, como "freud-" e "freund-", se dão muito bem. Na última estrofe alcaica de Hölderlin (H 280), que ele compôs ainda em 1830 aproximadamente, as duas linhas do meio apresentam uma metátese fonética efetiva: ₂*unter die Freuden [!] wo* ₃*Ihn Freunde [!] liebten* [entre as alegrias onde amigos o amavam]. Já em 1810 ("Der Ruhm" [A Fama], H 265), o poeta escreveu: ₅*Der Erde Freuden, Freundlichkeit und Güter* (der erd. freud.n freund) [alegrias da Terra, amabilidade e bens]. Na oitava *Freundschaft,* escrita pouco antes da morte do autor (H 311), o verbo repleto da letra "n", no segundo hemistíquio terminal – *sich freudig Freunde nennen* ‖ [alegremente se chamam amigos] – parece apoiar o nasal marcante do substantivo. No início do segundo quarteto, a seqüência de palavras III₁ *der Freundschaft ferne* [longe da amizade] é unida e concluída através da seqüência repetida *f-r-n*.

Um exemplo notável de um sistema paronomástico, construído ao redor de uma palavra-chave do poema, é uma oitava escrita aparentemente em 25 de dezembro de 1841 e dedicada à *Natureza,* o único substantivo repetido no poema (H 295):

*Winter*

I₁   *Wenn sich das Laub auf Ebnen weit verloren,*
2    *So fällt das Weiss herunter auf die Thale,*
II₁  *Doch glänzend ist der Tag vom hohen Sonnenstrale,*
2    *Es glänzt das Fest den Städten aus den Thoren.*

III₁ *Es ist die Ruhe der Natur, des Feldes Schweigen*
2    *Ist wie des Menschen Geistigkeit, und höher zeigen*
IV₁  *Die Unterschiede sich, dass sich zu hohem Bilde*
2    *Sich zeiget die Natur, statt mit des Frühlings Milde.*

*"Inverno*

*Quando a folhagem se perde ao longe nas planícies,*
*Então o branco cai para os vales,*
*Contudo, o dia está brilhante pelos altos raios do sol,*
*E brilha a festa através dos portões das cidades.*

*É a tranqüilidade da natureza, o silêncio do campo*
*É como espiritualidade do homem, e mais alto se mostram*
*As diferenças, que para a elevada imagem*
*Se mostra a natureza, em vez de com a suavidade da primavera."*

UM OLHAR SOBRE "DER AUSSICHT", DE HÖLDERLIN    213

A horizontal que domina o primeiro verso é abandonada ($I_1$ *auf Ebnen weit verloren*) em favor dos finais opostos do eixo vertical ($I_2$ *herunter auf die Thale* $II_1$ *vom hohen Sonnenstrale* $III_2$ *höher* $IV_1$ *hohem Bilde*). A combinação de palavras *Ruhe der Natur* (ru- contra -ur) é apoiada por outros casos notáveis, únicos aliás, do *u* acentuado, enquanto a seqüência dos fonemas das consoantes *n-t-r* permanece intacta: $I_2$ *herunter [!]* e é ilustrada por envolvimento sintático paralelo nas últimas linhas: $III_2$ *höher zeigen* $IV_1$ *die Unterschiede [!] sich* e $IV_1$ *zu hohem Bilde* $_2$ *Sich zeiget die Natur [!]*. Além do mais, o título "Winter" é também constituído pelo mesmo grupo de três *n-t-r*, e a substituição da costumeira assinatura do poeta idoso *mit Unterthänigkeit* por *Dero unterthänigster* poderia ser também atribuída ao seu desejo de ajustar a última fórmula às palavras concatenadas *herunter – der Natur* etc.

Resumo

O fascinante esboço filosófico de Hölderlin "sobre o assunto sempre repetido e o procedimento poético", escrito em Hamburgo na virada do século, anuncia "que os pontos, inicial, central e final, estão em íntima relação, de modo que, ao finalizar, o ponto final retorna ao inicial e este ao central" (H IV 243 e s.; cf. Allemann, 140 e ss.). Caso considerássemos, por exemplo, o primeiro e o último par de versos do "Aussicht" como o ponto inicial e o final do poema, e os dois pares de versos do meio como seu centro, perceberíamos a plenitude e a variedade de suas profundas influências alternantes. Até os poemas mais tardios de Hölderlin, nos últimos, aliás, talvez com uma especial intensidade, justifica-se a convicção do poeta "o quão intimamente cada pormenor está relacionado com o todo e como ambos perfazem apenas um todo vivo, embora totalmente individualizado e composto de muitos pares independentes, porém igualmente estreita e eternamente ligados" (carta a I. v. Sinclair, de 24 de dezembro de 1798, HVI 301).

## 5. DUAS EXPRESSÕES DO DEMENTE

*Conversa*

Hölderlin, que já tinha sofrido antes de ataques esquizóides, adoeceu em 1802, isto é, no seu trigésimo segundo ano de vida, de acordo com o parecer médico (v., por exemplo, Supprian) "de uma psicose esquizofrênica aguda". Schelling descreve-o na carta a Hegel, de 11 de julho de 1803, como "de espírito totalmente transtornado" e, se bem que "até certo ponto ainda capaz" para alguns trabalhos literários, "de resto, vive numa total alienação mental" (H VII/2, n.º 291, p. 262). Em agosto de 1806, a mãe de Hölderlin recebeu uma carta do amigo íntimo do filho, Isaak Sinclair, informando de que não é mais possível que "meu amigo infeliz, cuja loucura alcançou um alto grau, permaneça por mais tempo... em Hamburgo" e que "sua liberdade mais prolongada pode tornar-se perigosa até para o público" (*ibid.*, n.º 345, p. 352). Depois de alguns meses dolorosos no manicômio de Tübingen, o doente permaneceu, de acordo com seu pressentimento poético, para uma inteira *Hälfte*

## POÉTICA EM AÇÃO

*des Lebens – Weh mir, wo nehm' ich, wenn* || *Es Winter ist, die Blumen*
(H 117) [Metade da vida – ai de mim, onde vou colher, quando inverno,
as flores] – "em pensão e custódia" até o fim da vida, com o marceneiro
Ernst Zimmer, de Tübingen. Nas memórias do pároco Max Eifert (publicadas em 1849) consta que "o infeliz poeta Hölderlin", o inquilino do
quarto da torre, na casa do marceneiro, na antiga fortaleza, "perambu-.
lava... para cá e para lá" "até há poucos anos atrás, com o espírito per-
turbado num eterno e confuso solilóquio" (H VII/3, n.º 489, p. 41). De
acordo com a informação de Wilhelm Waiblinger, não lhe era permitido
sair sozinho, "a não ser passear apenas dentro da fortaleza, em frente
da casa" (*ibid.*, n.º 499, p. 64).

Os numerosos testemunhos dos visitantes do poeta na casa do marceneiro, encontrados nas observações de K.A. Varnhagen, de 22 de dezembro de 1808 (H VII/2, n.º 357, p. 371) até a morte de Hölderlin,
contêm informações valiosas, hoje reunidas na grande edição de Stuttgart (H VII/2 e 3). Elas atraem a atenção para a persistente falta de
vontade e angustiante incapacidade do demente de conversar com as
pessoas, e conseqüentemente, para o "imensurável abismo" entre ele e
os que o rodeiam, como já esclareceram as atentas e profundas observações do escritor Wilhelm Waiblinger dos anos 1822–1826 (sem levar
em consideração a posição extremamente subjetiva deste), e como repetidamente o confirmam também observadores posteriores.

Desde a tenra juventude do poeta até a evolução da sua doença, "o
bem-aventurado dar e receber", como *Nussbacher* (205) corretamente
viu, era para ele uma necessidade vital: "Sua natureza comunicativa
procurava o diálogo, e do diálogo com um Tu nascia seu canto. No encontro amoroso com Diótima, Hölderlin experimentou o Tu complementar, responsivo, e desde a tenra juventude até os anos da doença, ele
manteve diálogos com amigos sinceros". Justamente a perda do diálogo é que confere ao comportamento todo do eremita de Tübingen a característica decisiva. Ele ficava confuso, tanto ao ser abordado quanto
ao dirigir-se a alguém e na tentativa de responder, de maneira que "até
mesmo seus antigos conhecidos", de acordo com a informação de Waiblinger, consideravam "tais conversas demasiadamente lúgubres, opres-
sivas, tediosas e sem sentido". Estranhos foram recebidos por ele com
uma torrente de palavras inconexas: "Pode-se perceber algumas palavras compreensíveis, mas na maioria das vezes não podem ser respondidas", e ele próprio permanece em geral "totalmente desatento àquilo
que lhe é dito".

Sob insistente interpelação, Hölderlin sofria uma violenta emoção,
e o interpelante recebia dele "uma torrente terrivelmente confusa de
palavras sem sentido". Ou então, Hölderlin simplesmente preferia negar uma resposta: "Majestade, isso não devo, isso não posso responder". Finalmente, a resposta pode ser imputada ao próprio interlocutor:
"Há tempo que o senhor não esteve na França?" "Oui, monsieur, o senhor o afirma." Uma evasiva semelhante: "O senhor talvez tenha razão".
O medo de uma responsabilidade por uma afirmação ou negação autô-

UM OLHAR SOBRE "DER AUSSICHT", DE HÖLDERLIN          215

noma revela-se em expressões como "O senhor assim o diz, assim o afirma, nada me acontece". Isso deveria ter sido a "terceira palavra" de Hölderlin. Mesmo uma recusa a propostas do companheiro era imputada por Hölderlin ao próprio proponente. Assim, a um convite para um passeio segue "uma forma sumamente singular" de uma recusa afirmativa: "O senhor ordena que eu fique aqui".

Waiblinger já havia notado "inúmeras vezes" a contradição contínua entre Sim e Não no modo de falar de Hölderlin, como, por exemplo, entre uma afirmação "os homens são felizes" e seu desmentido "os homens são infelizes". Conforme anotações de Christoph Theodor Schwab no seu diário do ano de 1841 (H VII/3, n.º 551, p. 203), o poeta doente teria inventado a expressão *pallaksch* e a usado tanto como um sim quanto como um não, o que lhe servia de auxílio para evadir-se do Sim ou do Não.

A mesma insegurança se reflete na "torrente poliglota de títulos" e expressões cerimoniais, e é observada por informantes nas mais diversas épocas; essas, o doente empregava a todo momento, em especial ao saudar alguém. Segundo o relato do redator Gustav Kühne, que em 1838 descreve suas impressões em Tübingen, Hölderlin, "ao receber visitas, distribuía alocuções como Vossa Alteza e Vossa Graça, e era mesmo generoso com Vossa Santidade e Vossa Majestade" (H VII/3, n.º 535, p. 156), como se desta maneira quisesse, conforme uma suposição anterior de Waiblinger, manter intencionalmente todos longe de si, a uma distância intransponível, e não se deve pensar que ele realmente acreditasse tratar com reis. Assim como, de acordo com Gustav Kühne, o mestre Ernst Zimmer o afirmava, Hölderlin permanece para si mesmo um "homem livre, a quem ninguém nada tem a criticar" (*ibid.*, 158).

O "dar e receber" desaparece do cotidiano do esquizofrênico. Hölderlin recusava peremptoriamente receber quaisquer presentes de livros, mesmo quando se tratava de edições de suas próprias obras, e o diário de Waiblinger constata nele "uma particularidade horrível": tão logo terminava de comer, Hölderlin colocava a louça simplesmente para fora da porta (H VII/3, n.º 470, p. 10).

A renegação do seu próprio nome e a apropriação de um emprestado ou inventado (cf. "Exkurs: Doença de Hölderlin", H VII/3, n.º 632, p. 341) antes de mais nada são tentativa de excluir o próprio Eu da conversa e mais tarde também da escrita. A Waiblinger, ele já havia dito chamar-se Killalusimeno (v. acima, p. 191). Segundo Johann Georg Fischer, o insano renegava o nome Hölderlin no frontispício dos seus poemas e afirmava chamar-se Scardanelli ou Scaliger Rosa (H VII/3, n.º 608, p. 297). Quando, em 1842, estudantes, ao tomar café juntos, chamaram Hölderlin pelo nome, ele não aceitou e respondeu: "Estão falando com HE. Rosetti" (*ibid.*, n.º 596, p. 280). Cf. as informações de Chr. Th. Schwab (acima, p. 191 e s.) sobre a violenta insistência de Hölderlin no reconhecimento do seu nome Scardanelli. Evidentemente tratava-se para o poeta insano, antes de tudo, de evitar qualquer emprego verbal ou escrito do seu nome herdado.

## Poesia

Do espólio poético dos últimos anos de vida somente restos escassos e puramente acidentais estão conservados, mas, apesar disso, sua pesquisa transmite uma informação rica e surpreendente sobre a criação do artista nos derradeiros decênios da sua "grande psicose" (cf. Supprian, 617). Sobre os estádios tardios da sua internação de quase quarenta anos em Tübingen e os poemas que o idoso Hölderlin escrevia a pedido dos visitantes, na presença destes e *ex tempore*, doando-os ao respectivo requerente, existem relatos substanciosos. Ernst Zimmer informou a um correspondente anônimo em 1835: "Pedi-lhe para escrever algo para mim, ele só abriu a janela, lançou um olhar para fora e em doze minutos estava pronto" (H VII/3, n.º 528, p.134).

Do necrológio do poeta lírico Gottlob Kemmler deduzimos alguns traços importantes sobre as últimas tentativas criativas de Hölderlin:

> Quando ele, encostado na escrivaninha, lutava para concentrar seus pensamentos na "oração poética", toda ansiedade desaparecia da testa deprimida e espalhava-se sobre ela uma alegria tranqüila; por mais alto que se conversasse ao seu redor, por mais que se lhe olhasse por sobre os ombros, nada seria capaz de perturbá-lo... Ele compunha versos sempre que alguém o quisesse, talvez para assim isolar-se um pouco da companhia amavelmente *solícita* (*ibid.*, n.º 642, p. 366 e s.).

O diálogo convulsivo e seus participantes desaparecem diante do encanto do monólogo criador. O pensamento de que "nada me acontece", uma fórmula mágica nos diálogos de Hölderlin, torna-se assim uma feliz e bem vinda experiência.

Johann Georg Fischer, professor e poeta, conta como ele, por ocasião de sua última visita em abril de 1843, pediu a Hölderlin algumas estrofes como lembrança e como o poeta, prestes a escrever, se colocara ante a escrivaninha: "Pelo resto da vida ficará na minha memória o brilho do seu rosto neste momento, olhos e testa se iluminaram, como se nunca tivesse passado lá uma tão grave alienação... Ao terminar, ele me entregou a folha com as palavras: Vossa Santidade se digna?" (*ibid.*, n.º 608, p.301).

Christoph Theodor Schwab, revisor da edição póstuma das *Obras Completas* de Friedrich Hölderlin (1846), afirma jamais ter visto um verso do poeta enfermo que não tivesse sentido, embora ele redigisse seus versos diretamente "depois de não se ter ouvido dele uma palavra coerente sequer durante dias e semanas", e escrevia esses poemas "sem relê-los depois ou corrigir algo" (v. Trummler, 115 e s.). Contudo, Chr. Th. Schwab limita-se a publicar na biografia apenas amostras menores dos poemas "da época da mente conturbada de Hölderlin" (H VII/3, n.º 663, p. 413).

Apesar do entusiasmo que Waiblinger sentia pelo "homem inebriado e inspirado por Deus" no início dos anos vinte do século XIX (cf., por exemplo, H VII/3, n.º 470, p. 7), estava inclinado a descobrir ver-

## UM OLHAR SOBRE "DER AUSSICHT", DE HÖLDERLIN 217

sos sem sentido, erros e provas de um "estilo horrível" nas "criações tardias" de Hölderlin, ainda que a criação do demente fosse incomparavelmente superior àquela do crítico.

Apenas alguns dos contemporâneos do artista doente foram capazes de compreender e apreciar sua poesia tardia. Gustav Schwab, pai de Christoph, que, junto com Uhland, redigiu em 1826 a primeira edição dos poemas de Hölderlin, mantinha ainda em 1841, ao ler os mais recentes versos do poeta enfermo, sua convição "de que neles continuava a manifestar-se todo o gênio de Hölderlin". Sophie Schwab, esposa de Gustav, acrescentou: "É maravilhoso ver, mesmo após quarenta anos da mais profunda loucura, que em Hölderlin ainda está presente o espírito e que, depois de tão longo tempo, ainda se manifesta" (H VII/3, n.º 553, p. 211).

Do ponto de vista de Bettina von Arnim, da mesma época, Hölderlin

está, há quarenta anos, perdido para a vida normal dos homens sob o destino anônimo que sobre ele pesa... da sua boca saem apenas sons confusos, e qualquer presença de pessoas o intimida e perturba. Só a musa é ainda capaz de falar com ele e em determinadas horas ele escreve versos, pequenos poemas nos quais se refletem a profundeza anterior e a graça da mente, passando porém, de repente, diretamente para cadências inacessíveis à razão (*Ilius Pamphilius* II, 378; cf. H VII/3, p. 255).

Se mesmo essa entusiasta fervorosa da busca poética acreditava que esses poemas "conduzem ao abismo onde a palavra se subtrai da razão" (*Ilius Pamphilius* II, 381; cf. H 915), torna-se compreensível que as estruturas artísticas totalmente inesperadas da obra poética tardia de Hölderlin suscitassem uma reprovação do espírito pequeno-burguês.

Assim, encontra-se no *Morgenblatt für gebildete Leser* [Matutino para Leitores Instruídos], de 30 de abril de 1838, um artigo do escritor e rimador Hermann Kurz (1813-1873) sobre os poemas de Hölderlin, tachando-os de "palavras esquisitas, amontoados sem nexo", de uma "horrível ininteligibilidade" (H VII/3, n.º 536, p. 172). Pelo necrológio do esteta Moritz Carriere (1817-1895), publicado em 1843, chega-se a saber: os sons poéticos de Hölderlin "oscilam instáveis entre inteligíveis e absurdos" (*ibid.*, n.º 644, p. 371). Até o dia de hoje continuam perdurando condenações parecidas e mais ásperas da poesia tardia de Hölderlin. Assim, atribui-se a ela "uma profunda perturbação da sensibilidade lingüística", "fracasso da expressividade idiomática" e "banalidade sem forças", e repreende-se o autor por não compreender mais o "pleno sentido" de suas palavras, e por serem seus últimos poemas "completely avoid of any fruitful tension, mere organ-grinding" [completamente desprovidos de qualquer tensão frutífera, meras palavras ocas] (v. Häussermann, 112 e s.; Böhm, 744; Rehm, 370: Bach, 1965, 155; cf. Resenha de Thürmer, 30).

Como Böschenstein (1965-1966, p. 36) frisa, com razão, as análises das obras tardias de Hölderlin dependem via de regra do preconceito de que as criações de um doente mental não poderiam ser interpretadas, a

218 POÉTICA EM AÇÃO

não ser como testemunhos da decadência mental e lingüística, enquanto que "doença mental e poesia válida não deveriam necessariamente se excluir mutuamente". Segundo W. Kraft (35 e s.), dever-se-ia "começar finalmente a refletir sobre as separações artificiais entre sanidade e doença, que há tanto tempo se mantêm, em detrimento da poesia".

A provavelmente mais feroz tentativa de desvalorizar os poemas de Hölderlin "dos anos do estádio final" foi redigida pelo médico de Tübingen, Dr. Wilhelm Lange, na sua *Patografia* (137), que encontra nas criações de um demente "uma forma catatônica da imbecilidade", sendo que o mencionado preconceito clínico deste pesquisador foi manifestamente reforçado por surdez artística. Os poemas conservados de Hölderlin doente encontram-se aqui sentenciados com os seguintes comentários:

Rigidez e afetação, linguagem amaneirada, neologismos e palavras rebuscadas, um tom infantil são comuns a todos, como também o são a dispersão, estereotipia e brincadeiras fonéticas ocas, além de rípios banais e interpolações; o poeta perdeu a sensibilidade para a diferença entre a linguagem da poesia e a do cotidiano, para o estilo, apenas palavras ocas assumem a posição de conceitos claros... O círculo de seus interesses se estreitou: apenas sentimentos escassos vislumbram ainda nos seus versos.

Ainda em 1921 aparece de novo uma opinião semelhante: "A análise sistemática destes poemas teria no máximo um interesse patológico ou de curiosidade" (Viëtor, 227).

O livro de C. Litzmann *(Vida de Hölderlin em Cartas de e para Hölderlin)* já mencionava em 1890 "Die Aussicht" (663 e s.): seriam essas "um par de observações da natureza, enfileiradas de modo desarticulado, que conduzem (o autor) a uma idéia abstrata, mas que ele não é mais capaz de formular ou expressar com clareza". Uma imagem completamente diferente é dada aos poemas criados por Hölderlin na época final da sua vida, nos escritos de L. V. Pigenot do ano de 1832, onde ele destaca "Die Aussicht" como "aquele, espiritualmente iluminado, solene, profundamente embebido de pressentimentos, que, na verdade, nolo permite chamar de último poema de Hölderlin" (163; cf. Häussermann, 109 e s.).

Desde os ensaios de Pigenot, aumenta na ciência literária alemã o interesse por questões da poética singular em que se fundamentam as obras finais de Hölderlin. Ao mesmo tempo, tornava-se cada vez mais evidente que a fase final das notas do poeta se distingue nitidamente "da primeira metade dos poemas tardios". Também nesse caso dever-se-ia evitar uma mistura do vocabulário das diversas etapas poéticas, já que ela traria consigo, "em vez de um esclarecimento, uma dissolução dos contornos do respectivo campo lingüístico" (cf. Böschenstein, 1964,50). É característico que palavras significativas para "Die Aussicht" (como para outros poemas do ciclo Scardanelli) – *Aussicht, Vollkommenheit, ergänzen, vorübergleiten* – permanecem estranhas ao assim chamado "período dos hinos". Além das manifestações de uma admiração por poemas isolados de "Scardanelli", houve, nos anos 1960, algumas tentativas de discutir mais detalhadamente a arte

UM OLHAR SOBRE "DER AUSSICHT", DE HÖLDERLIN          219

lingüística dos últimos anos de vida de Hölderlin e pesquisar as relações desta com suas obras anteriores (v. Anke Bennholdt-Thomsen, Winfried Kudszus) ou, mais ainda, descobrir as características novas e originais da fase poética final, sendo que esta etapa, em vez de exprimir uma decadência, "se encaixa logicamente dentro do caminho de Hölderlin e, por paradoxal que isso possa parecer, na qualidade de um progresso real", como Wilhelm Michel já tinha formulado em 1911 (552). No ano de 1964, o germanista polonês, Z. Zygulski, escreveu: "A afirmação poderia parecer absurda, mas o poeta demente escrevia com maior clareza que o pretensamente são" (168).

A monografia de Wilfried Thürmer, *Zur poetischen Verfahrensweise in der spätesten Lyrik Hölderlins* [Sobre o Método Poético na Lírica Tardia de Hölderlin], publicada em 1970, é muito estimulante para a análise da última seqüência poética. O livro finaliza com a exigência: "Deve-se reconhecer o singular modo de ser e necessariamente peculiar dos próprios textos, para poder apreciá-los adequadamente" (80). As teses fundamentais do pesquisador são altamente indicadas para favorecer este reconhecimento: "No exame mais profundo (da poesia mais tardia de Hölderlin), manifesta-se como um processo de grande inteligência artística" (52). "O poema 'infantilmente simples' é criado por um espírito lingüístico que marca coerentemente todas as partes. Fraquezas aparentes provam ser intervenções calculadas, deslizes aparentes do ritmo da linguagem, regulação consciente do sistema " (53). Antes de mais nada deve-se examinar "o completo desenrolar poético desta poesia em todos os planos da linguagem – mesmo nos meros detalhes, palavras funcionais, particularidades sintáticas e na singularidade da escolha de palavras" (80).

Deve-se, no entanto, objetar contra qualquer tentativa de observar atentamente as formações lingüísticas de Scardanelli que contradiga a suposição de Thürmer segundo a qual não há nestes poemas nenhuma "arquitetura fechada" (53), que "linhas de comunicação de amplo alcance simplesmente não seriam possíveis nestes versos" e que, entre as estrofes individuais, não poderiam existir aqui "relações arquitetônicas" (35, 39, 53). A estrutura completa dos poemas de Scardanelli, de dois, três ou quatro quartetos, demonstra um mesmo grau de formação planejada que as suas estrofes ou versos. Basta mencionar mais alguns traços construturais do poema com respeito às particularidades acima observadas na distribuição regular das categorias gramaticais e correspondências lexicais que permeiam "Di e Aussicht", e em especial determinar certas concordâncias fonéticas e simultaneamente semânticas, cujo contexto arquitetônico prova ser eficaz.

O genitivo $I_1$ | *der Menschen* e o dativo a ele oposto $IV_2$ || *Den Menschen*, os dois casos da mesma palavra referem-se primeiro à efemeridade dos homens e depois à graça a eles conferida. A posição oposta das duas formas é uma simetria especular: um dos casos está posto no início do segundo hemistíquio, o outro, no início do penúltimo do poema todo; dos dois substantivos $I_2$ *Zeit* e $IV_2$ *Volkommenheit*, que rimam e tomam parte na solução de um antagonismo dramático, um

220 POÉTICA EM AÇÃO

pertence ao quarto dos primeiros hemistíquios e o outro ao quarto do fim dos últimos, e ambas as palavras rimadas estão postas nas mesmas duas linhas como os dois verbos da mesma raiz $I_2$ | *erglänzt* e $IV_1$ *glän-zet* || .

Os componentes de *Vollkommenheit* estão providos de outras variantes da simetria com seus antônimos. O hemistíquio inicial da primeira linha no último par de versos do poema contém o componente $IV_1$ *-kommen-* [vir] e no primeiro par de versos, o verbo oposto $I_1$ *geht* [vai]. A terceira linha da estrofe final contém *Voll-* [cheio] no hemistíquio inicial, em oposição ao adjetivo $II_1$ *leer* [vazio] no hemistíquio terminal. De maneira parecida se relacionam duas palavras lexical e gramaticalmente estreitamente ligadas, $II_2$ *Wald* [floresta] (o único nominativo masculino) e correspondentemente $II_2$ *Bäume* [árvores] (o único acusativo masculino): uma das palavras pertence ao verso final da estrofe inicial e a outra, à final.

A grande maioria dos trinta e três nasais do texto está concentrada nos pares de versos externos – doze em cada um, sendo que os últimos três formam, em relação às primeiras três linhas do poema, uma simetria especular: oito nasais na primeira linha ($I_1$) e oito na última ($IV_2$); quatro na segunda ($I_2$) e quatro na penúltima ($IV_1$), um na terceira ($II_1$) e um na antepenúltima ($III_2$). Os dois hemistíquios com o maior número de nasais acentuam ambos a palavra *Menschen* e possuem – o hemistíquio terminal da primeira linha e o inicial da última – cada um quatro *n* e um *m*, sendo que o último hemistíquio inicial generaliza a construção fonética da palavra *Menschen*, e todas as quatro sílabas do hemistíquio terminam com um *n*: $IV_2$ *Den Menschen dann* | .

Na importante junção de dois substantivos – $III_1$ *das Bild der Zeiten* – o concentrante *Bild* [imagem] do verso inicial da segunda estrofe responde ao passante $II_2$ *Bilde* do verso final da primeira estrofe, e o genitivo $III_1$ *der Zeiten* [dos tempos], na linha inicial do par de versos que abre a segunda estrofe, encontra uma correspondência antecipante na linha final do par de versos que abre a primeira estrofe – $I_2$ *die Zeit der* [o tempo dos]. O verso que reúne em triplo *Vollkommenheit, Höhe* e *Glanz* [perfeição, altura e brilho] ($IV_1$) é o primeiro que empresta ao poema o movimento vertical da vertente, antes de finalizar com a imagem igual do florescer das árvores.

No louvor à altura, construído verticalmente verso por verso no poema de doze linhas "Der Sommer" *(Das Erntefeld erscheint)* [O campo da colheita aparece] do ano de 1837 (H 285), as palavras $I_1$ *Höhen* [alturas], $IV_2$ *hohes* [alto] e $VI_1$ *hoch* [no alto] percorrem todas as três estrofes, e as outras duas palavras normativas (esplendor e plenitude) aparecem nas mesmas linhas que as primeiras: $IV_2$ *Ein hohes Bild, und golden glänzt der Morgen.* [Uma imagem elevada, e a manhã resplandece dourada], $VI_2$ *und was er hoch vollbringet* [e o que no alto ele realiza].

UM OLHAR SOBRE "DER AUSSICHT", DE HÖLDERLIN    221

A trama das repetições de palavras e das correspondências acompanhantes desempenha um papel importante e ao mesmo tempo totalmente diferente nas criações poéticas de Scardanelli. A ênfase reside ou nas múltiplas repetições das mesmas palavras ou então, com menor número de vocábulos repetidos, o acompanhamento é elaborado com ênfase especial (cf., por exemplo, "Die Aussicht"). Os diversos poemas deste período demonstram consideráveis particularidades individuais também na distribuição das palavras repetidas.

O poema "Höheres Leben" do ano de 1841 (H 289) repete, mormente dentro de dois dos seus três quartetos, um certo número de palavras, ou idênticas, ou com variações morfológicas: I, III *Mensch* – III *Menschheit*; I, III *Leben* – III (bis) *des Lebens*; II, III *Sinn* [homem – humanidade; vida – da vida; sentido]; os três graus comparativos do mesmo adjetivo, ou seja, III *hohen* – II *höhern*, III *höhres* – III *Das Höchste*; I *innern* – II *in seinem Innern;* I (bis) *sein* – II *seine* – II, III *seinem*; etc. [alto – o alto; mais alto – o mais alto; interior – no seu interior; seu – seus – ao seu].

A singularidade variada das três linhas finais do "Die Aussicht" em comparação com os cinco versos precedentes é uma das indicações salientes de uma estruturação complexa e conseqüente. A seção áurea, estabelecida bem claramente desde Leonardo da Vinci (cf. Ghyka, cap. II, Timerding, Hagenmaier e Ceretelli), emerge nitidamente no último "Aussicht" de Hölderlin (cf. acima, pp. 201 e s.). O segmento mais curto ("Menor") relaciona-se ao mais longo ("Maior"), como o mais longo a toda a linha indivisa. A seção áurea (8:5 = 5:3) confronta duas partes desiguais de um todo de oito linhas, e decompõe "Die Aussicht" em dois grupos sintaticamente uniformes de cinco verbos finais, ou seja, cinco proposições elementares *(clauses)* com uma divisão de simetria especular dos verbos nos hemistíquios do "maior" de cinco (3:2) e "menor" de três (2:3) linhas. Esta delimitação encontra-se em contraste dinâmico com interessante simetria estática de ambos os quartetos, aos quais correspondem dois períodos paralelos. Os dois únicos verbos transitivos do poema e seus dois objetos diretos que fecham o "Maior" ($III_1$ *ergänzt das Bild*) e o "Menor" ($IV_2$ *Bäume... umkränzet*) realçam a seção áurea.

Deve-se observar que o último elo da proporção 8:5 = 5:3, que se afirma como preponderante dentro da totalidade, se distingue pela marcante associação do arredondamento e da palatabilidade nas vogais do segmento de cinco linhas (isto é, no proporcional do meio). A dispersão entre a seção áurea e a eqüidade estrófica realça o quinto verso do poema, já que este abre a segunda estrofe e simultaneamente fecha o primeiro segmento de cinco linhas da "seção áurea": $III_1$ *Dass die Natur ergänzt das Bild der Zeiten*. Este verso é, sem dúvida, o centro semântico da totalidade, um verso que realça a idéia dominante da *Natur* [natureza] e elimina o contraste dialético entre continuidade e mudança.

Considerada sintaticamente, esta linha forma a única oração elementar desdobrada com um sujeito (S) no hemistíquio inicial e um predicado (P) no terminal; as duas linhas restantes que repartem o sujeito e o predicado entre os hemistíquios abrem os dois primeiros pares de versos e antepõem o predicado ao sujeito ($I_1$ *Geht* | ... *Leben* ||; $II_1$ || *Ist... Gefilde* ||). Por outro lado, é a primeira linha das quatro, onde nenhum nominativo segue o verbo no hemistíquio terminal (as três últimas terminam com um verbo). A posição intermediária do verso $III_1$ é evidente (cf. tabela).

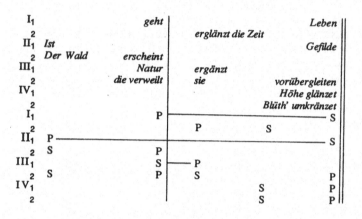

Deste modo, cada verso ímpar do primeiro segmento de cinco linhas é caracterizado por uma distribuição do sujeito e do predicado entre ambos os hemistíquios. Concomitantemente, verifica-se aqui uma reciprocidade invertida dos dois segmentos da "seção áurea": Menor + Maior = 3 + 5, e cada uma das primeiras três linhas distingue-se de todas as cinco linhas que seguem pela antecedência do predicado em relação ao sujeito. Dentro do poema, o verso limiar do "Maior" de cinco linhas está indicado nas duas direções (3 + 5 e 5 + 3) através da presença da palavra distintiva "Bild": cf. o quinto verso – $III_1$ *ergänzt das Bild* – com o quinto do fim – $II_2$ *erscheint mit seinem dunklen Bilde*.

A distribuição dos hemistíquios iniciais de três e dois pés pode também ser atribuída à seção áurea. Uma terceira variante do mesmo processo confronta os três versos longos da oitava (2 + 1) aos seus cinco versos curtos (4 + 1), sendo que a única rima comum liga o Maior e o Menor e remata desta forma o todo de oito linhas: $IV_1$ *glänzet* – $_2$*umkränzet*.

Para a compreensão e empatia da poesia dialética de Hölderlin com sua contradição interior entre identidade e mudança de todas as partes, o canto de cinco estrofes "Parthien" (H 142 e ss.) "Der Rhein" [O Reno], escrito em 1801, portanto no umbral da psicose aguda, é particularmente instrutivo, inclusive a erudita nota marginal do autor:

UM OLHAR SOBRE "DER AUSSICHT", DE HÖLDERLIN     223

A lei deste canto é que as duas primeiras partes são opostas pela forma através do progresso e do regresso, porém, idênticas pela matéria, as duas seguintes são idênticas pela forma e opostas pela matéria, a última, porém, equilibra tudo mediante metáfora universal (H 730).

Censura-se freqüentemente a fase final da atividade poética de Hölderlin como "estereotipia", "uniformidade" e "monotonia néscia"; de fato, porém, reina no atelier de Scardanelli uma tensão paralelamente parecida entre o mais rígido cânon e uma riqueza surpreendente de nuanças e variações criativas como na monumental arte medieval. Os tópicos estabelecidos pelo velho Hölderlin reaparecem em configurações audaciosamente renovadas, por exemplo, palavras que surgem nas rimas do "Aussicht" pertencem na maioria dos casos também ao repertório de rimas de outros poemas do mesmo período, mas com diversos companheiros: $I_1$ *Leben* rima em outros lugares com *Streben*, -*geben*; $II_1$ *Gefilde* com *Milde*; $III_1$ *Zeiten* com *geleiten, breiten*; e somente a rima final $IV_1$ *glänzet* – $_2$*umkränzet* permanece constante, pelo menos no sentido léxico: *glänzen* – *kränzen* (H 307).

Algumas vezes podia ser visto erroneamente nos "serôdios" de Hölderlin, como Eduard Mörike os chamava, um fraco retorno do ancião enfermo ao estilo e à forma dos seus poemas da juventude; mas já um breve exame de todos os vinte e três poemas assinados por *Scardanelli* mostra, na comparação, enormes diferenças em relação à construção e à intenção dos versos das primeiras obras do autor. Nos poemas juvenis encontram-se apenas isoladas correspondências casuais com as características típicas dos versos tardios. Só aos últimos pertencem os finais de versos constantemente femininos, a permanente variação dentro do poema entre iambos de cinco e de seis pés, uma preferência decidida por oitavas repartidas ao meio e uma predileção por rimas em pares. (Em quatorze dos poemas de Scardanelli, elas são empregadas sem exceção e em outros seis, pelo menos no segundo quarteto.)

Fala e arte lingüística da esquizofrenia

O poema de Waiblinger dedicado ao "lastimante santo" Hölderlin foi publicado em 1826 na *Mitternachtblatt für gebildete Stände* [Folha Noturna para Classes Instruídas], com o comentário do editor sobre o destacado autor do romance *Hypérion*: "agora um morto-vivo, louco há muitos anos" (H VII/3, n.º 685, p. 483). O "morto-vivo" continuou sua criação poética por mais dezessete anos. Uma pergunta formulada nos estudos sobre Hölderlin, especialmente por psiquiatras, refere-se às relações entre a evolução da sua doença e a da sua poesia. Uma resposta a esta pergunta, para se tornar útil, exige de fato um trabalho interdisciplinar de psiquiatria, lingüística e poética, e poderia, como o previa Jaspers (103), "lançar luz sobre o caráter do esquizofrênico (contudo, apenas sobre um determinado tipo deste vasto campo da doença) e esclarecer inteligivelmente o conceito de esquizofrênico", e ainda favorecer o diagnóstico de tais acessos psíquicos, como já o fazem os esforços

# 224 POÉTICA EM AÇÃO

interdisciplinares no campo da afasia. Mas, tratando-se, por exemplo, da linguagem do doente Hölderlin, é preciso advertir com toda a firmeza contra a tentativa de excluir do exame "todos os pontos de vista interpretativos do texto e lingüístico-estéticos" (cf. Supprian 618), pois justamente ao ponto de vista estético os textos poéticos devem seu tratamento especial no mundo lingüístico de Hölderlin em relação às outras categorias e variações da totalidade das "mensagens verbais" (*verbal messages*), segundo o termo profissional de Bühler (113).

O fato dicóto no fundamental para todo o sistema lingüístico e a força criativa do alienado Hölderlin é o contraste crasso entre a enorme perda da habilidade de participar de conversas numa roda de pessoas e as suas estranhamente seguras e entusiásticas vontade e capacidade para uma fácil, espontânea e conseqüente improvisação poética. Tudo o que faz parte do diálogo, a alocução mútua, o diálogo com perguntas e respostas, a capacidade do orador e a atenção do ouvinte, a inteligibilidade das próprias afirmações e a receptividade para as de outrem, toda a técnica de conversa só podia ser imitada a duras penas e, com grandes lacunas, ela era confusa e essencialmente perdida.

Da mania do demente "em anular imediatamente o companheiro" e falar em voz alta "dia e noite consigo mesmo", nasce, apesar de todo o caráter intra-subjetivo de tais manifestações, uma espécie diferente de diálogo, e, no sistema oratório de Hölderlin, ela mostra os mesmos sinais de decadência patológica como o seu trato verbal com qualquer interlocutor.

Os monólogos genuínos e puros, que em surpreendente contraste com os detritos da fala cotidiana de Hölderlin evidenciam uma uniformidade intocável e uma integridade de estrutura, são os versos criados pelo artista no ocaso da sua vida. Como Christoph Theodor Schwab já tinha observado neste contexto, "era admirável o encanto que a forma poética exercia sobre Hölderlin, enquanto na prosa ele caía facilmente numa confusão total". Schwab documenta esse contraste com a comparação de duas dedicatórias que Hölderlin escreveu em 1841 no mesmo livro (Trummler, 116): de um lado frases prosaicas e do outro *Überzeugung* [convicção] – uma estrofe iâmbica de quatro linhas (cf. H 360, p. 977).

Ao caráter poético tardio de Scardanelli – o mais afastado do estilo oratório prosaico – corresponde a consideração, escrita por Sinclair e reproduzida por Bettina von Arnim na *Günderode* (I, 327), sobre um Hölderlin "submerso na perplexidade":

que a linguagem crie todo o pensamento, porque ela é maior do que o espírito humano, este é apenas um escravo da linguagem, e o espírito do homem não será perfeito, enquanto a linguagem exclusivamente não o provoque. As leis do espírito, porém, são métricas, isso pode-se perceber na linguagem, ela lança a sua rede sobre o espírito e, preso nesta, ele é obrigado a expressar o divino...

UM OLHAR SOBRE "DER AUSSICHT", DE HÖLDERLIN     225

Os poemas de Scardanelli com seu metro padronizado e sua única oscilação regular entre linhas de dez ou doze sílabas contrastam frontalmente com as conversas desnorteadas e malsucedidas de Hölderlin.

O esquizofrênico, como Ruth Leodolter salientou nas suas cuidadosas observações, "evita, consciente ou inconscientemente, o diálogo e a conversa com os que o rodeiam" (92); numa tal síndrome, "a possibilidade ou a disposição para comunicar", ou seja, a "competência dialógica" do doente se perde mais ou menos, enquanto sua "competência monológica" permanece presente. A linguagem de Hölderlin revela um exemplo clássico da competência dialógica destruída diante de simultânea integridade e até intensificação da mestria expressamente monológica.

Os poemas de Scardanelli distinguem-se da relação conversasional em sociedade por uma renúncia planejada a formas fundamentais de diálogo. Em contraste com o comportamento lingüístico cotidiano do alienado, esses poemas não possuem sinais dêiticos e indicações da situação lingüística atual. Foi Charles Sanders Peirce que acentuou a essência dos diferentes *Índices* da nossa fala cotidiana:

If, for example, a man remarks, 'Why, it is raining!' it is only by some such *circumstances* as that he is now standing here looking out at a window as he speaks, which would serve as an Index (not, however, as a Symbol) that he is speaking of this place at this time, whereby we can be assured that he cannot be speaking of the weather on the satellite of Procyon, fifty centuries ago* (4.544).

Por outro lado, como foi observado repetidamente nos poemas de Hölderlin do último período de sua vida, e em especial por F. Beissner (1947, 7), a concepção imediata não estimula a mente do poeta, e isso está de acordo com o fato "de que ele praticamente jamais retrata um único acontecimento em particular... Isso é testemunhado pela estranha preferência pela conjunção generalizante *wenn* [se]", com a qual começa mais de um terço dos assim chamados "poemas serôdios" (H 261-312). Segundo Beissner, Hölderlin mantém cuidadosamente afastado desses seus versos tudo o que é íntimo, pessoal ou, segundo expressão anterior do poeta, todo o "acidental". Para a comparação dos dois pólos no emprego lingüístico do poeta esquizofrênico, parece-nos oportuno frisar, junto com Karl Bühler, que "dêixis e denominativo são dois atos a serem distinguidos, e palavras indicativas e nominativas, duas categorias de palavras estritamente separadas", e ainda acrescentar que, perante a "indicação sem denominativo" da atividade quase dialógica de Hölderlin em suas relações sociais, sua obra tardia está mais bem adaptada para uma "nomeação sem indicativo".

---

* "Se, por exemplo, um homem observa, 'Ora, está chovendo!', isto é somente por uma tal circunstância de que agora ele se encontra olhando pela janela enquanto fala, o que serviria como Índice (não, no entanto, como Símbolo) de que está falando neste lugar e neste momento, por meio do qual podemos estar certos de que ele não pode estar falando do tempo no satélite Procyon, cinqüenta anos atrás."

226 POÉTICA EM AÇÃO

Os poemas de Scardanelli, como também os outros serôdios de Hölderlin, dispensam a categoria gramatical dos "substitutivos" (*shifters*), que caracteriza o acontecimento reportado em relação ao ato oral e seu participante (cf. Jakobson, *Form und Sinn*, 35 e ss.). Especialmente evidenciada é a ausência desta categoria elementar em comparação com as obras anteriores do poeta, dialogicamente orientadas, onde ela se impunha expressiva e eficientemente. Em contraste com a absoluta falta de categorias características de ambas as pessoas atuais, a primeira e a segunda (cf. também Supprian, 620, 628), no período final da vida de Hölderlin, a "Elegia de Diótima" *(Wenn aus der Ferne)*, escrita por volta de 1820 (H 262 e s.), enumera, em suas cinqüenta e uma linhas, vinte e seis pronomes da primeira e da segunda pessoa em diversas formas de caso e mais seis possessivos "meu" e "teu", e um número elevado de verbos dessas mesmas pessoas. Ao rígido monopólio posterior do presente não caracterizado, corresponde na "Elegia de Diótima" uma concorrência do presente com vinte e seis exemplos do pretérito caracterizado, e as relações modais, posteriormente rebaixadas ao indicativo não caracterizado, eram também representadas na "Elegia" por formas imperativas e conjuntivas (como ₄₂*Nehme vorlieb und denk | An die...*, ₄₉*Du seiest so allein*) [Contenta-te e pensa | Para as..., tu estás tão só]. Tais expressões relativas ao diálogo como perguntas (₂₁*Wars Frühling? war es Sommer?*) [Era primavera? era verão?], afirmações, invocações (₃*O du Theilhaber meiner Leiden!*) [Oh tu, participante dos meus sofrimentos!] e exclamações (₄₆*Ach! wehe mir!*) [Ai! pobre de mim!], não aparecem mais nos poemas de Hölderlin no último período de vida. A participação do *verbum dictionis* e seu *dictum*, que coloca o ato oral como tal no primeiro plano, é também um artifício característico no caso de "Elegia de Diótima", não mais aplicado no desenvolvimento posterior da poesia de Hölderlin: ₅*So sage, wie erwartet die Freundin dich?* – ₉*Das muss ich sagen, einiges Gute war* || *In deinen Bliken* – ₁₅*Ja! ich gestand es, ich war die deine.* – ₄₉*Du seiest so allein in der schönen Welt* || *Behauptest du mir immer, Geliebster!* [Diz, então, como a amiga te espera? – Isso devo eu dizer, algo de bom estava || nos teus olhares – Sim! eu o confessei, eu era tua. – Tu estás tão só no belo mundo || Tu me afirmas sempre, amado!].

Traços gramaticais semelhantes ao "modo de procedimento" da discutida "Elegia" permeiam a obra poética de Hölderlin dos anos vinte até a mensagem *Dem gnädigsten Herrn von Lebret*, escrita aparentemente no inverno de 1829-1830 (H 282, 908). O primeiro "Aussich" *(Wenn Menschen fröhlich sind)*, conservado na mesma cópia, pertence, ao que parece, à mesma época e foi composta junto com o poema anterior, "a pedido de um estudante em troca de umas tragadas de cachimbo" (H 281, 909), mas, pela sua construção, este "Aussicht" aproxima-se às cronologicamente seguintes "Estrofes das Estações" (H 283-285) e especialmente ao ciclo de Scardanelli.

Os últimos de todos os monólogos poéticos do "maior dos esquizofrênicos" (como o chamara F. L. Wells) são caracterizados pela supressão de toda alusão, tanto ao colóquio e seu momento, quanto

UM OLHAR SOBRE "DER AUSSICHT", DE HÖLDERLIN 227

também aos participantes reais. O nome, tabu para ele, é resolutamente substituído pelo missivista por aquele de Scardanelli; o consumidor dos versos e o destino dos manuscritos, providos de uma data mais retroativa possível, permanecem praticamente indiferentes ao autor. Os tempos gramaticais do texto estão restritos ao presente não característico. Este "exclusivismo do presente", como o chama Böschenstein (1965-1966, 44), elimina a seqüência contínua dos tempos e revela, "através de cada estação, a totalidade do passar do tempo". O ensaio de Hölderlin *Über die Verfahrungsweise des poëtischen Geistes* [Sobre o Processo do Espírito Poético], que provou ser ilustrativo para a evolução futura do poeta, lança, em especial, uma luz sobre o simbolismo de Scardanelli. Este ensaio de Hamburgo alerta a poética contra a vazia "infinidade de momentos isolados (como que uma seqüência de átomos)" e ao mesmo tempo contra a crença "numa unidade morta e mortal". No presente poético reconhece-se aqui "a atualização do infinito" e, para ilustrar essa atualização, acrescenta-se logo: "o contrário e o unificado são nela inseparáveis" (H IV 251).

As composições de Scardanelli escapam totalmente aos esforços inúteis dos anseios de Hölderlin em dizer ao visitante algo abstrato, como o observou perspicazmente Thürmer (44): "Leveza, uma linguagem que rejeita qualquer acesso ao trabalho, eis o âmago da questão". Pela renúncia à dêixis, os nominativos não indicativos de tais poesias como "Die Aussicht" transformam-se em correntes uniformemente ordenadas do abstrato, e deve-se observar que muitos substantivos puramente conceituais, que permaneceram alheios aos poemas de Hölderlin nos primeiros dois decênios do século XIX, aparecem somente nos poemas mais tardios do "período da alienação" (cf. Böschenstein, 1964, 9): *Aussicht, Erhabenheit, Erscheinung, Geistigkeit, Gewogenheit, Innerheit, Menschheit, Vergangenheit, Vertrautheit* [Paisagem, elevação, aparência, espiritualidade, simpatia, interioridade, humanidade, passado, intimidade] etc.

A paisagem espacial e temporal – título plausível dos três poemas tardios – arma ao doente uma cilada, tão logo se trata de dois participantes de uma conversa e da coordenação de dois pontos de vista. Quando Chr. Th. Schwab entrou em 1841 no quarto de Hölderlin e elogiou a paisagem, o poeta o encarou e murmurou para si mesmo em voz baixa: "Ele está tão bem vestido" (H VII/3, n.º 551, p. 203). Nos fins de julho do mesmo ano, uma outra visitante, Marie Nathusius, anotou no seu diário: "Eu lhe disse: 'O senhor tem aqui uma bela vista'. Ele respondeu: 'É possível ser bem vistoso' " (H VII/3, n.º 579, p. 253). O campo semântico da raiz verbal está sendo manifestamente condensado e reduzido nos dois casos, enquanto no canto fúnebre *Wenn aus der Ferne* (H 262) evidenciou-se o sentido duplo da figura etimológica – $_{12}$*mit finstrem* || *Aussehen* [com visual fúnebre] e $_{40}$*aus hoher Aussicht* [de visão elevada].

De acordo com testemunhos psiquiátricos sobre a doença mental de Hölderlin (v. Treichler, 136 e s.), na expressão poética "manifesta-se

228 POÉTICA EM AÇÃO

claramente o caráter do estágio final", e como marca típica da "figuração da esquizofrenia" cita-se aqui a "geometrização". Esta qualidade está estreitamente ligada à diminuição progressiva da eficácia dêitica indicativa. Portanto, os monólogos versificados de Scardanelli apresentam-se dominados por uma "semiose introvertida": eles se convertem numa "participação que contém em si o seu significado". Como nos mostram "Die Aussicht" e poemas afins, seus diversos componentes formam equivalências multiformes; justamente em tal engrenagem das partes, assim como na sua integração em um todo composicional, consiste a graça mágica destes versos aparentemente ingênuos (cf. Jakobson, *Form und Sinn*, 70 e s.).

"Hölderlin e a Essência da Poesia" é o título do discurso que Heidegger proferiu há quarenta anos, em 2 de abril de 1936, em Roma (33 e s.). Cinco frases fundamentais do espólio do poeta foram escolhidas e comentadas pelo filósofo, entre elas a tipicamente hölderliniana frase final do poema "Andenken" [Recordação] do ano de 1803 – *Was bleibt aber, stiften die Dichter* [O que sobra porém, os poetas provocam] (H 189) – e as quatro frases diretamente anteriores, com as quais cessa o último esboço para o poema inacabado "Versöhnender der du nimmergeglaubt" [Reconciliador que tu Nunca Acreditaste] do ano de 1801 (H 137). A mais importante dessas frases – $_{50}$*Seit ein Gespräch wir sind* [desde que somos uma conversa] – induz Heidegger (38 e s.) à seguinte consideração:

Nós – os homens – somos uma conversa. A essência do homem fundamenta-se na linguagem; mas esta acontece apenas na *conversa*. Isso, todavia, não é somente um modo pelo qual a linguagem está sendo produzida, mas sim, a linguagem é essencial apenas como conversa. O que nós designamos em geral como "linguagem", ou seja, um efetivo de palavras e regras da sintaxe, é apenas um primeiro plano da linguagem. Mas o que significa afinal uma "conversa"? Obviamente o dialogar sobre algo. Aí então a fala leva ao entendimento mútuo.

O que quer que tenha sido o conceito do mundo e da linguagem de Hölderlin no século XVIII, o seu caminho posterior é, em todo caso, uma inversão da concepção citada. Não como conversa, mas tão-somente como poema é para ele essencial a linguagem com seu acervo poderoso de palavras e suas atrelantes regras de sintaxe, enquanto o dialogar e o entendimento mútuo são rejeitados por Hölderlin, quanto mais tarde, mais decididamente, como mero vestíbulo da linguagem: *Was bleibt aber, stiften die Dichter*. O fato mencionado exclui a indicação do ato da fala do relato meramente poético.

## 6. DIÓTIMA

Os comentaristas da história da criação do romance *Hyperion oder der Eremit in Griechenland* [Hyperion ou o Eremita na Grécia] sublinham não apenas a proximidade espiritual entre o autor apaixonado pela Grécia e o herói do título do livro, mas também o aparecimento da

UM OLHAR SOBRE "DER AUSSICHT", DE HÖLDERLIN          229

lírica figura feminina e do seu nome *Diótima* já nos estádios preliminares do trabalho poético da nova obra, que datam ainda antes do encontro de Hölderlin com Susette Gontard, ou seja, no esboço *Hyperions
Jugend* [A juventude de Hyperion]:

> *Jetzt ehr' ich als Wahrheit, was mir einst dunkel in ihrem Bilde sich offenbarte.
> Das Ideal meines Ewigen Daseyns, ich hab' es damals geahndet, als sie vor mir stand
> in ihrer Grazie und Hoheit, und darum kehr' ich auch so gerne zurück zu dieser seeli-
> gen Stunde, zu dir, Diotima, himmlisches Wesen!*[

A visão de Diótima por Hyperion funde-se com a paixão de Hölderlin em Frankfurt, e o nome conjugal de Susette Gontard é conseqüentemente reprimido no pensamento e na obra de Hölderlin pela
citação do simpósio de Platão. "Verdade, uma grega? – sussurrava
Hölderlin ao seu amigo Neuffer sobre a Sra. Gontard (H VII/2, n.º
194, p. 83) e em *Menons Klagen um Diotima* [Lamentações de Menon
por Diótima] pairava diante dele $_{102}$*die Athenerin* [a ateniense] (H 78),
como aliás já no poema encomiástico *An ihren Genius* [Ao seu gênio]:
II$_2$ *einsam und fremd sie, die Athenerin, lebt* [solitária e alheia ela, a ate-
niense, vive] (H I 243).

A morte da heroína, causada pelo conselho de Hyperion – *dass du
mich verlässest, meine Diotima* [que tu me abandonas, minha Diótima] –
e pela conseqüente separação dramática dos dois amantes, é acompanhada pelo necrológio do herói solitário: *verlaidet ist mir meine eigne
Seele, weil ich ihrs vorwerfen muss, dass Diotima todt ist, und die Ge-
danken meiner Jugend, die ich gross geachtet, gelten mir nichts mehr.
Haben sie doch meine Diotima mir vergiftet!* [desgostosa está minha alma, pois a ela tenho que repreender por Diótima estar morta, e os pensamentos da minha juventude, que muito estimava, nada mais me valem.
Pois são eles que envenenaram minha Diótima!] (H III 151).

No fim de 1799, Hölderlin enviou a Frankfurt para a amada, à força dele separada, o segundo volume recém-publicado do *Hyperion*,
exemplar este acompanhado pelo primeiro. Ante o frontispício do segundo volume, o poeta colou uma dedicatória de próprio punho a Dió-
tima: *Wem sonst || als || Dir* [a quem senão a ti] (H 359 e H III 350 e
ss.). Um fragmento conservado da carta de Hölderlin contém valiosas
informações:

> Aqui o *nosso* Hyperion, querida! Um pouco de alegria talvez te dê este fruto
> dos nossos maravilhosos dias. Perdoe-me por Diótima morrer. Tu te lembras, nós
> não conseguimos naquele tempo concordar a esse respeito. Eu acreditava que isso
> fosse necessário de acordo com a estruturação toda (H VI 370).

Mas no texto do romance que Hölderlin enviara à amada, diversas
imagens inequívocas foram sublinhadas por ele, de próprio punho, por
exemplo, na carta "Hyperion an Diotima" [Hyperion a Diótima], com a
qual termina o primeiro livro do segundo volume: *O das ist ja meine*
(Anagrama: Diótima!) *letzte Freude, dass wir unzertrennlich sind* [Oh,
isso, pois, é minha última alegria, sermos inseparáveis] (H III 121) e *Es
ist unmöglich, und mein innerstes Leben empört sich, wenn ich denken*

230 POÉTICA EM AÇÃO

*will, als verlören wir uns* [É impossível, minha vida mais íntima se revolta ao querer pensar que nós nos perdemos] (124).

Susette Gontard faleceu em 22 de junho de 1802 e, antes de morrer, ela deu o livro ao seu muito chegado médico assistente "para que a dedicatória não caia em mãos indignas" (H III 351).

Com *Menons Klagen um Diotima*, que – num pressentimento intuitivo do fim próximo de Susette – datados do limiar do século, termina o longo ciclo da poesia de Hölderlin, após anos e tentativas poéticas que citam no título o nome de "der schönsten der Heldinnen" [à mais formosa das heroínas] (cf. H 316). O fragmento sem título *Wenn aus der Ferne* (H 262 e s.), aparentemente escrito no começo dos anos vinte, pertence de fato à lírica de Hölderlin sobre Diótima, como já admitia Waiblinger (v. H VII/3, n.º 499, p. 73), mas, em contraste com as poesias restantes da mesma esfera temática, os papéis dos dois interlocutores invertem-se aqui, de maneira que o pronome da primeira pessoa se refere à anônima *amiga* e o "tu" ao igualmente anônimo *amado*. Já na oração subordinada da linha inicial, esta elegia responde à exclamação que o poeta tinha sublinhado no *Hyperion* para sua amiga: *Auch wir, auch wir sind nicht geschieden, Diotima, und die Thränen um dich verstehen es nicht* [Nós também não estamos separados, Diótima, e as lágrimas por ti não o compreendem] (v. H III 159 e 353). O poema parece dever muito às cartas de Diótima a Hölderlin, uma seqüência que começou no outono de 1798 e terminou em maio de 1800 e que o poeta, estranhamente, conservou apesar de suas migrações, ataques e golpes do destino. Compare-se sua carta de 31 de outubro de 1799 – "Aconselho-te, todavia, e te advirto numa coisa: não voltes para lá de onde com sentimentos arrasados te refugiaste nos meus braços" (Viëtor, Cartas, 47) – e os versos da ode elegíaca – ₃₃*In meinen Armen lebte der Jüngling auf,* || ₃₄*Der, noch verlassen, aus den Gefilden kam,* || ₃₃*Die er mir wies, mit einer Schwermuth* [Em meus braços o moço reviveu, aquele que, ainda desamparado, viera dos campos, que me revelou, com uma melancolia] (H 263). Neste poema, como também nos *Menons Klagen*, ainda são trocados os pronomes "eu" e "tu" ou os respectivos possessivos (cf. H 262 e s.): ₂*Ich dir noch kennbar bin;* ₅*So sage, wie erwartet die Freundin dich?;* ₁₆*Ja: ich gestand es, ich war die deine;* ₅₀*Behauptest du mir immer, Geliebter!* [Eu ainda sou reconhecível para ti; diz, então, como a amiga te espera?; Sim: eu o confessei, eu era tua; tu me afirmas sempre, amado!] e, por outro lado (H 78): ₈₇*Götterkind: erscheinest du mir, und grüssest, wie einst, mich;* ₈₉*Siehe! weinen vor dir, und klagen muss ich;* ₉₂*Hab' ich, deiner gewohnt, dich in der Irre gesucht,...* [Infante dos deuses: apareces a mim e me saúdas, como antigamente; Vede! devo chorar e lamentar-me diante de ti; Eu te procurei, acostumada a ti, na confusão,...].

[Agora honro como verdade o que antes se revelara obscuramente na sua imagem. O ideal da minha existência eterna, eu o pressentia então, quando ela se apresentava diante de mim na sua graça e majestade, e por isso gosto tanto de retornar a essa hora bem-aventurada, a ti, Diótima, ente celestial!" (H III 217)].

UM OLHAR SOBRE "DER AUSSICHT", DE HÖLDERLIN    231

De fato, esses dois poemas também não contêm diálogos, mas ape-
'nas evocações não respondidas de longínquas distâncias. Após o canto
fúnebre interrompido *Wenn aus der Ferne* (H 262) não há mais outra
troca dos dois pronomes exceto – *7O Theurer, dir sag ich die Wahrheit*
[Oh, querido, a ti digo a verdade] – nos alcaicos interrogativos e instru-
tivos "An Zimmern" [Aos Quartos], mais ou menos do ano de 1825
(H 271) e com uma renúncia expressa ao diálogo no poema "Das fröh-
liche Leben" [A Vida Alegre] (H 274): *₁₅Dieses musst du gar nicht fra-
gen,* || *₁₆Wenn ich soll antworten dir.* [Isso nem deves perguntar, se eu
devo te responder]. Nos poemas restantes do mesmo período, no máximo uma das duas pessoas individualizadas está representada dentro do
poema, até que, como já foi mencionado (v. acima, p. 230), os poemas
posteriores de Hölderlin não deixam mais lugar nem para a primeira
nem para a segunda pessoa dos pronomes ou dos verbos.

O iminente definhamento do verdadeiro diálogo na vida espiritual
do poeta emerge no *Hyperion* como um pressentimento estranho: *Wir
sprachen sehr wenig zusammen* [Falamos muito pouco entre nós] – com
estas palavras começa a história amorosa de Hyperion – *Man schämt
sich seiner Sprache* [A gente se envergonha da própria fala] (H III 53).
E o trágico desenlace *(dass du mich verlässest)* [que tu me deixaste]
precede diretamente a missiva reveladora de Hyperion a Diótima (H III
118): *Ich bringe mich mit Mühe zu Worten... Glaube mir und denk, ich
sags aus tiefer Seele dir: Die Sprache ist ein grosser Uberfluss. Das Bes-
te bleibt doch immer für sich und ruht in seiner Tiefe, wie die Perle im
Grunde des Meers* [Com esforço chego às palavras... Crê-me e reflete,
das profundezas da alma o digo a ti: a fala é muito supérflua. O melhor
sempre fica só para si mesmo e descansa na sua profundeza, como a pé-
rola no fundo do mar].

A colocação sob tabu de tais categorias de palavras, características
para a forma dialógica da linguagem, começa na poesia tardia de Hölderlin, disposta monologicamente e sempre oposta a toda "conversa
com participantes" (cf. Lewandowski, 149), com a eliminação dos pronomes da primeira e da segunda pessoa, e estende-se depois aos substantivos pessoais animados, aqui mais exatamente àqueles que são especialmente qualificados para a denominação da pessoa interpelada ou da
interpelante. "Homem" serve como a única classificação generalizadora
de seres humanos destituída de toda individualidade. As últimas trinta e
duas obras isoladas da série "poemas serôdios" – do "Aussicht"
(H 281) até "Die Aussicht" (H 312) – atestam uma única exceção me-
talingüística desse fato: *₁Wenn Menschen sich aus innrem Werthe
kennen,* || *₂So können sie sich freudig Freunde nennen* (H 311) [Se ho-
mens se conhecem pelo valor interior, então contentes podem chamar-
se de amigos]. Também o nome "Deus" desaparece dos versos de Hölderlin com os outros substantivos animados. Característicos são os femininos pessoais nos alcaicos do canto fúnebre *Wenn aus der Ferne*
(H 262) – *₅die Freundin,* *₁₆die deine* [a amiga, a tua] – e na frase complicada do logo a seguir escrito alcaico "An Zimmern" (H 271): *₆Ein*

232 POÉTICA EM AÇÃO

*Freund ist oft die Geliebte, viel* || *Die Kunst* [Um amigo é freqüentemente a amada, muito || A arte]. Paralelamente à amada, desaparecem nos poemas serôdios de Hölderlin também o substantivo "amor" e o verbo "amar", que antes estavam em estreitas relações paronomásticas com "vida".

Todos esses elementos, estranhos a partir daí à obra de Hölderlin, brotam, na realidade, simultaneamente nas suas conversas simuladas. Assim, ele supreendeu, por exemplo, em 1841, o visitante Chr. Th. Schwab, "apresentando-se como idiota vulgar", com a observação: "Eu sou Deus nosso Senhor" (H VII/3, n.º 551, p. 205).

Waiblinger admirou-se que Hölderlin "não podia ser induzido a falar sobre assuntos que antes, em dias melhores, muito o preocupavam. Ele não pronunciava uma palavra sobre Frankfurt, Diótima, Grécia, suas poesias e outros tais, antes tão importantes para ele" (H VII/3, n.º 499, p. 71). Mas, no mundo mental do doente, esses temas de tabu continuavam a viver. Uma vez, veio-lhe à mente, de súbito, partir para Frankfurt (v. *ibid.*, p. 70), e ele esbravejou durante cinco dias, ao ser impedido de viajar para lá, onde em 1798 fora obrigado à força a abandonar Diótima. O livro sobre ela e o eremita na Grécia foi para ele, durante horas e por decênios, um tema favorito para ler e recitar, como observaram Waiblinger (*ibid.*, pp. 65 e s.), e mais tarde Albert Diefenbach (*ibid.*, n.º 534, p. 146) e Gustav Kühne (*ibid.*, 535, p. 158). Chr. Th. Schwab conta no seu diário sobre a visita a Hölderlin no início de 1841: "Quando eu estava lendo o seu *Hyperion*, ele disse: 'Não olhe tanto aí dentro, é canibalístico'" (*ibid.*, n.º 551, p. 204).

Uma incessante oscilação entre a mais externa proximidade e distância – assinalada como esquizofrênica por Laplanche – está na base do romance de Hölderlin. Os motivos da separação do amor e da vida entrelaçam-se aí de diversas maneiras e em muitos sentidos. No acima citado parágrafo da carta de 31 de outubro de 1799, Diótima, abandonada, escreve ao poeta: "Pois eu penso também, melhor uma vítima do amor! do que ainda viver sem ele" (Viëtor, Cartas, 48). Num fragmento de Hölderlin, o amor é interpretado como antropofágico (H 332): *Ähnlich dem Manne, der Menschen frisset* §§ *Ist einer der lebt ohne* || *(Liebe)* [Parecido com o homem que devora homens, é alguém que vive sem (amor)]. No mesmo sentido é avaliada a despedida de Diótima no poema "Der Abschied" [A Despedida] (v. H 24-27): ₁*Trennen wollten wir uns? wähnten es gut und klug?* || ₂*Da wir's thaten, warum schrökte, wie Mord, die That?* [Queríamos nos separar? julgavamo-lo bom e sábio? Já que o fizemos, por que, como assassinato, o ato assustou?].

O que, no *Hyperion*, segue o lamento da renúncia *(Wir wollen uns trennen)* [Queremos nos separar] e a eloqüente morte da heroína, são as auspiciosas frases finais do romance:

*Wie der Zwist der Liebenden, sind die Dissonanzen der Welt. Versöhnung ist mitten im Streit und alles Getrennte findet sich wieder* [Como a desavença dos amantes, são as dissonâncias do mundo. Reconciliação está no meio da briga e tudo o que é separado, se reencontra].

UM OLHAR SOBRE "DER AUSSICHT", DE HÖLDERLIN       233

*Es scheiden und kehren im Herzen die Adern und einiges, ewiges glühendes Leben ist Alles* [Separam-se e retornam as veias ao coração, e vida unida, eterna e ardente é tudo].

*So dacht' ich. Nächstens mehr* [Assim pensei. Em breve mais] (H III 160).

O *próximo* comentário do mito de Hölderlin sobre assassinato predestinado e transcendente foi reproduzido por Bettina von Arnim, de acordo com os extratos de Sinclair das orações de Hölderlin: "Pois a vida na palavra (no corpo) é ressurreição (realmente viva), que apenas emana do assassinado. – A morte é a origem do vivo" (*Die Günderode*, I 329).

Uma tentativa infrutífera posterior de entabular uma conversa com o alienado Hölderlin sobre sua amada é diversas vezes relatada pela testemunha ocular Johann Georg Fischer. – Nisso não deve ser esquecido que, já para Hyperion, frases *in memoriam* da falecida e seu próprio nome se tornavam tabu: *Schwer wird mir das Wort; das darf ich wohl gestehen... in meiner Nacht, in der Tiefe des Trauernden, ist auch die Rede am Ende* [Difícil para mim se torna a palavra; isto posso confessar... na minha noite, na profundeza do enlutado, até a fala emudece] (H III 150). A pergunta de Fischer ao enfermo era: "Sua idolatrada Diótima deve ter sido uma criatura nobre" (H VII/3, n.º 608, pp. 300 e s.), ao que, segundo informação de Fischer, Hölderlin, num acesso de lucidez, teria respondido: "Ah, não me fale de Diótima – que criatura era essa! e sabe: treze filhos ela me deu, um deles é imperador da Rússia, o outro, rei da Espanha, o terceiro, sultão, o quarto, papa, etc. E sabe o que mais? (...) sabe, como diz o suábio: louca ficou, louca, louca, louca" (*ibid.*, 294). Fischer acrescentou num ensaio: *Aus Friedrich Hölderlins dunklen Tagen* [Dos Dias Obscuros de Friedrich Hölderlin]: "Ele repetiu a última palavra com tal veemência e tais gestos, que não mais suportamos a dor do infeliz, e por isso pusemos fim ao seu paroxismo, despedindo-nos, ao que ele, como sempre, respondia com um 'com subserviência' " (*ibid.*, 301).

A intenção desenfreada de confundir o transgressor do tabu é evidente. *Wir wollen uns trennen* [Queremos nos separar], disse Diótima a Hyperion. *Ich will auch keine Kinder; denn ich gönne sie der Sclavenwelt nicht* [Não quero filhos tampouco; o mundo escravo não os merece]. (H III 131). E então ela deu a Hölderlin não escravos, mas treze soberanos do mundo. Vive Diótima [10]*Reich an eigenem Geist* [Rica no próprio espírito] para o poeta, como assegurou sua ode (H I 231), ou "ficou... louca", como o expressa em suábio? "Louca", apenas porque [1]*sie verstehen dich nicht* [eles não te compreendem] (H I 242 e H 28) e porque tomam também o poeta por um louco?

Como Binder (1961-1962, 155 e ss.) já tinha visto, Diótima é repetidamente associada, no romamce de Hölderlin e nas odes dedicadas a ela, à fértil mãe terra e à natureza oni-abarcante, magnífica, já por seu nome predestinada à eterna procriação. A ambas – sua amada e sua mãe

234  POÉTICA EM AÇÃO

telúrica – é também dirigido o remorso de Hyperion pela última despedida de Diótima: *Ich habe sehr undankbar an der mütterlichen Erde gehandelt, habe mein Blut und alle Liebesgaben, die sie mir gegeben, wie einen Knechtlohn, weggeworfen und ach! wie tausendmal undankbarer an dir, du heilig Mädchen!... Hattest du mich nicht ins Leben gerufen? war ich nicht dein?* [Eu agia de maneira muito ingrata com a terra maternal, gastei meu sangue e todas as dádivas de amor que ela me dera como um soldo de servo, e ah! como era mil vezes mais ingrato a ti, santa moça!... Não me chamastes à vida? eu não era teu?] (H III 132).

A seqüência dos últimos quarenta e oito poemas – de acordo com a cuidadosa ordenação na mais minuciosa edição crítica das obras completas de Hölderlin (H 261-312) – termina com a oitava "Die Aussicht". Dentro da seqüência mencionada e no conjunto todo, este é o terceiro poema com o mesmo substantivo no título. O último desses três poemas começa com as palavras *Wenn in die Ferne* [Se à distância], correspondendo a um início do poema da mesma seqüência, ou seja, ao canto fúnebre interrompido *Wenn aus der Ferne* [Se da Distância] (v. acima, p. 230). Deve-se também observar que o substantivo comum dos três poemas intitulados "Aussicht" aparece também nos alcaicos da canção (₄₀*Oder verborgen, aus hoher Aussicht,* | | ₄₁*Allwo das Meer auch einer beschauen kann,* | | ₄₂*Doch keiner seyn will*) [Ou oculto, de vista elevada, de onde o mar também pode ser contemplado, mas onde ninguém quer estar]. Pode-se presumir, pela falta do nome próprio da heroína em ambos os poemas – *Wenn aus der Ferne* e *Wenn in die Ferne*, a presença oculta de Diótima não só no primeiro, mas também no segundo exemplo.

"Die Aussicht", como a arte poética de Scardanelli em geral, evita nomes próprios, substantivos animados e outros concretos. Um dos primeiros trechos que Hölderlin tinha sublinhado no segundo volume do *Hyperion* com a dedicatória *Wem sonst als Dir* [A quem senão a ti], era a evocação dupla da natureza e de Diótima: *Längst,... o Natur! ist unser Leben Eines mit dir... göttliche Natur! da waren wir immer, wie du* [Há tempo,... oh, natureza! nossa vida é uma só contigo... natureza divina! aqui sempre estivemos, como tu] (H III 101). Dois femininos abstratos – *die Natur* e *Vollkommenheit* – incorporam a permanente força salutar pela qual tudo o que é separado se reencontra, como insinua o final do *Hyperion*.

*Die Dissonanzen der Welt* [As dissonâncias do mundo], que nos últimos acontecimentos do romance antecedem o triunfo da *seeligen Natur* [natureza bem-aventurada], encontram sua expressão crassa na antiga canção e fé: *Es ist auf Erden alles unvollkommen* [Tudo na Terra é imperfeito] (H III 156). Os poemas da idade avançada de Hölderlin respondem a esta *Misslaut* [dissonância] com uma afirmação expressa da perfeição. Como já foi dito, o *Menons Klagen um Diotima* [Lamentações de Menon por Diótima] – ₈₉*Siehe! weinen vor dir, und klagen muss ich* (H 78) – escrito no limiar do século, é assimilado pelo verso final do poema "Der Herbst" (setembro de 1837): ₁₆*Und die Vollkommenheit ist ohne Klage* [E a perfeição é sem lamento (mácula)] (H 284).

# UM OLHAR SOBRE "DER AUSSICHT", DE HÖLDERLIN    235

Nas alocuções da heroína no *Hyperion* e em alguns poemas da mesma época, "a Diótima", a inicial do seu nome provoca seqüências abundantes de aliterações. Assim fala Hyperion com Diótima sobre o "nosso mundo": *Auch die deine, Diotima, denn sie ist die Kopie von dir. O du, mit deiner Elysiumstille, könnten wir das schaffen, was du bist* [O teu também, pois é uma cópia de ti. Oh, tu, com tua calma do Elísio, poderíamos criar aquilo que tu és] (H III 114). Na paronomásia *Demuth* (d.m.t.) [humildade] – *Diotima* (d.t.m.) o *d* forma um som inicial mormente pronominal, repetido nove vezes: *Aber du, mit deiner Kinderstille, du so glücklich einst in deiner hohen Demuth, Diotima! wer will dich versöhnen, wenn das Schiksal dich empört?* [Mas tu, com tua calma de criança, tu tão feliz na tua elevada humildade, Diótima! quem quer reconciliar-te se o destino te indigna?] (H III 134).

Dos poemas isolados do ciclo dedicado "à mais bela das heroínas", pode-se citar, por exemplo, o esboço alcaico de duas estrofes "Diótima" (H I 242), que consegue, especialmente por meio do entrelaçamento do nome da heroína interpelado com sete pronomes da segunda pessoa, sete artigos e pronomes homônimos, uma aliteração de dezoito *d* iniciais, sendo que os três primeiros versos de cada quarteto começam com esta consoante:

> *Du schweigst und duldest, und sie versteh'n dich nicht.*
> *Du heilig Leben! welkest hinweg und schweigst,*
> *Denn ach! vergebens bei Barbaren*
> *Suchst du die Deinen im Sonnenlichte,*
> *Die zärtlichgrossen Seelen, die nimmer sind!*
> *Doch eilt die Zeit. Noch siehet mein sterblich Lied*
> *Den Tag, der, Diotima! nächst den*
> *Göttern mit Helden dich nennt, und dir gleicht\*.*

"Die Aussicht" conserva na sua oitava – se bem que desta vez sem a participação do nome Diótima e do pronome na segunda pessoa – a série dos dezoito *d* iniciais (aqui, nove em cada estrofe), obtendo o artigo definitivo a maioria (v. acima, pp. 205 e s.). Parece que o poema deve ao nome de Diótima não apenas o eco do seu som inicial, mas também o gênero feminino, que domina a segunda estrofe da oitava. Femininos são os substantivos III$_1$ *Natur* e IV$_1$ *Vollkommenheit*, que manifestam sua afinidade de sentido com o nome da amada de Hölderlin e de Hyperion. Femininos são todos os cinco sujeitos gramaticais nas quatro linhas da segunda estrofe, enquanto nas linhas ímpares da primeira estrofe os dois sujeitos pertencem ao gênero neutro e os dois sujeitos nas li-

---

\*"Tu calas e aturas, e eles não te compreendem.
Tu, santa vida! murchas e calas,
   Pois ah! em vão com os bárbaros
   Tu procuras os teus na luz do sol,
As muito tenras almas, que não estão mais!
   Corre, porém, o tempo. Minha canção mortal ainda vê
   O dia que, Diótima! junto aos
   Deuses com heróis te cita, e contigo se parece."

236 POÉTICA EM AÇÃO

nhas pares estão divididos entre feminino e masculino. Finalmente, o sujeito, tal como o de Diótima, é singular em todos os versos da oitava (ou em III₁, pelo menos o primeiro).

|  | Masculino | Neutro | Feminino |
|---|---|---|---|
| I |  | $_1$Leben |  |
|  |  |  | $_2$Zeit |
| II |  | $_1$Gefilde |  |
|  | $_2$Wald |  |  |
| III |  |  | $_1$Natur |
|  |  |  | $_2$die, sie |
| IV |  |  | $_1$Höhe |
|  |  |  | $_2$Blüth' |

Tais exemplos evidentes, como o aproveitamento anagramático do artigo definido e o elevado efeito semântico da estreita ligação entre sintaxe e gênero gramatical, vertem luz sobre o caminho do "velho" Hölderlin ao abstrato "processo do espírito poético" de Scardanelli, e mostram especificamente a transformação dos "vultos e artifícios múltiplos do artista" na representação do "primor" de Diótima em meras insinuações gramaticais (cf. H 359).

Na mensagem mencionada no exemplar dedicado de *Hyperion*, que Hölderlin escondeu no lado interno da capa do livro, a "influência de naturezas nobres" – semelhante à luz do dia – é comparada aos "rastros dispersos" do primor de Diótima, e correspondentemente se fundem os dois adorados ídolos da composição escrita após o encontro de Hölderlin com Susette Gontard (H I 216 e s.): $_{17}$*Diotima! seelig Wesen!* [Diótima! ente abençoado!] e $_{55}$*Du, in ew'gen Harmonien || Frohvollendete Natur!* [Tu, em harmonias eternas aperfeiçoada natureza!]. Este poema de quinze oitavas é surpreendentemente rico em aliterações com Diótima (cf. tais combinações como $_{37}$*Da die Last der Zeit* [Quando o peso do tempo] ou $_{104}$*Da, da weiss ich, dass ich bin* [Então, então, eu sei que existo]), e a décima estrofe com seus nove *h* nos sons iniciais ($_1$*heil'gen Herzensthränen*, $_2$*Hab'ich*, $_3$*Hab'*, $_4$*Holden*, $_5$*Hab'*, $_6$*Herz*, $_7$*heilig*, $_8$*Himmel* [santas lágrimas do coração, eu tenho, tenho, gracioso, tenho, coração, santo, céu]) parece sugerir a letra inicial do oculto "Hölderlin", como também o sugere "Die Aussicht" na tríplice aliteração do *h*. Não será que também a multiplicidade dos *nd* possivelmente insinua brincando a estreita ligação da Natureza com Diótima? – *Susette*, denominação autêntica da amada, só uma vez é evocada pelo poeta, e nessa ocasião está acompanhada pelo nome inventado de *Diótima* e paronomasticamente disfarçada. A quarta estrofe do hino de Diótima de 1796 enaltece o entusiasmo da paixão juvenil (H I, 216 e s., cf. 213):

*Da ich noch in Kinderträumen,*
*Friedlich, wie der blaue Tag,*
*Unter meines Gartens Bäumen*
*Auf de warmen Erde lag,*
*Und in leiser Lust und Schöne*
*Meines Herzens Mai begann,*

## UM OLHAR SOBRE "DER AUSSICHT", DE HÖLDERLIN          237

*Säuselte, wie Zephirstöne,*
*Diotimas Geist mich an\*.*

Em dezembro de 1798, pouco depois de Johann Christian Friedrich Hölderlin ter sido obrigado a abandonar a casa de Gontard, ele encantou Diótima com suas secretas cartas de amor (cf. Viëtor, v. também n.º 3) e, neste ínterim, a mensagem de Hölderlin dirigida a Isaac Sinclair, por ocasião do Natal do mesmo ano, causou "muita alegria" (H VII/2, n.º 226, p. 130): o poeta tenta apresentar a questão, "quão intimamente cada detalhe está relacionado ao todo e como ambos constituem um só vivo total". E a idéia fundamental é: "tudo se encaixa" (H VI, n.º 171, pp. 300 e s.).

De maneira estranha encaixam-se DIE AUSSICHT e o último desejo do moribundo Empédocles, segundo a primeira versão da tragédia: 1928*und SEHEN möchtst du doch, mein Auge!* [e ver tu queres, porém, meu olho!] (H IV, 80).

– 1*Wenn in die Ferne GEHT der Menschen wohnend LEBEN...*
– 1892*Und alles soll VERGEHN!... Vergehn?...* 1903*Bereit ein Mahl [!], dass ich...* 1904*Noch Einmal [!] koste... der REBE Kraft...* 1933*am Tod ENTZÜNDET mir* 1934*Das LEBEN sich zulezt?*
– 2*Wo in die Ferne sich ERGLÄNZT die Zeit der REBEN...\*\**

\*"*[Quando ainda com sonhos infantis,*
*Tranqüilo, como o dia azul,*
*Sob as árvores do meu jardim*
*Na terra quente deitava,*
*E num suave desejo e beleza*
*Do meu coração, maio começava,*
*Sussurrou, como tons de zéfiro,*
*O espírito de Diótima para mim.]*"

\*\*"– *Quando para longe a vida habitada pelos homens CAMINHA...*
– *E tudo deve PASSAR!... passar?... Prepare uma refeição (!), que eu... mais uma vez (!) saboreie o vigor da VIDEIRA... na morte ACENDE-SE para mim a VIDA no final?*
– *Lá, onde para longe o tempo das VIDEIRAS REBRILHA...*"

# 10. Uma Microscopia do Último "Spleen" em *Fleurs du Mal**

> *La grammaire, l'aride grammaire elle-même, devient quelque chose comme une sorcellerie évocatoire; les mots ressuscitent, revêtus de chair et d'os, le substantif dans sa majesté substantielle, l'adjectif, vêtement transparent qui l'habille et le colore comme un glacis, et le verbe, ange du mouvement, qui donne le branle à la phrase.*
>
> BAUDELAIRE, *L'Homme-Dieu*

O último dos quatro poemas intitulados "Spleen" e incluídos no ciclo "Spleen et Idéal", parte que inaugura *Les Fleurs du Mal*, revela, como tantos outros textos de Baudelaire, a "magia evocatória" de sua obra, "mesmo do ponto de vista superior da lingüística", segundo os próprios termos do poeta (*Pierre Dupont*). Eis a redação de 1861 que, em alguns pontos, difere do texto da edição original de *Les Fleurs du Mal* (1857) e, sobretudo, das provas da primeira publicação do poema.

I   1*Quand le ciel bas et lourd pèse comme un couvercle*
    2*Sur l'esprit gémissant en proie aux longs ennuis,*
    3*Et que de l'horizon embrassant tout le cercle*
    4*Il nous verse un jour noir plus triste que les nuits;*

II  1*Quand la terre est changée en un cachot humide,*
    2*Où l'Espérance, comme une chauve-souris,*
    3*S'en va battant les murs de son aile timide*
    4*Et se cognant la tête à des plafonds pourris;*

III  1*Quand la pluie étalant ses immenses traînées*
    2*D'une vaste prison imite les barreaux,*
    3*Et qu'un peuple muet d'infâmes araignées*
    4*Vient tendre ses filets au fond de nos cerveaux,*

IV  1*Des cloches tout à coup sautent avec furie*
    2*Et lancent vers le ciel un affreux hurlement,*
    3*Ainsi que des esprits errants et sans patrie*
    4*Qui se mettent à geindre opiniâtrement.*

*\*Tel Quel*, 1967, 29, pp. 12-24. Tradução de Sandra Nitrini.

## POÉTICA EM AÇÃO

V ₁— *Et de longs corbillards, sans tambours ni musique,*
₂*Défilent lentement dans mon âme; l'Espoir,*
₃*Vaincu, pleure et l'Angoisse atroce, despotique,*
₄*Sur mon crâne incliné plante son drapeau noir.*

O poema, composto de cinco quartetos, já responde ao futuro apelo de Verlaine: "Prefere o ímpar" (1882). As três estrofes *ímpares*, que se opõem às duas estrofes *pares*, compreendem o quarteto central (III) e os dois quartetos *exteriores* do poema, isto é, o inicial (I) e o final (V); estes, por sua vez, opõem-se às três estrofes *interiores* (II-IV). A estrofe central acha-se em relação de similitude e de contraste, por um lado, com as duas estrofes *anteriores* (I, II) e, por outro, com as duas estrofes *posteriores* (IV, V); e estes dois pares de estrofes, por sua vez, convergem e divergem, ao mesmo tempo, na sua textura gramatical e lexical.

Cada uma das três estrofes ímpares – "Plus vague et plus soluble dans l'air" – comporta uma referência à primeira pessoa. É aí que descobrimos, segundo os termos de Baudelaire (*Réflexions sur quelques-uns de mes contemporains*), "uma maneira lírica de sentir": doravante "o poeta lírico encontra oportunidade para falar de si mesmo". Quatro pronomes da primeira pessoa, dentre os quais um substantivo (I ₄*nous*) e três adjetivos (III ₄*nos*; V₂,₄*mon*) aparecem nas estrofes ímpares, enquanto as duas estrofes pares são completamente desprovidas deles. A esses quatro pronomes da primeira pessoa, dois no plural e dois no singular, as mesmas estrofes ímpares opõem também quatro pronomes da terceira, dentre os quais dois, por sua vez, estão no plural e dois no singular, e um é novamente substantivo (I ₄*il*), contra três adjetivos (III ₁,₄*ses*; V ₄*son*). Dos dois *ses* em III, como dos dois *mon* em V, o primeiro se refere a um substantivo feminino (*traînées, âme*) e o segundo, a um masculino (*filets, crâne*). A passagem do plural duplo *nos* (ou melhor dizendo, plural do adjetivo pronominal possessivo na primeira pessoa do plural) para o singular duplo *mon* (ou mais precisamente, singular do adjetivo pronominal possessivo na primeira pessoa do singular) materializa o processo gradual de uma transformação.

Nas estrofes ímpares, os pronomes da terceira pessoa referem-se apenas a sujeitos hostis: I ₄*il* ao *ciel bas et lourd*, III ₁*ses* a *la pluie*, III ₄*ses* a *un peuple muet d'infâmes araignées*, e V ₄*son* a *l'Angoisse atroce*. A sintaxe dessas estrofes estabelece entre os pronomes – desde os da primeira pessoa até os da terceira – uma ordem de dependência do inferior ao superior: I ₄*Il nous* (sujeito-objeto indireto); nas estrofes III e V, os possessivos da terceira pessoa referem-se aos objetos diretos e os da primeira, aos adjuntos adverbiais: III ₄*Vient tendre ses filets au fond de nos cerveaux*; V ₄*Sur mon crâne incliné plante son drapeau noir*. A importância que Baudelaire atribui a essa classe gramatical reflete-se no seu depoimento: "É doloroso ver um poeta... suprimir... os adjetivos possessivos" (*Réflexions*).

UMA MICROSCOPIA DO ÚLTIMO "SPLEEN"...    241

Em "Spleen", uma cadeia de correspondências fônicas acompanha e ressalta o jogo de pronomes pessoais e possessivos. Assim a palavra *nous* ($I_4$) inaugura uma tripla aliteração de *n* iniciais seguidos de uma vogal ou semivogal redonda: *Il Nous verse un jour Noir / plus triste que les Nuits//*. A combinação de um *a* nasal com a sibilante inicial do pronome é reiterada em III ₁*étal*ANt *ses imm*EN*ses*, enquanto em III₄, S*es* alitera com *Cerveaux*. Os pronomes *mon* e *son* do quinto quarteto são antecipados por sílabas apofônicas com *a* nasal: IV ₂lANcent (com metátese), ₃err*AN*t*s* [ãz] SANs; V ₁SANs, ₄SON; IV ₂*hurle*MENT, ₄*opiniâtre*MENt, V ₂*lente*MENt *dans* MON *âme*, ₄MON. A seqüência *lentement dans mon âme*, com quatro vogais e três *m*, produz um som sombrio e velado, assim como toda a estrofe final que apresenta o maior acúmulo de vogais nasais (I:10; II:10; III:9; IV:8; V:13) e torna seu efeito particularmente sensível por meio de paronomásias: ₁LON*gs*, ₂LEN*tement*, ₃L'AN*goisse* (no plano morfonológico, o *g* de *L'Angoisse* confronta-se com o *g* virtual de *long*; cf. o feminino *longue* e *long ennui*).

Em conseqüência de seu caráter mais lírico, as estrofes ímpares apresentam um número elevado de qualificativos. Em cada um destes quartetos, quatro substantivos estão diretamente munidos de adjetivos ou de particípios: I: *ciel, esprit, ennuis, jour*; III: *traînées, prison, peuple, araignées*; V: *corbillards, Angoisse, crâne, drapeau*. A distribuição de todos os qualificativos diretos (não-preposicionados) – adjetivos, particípios ligados aos substantivos em função de adjunto adnominal e finalmente advérbios de modo ("modes of existence and occurrence", segundo a arguta definição de Edward Sapir) – é perfeitamente simétrica: cada uma das duas estrofes pares contém três (II: *humide, timide, pourris*; IV: *affreux, errants, opiniâtrement*), cada uma das estrofes exteriores, seis (I: *bas, lourd, gémissant, longs, noir, triste;* V. *longs, lentement, atroce, despotique, incliné, noir*), e a estrofe central, cinco (III: *étalant, immenses, vaste, muet, infâmes*). Os particípios em função de adjunto adnominal aparecem somente nos quartetos ímpares, um por estrofe (I: *gémissant*; III: *étalant*; V: *incliné*).

A propósito dos dois adjuntos adnominais do quarteto inicial, retomados pelo quarteto final com o mesmo número e o mesmo gênero gramatical, lembramos que, segundo as *Réflexions*, de Baudelaire, uma palavra repetida parece denunciar "um desígnio determinado" do poeta: I ₂*longs ennuis*, V ₁*longs corbillards*; I ₄*jour noir*; V ₄*drapeau noir*. Um dos efeitos que o poeta conseguiu "com um certo número de palavras diversamente combinadas" (cf. *Prométhée délivré*) é particularmente palpável: contrariamente à primeira estrofe, a final atribui esses adjetivos a substantivos concretos, que se referem a espaço, designam objetos humanos e funcionam como tropos. Notamos também que, em todo o poema, apenas os pares de adjetivos em função de adjunto adnominal determinam o primeiro e o último sujeito gramatical: I ₁*le ciel bas et lourd*, V ₃*l'Angoisse atroce, despotique*.

Duas sílabas acentuadas – a final de um adjunto adnominal e a ini-

## POÉTICA EM AÇÃO

cial de um predicado dissílabo – encontram-se na cesura do primeiro e também do último verso: I $_1$*lourds*⁴*pèse*, V $_4$*incliné*⁴*plante* (com uma aliteração dos dois verbos: Pèse-Plante).

Os três quartetos inferiores, mais móveis que os dois exteriores, distinguem-se destes últimos pelo emprego de perífrases verbais na proposição final: II $_3$*S' en va battant*... $_4$*Et se cognant*, III $_4$*Vient tendre*; IV $_4$*Qui se mettent à geindre*.

Se compararmos os dois quartetos anteriores com os dois quartetos posteriores, descobriremos uma repetição parcial de palavras, que subtendem a composição do conjunto. A primeira estrofe do par anterior comporta no segundo verso a palavra *l'esprit* (I$_2$), que se encontra transposta para o plural e personificada no penúltimo verso da primeira das estrofes posteriores: IV $_3$*des esprits*. Os elementos associados do contexto reforçam a correlação entre I $_2$*l'esprit gémissant* e IV $_3$*des esprits*, $_4$*Qui se mettent à geindre*. Fica estabelecida uma reflexão similar entre as segundas estrofes dos dois pares: II $_2$*l'Espérance*, V $_2$*l'Espoir*, dois sinônimos aparentados; ambos providos de uma maiúscula. Além disso, uma atração paronímica liga os dois pares entre si. Do mesmo modo, lemos em "Le Goût du Néant":

> Morne *esprit*, autrefois amoureux de la lutte,
> L'*Espoir*, dont l'*éper*on attisait ton ardeur,
> Ne veut pas t'enfourcher!

A primeira parte de "Le Voyage" termina com a evocação das volúpias "dont l'esprit humain n'a jamais su le nom" e a segunda passa para a imagem de "l'Homme dont jamais l'espérance n'est lasse". O segundo verso das duas estrofes exteriores de "Spleen" apresenta uma correspondência fônica muito nítida: I $_2$*Sur l'esprIt gémissANt* | *en proie...*, V$_2$*Défllent lentemENt* | *dans mon âme; l'Espoirll*, ou L'ESPOIR *vaincu et pleurant*, (V$_2$) emerge como um cruzamento fônico-semântico entre L'ESPRIT e PROIE. Lembremo-nos do belo preceito de Saussure que convida o leitor a captar as correspondências "que têm os elementos fora da ordem do tempo" (v. *Mercure de France*, 1964, pp. 254 e s.) e notemos que na série *l'esprit, l'Espérance, des esprits, l'Espoir*, são os dois termos extremos, pertencentes às estrofes exteriores, que manifestam uma concordância gramatical completa em relação ao gênero, ao número e ao artigo.

*Sur* é a primeira e a última preposição que aparece em "Spleen", isto é, na proposição preliminar e na proposição final, mas em nenhuma outra parte: I $_1$ | *pèse...* $_2$*Sur l'esprit gémissant*, V $_2$*Sur mon crâne incliné* | *plante*... Uma simetria especular (*mirror symetry*) une as duas construções...

A vasta, maciça e pesada pressão vinda de cima e a intrusão no interior formam o tema das estrofes ímpares, e as palavras secundárias que servem para representar esta penetração são ou *au fond de*, locução favorita de Baudelaire (cf. a *Concordance*, de R. F. Cargo), ou a pre-

UMA MICROSCOPIA DO ÚLTIMO "SPLEEN"... 243

posição *dans*: III ₄*Vient tendre ses filets au fond de nos cerveaux*;
V ₂*Défilent lentement dans mon âme*. As provas apresentam um texto
diferente: *Passent en foule au fond de mon âme*. O poeta substituiu finalmente o trocadilho *filets-foule*, "uma análise fônico-poética", segundo os termos de Saussure, por uma "análise gramático-poética", isto é,
pela figura etimológica *filets-défilent*. Em vez de repetir a locução pre-
positiva *au fond de* (III₄), o poeta introduziu a preposição sinônima
*dans* (V₂). A substituição do adjunto adnominal *horribles* por *infâmes*
na versão final de "Spleen" III ₃*Et qu'un peuple muet d'infâmes
araignées* – torna mais densa a imagem deste "povo" ao reforçar o
acúmulo de labiais contínuas (principalmente surdas), que, segundo
Grammont, "só podem exprimir um sopro fraco e sem ruído ou acompanhado de um ruído extremamente surdo": III ₄*Vient tendre ses* Filets
*au* Fond *de nos cer*Veaux. Nos dois versos seguintes, a imagem do ba-
rulho que quebra o silêncio é acompanhada por uma tripla combinação
expressiva de labiais contínuas com a vibrante *r* (cf. III ₄*ce*RVeaux❘ ):
IV ₁*Des cloches tout à coup* ❘ *sautent avec* FuRie // ₂*Et lancent* VeRs *le
ciel* ❘ *un a*FFreux huRlement. O fonema *f*, repetido cinco vezes nos quatro versos III₃–IV₂, não é encontrado em outra parte, com exceção das
duas figuras etimológicas ligadas ao verso III ₄*filets* – V ₂*Défilent* e *au
fond* – II ₄*plafonds*. Todas as outras palavras com *f* que figuram nas
provas e, em parte, na edição de 1857 foram substituídas: I ₄*fait* por
*verse*, V ₃*au fond de* por *dans* e V ₃*Fuyant* por *vaincu*.

Os quatro complementos preposicionados que acabamos de levantar nas estrofes ímpares estão estreitamente ligados no plano semântico:
I ₂*Sur l'esprit*, III ₄*au fond de nos cerveaux*, V ₂*dans mon âme*, ₄*Sur
mon crâne*. Quanto ao sentido das palavras secundárias e no lugar do
complemento no verso (começo do primeiro ou do segundo hemistíquio), os dois termos extremos da série descrita contrastam com os dois
termos médios. Por outro lado, o sentido do complemento e seu lugar
na estrofe (segundo verso do primeiro ou do segundo dístico) unem os
dois termos ímpares da série e os opõem aos termos pares. O caráter
espiritual de uns e a natureza concreta de outros ligam-se à tendência
manifesta de aplicar o complemento "de ordem abstrata" ao sujeito que
designa "um ser material", evitando a combinação dos complementos
concretos com os sujeitos da mesma ordem – princípio enunciado pelo
próprio poeta a respeito do adjunto adnominal (*Fusées*, VI) – cf.
I *ciel–esprit*; III *peuple–cerveaux*; V *corbillards-âme*, *Angoisse-crâne*.

Cada uma das duas relações, que se estabelecem entre os termos
desta série quadripartida, encontra um suporte na divisão das proposições que contêm os quatro complementos. As proposições ligadas aos
dísticos ímpares alternam regularmente com as dos dísticos pares (I₁₋₂,
III₃₋₄, IV₁₋₂, V₃₋₄), e, ao mesmo tempo, as correspondências, que unem
respectivamente entre si termos extremos médios, implicam uma simetria especular:

I primeiro dístico e III 2º d., contando a partir do começo.
V segundo dístico e V 1º d., contando a partir do fim.

## POÉTICA EM AÇÃO

Mais uma vez, podemos descobrir a marca desta convicção do poeta: "O charme infinito e misterioso... deve-se à regularidade e à simetria, que constituem uma das necessidades primordiais do espírito humano, assim como a complicação e a harmonia" (*Fusées*, XXII).

Um impulso ofegante, dirigido de baixo para cima, é a resposta antitética dada por estrofes pares ao movimento opressivo, dirigido de cima para baixo, que rege as estrofres ímpares. Se *le ciel* ($I_1$) representa o ponto de partida no grupo ímpar, é a imagem de *la terre* ($II_1$) que inaugura o grupo par.

Basta confrontarmos as primeiras estrofes do par anterior e posterior para descobrirmos a orientação diametralmente oposta dos quartetos pares e ímpares: I ₁LE CIEL (sujeito) *bas et lourd pèse*... ‖ ₂SUR L'ESPRIT (adjunto adverbial)... ₃*et*... ₄*nous* VERS*e*; IV ₁*Des cloches tout à coup* | *sautent avec furie* ‖ ₂*Et lancent* VERS LE CIEL (adjunto adverbial) | *un affreux hurlement*, // ₃*Ainsi que* DES ESPRITS (sujeito) |. Das duas metáforas paralelas, II ₁*un cachot humide* e III ₂*une vaste prison*, a primeira traz a imagem da Esperança que se esforça para voar II ₄*Et se cognant la tête à des plafonds pourris*, enquanto a outra leva a um novo paralelismo, o das grades e das teias estendidas pelas aranhas III ₄*au fond de nos cerveaux*. O contraste das palavras aparentadas II ₄*plafonds* e III ₄*fond* coloca novamente em relevo a diferença de perspectiva entre as estrofes vizinhas.

Dos dois substantivos concretos de gênero animado presentes no poema, o da estrofe ímpar designa as *infâmes araignées* que preparam uma cilada e o da estrofe par, *une chauve-souris* que procura se evadir ou, segundo a imagem referente à Esperança na primeira redação deᶜ "Spleen", *Fuyant vers d'autres cieux** (solução abandonada em seguida). Os dois motivos zoomorfos empregam consoantes contínuas reiteradas. Assim, a ligação entre o sujeito e o predicado é marcada por um "jogo fônico": II ₂*chau*Ve-*Souris* // ₃*s'en* Va. A "reversibilidade" dos fonemas constitui um processo familiar da arte poética de Baudelaire – cf. *Autour des* VER*ts tapis* | *des visages sans l*ÈVR*es* // ("Le Jeu"). Mas em "Spleen" ocorre o único caso em que se acumulam as fricativas palatais e as sibilantes: elas contrastam com o enquadramento labial de *peuple muet* e antecipam o sussurro do quiróptero de "asas tímidas": II ₁*la terre est* CHan*Gée en un ca*CH*ot humide*, // ₂*Où l'Espéran*C*e comme une* CH*auve-Souris* ‖ .

A expansão e a dilatação das formas verbais conjugadas acham-se atenuadas nos quartetos pares, se os compararmos com as estrofes ímpares. Estas só conhecem a voz ativa, enquanto nas duas estrofes pares encontramos, além disso, verbos na voz passiva (II ₁*est changée*) e reflexiva (II ₃*s'en va*, IV ₄*se mettent*). Notamos também o "reflexivo indireto" em II ₄*Et* SE *cognant la tête* | em contraste com I ₄*Il* NOUS *verse un jour noir* |. O regime direto do verbo conjugado designa sempre um objeto visual nas estrofes ímpares que procuram amortecer todo elemento sonoro (III ₄*peuple* MU*et* |, V ₁*sans tambours ni* MU*sique* ‖

UMA MICROSCOPIA DO ÚLTIMO "SPLEEN"...   245

com uma aliteração que sublinha a afinidade das duas imagens); mas o
único regime direto do verbo conjugado nas estrofes pares visa a um
efeito auditivo: IV ₂*lancent... un affreux hurlement.* A idéia da extensão
no espaço e no tempo penetra todos os quartetos ímpares: I ₂*longs
ennuis*| ₃*de l'horizon* || *embrassant tout le cercle* ||, III ₁*étalant* | *ses
immenses traînées* ||, ₂*vaste prison* | (contrastando com a estreiteza do
*cachot humide* II₁), ₄*Vient tendre ses filets* |, V ₁*longs corbillards* |...
*Défilent lentement* |. Essa idéia de duração e de continuidade é desco-
nhecida nas estrofes pares que conferem mais um valor incoativo e intermitente às perífrases verbais (II ₃*S'en va battant les murs,* ₄*Et se
cognant la tête,* IV ₄*Qui se mettent à geindre* |), assim como ao advérbio
IV ₁*tout à coup* ("*temps-point*", segundo a análise dos advérbios feita
por Tesnière) unido ao verbo *sautent.* Quanto a *lancent* (IV₂), este verbo fornece a Marouzeau o exemplo de uma "ação vista como limitada a
seu estágio inicial" (*Lexique de la terminologie linguistique*). O tratamento do tropo no começo do segundo quarteto traz também a marca
da idéia incoativa; a metáfora desdobra-se em metamorfose: II ₁*la terre
est changée* | *en un cachot humide* ||. Até o adjunto adnominal IV ₃*er-
rants* exibe um caráter descontínuo.

As estrofes ímpares, com um tema extensivo, dividem-se primeiramente em proposições coordenadas; por outro lado, cada uma das estrofes pares, com um desenho semântico ascendente, forma uma hipo-
taxe escalonada: II ₂*OÙ l'Espérance,* COMME | *une chauve-souris,* ||
₃*S'en va...* e IV ₄AINSI QUE *des escrits* | ₄QUI *se mettent...* A palavra
de ligação *comme* é comum às duas estrofes anteriores (cf. I ₁*pèse
comme un couvercle* ||, mas, só nos quartetos pares, a comparação elíp-
tica – por exemplo, *comme* (le ferait) *une chauve-souris* – faz parte de
uma dupla hipotaxe, e a palavra de ligação traz um acento enfático: II
₂*comme* | situado em fim de hemistíquio e IV ₃*Ainsi que,* o primeiro
trissílabo do verso.

É particularmente significativo que os pronomes da primeira pessoa, figurando em todos os quartetos ímpares e a designando como vítima das forças hostis, desapareçam nos quartetos pares.

No soneto intitulado "Le Couvercle", Baudelaire recapitula o "di-
cionário" de "Spleen": o homem "sur *terre*", "que son petit *cerveau*
soit actif ou soit lent", olha "avec un oeil tremblant" "*le Ciel!* ce *mur* de
caveau qui l'étouffe, *plafond... Le Ciel! couvercle noir...*" As duas atitudes em relação ao firmamento – uma inspirando as estrofes ímpares, e a
outra refletida nas estrofes pares de "Spleen" – são explicitamente caracterizadas em "Le Couvercle" onde *le Ciel* aparece ao mesmo tempo
como "terreur du libertin" e inversamente "*espoir* du fol ermite". Num
outro soneto, o que precede os quatro "Spleens" e que de início se inti-
tulara "Le Spleen", e depois finalmente "La Cloche Fêlée", a imagem
de "la cloche au gosier vigoureux qui jette fidèlement son cri religieux"
é nitidamente oposta à alma ferida do poeta cuja "voix affaiblie semble
le râle épais d'un blessé qu'on oublie ... et qui meurt, sans bouger". O
ódio e o desprezo deste apelo religioso fazem com que ele mude para *un
affreux hurlement* ("Spleen", IV₂), e os seres hostis evocados nas duas

246 POÉTICA EM AÇÃO

estrofes vizinhas estão, por sua vez, munidos de um adjunto adnominal estritamente pejorativo (III $_3$*infâmes araignées* e V $_2$*Angoisse atroce*), enquanto as duas estrofes anteriores se apresentam isentas de semelhantes adjetivos. Nos três sintagmas citados, o elemento determinado e o elemento determinante são expressivamente cimentados por um duplo começo vocálico, com um *a* no início de uma das palavras em cada par; do mesmo modo, os dois termos associados aos sinos rugientes – IV $_2$*Esprits Errants* – são desprovidos de consoante inicial.

No quarteto central, que compreende a última parte da prótase tripla (I $_1$*Quand le ciel...* $_3$*Et que...* II $_1$*Quand la terre...* III $_1$*Quand la pluie...* $_3$*Et qu'un...*), a gradação ascendente dos tropos atinge seu clímax. O primeiro e o último particípios ativos – I $_2$L'*es*PRI*t* g*Émiss*AN*t* I e III $_1$L*a* PL*uie* E*tal*AN*t* I – são ambos seguidos, no verso subseqüente por uma inversão expressiva, que só aqui aparece no poema, estando o complemento nominal colocado antes do regime direto do qual depende: I $_3$*Et que de l'horizon* I *embrassant tout le cercle* II; III $_2$*D'une vaste p*RISON I *imite les barreaux* I. O termo figurado *vaste p*RISON responde ao termo próprio *ho*RIZON, e ambos acham-se ligados por uma rima dissilábica de quatro fonemas, a mais "poderosamente colorida": de todas as rimas de "Spleen", segundo a expressão de Baudelaire (*Prométhée délivré*), e que difere das rimas finais por seu paralelismo sintático, combinado com uma discordância dos gêneros que fazem eco ao gênero do sujeito: I $_3$*l'horizon* – $_4$*ll*; III $_1$*la pluie*–$_2$*prison*.

A novidade introduzida pelo primeiro dístico da estrofe central consiste na inversão da ordem hierárquica entre os termos próprios e figurados. Segundo os versos III$_{1-2}$, é *la pluie étalant ses immenses traînées* que *imite les barreaux* de uma prisão, de maneira que o plano metafórico serve de modelo ao plano fatual. Já a segunda estrofe, ao transformar a terra numa prisão, colocara os dois planos no mesmo nível, e a elevação ulterior do plano metafórico é realizada na estrofe seguinte. O segundo dístico acaba por interiorizar o símbolo da prisão cósmica, identificando, por uma justaposição, as grades desta vasta prisão com uma teia de aranha estendida *au fond de nos cerveaux*. Qualquer limite e qualquer diferença entre o "terror do mistério" que envolve o universo e o mistério que se reflete no nosso pensamento são suprimidos: o macrocosmo e o microcosmo "se confondent dans une ténébreuse et profonde unité"*, segundo a linguagem das *Correspondances*.

Não é de surpreender que, na estrofe central, o substantivo seja colocado em relevo e apareça em toda a sua "majestade substancial", dotado de um adjetivo "que o veste e o colore". Todos os substantivos desta estrofe, exceto III $_1$*la pluie*, sujeito inicial, são munidos de determinantes: adjuntos adnominais em forma de simples adjetivos ou de locuções adjetivas. Este quarteto conta com três adjuntos desse tipo, que não se encontram em nenhuma outra parte do poema, salvo no verso citado da primeira estrofe, que está estreitamente ligado ao verso correspondente da terceira (I$_3$-III$_2$). No quarteto central, os três adjuntos adnominais são, por sua vez, providos de adjetivos antepostos, nominais

UMA MICROSCOPIA DO ÚLTIMO "SPLEEN"...    247

ou pronominais: III $_2D'une$ *vaste prison* ǀ, $_3d'infâmes araignées$ ǁ , $_4de$
*nos cerveaux* ǁ. É o quarteto central que possui o maior número de adjuntos adnominais antepostos e de complementos diretos. Todos os complementos que estão colocados em fim de verso (III $_1traînées$, $_2barreaux$, $_3araignées$, $_4cerveaux$) e os objetos diretos, independentemente de sua posição, estão no plural, número cujo valor aumenta notoriamente.

Os versos interiores do quarteto central, ou seja, as duas linhas medianas do poema inteiro, enunciam a transformação da primeira metáfora, grades da prisão cósmica, numa segunda metáfora, teias estendidas pelas aranhas nos nossos cérebros. De todo o poema, só estes dois versos contêm um paroxítono dentro de cada hemistíquio, e, em conseqüência da tensão que se estabelece entre o perfil acentual do verso e sua segmentação, eles se destacam nitidamente de todo o contexto: III $_2D'une$ vasTE *prison* ǀ imiTE *les barreaux,* ǀ $_3Et$ qu'un peupLE *muet* ǀ d'infâMEs araignéesǁ. Se prestarmos atenção à distribuição das classes gramaticais transitórias, isto é, às formas verbais sem flexão pessoal (*verbum infinitum*) e aos adjetivos adverbializados que não comportam expressão de número, arrolaremos na primeira metade de "Spleen" cinco particípios ativos: (I $_2gémissant$, $_3embrassant$; II $_3battant$ $_4cognant$; III $_4étalant$) e, na segunda metade, um par de infinitivos (III $_4tendre$; IV $_4geindre$) seguidos de dois advérbios (IV $_4opiniâtrement$; V $_2lentement$) e finalmente dois particípios doravante passivos (V$_3vaincu$, $_4incliné$), enquanto os dois versos medianos são desprovidos de qualquer forma transitória.

Depois de ter discutido as dicotomias simétricas de "Spleen" (estrofes pares e ímpares, central e periféricas, anteriores e posteriores, interiores e exteriores, inicial e final), convém abordar a bipartição sintática do poema, dividido entre os três primeiros quartetos que comportam as proposições subordinadas e as duas últimas estrofes, compostas de proposições independentes. O começo deste último par é marcado – do mesmo modo que o começo e o fim do poema (I$_1$ e V$_4$) – pelo impressionante encontro de dois acentos na cesura: IV$_1$ *Des cloches tout à* COUP ǀ SAU*tent avec furie* ǁ.

As duas partes, de extensão desigual, manifestam um equilíbrio surpreendente na distribuição das categorias gramaticais. Assim, as três primeiras estrofes, com seu *Quand* ternário, compreendem seis formas verbais pessoais (duas por estrofe) e as duas últimas também seis (três por estrofe), todas as doze no presente. Cada uma das duas partes contém quatro vezes a conjunção *et* (I$_{1,3}$, II$_4$, III$_3$; IV$_{2,3}$, V$_{1,2}$), duas das quais (pertencentes às estrofes ímpares: I$_3$, III$_3$; V$_{1,3}$) introduzem uma nova proposição. Apesar das modificações que ocorreram na quinta estrofe durante as sucessivas versões, o número das conjunções permaneceu intacto.

Nas duas últimas estrofes, o plural é representado por quatro substantivos (incluindo três sujeitos) e quatro verbos; em compensação, nas três primeiras, todos os sujeitos e predicados estão no singular, e o plu-

248                     POÉTICA EM AÇÃO

ral dos substantivos recobre somente nove membros secundários da
frase. As rimas comportam oito formas do plural nos três primeiros
quartetos e nenhuma nas últimas estrofes. O contraste é particularmente vivo entre as estrofes limítrofes das duas partes: aos cinco complementos, únicos substantivos da terceira estrofe que estão no plural, a
quarta opõe também cinco formas do plural, mas são três predicados e
dois sujeitos.

   Na primeira parte do poema, todos os sujeitos principais, isto é,
aqueles que não pertencem a uma proposição dependente de uma outra
proposição da mesma estrofe, estão no singular. Do ponto de vista da
significação que o poema atribui a esses substantivos, todos pertencem
à subclasse material dos nomes definidos por Otto Jespersen como palavras "maciças" (mass-words) ou "não-contáveis" (incountables), cujo
valor semântico a elas atribuído só admite o singular (I ₁ciel; II ₁terre;
III ₁pluie, ₃peuple). Em seguida, estes singulares cedem lugar a plurais
que designam uma série indefinida de objetos manufaturados (IV ₁des
cloches; V ₁de longs corbillards), substituídos, por sua vez, pelo singular obrigatório da subclasse imaterial de palavras não-contáveis, conforme o semantismo que lhes é imposto por um contexto que exclui a
idéia da multiplicidade (V ₂Espoir, ₃Angoisse). Portanto, são duas categorias dos não-contáveis que governam a maior parte do poema.

   Os substantivos que funcionam como sujeitos principais na estrutura sintática de cada estrofe são em número de quatro em cada uma
das partes, e os oito sujeitos distribuem-se em quatro pares, dois termos
dos quais estão intimamente unidos. A identidade do número e a oposição dos gêneros caracterizam cada um dos pares: I ₁le ciel, II ₁la terre,
que, além disso, diferem pela voz do predicado, ativa/passiva. O sujeito
da proposição subordinada na segunda estrofe, II ₂l'Espérance, também
em harmonia com sua metáfora – une chauve-souris –, acompanha o
gênero do sujeito principal, e a personificação deste substantivo abstrato constitui um processo familiar em Baudelaire: "O toi qui de la Mort,
ta vieille et forte amante, ‖ Engendras l'Espérance, – une folle char-
mante! ‖ ("Les Litanies de Satan"). Os dois pares médios invertem a
ordem dos gêneros: III ₁La PLuie, ₂un PeuPLe, com uma aproximação paronímica dos dois termos – um próprio e outro figurado –, que
mostram a tendência a diferenciar os dois planos pelo uso dos artigos:
definido para os termos próprios, indefinido para os tropos (cf. I ₁le ciel
– un couvercle; II ₁la terre – un cachot, ₂l'Espérance – une chauve-souris; III ₁la pluie – une vaste prison); IV ₁Des Cloches, V ₂de longs Corbillards com uma aliteração das velares e uma contigüidade tradicional
entre o toque dos sinos e o préstito fúnebre. O sujeito da proposição
subordinada, esprits (IV₃), concorda em número com os dois sujeitos
principais e antecipa o gênero de corbillards. O último par volta à ordem inicial dos gêneros: V ₂l'EspOIr, ₃l'AngOIsse, marcados por uma
maiúscula e ligados por um começo vocálico e por uma assonância na
última sílaba: "Angoisse et vif espoir" ("Le Rêve d'un Curieux")
são ao mesmo tempo vizinhos e antípodas, na obra de Baudelaire. O
elemento funesto, masculino no começo do poema (I ₁ciel), transfor-

UMA MICROSCOPIA DO ÚLTIMO "SPLEEN"...    249

ma-se em feminino no epílogo (V $_3l'Angoisse$), ao passo que o destino trágico antes atribuído aos femininos (II $_1la$ $terre$, $_2l'Espérance$) escolhe finalmente um sujeito masculino (V $_2l'Espoir$). O mesmo princípio de dissimilação que se observa na distribuição dos gêneros e dos artigos transparece, às vezes, também no tratamento dos números (por exemplo, II $_2S'en$ $va$ $battant$ $les$ $murs$ [pl.] I $de$ $son$ $aile$ $timide$ [sing.!] II $_4Et$ $se$ $cognant$ $la$ $tête$ [sing.] I $à$ $des$ $plafonds$ $pourris$ [pl.] I I). A estrutura das dez rimas de "Spleen" está, por sua vez, submetida a um processo dissimilatório. Os substantivos, em cinco casos, e os adjetivos, em um caso, rimam entre si; três vezes o adjetivo e uma vez o advérbio rimam com o substantivo; os gêneros divergem em duas rimas; e os números, numa rima; mas o que difere constantemente é a função sintática das palavras que rimam.

O caráter brusco (o $tout$ $à$ $coup$) da apódose acha-se nitidamente expresso na estrutura fônica da quarta estrofe, com seus "desmoronamentos de versos". São assim os encontros abruptos dos dois $t$ no começo e no fim do quarteto: IV $_1Des$ $cloches$ TouT $à$ $coup$ I $sau$TenT $avec$ $furie$ II, $_4Qui$ $se$ $me$TTenT $à$ $geindre$ $opiniâtrement$ II; também se apresenta assim o advérbio que abrange inteiramente o último hemistíquio da estrofe, suscitando um trocadilho bizarro (IV $_2s$ANs PATRIE II, $_4opin$IÂTRemENT), e sendo a única de todas as palavras invariáveis que se impõe à rima.

O verso inicial das estrofes ímpares, respondendo às estrofes pares que as precedem, distingue-se dos outros versos por um movimento regularmente anapéstico: III $_1Quand$ $la$ $plu$Ie $étal$ANt I $ses$ $imm$ENses traînÉES II, V $_1Et$ $de$ $l$ONgs $corbill$Ards, I $sans$ $tamb$OUrs $ni$ $mus$Ique II. No verso V$_1$, esse esquema é particularmente nítido, já que todos os acentos no interior do verso caem nas oxítonas: enquanto III$_1$ contém a paroxítona $immenses$. A quinta estrofe inaugura claramente a segunda frase do poema, composta de três proposições independentes e nitidamente separada do que precede pelo único ponto e único travessão de todo o texto.

Já no primeiro verso de "Spleen", o céu baixo e carregado, que pesa como uma tampa, desperta imediatamente uma associação convencional com o túmulo, mas o poema desenvolve uma outra cadeia de metáforas, completamente diferente: um cárcere úmido, com paredes e teto apodrecidos, uma vasta prisão com grades. Entretanto "Le Couvercle", de Baudelaire, utiliza as mesmas metáforas relacionadas com o céu para delimitar a parede e o teto do "jazigo" cósmico que sufoca o homem, "en quelque lieu qu'il aille". Embora os $plafonds$ $pourris$ contra os quais a Esperança bate a cabeça possam fazer com que o leitor pense mais num cemitério, é só na estrofe final que a pretensa prisão "se transforme en tombeau", segundo a fórmula sugerida por Baudelaire no penúltimo "Spleen".

Quando o locutor, anunciado pelos possessivos da primeira pessoa do singular, surge na estrofe final de "Spleen", a simbologia fúnebre

250 POÉTICA EM AÇÃO

superpõe-se à da prisão. É *dans mon âme* que o Te Deum dos sinos, evocado pelo penúltimo quarteto, é reinterpretado como um dobre seguido de um desfile silencioso de carros funerários. O verso V ₁– *Et de longs corbillards, sans tambours ni musique* repete, variando, a construção IV ₃*Ainsi que des esprits errants et sans patrie.* Os dois quartetos posteriores são os únicos que fazem uso da preposição aniquiladora *sans.* Tudo – explicará o poeta, remetendo a Emmanuel Swedenborg –, "na esfera do *espiritual,* como na do *natural,* é significativo, recíproco, converso, correspondente" (*Réflexions*). Na primeira proposição do último quarteto, o espiritual, a alma do monologador torna-se o lugar de um cortejo fúnebre, concreto e múltiplo. O eu, apresentado na sua interioridade espiritual, reaparece materializado e visto de fora: V ₄*Sur mon crâne incliné* | – inclinado como sinal de resignação ou como abatimento que precede a morte? O crânio, sinédoque da cabeça, antecipa o esqueleto despido de um cadáver, enquanto o sujeito *Angoisse,* substantivo abstrato personificado, em contraste com os *corbillards* da primeira proposição, pertence à esfera do espiritual. Ora, a ação deste sujeito abstrato, assim como o objeto direto que ela rege são, em compensação, totalmente concretos: V ₃*l'Angoisse* | *atroce, despotique,* ‖ ₄*Sur mon crâne incliné* | *plante son drapeau noir,* emblema de luto. A reversibilidade das duas relações conversas permanece. A terrível visão dos funerais mundiais na alma do indivíduo funde-se com a imagem deste indivíduo entregando a alma ao terror do mundo.

Entre as duas proposições marginais do epílogo, intercala-se uma terceira que responde ao segundo quarteto, isto é, à segunda das três proposições coordenadas que compõem a prótase da primeira frase do poema: a segunda proposição do quarteto final descreve o destino de *Espérance-Espoir,* que, vencido por falta de audácia, se enterra no seio do universo, depois de ter tragicamente fracassado na sua vã tentativa de atingir a abóbada celeste com sua asa tímida. Colocado entre *corbillards* e *Angoisse,* o substantivo *Espoir* participa do masculino do primeiro sujeito e do singular do segundo. Esta proposição, desprovida como a segunda estrofe de qualquer alusão à primeira pessoa, só é guiada pelo conceito abstrato e impessoal de *l'Espoir.* Esta abstração universalizada separa fundamentalmente as duas proposições que captam o duplo aspecto do eu, o espiritual e o natural. A proposição que examinamos – a única de todo o poema que apresenta um *enjambement* no limite de dois dísticos e que produz dois breves *rejets* (V ₂*Défilent lentement* | *dans mon âme; l'Espoir,* | ₃*Vaincu, pleure, et l'Angoisse* | *atroce, despotique* ‖) – desprende-se por um assíndeto da proposição introspectiva que a precede; esta última, ao contrário, começa por um *Et* (V₁) que forma uma "junção anafórica" entre as duas frases independentes. Como observa Tesnière na sua notável obra sobre os *Éléments de syntaxe structurale,* "acontece que as duas frases se encontram sempre unidas por este liame, por mais fraco que seja". Além disso, a presença da conjunção antes da primeira proposição do quarteto final e sua ausência depois dela unem estreitamente os termos do par *cloches-cor-*

UMA MICROSCOPIA DO ÚLTIMO "SPLEEN"...

*billards* e os separam do par seguinte *Espoir-Angoisse*. Assim, uma simetria especular une as três proposições coordenadas da estrofe final com as três proposições coordenadas da prótase: I $_2$*Sur l'esprit gémissant*, $_4$*nous verse un jour noir*; II $_2$*l'Espérance*; III $_4$*Vient tendre ses filets* | *au fond de nos cerveaux* || – V 1ª proposição: *dans mon âme*, 2ª: *l'Espoir*, 3ª: *Sur mon crâne incliné plante son drapeau noir*. Estes dois trinômios estão separados um do outro pela apódose do período inicial, isto é, pela quarta estrofe cuja proposição principal comporta um predicado desdobrado e assinala um paroxismo do movimento ascendente: VI $_1$*sautent...* $_2$*Et lancent*. A outra estrofe par oferece um traço, em parte, similar – um desdobramento dos particípios na proposição subordinada à proposição principal do quarteto em questão, por sua vez, também subordinada: II$_1$ || *Quand...*, || $_2$*Où...* $_3$*S'en va battant...* $_4$*Et se* | *cognant...*

Distinguimos neste poema, como em "Les Chats", soneto do mesmo volume, várias divisões do texto "que são perfeitamente nítidas, tanto do ponto de vista gramatical quanto do das relações semânticas entre as diversas partes do poema". Entre estes princípios rivais que regem as diferentes classificações das estrofes no "Spleen", uma tricotomia simétrica confronta o quarteto central com dois quartetos antepostos e dois pospostos, estabelecendo uma equivalência entre as duas estrofes anteriores e as duas estrofes posteriores (2/2). Esta tricotomia (2+1+2) implica, por outro lado, uma disparidade entre as estrofes pares e ímpares opostas entre si (2/3).

Uma dicotomia assimétrica baseia-se na oposição sintática das primeiras três estrofes *subordinadas* às duas últimas que são independentes (3/2).

As três primeiras estrofes apresentam ao mesmo tempo três proposições *coordenadas* correspondentes às três proposições coordenadas da quinta estrofe (3/1), enquanto a quarta estrofe, a apódose – a única estrofe do poema desprovida de proposições coordenadas, e a única que emprega verbos coordenados no interior de uma proposição –, forma a parte central desta tricotomia assimétrica (3+1+1).

Às classificações precedentes acrescenta-se uma outra dicotomia ainda menos simétrica do que a primeira: o texto comporta duas *frases*, uma de quatro e outra de uma só estrofe (4/1), a única estrofe do poema privada de proposições subordinadas explícitas ou elípticas. Cada aspecto subseqüente destes quatro princípios de composição aumenta a importância do quarteto final que acaba por tornar-se o equivalente de todo o *quatuor* anterior.

O desgosto pela vida ou a rejeição do ser implícitos no monossílabo estrangeiro, que serve de título ao poema, encontraram o desenlace inevitável nos tropos fúnebres da estrofe final, onde os *longs ennuis* que se apoderam do espírito são metamorfoseados em *longs corbillards* povoando *mon âme*, e o *jour noir*, que nos é transmitido por um céu opressor, transforma-se num *drapeau noir* plantado pela angústia mortal *sur mon crâne*. Lembremo-nos da opinião de Baudelaire sobre as comparações, metáforas e epítetos poéticos, extraídos "do inesgotável cabedal da analogia universal" (*Réflexions*). Quatro poemas em *Les Fleurs du Mal* têm o mesmo título "Spleen", sem que a palavra, com seu fonetismo, um pouco estranha ao francês (que pede uma prótese vocálica), apareça no texto. Ora, o último poema com este título faz nítidas alusões a esta "palavra-tema" e a anagramatiza progressivamente, repetindo sobretudo os dífones *sp, pl* e, com uma troca das líquidas, o trífone *spr*: I ₂eSPRIt, ₄PLus; II ₂ESPérance, ₄PLafonds; III ₁PLule, ₂PRIson, ₃peuPLe; IV ₃eSPRIts; V ₂L'ESPoir, ₃PLeure, deSPotique. Quanto ao último verso, ele esboça um anagrama do vocábulo inteiro: V ₄sur mon crâNe incLINé PLante son draPeau Noir. O primeiro e o terceiro poemas com este último título apresentam no primeiro verso palavras que fazem alusão ao consonantismo de "Spleen". O soneto LXXV, ₁PLuviose, irrité contre la ville entière; ₁₁Cependant qu'en un jeu PLein de sales parfums. LXXVII ₁Je suIs comme le roi d'un Pays PLuvieux. O segundo "Spleen" começa pelo verso ₁J'ai PLus de Souvenirs que si J'avais mille ans e em seguida continua a insistir sobre o mesmo dífone: ₁PLein, ₁₃PLaintifs, | ₁₉Désormais tu n'es PLus.

Preocupações anagramáticas envolvendo a palavra-título de um poema estão longe de ser excepcionais em Baudelaire. Assim "Le Gouffre", poema cuja importância na obra do poeta foi levantada por Pierre Guiraud, repete a palavra *gouffre* no primeiro verso do soneto e retoma seus fonemas a partir do segundo quarteto: ₅partOUt la pRoFoundeur, la GRève, ₆aFFReux, ₇SuR ₈leFon, multiFoRme, ₉GRand tROU, ₁₀hoRReurR OÙ, ‖ ₁₁FenêtRes, ‖ ₁₂toujOURs, ₁₄NombRes, ÊtRes.

O "furor do jogo fônico" tal como o definiu Ferdinand de Saussure em carta a Meillet, e o entrelaçamento insólito das significações formais, gramaticais, portanto abstratas, não podem deixar de representar um papel primordial na obra do poeta que considerou a língua e a escrita "como operações mágicas, magia evocatória" e proclamou o desenho arabesco "o mais ideal de todos" (*Fusées*, VI, XVII). No seu magistral estudo sobre a obra de Eugène Delacroix e de acordo com a visão do próprio pintor, Baudelaire, reconhecendo a qualidade dramática do assunto na arte, confessa que a linha, com suas inflexões, deve mesmo penetrá-lo "com um prazer completamente estranho ao assunto" e que uma figura bem desenhada "só deve seu charme ao arabesco que ela executa no espaço". Ele exalta a nobreza da abstração contida na linha e na cor do artista. Evidentemente a gramática da poesia deve ter cativado "o homem de letras" (*Fusées*, VI) que considerava como

## UMA MICROSCOPIA DO ÚLTIMO "SPLEEN"...

sinal de fraqueza doentia qualquer "entusiasmo que se aplicasse a outra coisa que às abstrações"[1].

---

1. Sinto-me feliz por ter podido discutir os primeiros esboços deste estudo, em Grenoble e em Nice, com pesquisadores *experts* como o Sr. e a Sra. René Gsell, Pierre Guiraud e Marcel Ruff, e em ter podido consultar as notas sugestivas a respeito de "Spleen", apresentadas por Yves Le Hir em suas *Analyses Stylistiques* (Paris, 1965).

Meus agradecimentos a J. C. Milner pela contribuição que me prestou durante a realização deste trabalho e pelas suas preciosas observações lingüísticas. Devo mencionar ainda que ele entrevê engenhosamente uma alusão anagramática ao *Désespoir* no segundo adjunto adnominal da *Angoisse*, o adjetivo $V_3 Despotique$: de fato, este adjunto adnominal ocupa o mesmo lugar final que o antônimo de *Angoisse*, l'*Espoir*, no verso precedente, com os dois parônimos que suprimem a conjunção e apresentam as únicas ocorrências de assíndetos nas estrofes do poema.

# 11. Linguagem em Ação: E. A. Poe*

*Then the bird said "Nevermore"***.

EDGAR ALLAN POE

Recentemente, viajando de trem, escutei por acaso um fragmento de conversa. Um homem dizia a uma jovem senhora, "Estavam tocando 'The Raven' no rádio. Um disco antigo de um ator londrino que morreu já faz muitos anos. Você precisava ter escutado o seu *nevermore*". Embora não fosse o receptor da mensagem oral daquele desconhecido, eu a recebi, contudo, e mais tarde transcrevi essa elocução, primeiro em manuscrito, depois em símbolos impressos; ela se torna agora parte de uma nova estrutura — minha mensagem ao provável leitor destas páginas[1].

O desconhecido havia recorrido a uma citação literária que, aparentemente, fazia alusão a uma experiência emocional compartilhada com sua interlocutora. Referia-se a uma execução supostamente trans-

---

\* *Mélanges Alexandre Koyré*, tomo I: *L'Adventure de l'esprit*, Paris, 1964. (Trad. de Fernando Oliboni.)

\*\* Nota do Tradutor: Esquivei-me de traduzir os versos de "The Raven" citados no decorrer deste ensaio: a) por respeito e temor (necessários) diante do texto do grande poeta americano; b) mais objetivamente: pelo fato de os comentários de Jakobson — na maior parte ao nível do significante — se reportarem ao original em inglês, tornando, assim, inócua qualquer tradução, não importa quão bem executada. O leitor conta, por outro lado, com diversas traduções do poema de Poe para o português, entre as quais se destaca a de Fernando Pessoa, por sua conformidade rítmica com o original. Para a última estrofe do poema, torna-se indispensável a versão de Haroldo de Campos, pela feliz combinação de (re)-produção poética e atividade crítica. Ela faz parte do excelente estudo "O Texto-Espelho (Poe, Engenheiro de Avessos)", em Haroldo de Campos, *A Operação do Texto*, São Paulo, Editora Perspectiva, 1976. O referido estudo, escrito antes de o autor (ver nota 1, p. 24) ter recebido o presente ensaio de Jakobson, acha-se, entretanto, em perfeita consonância com o que se segue e, em muitos sentidos, o complementa.

1. Elas fazem parte de *Sound and Meaning*; este livro, ainda em elaboração, retrocede a uma série de *Six leçons sur les sons et les sens*, proferidas há vinte anos na Ecole Libre des Hautes Etudes (New York, 1942), sob o título — trocadilho sugerido por Alexandre Koyré.

256 POÉTICA EM AÇÃO

mitida pelo rádio. Um ator inglês já falecido foi o emissor original de uma mensagem endereçada "a quem possa interessar". Ele, por sua vez, simplesmente reproduzira a mensagem literária de Edgar Allan Poe, de 1845. Ademais, o próprio poeta americano estava, aparentemente, apenas transmitindo a confissão de um "amante lamentando sua amada morta" – talvez ele mesmo, talvez algum outro homem, real ou imaginário. Dentro desse monólogo, a palavra *nevermore* é atribuída a uma ave falante, com a implicação adicional de que *that one word* proferida pelo Corvo tinha sido *caught from some unhappy master*, como *melancholy burden* de seus lamentos costumeiros.

Assim, a mesma e única palavra foi posta em movimento pelo hipotético "dono", pelo Corvo, pelo amante, pelo poeta, pelo autor, pela estação de rádio, pelo desconhecido no trem e, finalmente, pelo autor de *Sound and Meaning*. O "senhor" repetidamente exteriorizou a elíptica sentença de uma só palavra de seu discurso interior, *nevermore*; a ave imitou sua seqüência sonora; o amante a reteve em sua memória e relatou a fala do Corvo, fazendo referência à sua provável proveniência; o poeta escreveu e publicou a estória do amante, inventando, na verdade, os papéis do amante, do Corvo e do dono deste; o ator leu e recitou para uma gravação o poema atribuído ao amante pelo poeta, com o seu *nevermore* atribuído ao Corvo pelo amante; a estação de rádio selecionou a gravação e levou-a ao ar; o desconhecido escutou essa mensagem, lembrou-se dela e a citou, fazendo referência às suas fontes, e o lingüista anotou essa citação, reconstituindo a seqüência toda de transmissores e talvez até inventando os papéis do estranho, do programador de rádio e do ator.

Isso constitui uma cadeia de emissores e receptores reais e fictícios, a maioria dos quais simplesmente retransmite e, em grande parte, intencionalmente cita a mesma e única mensagem que, pelo menos para alguns deles, já era de antemão conhecida. Alguns dos participantes dessa comunicação de mão única estão largamente separados uns dos outros no tempo e/ou no espaço, e essas brechas são superadas através de diversos modos de registro e de transmissão. A seqüência toda oferece um exemplo típico de um intricado processo de comunicação. É bem diferente do padrão corriqueiro de circuito da fala graficamente apresentado nos manuais: *A* e *B* falam cara a cara, de modo que um fio imaginário sai do cérebro de *A*, passa por sua boca e vai até o ouvido e cérebro de *B* e, passando por sua boca, retorna ao ouvido e cérebro de *A*.

"The Raven" é um poema escrito para o consumo de massa ou, para usarmos a frase do próprio Poe, um poema criado "com o expresso propósito de 'circulação' "; e ele teve, efetivamente, uma grande "circulação". Nessa elocução poética orientada para a massa, como bem compreendeu o autor, o discurso indireto da ave-herói-título é o "eixo em torno do qual pode girar toda a estrutura". Na verdade, essa mensagem dentro de uma mensagem "causou sensação" e, diz-se, muitos leitores ficaram "obsecados pelo *Nevermore*". A chave, depois revelada

LINGUAGEM EM AÇÃO: E. A. POE 257

pelo próprio autor, está na sua ousada experimentação com os processos de comunicação e com a dualidade subjacente do poema: "O grande elemento do inesperado" combinado com o seu próprio oposto. "Assim como o mal não pode existir sem o bem, também o inesperado deve surgir do esperado."

Quando o inusitado visitante, pela primeira vez, entrou em seu quarto, o anfitrião não sabia o que o intruso iria dizer, se é que iria. Ele não tinha nenhuma espécie de expectativa: assim, fez a sua pergunta "de brincadeira e sem esperar uma resposta". Ficou, desse modo, *startled at the stillness broken by reply so aptly spoken.* Entretanto, o "uso contínuo da única palavra, *nevermore*", por parte da ave indica que *what it utters is its only stock and store.* Isso, uma vez sabido, inverte a situação que de total incerteza passa a ser completamente previsível. Do mesmo modo, não há liberdade de escolha quando um oficial do Quarto Regimento dos Hussardos recebe a missão de executar uma tarefa: "Sim, senhor" é a única resposta admissível. Entretanto, como observa Churchill em suas *Memórias*, essa resposta pode conter uma ampla gama de modulações emocionais; ao passo que a "criatura *não* racional capaz da fala", tendo presumivelmente aprendido a sua palavra de cor, repete-a monotonamente sem qualquer variação. Assim, sua elocução é desprovida tanto de informação cognitiva como emotiva. A fala automática da *ungainly fowl*, e o próprio falante, são intencionalmente despojados de qualquer individualidade: ele parece mesmo não ter sexo. Demonstrar isso é o propósito das fórmulas *Sir or Madam* e *with mean of lord or lady*, que certos críticos consideram mero enchimento. Por outro lado, toda vez que o *nevermore* é atribuído, não aos indiferentes pronunciamentos do Corvo, mas aos apaixonados delírios do amante, um ponto de exclamação, simbolizando uma entonação emotiva, substitui o ponto final costumeiro.

A própria palavra "deveria envolver o maior grau concebível de tristeza e desespero", mas a uniformidade sensorial da mensagem emitida por ambas as criaturas, homem e ave, causa uma peculiar satisfação de solidão aliviada, "rompida". O prazer aumenta, à medida que esse *igualamento* une os mais díspares de todos os interlocutores imagináveis – dois bípedes falantes, um sem pena, o outro emplumado. Como relata o autor, "um papagaio, num primeiro momento, surgiu como sugestão, mas foi imediatamente substituído por um Corvo... infinitamente mais de acordo com o *tom* pretendido". A surpresa de que um intercâmbio pudesse ocorrer é neutralizada pela identidade do caráter *grim, ungainly, ghastly, gaunt, and ominous* do falante com sua obsessiva fala.

A cada repetição da resposta estereotipada do pássaro, o aflito amante a antecipa com mais certeza, de modo a adaptar suas perguntas ao que Poe define como "o esperado *Nevermore*". Numa admirável compreensão das múltiplas funções realizadas simultaneamente pela comunicação verbal, Poe diz que essas indagações são propostas "metade sob a forma de superstição e metade com aquela espécie de desespero que se compraz na autotortura". Para as aves falantes, entretanto,

258          POÉTICA EM AÇÃO

como Mowrer, seu estudioso, observou, a vocalização é basicamente um meio de fazer com que seu parceiro humano continue a comunicação com elas e não dê, de fato, nenhum *sign of parting*.

Nessa variedade particular de interlocução, aqui levada a seus limites mais extremos, cada pergunta é predeterminada pela resposta que se segue: a resposta é o estímulo e a pergunta é a resposta. Incidentalmente, essas perguntas em eco são inversamente análogas à interpretação do eco como resposta àquele que indaga, e Poe, que era extremamente sensível à pontuação no verso, persistentemente inseriu o ponto de interrogação na prova tipográfica desta estrofe:

> *And the only word there spoken was the whispered word, "Lenore"?*
> *This I whispered, and an echo murmured back the word, "Lenore"!*

O jogo invertido de resposta e pergunta é típico do discurso interior, no qual o sujeito sabe de antemão a resposta à pergunta que fará a si mesmo. Poe deixa uma abertura para essa interpretação opcional do quase-diálogo com o Corvo: mais para o fim do poema "permite-se perceber mais distintamente a intenção de torná-lo emblemático da *Mournful and Never-ending Remembrance*". Talvez o pássaro e suas respostas sejam apenas imaginados pelo amante. A vacilação entre os níveis fatual e metafórico é facilitada por uma recorrente alusão à sonolência (*While I nodded, nearly napping... dreaming dreams*) e pela "transferência do ponto em questão para o reino da Memória" (*Ah, distinctly I remember*).

Todos os traços típicos da alucinação verbal – como arrolados, por exemplo, na monografia de Lagache – aparecem na confissão do amante de Poe: diminuição da vigilância, angústia, *alienação* do falante com relação à própria fala e a atribuição desta a um *alter*, acompanhadas de "uma apertada circunscrição do espaço". A perícia de Poe em sugerir a plausibilidade empírica de um evento não natural foi admirada e elogiada por Dostoiévski, que a retomou no pesadelo de Ivan Karamazov. Aqui, o delirante herói alternadamente interpreta sua experiência como um monólogo alucinatório de sua parte ou como uma intrusão de um "visitante inesperado". Ivan refere-se ao estranho como "diabo", o herói de Poe como *bird or devil*; os dois não têm certeza se estão dormindo ou acordados. "Não, você não é alguém à parte, você é eu mesmo", insiste Ivan; "Sou eu, sou eu mesmo falando, não você"; e o intruso concorda: "Eu sou apenas sua alucinação". O uso intermitente dos pronomes de primeira e segunda pessoas pelos dois "falantes" revela, contudo, a ambigüidade do tema. Na visão de Poe, sem uma tal tensão entre a "supra" e a "subcorrente" de sentido, "há sempre uma certa dureza ou nudez, que o olho artístico repele". Os dois traços cardinais e complementares do comportamento verbal são apresentados aqui: que o discurso interior é, em sua essência, um diálogo, e que qualquer discurso indireto é *apropriado* e remodelado por aquele que cita, quer se trate de uma citação de um *alter* ou de uma fase anterior do *ego* (*said I*). Poe está certo: é a tensão entre estes dois aspectos do compor-

LINGUAGEM EM AÇÃO: E. A. POE                                    259

tamento verbal que confere a "The Raven" – e, acrescentamos, ao clímax de *Os Irmãos Karamazov* – tão grande parcela de riqueza poética.
Esta antinomia reforça uma outra tensão análoga – a tensão entre o *ego*
do poeta e o Eu do narrador fictício: *I betook myself to linking fancy un-
to fancy...*

Quando numa seqüência um momento anterior depende de um
posterior, os lingüistas falam de uma *ação regressiva*. Por exemplo,
quando o inglês e o espanhol trocaram o primeiro /l/ da palavra *colonel*
por /r/, por antecipação do /l/ final, essa troca ilustra uma dissimulação
regressiva. R. G. Kent relata uma escorregadela típica de um locutor de
rádio, na qual "the convention was in session" ("a convenção estava em
sessão") se torna "the confession was in session" ("a confissão estava
em sessão"): a palavra final exerceu uma influência assimilativa regressiva sobre o termo apropriado *convention*. Do mesmo modo, em "The
Raven", a pergunta depende da resposta. Da mesma forma, o respon-
dente imaginário é retrospectivamente deduzido a partir de sua resposta, *Nevermore*. A elocução não é humana, quer em sua persistente
crueldade, quer em sua monotonia automática e repetitiva. Daí uma
criatura articulada mas subumana ser sugerida como falante, e em especial uma ave corvina, não só por causa de sua aparência sombria e "reputação ominosa", mas também porque na maioria de seus fonemas o
substantivo *raven* é simplesmente uma inversão do sinistro *never*. Poe
sublinha tal conexão colocando as duas palavras uma perto da outra:
*Quoth the Raven "Nevermore"*. A justaposição torna-se particularmente reveladora na estrofe final:

*And the Raven, never flitting, still is sitting, still is sitting*
*On the pallid bust of Pallas just above my chamber door;*
*And his eyes have all the seeming of a demon's that is dreaming,*
*And the lamp-light o'er him streaming throws his shadow on the floor;*
*And my soul from out that shadow that lies floating on the floor*

*Shall be lifted – nevermore!*

Aqui, o par *Raven, never* é realçado por uma série de outras
seqüências sonoras, mutuamente correspondentes, combinadas para
criar uma afinidade entre certas palavras-chave e para sublinhar sua associação semântica. A oração introdutória, arrematada pela série *still –
sit – still – sit*, liga-se à oração final pela cadeia *flit – float – floor – lift*, e
ambos os eixos estão claramente justapostos: *never flitting, still is sitting*.
O jogo com as palavras *pallid* e *Pallas* é reforçado pela esquisitice da
rima *pallid bust – Pallas just*. As dentais iniciais /s, d/ das seqüências
correspondentes *seeming* e *demon* (pés trocaicos com o mesmo segmento vocálico seguido de um /m/ e nos dois casos com uma nasal final)
fundem-se, com ligeira variação, nos grupos *is dreaming* /zd/ e *streaming* /st/. Na nota introdutória à primeira publicação deste poema, escrita pelo próprio poeta ou sob sua instigação, "o uso deliberado de
sons semelhantes em posições inusitadas" é destacado como o principal
recurso. Contra o contexto de rimas eqüidistantes e regularmente re-
correntes, Poe deliberadamente introduz rimas deslocadas para conse-

260           POÉTICA EM AÇÃO

guir "todo o efeito do inesperado". Seqüências sonoras regularmente repetidas em rimas comuns tais como *remember – December – ember*, ou *morrow – borrow – sorrow*, são suplementadas por "*reversals*" (para usarmos o termo utilizado por Edmund Wilson): *lonely* /lóunli/ – *only* /óunli/ – *soul in* /sóul in/. O aspecto regressivo da seqüência da fala é posto em foco, e essa variação serve para entrelaçar o tema "*never = ending*", de *The Raven, sitting lonely*, com o tema oposto de *the lost Lenore* /linór/.

Não só as perguntas feitas pelo desesperado amante, mas na verdade o poema todo é predeterminado pela resposta final *nevermore*, e é composto com uma nítida antecipação do desfecho, como revelou o autor em *The Philosophy of Composition* (1846), seu próprio comentário sobre "The Raven": "Pode-se dizer que o poema tem o seu começo – no fim". De fato, é difícil de se compreender, hoje, o repúdio contínuo sofrido pela peça de auto-análise de Poe, considerada uma mistificação enganosa, farsa premeditada, desfaçatez sem paralelo, um de seus matreiros caprichos para pegar os críticos. Embora a carta de Poe a seu melhor amigo, Cooke, recomendasse esse comentário como o "melhor espécime de análise", uma pretensa declaração oral do autor foi citada postumamente: uma suposta confissão de que ele nunca pretendeu que esse artigo fosse recebido seriamente. Poetas franceses, contudo, admiradores tanto da poesia quanto dos ensaios sobre a poesia de Poe, têm se perguntado em qual das duas instâncias ele estava pilheriando: se ao escrever esse maravilhoso comentário ou ao repudiá-lo para acalmar uma entrevistadora sentimental.

Na verdade, o autor de "The Raven" formulou perfeitamente a relação entre linguagem poética e sua tradução para o que hoje seria chamado de metalinguagem da análise científica. Em sua *Marginalia*, Poe reconheceu que os dois aspectos se acham em relação complementar um com o outro: ele disse que somos capazes de "perceber nitidamente o maquinismo" de qualquer obra de arte e, ao mesmo tempo, de tirar prazer dessa habilidade, mas "apenas na proporção em que *não* nos comprazemos no legítimo efeito calculado pelo artista". Além disso, a fim de fazer frente a objeções passadas e futuras à sua análise de "The Raven", acrescentou que "refletir analiticamente sobre Arte é refletir à maneira dos espelhos no templo de Esmirna, que representam as mais belas imagens como que deformadas" (1849). A verdade, na opinião de Poe, exige uma precisão absolutamente antagônica ao objetivo predominante da ficção poética; mas, quando ele traduziu a linguagem da arte para a linguagem da precisão, os críticos tomaram a sua tentativa como uma simples ficção que afrontava a verdade.

O relato que o autor fez da composição de "The Raven", que críticos do passado proclamaram ser um truque de malabarismo ou uma grande burla para com seus leitores, foi recentemente descrito por Denis Marion como um ato de auto-engano. Entretanto, com igual justiça, poderia ser visto em contraposição à história íntima da própria vida de Poe com Virginia Clemm, na "constante antecipação de sua perda".

LINGUAGEM EM AÇÃO: E. A. POE    261

A alternância entre o ilusório lampejo de esperança nas indagações do amante e a determinação da "resposta antecipada", *Nevermore*, é utilizada para "trazer-lhe... o máximo da luxúria da tristeza", até que a resposta inevitável do Corvo à "pergunta final do amante" proclame a inexorabilidade de sua perda e lhe conceda a "indulgência de sua auto-tortura". Poucos meses depois da morte de Virginia, Poe escreveu a George Eveleth:

Seis meses atrás, uma esposa, a quem amei como nenhum homem jamais amou [em "The Raven", lemos sobre *terrors never felt before*], rompeu uma veia cantando. Sua vida não oferecia nenhuma esperança. Eu me despedi dela para sempre e passei por todas as agonias de sua morte. Ela se recuperou parcialmente, e mais uma vez esperei. Um ano depois, o vaso se rompeu de novo – e passei pela mesmíssima cena. A mesma coisa, cerca de um ano depois. Então, de novo – de novo –, de novo – de novo e sempre de novo, com intervalos variáveis. A cada vez, eu sentia todas as agonias de sua morte – e a cada acesso de desordem, eu a amava mais profundamente e me agarrava à sua vida com nova e mais desesperada tenacidade. Fiquei louco, com longos intervalos de horrível sanidade. Eu quase tinha, na verdade, abandonado toda esperança de uma cura permanente quando encontrei uma na *morte* de minha esposa. Isso eu posso suportar, e suporto, como convém a um homem – era a horrível e sem fim oscilação entre esperança e desespero que eu não mais podia ter suportado sem perda total da razão.

Nos dois casos, em "The Raven" e na confissão epistolar, o desfecho antecipado é o de eterna privação: a morte de Virginia depois de anos de prolongada agonia e a desesperança do amante de se encontrar com Lenore, mesmo em outra vida. "The Raven" foi publicado a 29 de janeiro de 1845; *The Philosophy of Composition* em abril de 1846; a mulher de Poe morreu a 30 de janeiro de 1847. Assim, o "esperado *Nevermore*", revelado no ensaio como sendo o motivo central do poema, está também em acordo com o contexto biográfico.

O ensaio crítico de Poe, entretanto, descarta as circunstâncias que estimulam o poeta como irrelevantes para uma consideração do poema em si mesmo. O tema do "amante angustiado" antecede a doença de Virginia e, na verdade, repassa toda a poesia de Poe. Em "The Raven" esse tema exibe uma "força de contraste" especial, expressa num oxi-moro explicitamente romântico: o colóquio entre o amante e o pássaro é uma comunicação anômala sobre o afastamento de toda comunicação. Esse pseudodiálogo é tragicamente unilateral: não há troca real de qualquer espécie. A suas indagações e apelos desesperados o herói recebe apenas respostas aparentes – do pássaro, do eco e dos volumes de *forgotten lore*; seus próprios lábios estão "mais bem adequados" ao vão solilóquio. Aqui, um outro oximoro, uma nova contradição é introduzida pelo poeta: ele atribui a esse solitário discurso o mais amplo raio de comunicação manifesta, mas percebe, ao mesmo tempo, que esse alargamento exibicionista do apelo pode "colocar em perigo a realidade psicológica da imagem do eu dilatado em confronto com o não-eu", como foi posteriormente formulado por Edward Sapir.

Podemos mais uma vez lembrar que o efeito supremo de "The Raven" reside na sua ousada experimentação com intricados problemas de comunicação. O motivo dominante do poema é a irrevogável perda de contato, de perda do amante, com a *rare and radiant maiden*; conseqüentemente, nenhum contexto comum com ela é concebível, quer neste mundo, quer *within the distant Aidenn* (a caprichosa grafia é necessária para servir de eco para *maiden*). No credo poético de Poe, é mera "disposição de incidente", irrelevante ao "maquinismo" de sua obra, se a perda sofrida pelo amante se deve à morte da donzela ou a uma mais simples e prosaica, mas não menos inexorável, mensagem do tipo *Não te verei de novo*, transmitida naquele sombrio quarto em New York, que foi supostamente descrito em "The Raven". Nada sobre a heroína, a não ser sua ausência e anonimato para todo o sempre, tem qualquer significação para o propósito do poeta: seu poema "será poético na exata proporção de sua despaixão. Mas, para se adequar ao "gosto popular" e talvez para mitigar seus próprios temores e desejos reprimidos, o poeta decidiu que a donzela deveria estar morta – a morte era "o tópico mais melancólico" – e escolheu para ela o sonoro nome de *Lenore*, tomado de empréstimo da famosa balada sobre a noiva viva dos mortos.

O *insight* de Poe com relação às "rodas e engrenagens" da arte verbal e da estrutura verbal em geral, *insight* de artista e analista combinados, é realmente impressionante. O uso competente que ele faz do refrão *nevermore* no verso e a análise lingüística do mesmo são particularmente pertinentes, pois é aqui, exatamente, que "o senso da identidade" é diretamente desafiado, tanto em relação ao som quanto ao sentido. O inevitável *Nevermore* é sempre o mesmo e sempre diferente: de um lado, modulações expressivas diversificam o som e, de outro, "a variação da aplicação", talvez, a multiplicidade de contextos, imprime uma conotação diferente ao sentido da palavra a cada nova recorrência.

Uma palavra fora de contexto permite um número indeterminado de soluções, e o ouvinte fica *engaged in guessing* o que cada *nevermore* isolado quer dizer. Mas, dentro do contexto do diálogo, significa, sucessivamente: nunca mais a esquecerás; nunca mais terás alívio; nunca mais a abraçarás; nunca mais te deixarei. Além disso, a mesma palavra pode funcionar como um nome próprio, um substantivo emblemático que o amante atribui a seu noturno visitante: *a bird above his chamber door... with such a name as "Nevermore"*. Poe tornou particularmente eficaz essa variação de emprego "apegando-se, em geral, à monotonia do som" – quer dizer, preferindo uma deliberada supressão de modulações emotivas.

Por outro lado, apesar da grande variedade de sentidos contextuais, a palavra *nevermore*, como qualquer outra palavra, retém o mesmo sentido geral em todas as aplicações variadas. A tensão entre essa unidade intrínseca e a diversidade de sentidos contextuais ou situacionais é o problema dorsal da disciplina lingüística rotulada de *semântica*, ao passo que a disciplina chamada *fonologia* ocupa-se, basicamente, da tensão entre a identidade e a variação no nível fônico da língua. O composto *nevermore* denota uma negação, uma recusa para sempre no futu-

LINGUAGEM EM AÇÃO: E. A. POE    263

ro, em oposição ao passado. Mesmo a transformação desse advérbio temporal em nome próprio retém um laço metafórico com esse valor semântico geral.

Uma negação eterna parece inconcebível, e a sabedoria popular se esforça para exorcizá-la por meio de espirituosas contradições, tais como "a neverday when the owl bares its rump" e "when Hell freezes over", ou outras locuções semelhantes, estudadas por Archer Taylor. Curiosamente, no mesmo ano em que "The Raven" foi escrito, um interesse acadêmico por locuções que substituíam "nunca" e "nunca mais" manifestou-se pela primeira vez, com o poeta alemão Uhland. Mais do que qualquer outro, Baudelaire, em suas notas ao poema de Poe, formulou claramente a particular rigidez conceptual e emotiva dessa "profunda e misteriosa" palavra. Ela funde fim e sem-fim. Ela contrasta o antecipado com o que já passou, o eterno com o transitório, a negação com a afirmação e, em si mesma, contrasta agudamente com a natureza animal do falante, que se acha irrevogavelmente preso ao presente tangível de tempo e espaço. O ousado oximoro de Poe transformou-se num clichê e, num sucesso popular da Rússia pré-revolucionária, "um papagaio grita *jamais, jamais*, sempre *jamais*"*.

A fim de antecipar o refrão final e realçar sua importância, Poe emprega uma espécie de figura etimológica. Semanticamente, o autor nos prepara para a negação sem limites, *nevermore*, repetindo a negação restritiva *merely this and nothing more*; a negação de *balm* no futuro é prenunciada pela negação de equivalentes *fantastic terrors* no passado; e a afirmação negada *will be... nevermore* é precedida pelo desespero da negação afirmada *nameless here for evermore*. Externamente, o poema divide a unidade *nevermore* em seus constituintes gramaticais, separando *more, ever* e *no* (com seu alternante *n*-, este último aparecendo antes de uma vogal: *n-ever, n-aught, n-ay, n-either n-or*), colocando-os em novos contextos, a maioria dos quais correspondendo-se em métrica e rima: *Only this and nothing more; Nameless here for evermore; terrors never felt before; ever dared to dream before; and the stillness gave no token*. Além disso, a unidade *more* é passível de dissociação em raiz e sufixo, quando colocada em confronto com *most* e com os graus de comparação de outros adjetivos, como em *somewhat louder than before*.

Os componentes que obtemos dissecando todas essas unidades em frações menores são, em si mesmos, desprovidos de significado. Esses componentes de textura fônica são revelados pela igualdade e diversidade dos fonemas na recorrente rima byroniana: *bore – door – core – shore – lore – wore – yore – o'er*, etc., com *more* ao final de cada estrofe. Além das rimas, grupos internos de fonemas nos versos precedentes também sugerem o *nevermore* final. Assim, o hemistíquio *from thy memories of Lenore* (bem como *take thy form from off my door*) ensaia o fechamento, com sua acumulação de nasais /m, n/, labiodentais /f, v/ e o fonema representado pela letra *r: Quoth the Raven: "Nevermore.*

*Em francês, no original. (N. do T.)

264 POÉTICA EM AÇÃO

A textura sonora acentua o confronto entre os resíduos do passado e o presságio do futuro.

Tais figuras pseudo-etimológicas à maneira de trocadilho, envolvendo palavras fonicamente semelhantes, acentuam sua afinidade semântica. Assim, no verso *Whether Tempter sent, or whather tempest tossed thee here ashore*, os dois substantivos fonicamente semelhantes funcionam como derivados da mesma raiz, denotando duas variedades de poder maligno. *Pallid*, como epíteto da *Pallas* esculpida, figura como quase relacionado com o nome da deusa. No verso sobre *the Raven, sitting lonely on that placid bust*, a configuração fônica do adjetivo *placid* evoca a omitida referência a Pallas. A expressão *beast upon the sculptured bust* sugere uma desconcertante conexão entre o que senta e o assento, ambos nomeados por duas variantes da "mesma" raiz. Essa propensão para inferir uma conexão de sentido a partir da similaridade de som ilustra a função poética da linguagem.

No início deste ensaio, quando mencionei uma jovem senhora (*lady*) que encontrei num trem, a palavra *lady* foi usada simplesmente para assinalar a coisa significada; mas na sentença "Lady is a dissyllabic noun", a mesma palavra é empregada para assinalar a si mesma. A função poética enreda a palavra nos dois empregos, ao mesmo tempo. Em "The Raven", o vocábulo *lady* denota um feminino de distinção, por oposição a *lord*, um masculino de distinção, e a femininos sem distinção. Ao mesmo tempo, faz parte de uma rima absurda e assinala o fechamento de um hemistíquio (*But, with mien of lord or lady*), exibindo uma identidade sonora parcial com seus equivalentes *made he* e *stayed he* e, além disso, em contraste com eles, uma indivisibilidade sintática: /méid–i/ – /stéied–i/–léidi/. Um som, ou uma seqüência sonora, surpreendente o bastante para ser posto em relevo mediante emprego repetitivo na palavra-chave e nos vocábulos adjacentes, pode mesmo determinar a escolha de uma tal palavra, como o próprio Poe reconheceu. Assim, sua referência à seleção, por parte do poeta, de palavras "encarnando" certos sons pretendidos é plenamente justificada.

Antes de proceder a uma investigação sistemática de som e sentido em sua inter-relação, tentamos uma investida exploratória do cerne mesmo da comunicação verbal. Para esse propósito, parece extremamente apropriado escolher um espécime como "The Raven", que enfoca esse processo em toda a sua surpreendente complexidade e despojamento. "Essa misteriosa afinidade que une o som e o sentido", afinidade nitidamente palpável na linguagem poética e ardentemente professada por Edgar Allan Poe, determinou nossa escolha, porque os "objetivos [como disse ele] deveriam ser atingidos pelos meios mais bem adequados para á sua consecução".

## REFERÊNCIAS BIBLIOGRÁFICAS

*Baudelaire on Poe*. Ensaios críticos traduzidos por Lois e Francis E. Hyslop, State College, Pensilvânia, 1952.

## LINGUAGEM EM AÇÃO: E. A. POE

CHURCHILL, W. *My Early Life*. Londres, 1930, p. 84.

DOSTOIEVSKI, F. "Tri rasskaza Èdgara Po". *Vremja*, 1861.

KENT, R. G. "Assimilation and Dissimilation". *Language*, XII.

LAGACHE, D. *Lès hallucinations verbales et le parole*. Paris, 1934.

MARION, Denis. *La méthode intellectuelle d'Edgar Poe*. Paris, 1952.

MOWRER, G. H. *Learning Theory and Personality Dynamics*. New York, 1950.

POE, E. A. *The Complete Works*. Editada por J. A..Harrison, New York, 1902.

——————. *The Letters*. Editadas por J. W. Ostrom, Cambridge, Massachusetts, 1948.

——————. *The Raven and Other Poems*. Reproduzidos em fac-símile da cópia de L. Graham para a edição de 1845, com correções do autor, New York, 1942.

SAPIR, E. "Communication." *Selected Writings*, University of California Press, 1949.

TAYLOR, A. "Locutions for *Never*." *Romance Philology*, II (1948-1949).

CRÍTICA NA PERSPECTIVA

*Texto/Contexto I*
  Anatol Rosenfeld (D007)
*Kafka: Pró e Contra*
  Günter Anders (D012)
*A Arte no Horizonte do Provável*
  Haroldo de Campos (D016)
*O Dorso do Tigre*
  Benedito Nunes (D017)
*Crítica e Verdade*
  Roland Barthes (D024)
*Signos em Rotação*
  Octavio Paz (D048)
*As Formas do Falso*
  Walnice N. Galvão (D051)
*Figuras*
  Gérard Genette (D057)
*Formalismo e Futurismo*
  Krystyna Pomorska (D060)
*O Caminho Crítico*
  Nothrop Frye (D079)

*Falência da Crítica*
  Leyla Perrone Moisés (D081)
*Os Signos e a Crítica*
  Cesare Segre (D083)
*Fórmula e Fábula*
  Willi Bolle (D086)
*As Palavras sob as Palavras*
  J. Starobinski (D097)
*Metáfora e Montagem*
  Modesto Carone Netto (D102)
*Repertório*
  Michel Butor (D103)
*Valise de Cronópio*
  Julio Cortázar (D104)
*A Metáfora Crítica*
  João Alexandre Barbosa (D105)
*Ensaios Críticos e Filosóficos*
  Ramón Xirau (D107)
*Escrito sobre um Corpo*
  Severo Sarduy (D122)

*O Discurso Engenhoso*
Antonio José Saraiva (D124)

*Conjunções e Disjunções*
Octavio Paz (D130)

*A Operação do Texto*
Haroldo de Campos (D134)

*Poesia-Experiência*
Mario Faustino (D136)

*Borges: Uma Poética da Leitura*
Emir Rodriguez Monegal (D140)

*As Estruturas e o Tempo*
Cesare Segre (D150)

*Cobra de Vidro*
Sergio Buarque de Holanda (D156)

*O Realismo Maravilhoso*
Irlemar Chiampi (D160)

*Tentativas de Mitologia*
Sergio Buarque de Holanda (D161)

*Dos Murais de Portinari aos Espaços de Brasília*
Mário Pedrosa (D170)

*O Lírico e o Trágico em Leopardi*
Helena Parente Cunha (D171)

*Arte como Medida*
Sheila Leirner (D177)

*Poesia com Coisas*
Marta Peixoto (D181)

*A Narrativa de Hugo de Carvalho Ramos*
Albertina Vicentini (D196)

*As Ilusões da Modernidade*
João Alexandre Barbosa (D198)

*Uma Consciência Feminista: Rosário Castellanos*
Beth Miller (D201)

*O Heterotexto Pessoano*
José Augusto Seabra (D204)

*O Menino na Literatura Brasileira*
Vânia Maria Resende (D207)

*Analogia do Dissimilar*
Irene A. Machado (D226)

*O Bom Fim do Shtetl: Moacyr Scliar*
Gilda Salem Szklo (D231)

*O Bildungsroman Feminino: Quatro Exemplos Brasileiros*
Cristina Ferreira Pinto (D233)

*Arte e seu Tempo*
Sheila Leirner (D237)

*O Super-Homem de Massa*
Umberto Eco (D238)

*Borges e a Cabala*
Saúl Sosnowski (D240)

*Metalinguagem & Outras Metas*
Haroldo de Campos (D247)

*Ironia e o Irônico*
D. C. Muecke (D250)

*Texto/Contexto II*
Anatol Rosenfeld (D254)

*Thomas Mann*
Anatol Rosenfeld (D259)

*O Golem, Benjamin, Buber e Outro Justos: Judaica I*
Gershom Scholem (D265)

*O Nome de Deus, a Teoria da Linguagem e Outros Estudos de Cabala e Mística: Judaica II*
Gershom Scholem (D266)

*O Guardador de Signos*
Rinaldo Gama (D269)

*O Mito*
K. K. Rutheven (D270)

*O Grau Zero do Escreviver*
José Lino Grünewald (D285)

*Literatura e Música*
Solange Ribeiro de Oliveira (D286)

*Marcel Proust: Realidade e Criação*
Vera de Azambuja Harvey (D310)

*O Poeta e a Consciência Crítica*
Affonso Ávila (D313)

*Judaísmo, Reflexões e Vivências*
Anatol Rosenfeld (D324)

*Mimesis*
Erich Auerbach (E002)

*Morfologia do Macunaíma*
Haroldo de Campos (E019)

*Fernando Pessoa ou o Poetodrama*
José Augusto Seabra (E024)

*Uma Poética para Antonio Machado*
Ricardo Gullón (E049)

*Poética em Ação*
Roman Jakobson (E092)

*Acoplagem no Espaço*
Oswaldino Marques (E110)

*Sérgio Milliet, Crítico de Arte*
Lisbeth Rebollo Gonçalves (E132)

*Em Espelho Crítico*
Robert Alter (E139)

*A Política e o Romance*
Irving Howe (E143)

*Crítica Genética e Psicanálise*
  Philippe Willemart (E214)
*A Morte da Tragédia*
  George Steiner (E228)
*Ibsen e o Novo Sujeito da*
*Modernidade*
  Tereza Menezes (E239)
*Tolstói ou Dostoiévski*
  George Steiner (E238)
*Os Processos de Criação na Escritura,*
*na Arte e na Psicanálise*
  Philippe Willemart (E264)
*O Idioma Pedra de João Cabral*
  Solange Rebuzzi (E280)
*Gilberto Gil: A Poética e a Política do*
*Corpo*
  Cássia Lopes (E286)
*O Prazer do Texto*
  Roland Barthes (EL02)
*Ruptura dos Gêneros na Literatura*
*Latino-americana*
  Haroldo de Campos (EL06)

*Projeções: Rússia/Brasil/Itália*
  Boris Schnaiderman (EL12)
*O Texto Estranho*
  Lucrécia D'Aléssio Ferrara (EL18)
*Duas Leituras Semióticas*
  Eduardo Peñuela Cañizal (EL21)
*Oswald Canibal*
  Benedito Nunes (EL26)
*Mário de Andrade/Borges*
  Emir R. Monegal (EL27)
*A Prosa Vanguardista na Literatura*
*Brasileira: Oswald de Andrade*
  Kenneth D. Jackson (EL29)
*Estruturalismo: Russos x Franceses*
  N. I. Balachov (EL30)
*Céu Acima – Para um* Tombeau *de*
*Haroldo de Campos*
  Leda Tenório da Motta (org.) (S45)
*Sábato Magaldi e as Heresias do Teatro*
  Maria de Fátima Assunção (PERS)
*Sombras de Identidade*
  Gershon Shaked (LSC)
*Tempo de Clima*
  Ruy Coelho (LSC)

Impresso na cidade de Cotia,
nas oficinas da Meta Brasil,
para a Editora Perspectiva.